Emil Maurer

Im Bann der Bilder

Emil Maurer

Im Bann der Bilder

Essays zur
italienischen und französischen Malerei
des 15. – 19. Jahrhunderts

Verlag Neue Zürcher Zeitung

Autor und Verlag danken den folgenden Personen und Institutionen für die freundliche Unterstützung des vorliegenden Werks:
Gemeinderat Zollikon
Aargauer Kuratorium für die Förderung des kulturellen Lebens, Aarau
Georges und Jenny Bloch-Stiftung, Zürich
Ernst Göhner Stiftung, Zug
Elsbeth und Fritz A. Maurer, Zumikon
Silvia und Hans Maurer, Zofingen

ISBN 3 85823 334 X
Printed in Switzerland

Inhaltsverzeichnis

Vorwort 7

Masaccio, (fast) wie am ersten Tag 9
Michelangelo: Sakrileg oder Offenbarung? 18

«Il pittorissimo». Der «andere» Raffael im Malerurteil 30
Raffael und Frankreich 39
Der Maler «ohne Fehler». Zu Andrea del Sarto 50
Savoldo: ein paar Wunderbilder – und andere 57
Moretto im Prüfstand 62
Tizian, eine Anthologie 68

«Bologna 1584» 75
Guido Reni: süchtig nach Perfektion 83
Stefano della Bella 91
Ekstasen und Ohnmachten. Zu Francesco Cairo 95
Seiltänzer zwischen Barock und Rokoko: Sebastiano Ricci 101
Aufbruch im Hinterhof der Malerei. Zu Giuseppe Maria Crespi 105
Lumpenmaler, Menschenmaler. Zu Giacomo Ceruti 112

«Cartons d'artistes» 120
Pastelle 125

Courbet: «Die Forelle» 132
Ein Platz für Fantin-Latour 141
Olympias Bouquet 148
Manet, ein Triumph 156
Der französische Impressionismus. Eine Einleitung 167
Zur Krise des Bildnisses im Impressionismus 187
Giverny in Basel. Zu Monets «Nymphéas» 202
Renoir ohne Klischees 209
Renoir: Bildnis Victor Chocquet 217

Der ganze (der ganze?) Degas 224
Der schwarze Cézanne 235
Cézannes schwarzes Arkadien 243
Gauguin: Paradiese, Utopien, Illusionen 256
In Seurats Laboratorium der Malerei 263
Bilder als Paradiese. Zu Bonnard 272

Bibliographische Hinweise 281

Vorwort

Votre faute est de vouloir réduire le monde à votre mesure,
tandis que, croissant votre connaissance des choses,
accrue se trouvera votre connaissance de vous-même.

Claude Monet

Der Band vereinigt 32 Essays zur Malereigeschichte Italiens (15. bis 18. Jahrhundert) und Frankreichs (späteres 19. Jahrhundert). Sie sind, mit wenigen Ausnahmen, in den letzten zehn Jahren in der «Neuen Zürcher Zeitung», in Fachzeitschriften und Katalogen erschienen. Nicht aufgenommen sind Studien zur Kunst des Manierismus (die gesondert erscheinen sollen), ferner Burckhardtiana, Topographica, Personalia, Untersuchungen zur Glasmalerei und Rezensionen.

Die Mehrzahl der Beiträge betrifft grosse Ausstellungen in Italien und in Frankreich – Gelegenheiten ohnegleichen, anhand von Originalen ein Oeuvre oder eine Epoche neu zu beurteilen. Was sich dabei dem Autor an Resultaten, an Klärungen und Wandlungen, an Thesen und Fragestellungen ergeben hat, ist hier in Berichten und Bilanzen präsentiert. Ein wesentlicher Teil der kunstgeschichtlichen Arbeit wird ja heute in solchen Veranstaltungen geleistet. Ihre Kataloge sind oft die besten Monographien zum Thema, zudem in ungewöhnlichen Auflagen verbreitet. Die Ausstellung als Instrument und Motor der Forschung, als Turnierplatz, als (In-)Fragestellung, jedenfalls als Einblick in den «Haushalt» der aktuellen Argumentation: das bewegt diese Essays.

Weitere Themen beziehen sich auf spektakuläre Fälle der Restaurierung (Masaccio, Michelangelo), auf einzelne kapitale Bilder (Courbet, Manet, Renoir) und auf bestimmte Aspekte (das Porträt im Impressionismus, Entwicklungen zum Impressionismus, Pastellmalerei).

Die Texte sind da und dort überarbeitet, ergänzt oder verdeutlicht, auch korrigiert, zudem aktualisiert durch Zugabe von kleinen Anhängen, die den seitherigen Gang der Forschung andeuten sollen, mindestens mit bibliographischen Stichworten. Das meiste aber ist stehen geblieben, weil es so vor den Originalen notiert wurde, «im Bann der Bilder». Das heisst zugleich, dass Theoreme und methodologische Dogmen weitaus weniger Faszination haben als das, was die Bilder selber produzieren. Originale sind immer irritierend, am meisten für die Kunstgeschichte, die zu viel zu früh vorausweiss.

Im Spannungsfeld des «anschaulichen Denkens» trifft man interessierte Laien nicht seltener als Fachleute. Ihnen beiden, besonders aber den Studierenden von damals und heute, sind diese Studien zugedacht – durchaus im Zeichen der Skepsis, die Valéry auf die Frage gebracht hat: «Mais comment parler peinture?»

Dazu Degas, ironisch, an den Maler-Schriftsteller George Moore: «Among people who understand, words are not necessary. You say humph, he, ha, and every thing has been said.»

Mein Dank richtet sich zuerst an Freunde und Kollegen. Spuren von Gesprächen mit ihnen sind in jedem Aufsatz zu finden. Die Arbeiten wurden je und je erleichtert durch die Angestellten des Kunstgeschichtlichen Seminars der Universität Zürich, der Bibliothek des Kunsthauses Zürich und der Bibliotheca Hertziana in Rom. Seit drei Jahrzehnten kommen Ermunterung, Verständnis und Nachsicht aus der Redaktion der «Neuen Zürcher Zeitung», d.h. von Dr. Richard Häsli. Der Buchverlag der NZZ – Manfred Papst – hat sein ganzes Fachwissen und -können eingesetzt.

Am meisten aber danke ich meiner Frau Elvira, meiner Tochter Barbara und meinem Sohn Simon. Ihnen ist das Buch gewidmet.

Ohne Donatoren wäre es nicht zu realisieren gewesen. Ihre Liste steht auf Seite 4. Autor und Verlag danken ihnen ausdrücklich.

E. M.

Masaccio, (fast) wie am ersten Tag

Zur Restaurierung von Masaccios Brancacci-Zyklus in Florenz

Wie falsch «lesen» wir Bilder aus früheren Jahrhunderten? Falsch, weil uns der Kontext ihrer Entstehung nur selten bekannt ist. Falsch, weil wir nicht mit dem Auge des Zeitgenossen zu sehen vermögen, dem «period eye», nach Baxandall. Falsch aber auch, weil die Bilder selber objektiv sich verändert haben, im Kolorit, in der Struktur, vielleicht auch im Format. Hogarth hat dafür die Allegorie «Chronos, ein Bild verrauchend» erfunden. Gegen diese Phänomene der Alterung tritt heute die hochentwickelte Gerontologie der Restaurierung an – durchaus in der Erkenntnis, daß auch Kunstwerke eine ewige Jugend nicht haben können. Und daß Verjüngungskuren ihrerseits riskant sind.

In den letzten Jahren haben zwei Unternehmungen dieser Art in Italien viel öffentliches Aufsehen erregt: die Restaurierung von Michelangelos Deckenmalereien in der Sixtinischen Kapelle in Rom und jene des Freskenzyklus von Masaccio und Masolino in der Brancacci-Kapelle der Carminekirche in Florenz. In beiden Fällen ist die Differenz zwischen Vorher und Nachher so frappant, daß es zu Revisionen in der Kunstgeschichte der Renaissance kommen muss – Masaccio (1424/28) am Anfang, denn hier schlägt die Renaissance ihre Augen auf, Michelangelo (1508/12) auf der kritischen Höhe der Epoche. Demnach geht es um die Berichtigung zweier Schlüsselpositionen.

Die Bedeutung des Brancacci-Zyklus wurde schon von den Zeitgenossen erkannt, wenn auch kaum einer unter den Malern gleich zu folgen vermochte. Vasari überliefert in Masaccios «Vita» (um 1550), dass «seither alle berühmten Bildhauer und Maler in jener Kapelle sich übten und Studien machten und dadurch ausgezeichnet und berühmt geworden sind», unter ihnen Leonardo, Michelangelo und Raffael. Der Ort galt als eine Art von Akademie, bevor es eine solche gab. Masaccio habe hier die Grundlagen für die «bella maniera de'tempi nostri» (d.h. um 1550) geschaffen.

Und doch ist der Zyklus zweimal nur mit knapper Not der Zerstörung entgangen. Um 1690 verhinderte Vittoria della Rovere, Großherzogin von Toscana, dass die Fresken einem Barockisierungsprojekt zum Opfer fielen. Aber 1746 mussten die Malereien im Gewölbe und in den Lünetten einem Umbau weichen, sie wurden vernichtet. Und 1771 suchte ein grosser Brand die Kirche heim – wie durch ein Wunder wurde die Kapelle verschont. Immerhin, Rauch und Russ schwärzten seither die Bilder, und so, getrübt und verfälscht, sind sie in Tausende von Reproduktionen und selbst in die Forschung eingegangen. Ein romantisch verwölkter Masaccio, ein «Sfumato»-Dramatiker grüsste den ähnlich verfinsterten Michelangelo der Sixtina.

Ein paar Kenner stutzten freilich, als 1946 unter der barocken Altarrahmung zwei schmale Streifen des Freskos zum Vorschein kamen. Reinlich zugedeckt und geschützt, wiesen sie ein taghelles Kolorit auf.

In der Tat hat die eben abgeschlossene Restaurierung, unter der Leitung von Ornella Casazza und Umberto Baldini, einen neuen Masaccio zutage gebracht: den alten, ursprünglichen. Buchstäblich ein «restauro revelatore», hat sich die Unternehmung als ein erstklassiges Instrument der modernen kunstwissenschaftlichen Forschung erwiesen.

Nur nach ungewöhnlich systematischen Vorbereitungen hat man Hand anzulegen gewagt. Der Patient wurde einer umfassenden klinischen Diagnose unterworfen, einem kompletten «Check up», wie es in der Medizin üblich ist. Das Dossier enthält photographische Aufnahmen aller Art, Studien zum Mikroambiente, chemische und elektronenmikroskopische Untersuchungen der Mauern, des Verputzes und der Farbschichten, Reflektographien und Photogrammetrien zur Feststellung von Deformationen und ihrer Dynamik. Daraus liess sich eine Festigungs- und Reinigungsmethode nach Mass ableiten.

Zu den Vorarbeiten gehörten auch Untersuchungen ausserhalb der erhaltenen Bilderzone. Vasari erwähnt Malereien von Masolino im Gewölbe, in den Lünetten und an der Triumphbogenmauer; mit Sicherheit sind sie dem Umbau im Barock zum Opfer gefallen. Dagegen wurden auf der Altarwand, ganz oben, zwei originale Sinopien (Entwürfe auf dem Grundputz) und über der ehemaligen Mensa Überreste von Malereien entdeckt. Sie gehören dem Originalprogramm an. Ferner wurden Teile des vermauerten ursprünglichen Fensters gefunden; in den Gewänden sind zwei bezaubernde junge Köpfe in Rundrahmungen erhalten geblieben.

Die Reinigung der Fresken hat selbst optimistische Erwartungen übertroffen: es ist gelungen, die Schwärzung durch den Brand von 1771 weitgehend rückgängig zu machen. Die Russ- und Schmutzstellen liessen sich von der originalen Malerei in «fresco buono» ohne besondere Probleme lösen. Nur an wenigen Stellen ist eine Rötung des Feinputzes durch Karbonisierung bei der Feuersbrunst zurückgeblieben. Immerhin sind Fehlstellen und Abrasionen häufiger als bisher angenommen; z.B. haben Masaccios Landschaften ihre dichte Belaubung eingebüsst, und von der Blankheit der Faltenwürfe ist einiges verloren gegangen. Sonst aber ist durchwegs die strahlende Helle und Farbenreinheit zurückgewonnen, wie sie den glücklichsten Werken der Quattrocento-Mitte eigen ist. Eine heitere Eigenfarbigkeit herrscht vor, ungetrübt und kontrastreich, als wäre ein Graufilter abgehoben worden. Für einen Moment meint man eher einem Fra Angelico oder Castagno oder gar Piero della Francesca gegenüberzustehen. In der Tat ist jetzt das Urteil über Masaccios Leistung «um 1424/28» in einigen Punkten zu revidieren.

Das Bildlicht in der Brancacci-Kapelle zeigt sich nun wieder als eine subtile allgemeine Helle – halb Eigenhelle der Farben, halb kräftiges Beleuchtungslicht. Wie die Raumkonstruktion durch Perspektive – im Anschluß an Brunelleschi und Donatello – ist auch die Lichtregie mit intellektueller Systematik entwickelt. Als Lichtquelle hat Masaccio das reale Fenster in der Kapellenachse angenommen – ein Prinzip, das schon von Giotto erprobt wurde. Demnach sind die Szenen zur Linken von rechts, jene zur Rechten aber von links beleuchtet. Der Einfall dieses szenischen Lichtes ist intensiv genug, um die «dramatis personae» samt ihren Szenerien vollplastisch zu modellieren und sie damit in einer neuartigen Kohärenz zu verbinden. Zudem: der Erzähler Masaccio handhabt das Licht als ein energetisches Mittel. In der «Vertreibung aus dem Paradies» zum Beispiel schreiten die Ureltern erschreckt und geblendet in einen Schwall von Helle. Mit dem Lichtgang kann Masaccio die Handlung antreiben oder akzentuieren. Das Thema der «Schattenheilung» ist ja so erst überhaupt darstellbar.

Natürlich bemerkt er dabei auch das Phänomen des Schlagschattens – Schlagschatten als Klammer zwischen Figur und Umraum, ein neues Mittel in der Realisierung der perspektivischen Bildräumlichkeit. Masolino war davon so frappiert, dass er es seinerseits anhand von Steinbrocken am Boden (in der «Tabita»-Szene) demonstrierte, mit dem Eifer eines Adepten. Es scheint, dass schon Giotto mit dem «Schlemihl»-Motiv experimentiert habe, jedoch sehr zurückhaltend; noch Gentile da Fabriano (1423 in Florenz) und Giovanni di Paolo (1426 in Siena) verwenden es selten. (Etwa gleichzeitig waren im Norden Campin und van Eyck damit beschäftigt, kurz darauf auch Konrad Witz.)

Indessen, Masaccio setzt auch Grenzen. Der Energie des Lichtgangs wird die Farbigkeit nicht untergeordnet. Sie bleibt ungebrochen, fast ohne Grauzusatz in den Schattentönen, auch ohne das «fading» von Glanzlichtern – noch immer ein Kolorit heilsgeschichtlicher Gewissheit, ja Festlichkeit, nicht allzu weit von Masolinos Farbenseligkeit und Fra Angelicos präzisen, hellen Farbkonzerten entfernt. Die Farbe hält sich an die betreffenden Gegenstände, zugleich steigert sie diese innerhalb eines hochgestimmten, rhythmisch zusammenhängenden Farbsystems. Damit sind die Erzählungen beteiligt an einer exemplarischen Ordnung. Auf solchen Bezügen beruht ihre Glaubhaftigkeit.

Ebenso hat die Reinigung nun der schummerigen Vagheit der Formgebung den Garaus gemacht. Formenschärfe und Präzision herrschen jetzt vor, ja eine genauere Klassizität, nicht nur in den gemmenhaften jungen Apostelköpfen. Die Blicke sind heller, kräftig und gezielt; Gestik und Anatomie haben an Prägnanz gewonnen.

Aber ganz unerwartet ist das Ergebnis nicht. Der Pisa-Altar und die (unlängst restaurierte) «Anna Selbdritt» der Uffizien weisen eine ähnliche Farbenhelle und -vitalität auf. Als «Erfinder des Chiaroscuro», im Sinne einer atmosphärischen Hell-Dunkel-Polarität, kann Masaccio nicht weiter gelten. Seine Hellfarbigkeit wendet sich gerade gegen die allgemeine Verdunkelung der Buntwerte bei den spätgotischen Zeitgenossen wie Gentile da Fabriano und Pisanello. Die Meister Rauch & Russ sind eine Fälscherfirma jüngeren Datums. Auch als Kolorist stellt sich Masaccio nun an den Anfang der ebenso wirklichkeits- wie heilsgewissen Frührenaissance-Malerei; Empiriker und heroischer Erzähler zugleich.

Die Restaurierung hat weitere Sonderleistungen Masaccios im Sinne der «rinascità» deutlich gemacht. Als erster setzt er ein Rahmensystem mit klassischen Pilastern und Gebälken von der Art Brunelleschis ein, anstelle der bunten gotischen Ornamentleisten. Da dieses Rahmengehäuse perspektivisch wiedergegeben ist, stellt sich die Illusion eines einheitlichen Raums ein; übereck durchlaufende Bildlandschaften verstärken diesen Eindruck. Dass die klasssische Tonart des Erzählens durch die Pilasterordnung intoniert ist, hat man immer bemerkt, ebenso dass sich der neue Geist der Geometrie in ihr verkörpert.

Hinter den Figuren tun sich nun, statt eines vagen Dunstes, präzise Handlungsräume auf: lichterfüllt, mit perspektivischen Merkmalen und konkreten Umrissen, offen für dramatische Spannungen. Die üblichen Versatzstücke – letztlich noch byzantinisches Treibgut – sind damit kategorisch abgeräumt. Möglicherweise hat Masaccio spätantike Landschaften zu sehen bekommen, wohl in Rom.

Dass Masaccio die Anatomie beherrschte, ehe es eine Anthropometrie oder eine Theorie des Aktes gab, ist ein alter Ruhmestitel. Nun kann man sehen, dass seine Sensibilität für den Bau und die Beweglichkeit des Körpers sogar gleich «unter die Haut» geht. In der Nacktheit der Ureltern und der Täuflinge zeichnen sich Spannungen und Energien ab; Gelenke und Muskeln, Schultern und Glieder sind in Aktion gezeichnet oder in potentieller Tatkraft gezeigt; die Haut, mehr als ein Balg, wird als männlich oder weiblich, als athletisch oder «schlotternd» differenziert; die Geschlechtsorgane sind wieder freigelegt.

Natürlich kannte Masaccio die Leistungen seiner Freunde Brunelleschi und Donatello. Ferner mehren sich nun die Argumente, die für einen frühen Aufenthalt des Malers in Rom sprechen. Die berühmte «Tribut»-Szene ist in ihrer Gruppenkomposition von einer (damals noch erhaltenen) Szene in S. Paolo fuori le mura in Rom abgeleitet. Und Masaccios Selbstbildnis vor dem thronenden Petrus scheint direkt auf eine Begegnung mit der Petrus-Statue in St. Peter in Rom anzuspielen.

Die Entdeckungen in der oberen Zone der Kapelle erlauben, das Bildprogramm – das vieldiskutierte – zu ergänzen und zu präzisieren. Den Mitteilungen Vasaris über den grossangelegten Petrus-Zyklus können die aufgefundenen Sinopien und Malereifragmente beigefügt werden.

Demnach waren in den vier Gewölbekappen die vier Evangelisten dargestellt, durchaus traditionsgemäss, darunter in den seitlichen Lünetten die «Berufung Petri» und die «Navicella» (das Schiffchen der Apostel mit dem Retter Christus). In gleicher Höhe, auf der Altarwand, hat man die «Reue Petri» und «Pasce oves» («Hüte meine Lämmer») anzunehmen. Darunter – an zentraler Stelle, über dem Altar – muss sich ursprünglich eine weitere Szene befunden haben, von der freilich nur zwei Fragmente überlebt haben. Baldini glaubt darin die «Kreuzigung Petri» zu erkennen, doch ist dies ungewiss. Merkwürdigerweise fehlt nach wie vor die hochwichtige Petrus-Szene der «Schlüsselübergabe». Eine Hypothese von Pope-Hennessy fügt sich hier immer noch am besten ein: dass nämlich ein Relief Donatellos mit diesem Thema (heute in London) am Altar angebracht war, sei es als Aufsatz oder als Antependium.

Die Thematik der erhaltenen Fresken, in den beiden Hauptregistern, spricht für sich selber, sie unterliegt keinen Zweifeln.

Die Petrus-Ikonographie ist trotz ihrer Bedeutung für die Stellung des Papsttums nicht sehr verbreitet. Als grössere Zyklen waren vorausgegangen: Alt-St. Peter in Rom, Müstair in Graubünden, S. Piero a Grado bei Pisa und Assisi. Die Auswahl der Szenen – das jeweilige Ja oder Nein – und ihre Anordnung innerhalb des Zyklus, ob chronologisch oder nach welchen Kriterien immer – ist in jedem Fall interessant, gerade wenn Irregularitäten vorkommen. Die Textbasis liegt in der Apostelgeschichte und in der «Legenda Aurea».

Was nun von den Restauratoren gefunden wurde, wird eine Interpretation des Brancacci-Zyklus im Sinne der Heilsgeschichte fördern. Das «Mysterium salutis», das sich im Zusammenwirken Christi und Petri in der päpstlichen Kirche darbietet, steht demnach im Zentrum der ikonographischen Planung. (So haben es schon Astrid Debold 1975 und Ornella Casazza 1988 dargestellt.) Als reuiger Sünder geht und weist Petrus den Weg, der die Erbsünde überwindet. Dort, bei Adam und Eva, beginnt ja der Zyklus, und er endet in dem «glücklichen», christusgleichen Märtyrertod. Petrus ist damit in zwei exemplarischen Funktionen gefeiert: als «Vicarius Christi» und als «Ianitor coeli», d.h. als Stellvertreter Christi und als Pförtner des Himmels. An dieser Auffassung ist nachweislich auch die Theologie der Karmeliter beteiligt.

Vor allem muss der Auftraggeber, Felice Brancacci, eine solche Sicht auf Petrus empfohlen haben. Der Zyklus ist voll von persönlichen und politischen Anspielungen, vor allem, indem Bildnisse von Zeitgenossen eingeschmuggelt wurden. Grosser Handelsherr und Diplomat, auf Reisen bis nach Ägypten, war Brancacci, wie Petrus, ein Mann des Meeres. Und als Florentiner Republikaner und Guelfe stimmte er dem Primat des Papstes und der Kirche zu.

Es ist aber durchaus Masaccios Sache – da hat die Auftraggeberschaft ihre Grenzen –, dass Petrus nicht als entrückter Himmelsheiliger, sondern ganz als Mensch auftritt: menschlich in der Sünde, menschlich in der Reue und in der Nachfolge Christi. In jeder Situation ist seine Urteils- und Tatkraft demonstriert. Und das Antikisieren, vom Maler mit präzisem Bedacht vollzogen, hat vornehmlich den Sinn, die Geschichte Petri auf den Urzustand der apostolischen Gemeinde zurück zu beziehen.

Aus den Akten ergibt sich, dass Masolino, damals ein ausgewiesener Meister von 40 Jahren, den Zyklus um 1424 begann, verantwortlich für die gesamte Unternehmung, während der junge Masaccio um 1425 zugezogen wurde, als die Arbeit auf dem oberen Hauptregister einsetzte. Da die beiden Maler 1428 nach Rom gerufen wurden, wo Masaccio 28jährig starb, blieb der Zyklus unvollendet. Und dies über längere Zeit, weil Brancacci, in der Gegenpartei der Medici, 1435 in die Verbannung zu gehen hatte, für vierzig Jahre, so dass erst Filippino Lippi um 1481/85 die angefangenen Szenen ergänzen und die fehlenden beifügen konnte; übrigens, wie sich jetzt bestätigt, mit grossem Takt in Rücksicht auf den älteren Bestand. Masaccios Name war eine Verpflichtung; sein Werk sollte nicht durch auffällige Modernismen von 1480 gestört werden.

Von Szene zu Szene, von Figur zu Figur, von Kopf zu Kopf hat die Kunstgeschichte zu entscheiden gesucht: Masolino oder Masaccio? Das war lange Zeit die Bekenntnisfrage der «Attribuzler», hier kreuzten sich Schwerter und Florette. Zusammenarbeit oder Konkurrenz? Duett oder Duell? Zum Verwechseln ähnlich oder aber so verschieden wie Feuer und Wasser? In den vielen Phasen der Restaurierung haben sich Einblicke aller Art in die Zweierwerkstatt und die Arbeitsfolge eröffnet.

Das Hauptergebnis: Alles spricht für eine enge Verständigung, ein «grosses Duett» (Luciano Berti) der beiden Tommasi. Die italienische Sprache charakterisiert ja die beiden in den Suffixen ihrer Namen: Mas*olino*, der liebenswürdige, um 18 Jahre ältere, ganz im «gotico internazionale» verankerte Meister – Mas*accio*, der rabiate, blutjunge, geniale, zur Mitarbeit herangeholte und bald allein Verantwortliche. Beide waren aufeinander angewiesen, offenbar nicht nur Kollegen, sondern Freunde; sie stammten beide aus dem oberen Val d'Arno.

Der Zyklus ist so kohärent, sowohl in ikonographischer wie in künstlerischer und organisatorischer Hinsicht, dass ein Gesamtplan von Anfang an vorauszusetzen ist. Der Auftraggeber und der Konvent müssen bis ins einzelne mitgearbeitet haben. Treffen die Attributionen der Restauratoren zu – sie sind in der Zeitschrift «Critica d'Arte» 1984 bis 1988 dargelegt – so hätten beide Maler je acht Aufgaben übernommen, in schönstem chiastischem Gleichgewicht. Auf den Gerüsten hätten sie lange Zeit nebeneinander den Pinsel geführt, freilich Masolino zuerst allein, in der obersten Zone, nach dessen Abreise nach Ungarn Masaccio allein (1425 bis 1427). Was gäbe man darum, die beiden auf den Gerüsten diskutieren zu hören – mit Argumenten, die nachmals die Grenzlinie (und den Übergang) zwischen «gotico internazionale» und «rinascità» bezeichnen!

Zweimal, auf der Fensterwand, hätten sie sogar übers Kreuz gearbeitet: der eine die Figuren, der andere die Landschaft malend, im nächsten Bildfeld umgekehrt. Andererseits, wie sich aus der Untersuchung der Tagwerke («giornate») ergeben hat, muss Masolino die gesamte «Tabita»-Szene allein geschaffen haben, also auch den berühmten Florentiner Gassenprospekt, der bisher als «typisch Masaccio» galt. Hingegen ist der schöne Kopf Christi im «Tribut» – nach unserer Meinung, nach wie vor – von der Hand Masaccios: sein Idealkopf, harmonisch, im Gegensatz zu den Begleitern, den «apostolischen Wölfen» (Roberto Longhi).

Dennoch: es sind Gegensätze, die sich hier nahekommen. Gleich im ersten Ansatz, in den beiden Adam- und Eva-Darstellungen, sind Masolino und Masaccio so fundamental verschieden, wie nur «gotico internazionale» und «rinascità» verschieden sein können – oder wie schon Ghiberti und Brunelleschi beim Wettbewerb von 1401 verschieden waren. Masolino gibt das Paar der Ureltern wie zwei helle, sanft leuchtende Scheiben, mit Belcanto-Umrissen, rhythmisch respondierend, eher schwebend als stehend, mit purifizierten Formen vor dunklem Blättergrund. Dagegen Masaccio: das Paar zerknirscht und heulend, im Schock der Vertreibung, mit skulpturalen, handlungsfähigen Leibern, heroisch noch (und gerade) im Moment der Katastrophe. Ebenso hebt sich die Wucht der Masaccio-Apostel von den himmelsseligen Figuren Masolinos ab.

Es scheint aber, dass sich der Ältere im Lauf der Arbeiten dem Jüngeren mehr und mehr anpasste, ein «Masolino masaccesco». Eine Verwandlung war das freilich nicht, denn in seinen späteren, allein gemalten Zyklen, in Rom und in Castiglione d'Olona, wurde Masolino wieder rückfällig. Masaccio verhält sich zu Masolino ähnlich wie Donatello zu Ghiberti: ein «terribile», schon in der Aszendenz Michelangelos. In der Tat hat keiner Masaccio so tief verstanden wie Michelangelo.

Neben der «Kathedra Petri» hat Masaccio sich selber in Gesellschaft von Leone Battista Alberti und Brunelleschi dargestellt. Das ist nicht nur ein frommes, sondern auch ein kunsttheoretisches Bekenntnis: es sind – allerdings fehlt Donatello – die Gründer der neuen Kunst, der «rinascità». Inwiefern Alberti die Malerei Masaccios theoretisiert (in «De pictura» von 1435), inwiefern Masaccio umgekehrt humanistisch-theoretischen Ideen folgt, ist noch zu bedenken. Gemalte Theorie sind die Brancacci-Fresken nicht, und doch zeigt sich Masaccio, besonders in der «Trinität» von S. Maria Novella, ganz auf der Höhe der wissenschaftlichen Reflexion über Kunst.

Es geht freilich nicht an, «das grosse Duett» zu isolieren. Anlässlich der Neueröffnung der Brancacci-Kapelle im Sommer 1990 hat eine Ausstellung im Palazzo Vecchio versucht, das «Zeitalter Masaccios» mit 93 ausgewählten Werken der Malerei und der Skulptur – darunter viele zweitrangige – möglichst differenziert darzustellen. (Katalog: Electa, Mailand.)

Zu Masaccio selber – das sei vorausgeschickt – werden ein paar Präzisierungen geboten. Schon 1417 kam der 16jährige aus San Giovanni Val d'Arno nach Florenz, schon 1518 wird er dort «pittore» genannt, vermutlich in der Lehre bei Bicci di Lorenzo, und 1422 immatrikuliert er sich in der Florentiner Malerzunft. Im selben Jahr entsteht sein (1960 aufgefundenes) Triptychon von San Giovenale, ein Frühwerk, das ihn mitten in der widersprüchlichen Zeitgenossenschaft zeigt. Es ist übrigens – auch das ist neu – nicht für eine dortige provinzielle Kundschaft geschaffen, sondern für die bedeutende Florentiner Familie der Castellani. Einige Argumente sprechen dann für einen ersten Aufenthalt in Rom um 1423.

Dass Florenz im frühen Quattrocento eine wahre Geniezeit erlebte, hat keiner so glücklich wie Vespasiano di Bisticci ausgesprochen. Er fand die Stadt «in felicissimo stato, copiosissima d'uomini singulari in ogni facultà», unter ihnen die Künstler Brunelleschi, Donatello, Ghiberti, Masaccio und Uccello. In der Tat sah schon der junge Masaccio Erstaunlichkeiten wie die Skulpturen von Orsanmichele und die Kuppel des Doms entstehen. Doch ist das nur die eine Seite einer hochentwickelten Doppelkultur. Von den privaten Auftraggebern, u.a. den Strozzi, wurden Maler wie Lorenzo Monaco, Gentile da Fabriano, Fra Angelico, Fra Filippo Lippi und Masolino bevorzugt – alle zutiefst noch der irrealen märchenhaften Feudalwelt des «gotico internazionale» verpflichtet. Soziologisch allein, wie es versucht worden ist, lässt sich der Gegensatz nicht erklären. Es kommt ja auch zu Verbindungen, etwa wenn Gentile mit scharfem Blick die Tageszeiten unterscheidet und, im Quaratesi-Altar von 1425, bereits Masaccio zitiert; oder im Werk des Arcangelo di Cola da Camerino, der die beiden Richtungen zusammenzuführen suchte.

Nachfolger oder gar Schüler im strengen Sinn hat Masaccio in den wenigen Jahren seines Schaffens nicht gehabt. Einige seiner Eroberungen, nicht aber das Ganze seiner neuen Bildsprache, gehen auf Fra Filippo Lippi, Fra Angelico und Domenico Veneziano über. Mit Piero della Francesca, der bis etwa 1439 in Florenz (S. Egidio) arbeitete, setzte eine wiederum andere Anschauung ein: statt Masaccios psychologisch begründeter, dramatischer Erzählkunst eine geometrische, ins Abstrakte gewandte «arte del numero». Aber auch für sie ist Masaccio eine Voraussetzung.

Wäre der Brancacci-Zyklus um 1690 oder 1771 untergegangen, wie falsch wäre heute die Kunstgeschichte der Renaissance geschrieben? Wie viel falscher, als sie ohnehin falsch geschrieben ist? Es genügt ja, Vasari zu lesen, um sich die zahllosen Verluste an Hauptwerken aus dem Quattrocento bewußt zu machen. Die Kunstgeschichte ist eine Konjekturen- und Scherbenwissenschaft, nicht anders als die Archäologie, jedoch ohne es sich selber einzugestehen.

Literaturhinweise

A. Debold-v. Kritter, Studien zum Petruszyklus in der Brancacci-Kapelle, Berlin 1975. – E. Borsook, The Mural Painters of Tuscany (2nd ed.), Oxford 1980. – E. Maurer, Masaccio: «Vom Himmel gefallen?», in: 15 Aufsätze zur Geschichte der Malerei, Basel 1982, S. 75. – Critica d'arte, 1984-1990. – L. Berti, Masaccio, Firenze 1988. – M. Aronberg Lavin, The Place of Narrative, Mural Decoration in Italian Churches 431-1600, Chicago-London 1990, S. 136. – U. Baldini – O. Casazza, La Cappella Brancacci, Milano 1990. – L'età di Masaccio, Il primo Quattrocento a Firenze, Ausstellungskatalog Florenz, Milano 1990. – A. Knoepfli, O. Emmenegger, M. Koller, Wandmalerei (Reclams Handbuch der künstlerischen Techniken, Bd. 2), Stuttgart 1990. – K. Christiansen, Masaccio and the «Pittura di Luce», in: Burlington Magazine, 1990, S. 736. – Le pitture murali: tecniche, problemi, conservazione, Firenze 1990. – Il restauro della Cappella Brancacci, Ausstellungskatalog Florenz 1991, Firenze 1991.

Michelangelo: Sakrileg oder Offenbarung?

Bemerkungen zur Restaurierung in der Sixtinischen Kapelle in Rom

Seit 1980 werden in der Sixtinischen Kapelle im Vatikan die Decken- und WaWandbilder Michelangelos restauriert. Was nach der Entfernung von Schmutz- und Leimschichten an den Tag kommt, hat selbst der Fachwelt einen Schock versetzt. Ein «neuer» Michelangelo? Oder ein Restauratoren-Michelangelo? Kunstgeschichtliche Renaissance-Positionen ersten Ranges sind von der «Restaurierung des Jahrhunderts», wie sie sich selber zu nennen liebt, betroffen. Dies ist ein Zwischenbericht, zur Zeit der Auseinandersetzungen um 1986.

Es begann harmlos, routinemässig. Im Anschluss an den grossen Moses-Christus-Zyklus auf halber Höhe der Kapelle wurde ab 1980 die darüber liegende Folge der 28 Papstbildnisse (von der Hand derselben Quattrocentomeister) gereinigt und konserviert. Neugier – oder Gerüstkletterei oder wissenschaftliche Konsequenz – führte zum nächsten Schritt, nun empor in die Domäne Michelangelos. Die Lünetten, mit den «Vorfahren Christi», zeigten bei den Reinigungsproben einen so aufregend hellfarbigen Originalzustand, dass man mit ihrer Restaurierung nicht zögerte.

Seit Ende 1984 ist das Gewölbe in der Kur – ohne dass ein internationales Fachgremium konsultiert worden wäre, wie dies in so exponierten Fällen doch längst üblich ist. Erschrak die Equipe nicht über ihren eigenen Mut? Vor einigen Monaten wurden das erste Joch (mit der «Delphica», «Joel» und der «Trunkenheit Noahs») und die zwei Eckzwickel (mit «David» und «Judith») der Öffentlichkeit präsentiert, mit weltweitem Echo (nicht nur Ah und Oh). Bis 1989 wird das gesamte Gewölbe behandelt sein, zuletzt soll, bis 1993, das «Jüngste Gericht» an der Altarwand folgen. (Und dann wird man, wohl oder übel, im Interesse des Gesamtkunstwerks wieder mit dem – seinerzeit halbherzig gereinigten – Quattrocentozyklus beginnen müssen.)

Als Arbeitsgerüst im Gewölbe wurde eine Konstruktion nach Michelangelos Vorbild, gemäss einer Zeichnung in den Uffizien, nachgebaut, allerdings nun in Eisen. Es handelt sich um eine pfiffige Brückenkonstruktion, die, ohne senkrechte Stützen, seitlich auf Lünettenhöhe verankert ist, nur ein Joch breit, so dass unten in der Kapelle keine Störung eintritt und die übrigen Teile der

Malerei frei zu sehen sind. Die Rekonstruktion des Arbeitsvorgangs, mit dem Argument des Gerüsts, erlaubt übrigens, die Lünetten neu zu datieren, nämlich Zug um Zug mit den entsprechenden Deckenpartien, von 1508 bis 1512 (nicht, wie bisher angenommen, als letzte Etappe 1512). Ferner steht nun fest, dass der Maler stehend arbeiten konnte, nicht kauernd oder liegend wie ein romantischer Titan. Seine Arbeit lief über 1200 Quadratmeter.

Inzwischen haben sich die Verantwortlichen von der Direktion der Vatikanischen Museen an Tagungen in Rom, Florenz, Bologna, London und New York den Fachkreisen gestellt: Prof. P. Pietrangeli, Generaldirektor der Vatikanischen Museen, Dr. F. Mancinelli, wissenschaftlicher Leiter der Unternehmung, Prof. P. Colalucci, Chefrestaurator, und die «maestri restauratori» M. Rossi und P. Bonetti, umgeben von Naturwissenschaftern, Archivaren und zahlreichen angesehenen Konsulenten aus aller Welt. [Die zahlreichen Vorbereitungen und Analysen sind inzwischen publiziert.]

Für die Finanzierung sorgt, mitten im Vatikan, die Nippon Television Corporation NTV in Tokio mit einem Beitrag von 3 Millionen Dollar, dafür erhält sie die Reproduktionsrechte jeweils für die ersten drei Jahre. Die photographische Dokumentation soll lückenlos sein, vor, während und nach der Restaurierung. Für das erste Joch der Decke zum Beispiel liegen fast 2000 Aufnahmen vor. Ferner werden alle Operationen von der NTV gefilmt, und angeblich tragen die Restauratoren Mikrophone, damit auch jeder erste Schrei der Überraschung (und der letzte Fluch) der Nachwelt überliefert wird. Zurzeit steht eine erste Publikation, über die Lünetten, in Vorbereitung, mit internationalen Beiträgen u.a. von J. Shearman, M. Hirst, A. Chastel [erschienen 1986].

Trotz tadelloser Ausführung durch Michelangelo in der «fresco buono»-Technik hat die Deckenmalerei schon früh gelitten (Giovio, 1547: «si va consumando»). Bereits 1566 sind Flickarbeiten (zur Behebung von Rissen), im 17. Jahrhundert mehrere Reinigungen, auch Übermalungen (unter Maratta, Lagi und Mazzuoli, 1625 und 1710) verzeichnet. Damals wurde auch – ein fataler Entschluss – eine Schicht tierischen Leimes aufgetragen, die die Farben festigen und beleben sollte, in Wirklichkeit aber allmählich zu einer allgemeinen Nachdunkelung und Verdumpfung geführt hat, so dass bald von Besuchern und Theoretikern das Kolorit nicht mehr wahrgenommen oder kritisiert wurde und Michelangelo als Farbenkünstler ausser Kurs gesetzt war. So meinte Roger de Piles 1699, Michelangelo habe «alles ignoriert, was die Farbe betraf». Und durch Lanzi (1789) befestigte sich das Urteil, Michelangelo sei «unter den Zeichnern der stärkste, aber der schwächste unter den Koloristen».

Inzwischen haben sich Schmutz, Staub, Kerzenruss, verbräunter Leim und Übermalungen derart gehäuft, dass das Werk ganz von einer graubraunen Patina dominiert wird. Dazu kamen Wasserschäden, die sich in Salzausblühungen bemerkbar machen. Zudem begannen kontraktierte Leimpartien Teile der originalen Farbschicht abzustossen.

Die zurzeit angewandte Restaurierungsmethode mit dem knappen Arbeitsgerüst erlaubt, das Vorher und Nachher direkt miteinander zu vergleichen – eine seltene öffentlich didaktische Situation, zugleich aber auch Verführung zur Schau- und Renommierrestaurierung.

Bisher: Die Bilder der Urgeschichte der Menschheit breiten sich hoch oben wie in einem archaischen Dämmer aus, wolkig, schummerig, als eine unzugängliche visionäre Oberwelt. Das Helldunkel herrscht vor, fast in der Art einer Monochromie. In seiner rauchigen Einheit kann sich eine elementare Dynamik entfalten, ohne auszubrechen. Der Farbe ist darin keine Eigenkraft zugestanden. In dem allgemeinen «sfumato» ist sie ebenso gedämpft und gebunden, wie die Wucht der überdimensionierten Gestalten gemildert ist. Alles hat «quel nobile colore di cuoio antico» angenommen.

So haben Generationen von Besuchern die Sixtina erlebt, Künstler, Schriftsteller, Kunstkritiker, Touristen, so ist sie in Photos, Diapositiven, Publikationen millionenfach verbreitet, so hat sie die Kunstgeschichte, seit es sie gibt, beurteilt.

Nun aber ist es, als sei ein Schleier weggezogen, ein russiger Filter entfernt. Helle, Farbenglanz, Blankheit, Präzision wetteifern miteinander. Die ganze heroische Figurenwelt scheint näher gekommen zu sein und sich neu zu artikulieren, schärfer, aggressiver, jedenfalls gegenwärtiger, und buchstäblich in einem neuen Licht – ein hochintellektuelles System von Beziehungen anstelle des biblischen Gewölks. Schrille Buntheiten erschrecken das Auge, das an die Harmonien des «sfumato» gewöhnt war. Die Farbe lebt auf, sie ist nicht mehr dem «chiaroscuro» unterworfen. Ihr sind Funktionen ersten Ranges anvertraut, die bisher nicht wahrzunehmen waren.

Wie heilig ist der Schmutz der Jahrhunderte? Gehört er, als Zeichen und Würde des Alters, zur Biographie des Werks? Wächst diesem hierdurch eine neue Dimension zu? Aber ist er, in dem Ausmass wie hier, nicht ein Fälscher grossen Stils? Hat nicht der Maler Chronos den Maler Michelangelo längst verdrängt? Darf man, soll man nun den Usurpator hinauswerfen? Was sagt die Theorie, was die Ethik des Restaurierungsmetiers dazu? Und was ist das für eine Kunstwissenschaft, die über den Schmutz von Jahrhunderten philosophiert hat, ohne es zu bemerken?

Die altersgraue Sixtina verschwindet nicht unbeweint. Giorgio Manganelli, gewiss einer der klügsten Schriftsteller des modernen Italien, schickt ihr ein melancholisches Lamento nach, traurig über das Opfer der magmatischen Trübheit und des finsteren Klangs. Man zerstöre nun den Michelangelo Blakes, die «Höhle von Lascaux des 20. Jahrhunderts» samt ihren «creature dell'ombra».

Vasari berichtet, wie bei einer ersten Enthüllung, um 1510, ganz Rom herbeiströmte und es allen die Sprache verschlug. Raffael, der damals die Stanzen ausmalte, war so beeindruckt, dass er «mutò subito maniera». Stehen wir nun vor der zweiten Ent-hüllung? Ist eine Revision, eine neue «Lektüre» Michelangelos und der Hochrenaissance fällig? Ist «Michelangelo pittore» an den Tag gekommen? Oder einer, den es nie gegeben hat? Was wird gewonnen? Und was geht verloren?

Ohne ein wenig Einblick in die Technik des klassischen Freskos und seiner Restaurierung ist das Ereignis nicht recht verständlich.

Michelangelo malt «fresco buono», in der klassischen florentinischen Tradition, d.h. die Farben werden auf den frischen, feuchten Malputz aufgetragen und verbinden sich beim Trocknen durch Versinterung unlösbar mit ihm. Die Malschicht in der Sixtina ist denn auch sehr gut erhalten. Allfällige Nachträge – Blautöne, Korrekturen, Details, Feinmodellierungen – müssen «a secco» aufgemalt werden, pastos oder sehr dünn, und sind, da sie nicht mehr die erwähnte chemische Putzbindung haben, viel mehr gefährdet. Für ein Tagewerk wird eine entsprechende, kleine Putzfläche aufgebracht («giornata»). Als Feinputz verwendete Michelangelo eine «römische» Mischung aus Kalk und Pozzolanerde, einen mageren Grund, der länger malbar bleibt.

Für die Übertragung des Entwurfs auf die Freskowand stehen verschiedene Methoden zur Verfügung. In der Hochrenaissance wird meistens von Kartons ausgegangen, d.h. Entwürfen im Massstab 1:1, die mittels Lochpausen (mit «spolvero», Kohlestaub) oder Gravierung auf den Malputz transferiert werden.

Wie nun festgestellt ist, geht Michelangelo in den Lünetten, mit den «Vorfahren Christi», überraschend unkonventionell vor: zwar «fresco buono», aber in einer Prestissimo-Variante. Für eine Lünette benötigt er nur drei Tagewerke – extrem kurze Zeit für überlebensgrosse Figuren in komplizierten Bildfeldern von 3.40 Metern Höhe. Entsprechend das Verfahren: ohne Kartons, mit rascher Pinselvorzeichnung direkt auf der Wand (wohl nach kleinen Papierentwürfen), in flüssiger, hellfarbig dünner Malweise, fast aquarellhaft, in mehreren transparenten Lasuren. Dabei wird mit dem Reflexweiss des Putzgrundes gerechnet. Trotz dem stürmischen Vorgehen, in voller «furia», sind fast keine Korrekturen auszumachen. Man weiss, dass Papst Julius II. den Maler unzimperlich zur Eile antrieb; sonst werfe er ihn vom Gerüst.

Anders am Gewölbe, wo vom Gerüst aus ein Überblick während der Arbeit nicht möglich war. Hier verwendet der Maler Kartons, und die Tagewerke sind kleiner, zugunsten intensiverer Detaillierung; in der «Delphica» allein sind zwölf «giornate» zu unterscheiden. Die Übertragung vom Karton auf den Verputz erfolgt hier im «spolvero»-Verfahren (Durchstäuben der perforierten Kartonzeichnung), in einigen Fällen auch mittels Gravierung (incisione). Zudem finden sich am Gewölbe etliche «fresco»-, «mezzo fresco»- und «secco»-Nachträge.

Mitten aus dieser Meisterschaft stammt Michelangelos Klage, die Malerei sei nicht seine «professione». In mehreren Briefen und Gedichten ist von seinen Schwierigkeiten und Plagen die Rede. Er hält sich eben ganz und gar für einen Bildhauer.

Die kritische Frage ist nun, ob der Maler nach der Anlage in «buon fresco» zusätzlich – und für den Anblick entscheidend – feine Halbtöne (velature, mezzitoni, ombreggiature) «a secco» angebracht habe, mit Temperafarben auf getrocknetem Verputz, um zu modellieren, zu pointieren, zu bereichern, zu harmonisieren, auch um Korrekturen anzubringen. Wenn ja, müssen sich diese mit den Schmutzschichten allmählich verbunden haben, so dass es bei der Reinigung schwierig wäre, sie zu bewahren.

Zur Auflösung der Ablagerungen wird die vom Istituto centrale di restauro in Rom entwickelte Reinigungspaste, ein komposites Gelatinelösungsmittel von bekannter Zusammensetzung, verwendet. Diese Reinigungspaste wird in Taschentuchgrösse zweimal je drei Minuten lang aufgetragen und dann mit destilliertem Wasser abgewaschen. Sie dürfte theoretisch nur so weit eindringen, dass noch eine hauchfeine Schicht von frühen Residuen über der originalen Farbhaut erhalten und diese selbst unangetastet bliebe. Ob das, bei wechselnden Verhältnissen von Wärme, Luftfeuchtigkeit, Lösemittelparameter, Saugfähigkeitsart des Grundes, Erhaltungszustand der Wandzone usw., per Chronometer machbar sei, muss mindestens gefragt werden. Selbst im besten Fall ist aber vor der Illusion zu warnen, dass der Zustand «wie am ersten Tag» wieder erreichbar wäre. Chronos – wie Hogarth ihn einmal gezeichnet hat, mit Rauch und Sense vor dem Bild – wirkt immer als Veränderer und Zerstörer von Originalsubstanz.

Aus den bisherigen Beobachtungen ist zu schliessen, dass Michelangelo auch an der Decke durchwegs in «fresco buono» gearbeitet hat, hell und brillant, doch in differenzierterer Strichführung, für kräftige Modellierung, aber nie mit eigentlichen «impasti». «Secco»-Partien, so wird versichert, finden sich nur in den Anfangspartien («Sintflut»), später lediglich bei Korrekturen, und diese sind selten.

Schon zu Beginn der Restaurierung wurde Alarm geschlagen, von einer Gruppe amerikanischer Künstler unter der Leitung von F.H. Mason, mit dem Sukkurs der Direktion der Accademia delle belle arti in Rom. Eine radikale Kritik trug auch A. Conti vor. «Stop the violation!». «Save the Sistine Chapel!» Den Vorwürfen fügte J.H. Beck von der Columbia University in New York weitere Argumente hinzu. Das Dreiminuten-Purgatorium der Reinigung habe samt allem Schmutz gleich auch die Epidermis der Malerei entfernt, die «ultima mano», von der Condivi und Vasari berichten. Das Fresko sei nun sozusagen gehäutet, man habe die flache «Untermalung» herauspräpariert, unter Verlust aller chromatischen Feinheiten, mit einer Farbigkeit «von Gummibärchen und Fruchteis», «the worst sort of Kitsch». Es gelte, die Hybris und die Arroganz der vatikanischen Unternehmung zu stoppen. Franca Magnani spricht ihrerseits vom «Mord an Michelangelo». So kam die Sixtina zu ihrem «giallo».

Dagegen versichern die Verantwortlichen, von der Originalsubstanz sei kein Jota verloren gegangen. Wie zu erfahren ist, hat man in den Abnahmekompressen – eine Kontrollmassnahme – keine Spuren gelöster Lasuren oder Pigmente gefunden. Es ist ja auch denkbar, dass gewisse «velature» schon bei den frühen Restaurierungen verloren gegangen sind. Der Augenschein auf dem Gerüst führt jedenfalls zu eindeutigen Feststellungen. Sie sind freilich mit Irritationen verbunden. Diese mögen damit zusammenhängen, dass sich der neue Parameter «Michelangelo pittore» erst einstellen muss.

Anhaltspunkte für den Index des nun erlangten Erhaltungszustands gibt vorerst die gemalte Architektur der Decke, mit ihrem hellen, sauberen «Marmor», der genau geschnitten und profiliert erscheint. Zudem zeigt er die Lichtverhältnisse sehr differenziert an, mit blankweissen Vorsprüngen und abgestuften Schattenpartien. Da fehlt nichts, bis in die oberste Malhaut.

Andererseits steckt, im selben ersten Joch, der Prophet Zacharias in einem enormen vitriolgrünen Mantel, dessen «Grünheit» wenig modelliert ist und kaum Nuancen aufweis, so dass er als aggressives Farbfeld die Mittelachse besetzt, grell und fast popig. Ist das Michelangelos letzte Hand? Oder haben Klimaschäden, ältere Reinigungsoperationen oder ähnliches schon früher die originale oberste Schicht zerstört?

In der Szene der «Trunkenheit Noahs» regiert ein Perfektionismus, der die nackten Figuren skulptural durchmodelliert, vom tiefen Schatten bis zum hauchdünnen Halbton, vom Bart des Schläfers bis zur subtilsten Muskulatur. Man meint zu vernehmen, wie der Bildhauer dem Maler seine Geheimnisse anvertraut und wie dabei ein Kanon jugendlicher Schönheit und Vitalität entsteht, der – eine Kollegin bemerkte es – den Riace-Kriegern Konkurrenz macht. Zu vermissen ist da nichts.

Dasselbe gilt von den «Ignudi», den berühmten Paaren von sitzenden Jünglingen. Sie haben den ganzen Glanz ihrer Epidermis zurückgewonnen, bis in die feinsten Fasern ihrer Muskulatur und ins Rot der Lippen. In ihren Haaren ist da und dort eine virtuose (im Fresko seltene) Lasurentechnik angewendet, indem zwei transparente Farben übereinander gelegt sind – beide tadellos bewahrt.

In den Lünetten gelten andere Regeln des «finito». Die generösen, dünnflüssigen Pinselstriche zaubern Transparenzen hin, die durch «secco»-Überarbeitung nur beeinträchtigt worden wären. Ihre Farben sind unvermischt, und die Modellierung geschieht direkt im Kolorit, ohne Helldunkel-Zusätze. Daneben finden sich, auf der hinteren Schmalwand, frühe Sitzfiguren, die mit dekorativer Präzision ausstaffiert sind, auch sie offensichtlich in vollständiger Erhaltung.

Eine (vorläufige) Bilanz der Reinigung scheint also durchaus zugunsten der Unternehmung auszufallen. [Die Ergebnisse sind seither in einer Flut von üppig illustrierten Publikationen zu überprüfen.] Eine andere Frage ist, ob die Ungeduld, die modische Restaurierphrenesie, die schatzgräberische Neugier und die Sucht nach Bravour nicht ein Risiko waren (und sind), ob nicht eine international diskutierte und abgesicherte Vorbereitung von Vorteil gewesen wäre.

Zum Beispiel findet man nicht erörtert, ob die abschliessende Anwendung eines Festigungsmittels – die Allerweltssalbung mit dem Kunstharz Paraloid 72 B – notwendig und erlaubt sei. Denn sie ist, wenn auch von Auge vielleicht nicht mehr sichtbar, doch irreversibel und in ihren Langzeitwirkungen nicht sicher kalkulierbar. Für jede spätere freskogerechtere Einwirkung (mit den Materialien und den Erfahrungen der Zukunft) bedeutet sie ein Präjudiz. Gerne bemerkt man, dass auf einen Firnis oder einen anderen Oberflächenschutz verzichtet wird; das «fresco buono» bedarf dessen nicht. [Eine (von der Besucherfrequenz gesteuerte) Klimaanlage und eine Kaltlichtbeleuchtung für die Randzeiten sind inzwischen installiert.]

Inzwischen ist der einzigartige Fall eingetreten, dass der Ministerpräsident – Andreotti – das Parlament informieren musste: «tutto bene per la Sistina». Aber wie immer das Gericht ausgehen wird – schon heute sind unter dem so veränderten Gewölbe eine Menge kunstgeschichtlicher Renaissance-Positionen in Revision zu nehmen.

Jahrhundertelang gilt Michelangelo in dem Schema «disegno/colore» als der Grossmeister des «disegno», mit einem «colore insipido» (Dolce, 1557). Die Theoretiker, ohnehin intellektualistisch, billigen der Farbe zwar grundsätzlich eine gewisse Wirkung zu, aber von betörender Art, «fortreissend» und deshalb auf «Unwissende» beschränkt. (Nur die Venezianer, mit ihrem Tizian, machen hierin eine Ausnahme.)

Es verwundert nicht, dass die Michelangelo-Literatur je und je, von Vasari bis David Summers, weitgehend farbenblind ist. Die vielen (hilflosen) Stimmen hat Paola Barocchi in ihrem Vasari-Kommentar zusammengestellt. Um so mehr fällt auf, dass man in den Kreisen der französischen Akademie in Rom um 1870 der Meinung war, «que Michelangelo est un grand coloriste». Und in seiner Monographie von 1876 ahnt Wilson, dass die Sixtina-Farben, «when first painted, were forcible and brillant» und dass sie möglicherweise restauriert werden könnten, während Wölfflin 1899 vom «ersten grossen Fall von Monochromie» spricht.

Tolnay, in seinem fünfbändigen Standardwerk, wendet ganze drei Seiten an das Kolorit. Es sei im ganzen grau in grau, dem Helldunkel hörig und wie dieses in drei Stufen lichtwärts orientiert, als eine neuplatonische «ascensio». Immerhin könne die Farbe reinigend und besänftigend wirken. Ähnlich sieht es v. Einem (1973), trotzdem kommt er zum Schluss: «Die Farbkomposition hat gleichen Rang wie die gedanklich künstlerische Konzeption, das tektonische System und die figurale Erfindung.»

Michelangelo, ein grosser Farbenkünstler: das ist die undiskutable Offenbarung der Restaurierung. So erstaunlich, wie es jetzt scheint, ist die Entdeckung allerdings nicht. Hätte man den Tondo Doni (Uffizien), der dem römischen Werk unmittelbar vorangeht, in seinem hellen Kolorit ernst genommen (siehe unten), so wäre der kritische Blick auch durch den Schmutzfilter der Sixtina gedrungen. Und dass die ersten Manieristen, besonders Pontormo und Rosso, beide Michelangelisten, ihre irreale Farbigkeit nicht aus dem Nichts erfunden haben, hätte sich vermuten lassen.

In den Lünetten schreibt Michelangelo tatsächlich Koloritgeschichte. Die Farbe befreit sich aus der schwierigen Verbindung mit dem Modellierungshelldunkel, sie wird selber hell, lichthaltig, rein, und die Schattenpartien haben ihre eigene, satte Farbtiefe. Von den Elementarfarben geht der Maler ab, zugunsten lichter, erlesener Töne wie Rosa, Rost, Oliv, Lila, Resedagrün. Diese sind zu sanften Akkorden gefügt, häufiger aber erzeugen sie dialektische Spannungen, in scharfen, «atonalen» Dissonanzen, unter ihnen «Sekunden»-Tonschritte wie Lila/Rosa. (G.C. Argan vergleicht sie mit Zwölftonmusik.) Die Grammatik der sachbezeichnenden, der modellierenden, der dekorativen Farbigkeit hat ausgedient. Michelangelos «colore-invenzione», «colore-emozione» (Briganti) erschliesst exponierte Seelenlagen, wie es der Situation der Vorfahren Christi in der Zeitendämmerung entspricht.

Besonders wirkt sich die Aktivität des Lichtes innerhalb der Farbe aus. Transparenzen sind häufig, Überblendungen mit weissen Glanzblitzen ebenso, dazu opalisierende Effekte, andererseits auch Entkräftungen bis zu fahlen, erlöschenden Nuancen. Oder, besonders eindrücklich: die Töne schlagen um, im Übermass des Lichts; sie kippen, zum Beispiel, von Lachsrot in helles Citron oder von Rostbraun in metallisches Grün.

Der ausgiebige Gebrauch dieses «Changeant»-Kolorits durch Michelangelo hat die Restauratoren in Aufregung versetzt. Er ist aber keineswegs eine «assoluta novità», vielmehr seit der Spätantike bekannt und bei Giotto, dem «gotico internazionale», der Generation Peruginos und vollends bei den Manieristen üblich. Der Theoretiker Lomazzo (1584) kennt dann 3584 Arten (!) des Changierens, findet sie aber eher eitel, eine Augenergötzung und eine süsse Schönfärberei. Die Grossen hatten freilich immer auf die Übernatürlichkeit des Schimmerns, auf den regenbogenfarbigen Abglanz des Himmels vertraut. Auch Michelangelo hebt die irrealisierende Wirkung hervor, sein «Changeant» hat etwas Flackerndes, Aufstörendes, unheimlich Erstaunliches. Vor allem vermag es Licht- und Schattenwechsel zu suggerieren, ohne die reine Farbigkeit aufzugeben. Neu sind der Umfang und die Systematik des Einsatzes.

Das befremdliche Kolorit der Lünetten hängt natürlich mit einem neuen Figurenkanon in dieser Zone zusammen. In den 28 Gruppen der Vorfahren Christi, die wartend, lesend, schreibend, träumend, brütend in sich selber versunken sind, variiert Michelangelo das Thema des Sitzens in einer einzigartigen Reihe (übrigens ein Sitzen auf Rundbögen, wie später in der Medici-Kapelle). Die Haltungen sind nicht einfach und elementar, sondern verdreht, verschlungen, kontrapostisch in sich selber befangen; anfangs in artistischer, virtuoser Weise, dann mehr und mehr auf eine komplexe Innerlichkeit verweisend. Deshalb die Vielfalt von Farbenfeldern innerhalb einer einzigen Gestalt: kein homogener Figurenblock. Eine organische Entfaltung der Gestalt wird ohnehin gemieden; die Sitzmotive begünstigen Knickungen, Dehnungen, Verwindungen. Dabei büssen die Proportionen ihre harmonische Normalität ein. Zudem zeichnen sich auf der Rückwand heftige Schlagschatten ab, oft als witziges Double, oft komisch, grimassierend, erschreckend. Am Ende der Reihe sitzt eine junge Frau, sich kämmend: in lachsrot/silberschimmerndes «Changeant» gekleidet, mit knotigen Gelenken, ein durchsichtig irreales Feenwesen.

Im Zwielicht des Gewölbeansatzes, im Abseits der Vorgeschichte unternimmt es Michelangelo, den Kanon der Hochrenaissancegestalt, den er selber eben erringen half, aufzukündigen. Frei von den Verbindlichkeiten der grossen Historien im Gewölbe, schafft er sich hier einen Freiraum – ein Laboratorium manieristischer Exzentrik. Das Frühwerk Pontormos knüpft hier an, bis zu den Geisterfiguren der Certosa-Passion. Auch Rosso Fiorentino, Sarto und Beccafumi gehören zu den unmittelbaren Erben, zu den mittelbaren dann Bronzino und Salviati. Raffael reagierte schon in den Deckenbildern der Heliodor-Stanza.

Man hat zu registrieren, dass dieser erste manieristische Probelauf schon um 1508/12 stattfand. Umgekehrt betrachtet, stellt sich die Hochrenaissance, an einem ihrer Höhepunkte, bereits als eine prekäre Station dar, voller Spannungen und Gegenkräfte und mit einer folgenreichen generativen Potenz.

Die neue Orientierung, wie sie sich in der Sixtina nun ergibt, betrifft auch den im Cinquecento so lebhaft geführten Rangstreit zwischen Skulptur und Malerei, auf dem Fechtplatz des «Paragone». In der Umfrage Benedetto Varchis von 1548 votiert Michelangelo selber für die Überlegenheit der Skulptur (wenn auch, wie er beifügt, beide Künste im «disegno» konvergieren). «La pittura mi pare più tenuta buona quanto più va verso il rilievo.» Vasari bestätigt Michelangelos Grösse «lasciando da parte le vaghezze de' colori»; ähnlich dann Lomazzo und Roger de Piles.

Solange die Sixtina monochrom «gelesen» werden konnte, als ein System gemalter Skulptur, gab es am Bildhauer-Maler nichts zu deuteln. Die Lünetten aber sind das Werk eines Maler-Malers, kaum auf «rilievo» erpicht, rundum alles mit den Mitteln der Farbe leistend und damit eine neuartige melancholische Stimmung erzeugend.

Andererseits, im restaurierten ersten Joch zu sehen, konzentriert sich seine Malerei in den Jünglingsfiguren auf brillanteste «pittura-scultura». Ja, die Geschichte von «Noahs Trunkenheit» begnügt sich nicht damit, als ein Relief zu erscheinen; die Figuren präsentieren sich bildhaft in der Illusion von Vollskulpturen.

Der Maler wider Willen – Condivi gibt die Sixtina als einen billigen Ersatz für das Julius-Grabmal aus – ist also nicht nur auch ein Maler «par excellence». Er ist, als Maler, sozusagen zweisprachig, je nach Aufgabe und Konditionen. Oder, wie Eugenio Battisti meint: er wechselt Stile im Handumdrehen, ein Picasso seiner Epoche. Und vielleicht hat Aretino, der Spötter, recht: Michelangelo entschuldige sich als Bildhauer, um als Maler desto grösser zu erscheinen.

Die «neuen» Lünetten haben auch teil an dem – im frühen Cinquecento recht kritischen – Verhältnis von Farbenmalerei und Helldunkelmalerei. Seit Fra Filippo, gesteigert bei Leonardo, Andrea del Sarto und anderen, hatte die Ambition auf dreidimensionale Bildillusion mittels Grauzusätzen die farbige Gesamterscheinung «verunreinigt». In stillen Werkstattkämpfen sieht man die Meister um die Jahrhundertwende mit dem Dilemma ringen.

Michelangelo, mitten drin, bricht in den Lünetten, wie gesagt, auf die Bahn einer reinen, jedoch hochkomplexen Farbigkeit aus. Die Bildererscheinung klärt sich; unvorhersehbare Farbpotenzen, jenseits der Naturnachahmung, werden erprobt. Es sind Farbwerte, die den Raum, das Körpervolumen, die Bewegungsströme bezeichnen; es gibt nun auch farbige Dämmerungen, farbig bestimmte Emotionen. Es ist kein Zufall, dass solche

Farbfunktionen, aus dem Helldunkel hinaus getreten, etwa gleichzeitig mit dem Aufbruch des jungen Tizian erscheinen. Die jungen Manieristen werden ihrerseits die Farben gleich zu einem eigenen kalten Glühen bringen und die letzten Graureste ausschmelzen.

Eine Kontrollinstanz ersten Ranges für die Sixtina-Restaurierung kann Michelangelo selber sein: mit seinem Tondo Doni (Uffizien) von 1505/08. Das Rundbild – mit der gymnastischen Heiligen Familie, Hochzeitsauftrag Doni-Strozzi, Florenz – ist seinerseits eben aus einer Restaurierung hervorgegangen und wird zurzeit solo in den Uffizien ausgestellt, samt den Arbeitsdokumenten. Gewiss, eine Tafel lässt sich nicht unmittelbar mit einem Fresko, ein Kleinformat nicht mit einem Monumentalformat konfrontieren. Es bleiben aber Vergleichbarkeiten genug.

Auch hier waren alte Schmutzschichten, vergilbte Firnisse und Übermalungen zu entfernen; ein Filter auch hier, der die Chromatik ins Graubräunliche verfälscht hatte, besonders die Blau- und die Inkarnattöne. Auch hier nun derselbe Eclat: brillante helle Farben, in feinsten Lasuren gemalt, vom Licht durchstrahlt, im Schatten aber dunkel intensiv; die Modellierung Farbe in Farbe, ohne Grauzusatz, im einzelnen sehr plastisch; jedoch keine «Changeant»-Effekte. Das alles entspricht «mutatis mutandis» dem freigelegten Zustand in der Sixtina, nicht zu reden von den motivischen Zusammenhängen. Keine Überraschung also, von hier zu dort, von dort zu hier. So malt «Michelangelo pittore» um 1505–12. Die Sixtina entfaltet ganz und gar, was im Tondo Doni angelegt ist.

Die Aufregung erinnert an die Emotionen anlässlich der «Cleaned Pictures» nach dem Zweiten Weltkrieg und die entsprechende Ausstellung in der National Gallery in London (1947). Die Entfernung des braunen «Galerietons», der die gesamte Malereigeschichte rembrandtisiert hatte, rief damals Skandale hervor. Gewiss hat die Putzsucht immer wieder übers Ziel hinaus geschossen (die Beispiele sind eine traurige Hekatombe), doch sind die grossen Koloristen seither wieder zu ihrem Recht gekommen. Man hat, soweit möglich, «richtig» (oder richtiger) sehen gelernt, von Fall zu Fall mit dem «period eye» (Baxandall).

(Der Verfasser dankt Dr. B. Mühlethaler, Zürich, und Dr. E. Weddigen, Rom, für generöse Gespräche.)

Seit 1986 sind zahlreiche Publikationen erschienen, die meisten zustimmend. Dem Verlauf der Arbeiten folgten: Giornale dell'Arte, Critica d'arte, Burlington Magazine. Aktuell und zusammenfassend: F. Mancinelli, in: Der neue Michelangelo, Bd. II, Luzern 1991, S. 221. – Einzelne Phasen und Aspekte: in: Die sixtinische Kapelle, Zürich 1986. – Tecnica e stile: esempi di pittura murale del Rinascimento italiano (ed. E. Borsook), Milano 1986. – A. Conti, Michelangelo e la pittura a fresco, Firenze 1986 (kritisch). – J. Beck, «L'ultima mano», in: Art Bulletin, 1988, S. 502. – La pittura in Italia, Il Cinquecento, Milano 1987. – Problemi del restauro in Italia, Urbino 1988. – F. Hartt, «L'ultima mano» on the Sistine Ceiling, in: The Art Bulletin, 1989, S. 508. – F. Mancinelli, La technique de Michelange et les problèmes de la Chapelle Sixtine, in: La Revue de l'Art, 1988, H. 81, S. 9. – L. E. Doetsch, Der wahre Michelangelo, in: Restauro, 1989, S. 87. – Michelangelo e la Sistina, Ausstellungs-Katalog Rom, Musei Vaticani, 1990.

«Il pittorissimo»

Der «andere» Raffael: im Malerurteil

André Malraux, in den «Voix du silence»: Raffael sage ihm nichts. Das ist mit tonloser Beiläufigkeit gesagt – Stimme unseres Jahrhunderts, das, als erstes seit 1500, ohne Raffael lebt. Die Wende markiert sich in Karl Schefflers Notruf: «Ich glaube dir nicht mehr, Raffael!»

Raffael als Glaubensartikel – in der Tat. Eine solche überirdische Autorität lässt sich über Jahrhunderte, bis zum Ereignis seines Todes 1520, zurückverfolgen. Damals schrieb Pandolfo Pico della Mirandola an Isabella d'Este, in Raffaels Sterbestunde, am Karfreitag, habe ein Erdbeben die Stadt Rom erschüttert, der vatikanische Palast habe sich gespalten und sei fast eingestürzt. Niemand konnte die Analogien zum Tode Christi übersehen. Papst Leo X., so wird weiter berichtet, habe bitterlich geweint; ohne Raffael scheine ihm das Leben nicht mehr lebenswert.

In der Folge war es Vasari, der in seinen «Lebensbeschreibungen» die gültigen Superlative setzte und den Prozess einer ästhetischen Heiligsprechung vollzog. Obgleich der Ruhmestrompeter Michelangelos, musste er (mindestens in der zweiten Auflage seines Werks, 1568, nach dem Tode Buonarrotis) auch dem Widerpart Raffael volle Gerechtigkeit zuteil werden lassen. Persönlichkeit und Leben Raffaels verklären sich in seiner Darstellung. Immer liebenswürdig und bescheiden, immer lehrend und helfend, ohne jeden üblen Gedanken, habe er «Güte und Einmütigkeit» wie mit Zauberschlag verbreitet. Selbst Tiere hätten ihm ihre Ehrfurcht bezeugt. Da bildet sich die Legende eines makellosen, engelhaften, ja heiligen Malerjünglings – vollkommener Mensch und vollkommener Künstler.

In der Malerei, so meint Vasari weiter, bedeute Raffael zugleich die weltgeschichtliche Erfüllung. Dank der Gnade des Himmels seien alle die «infinite richezze de' suoi tesori e tutte quelle grazie e più rari doni» in ihm allein vereinigt, während sie sonst nur in der Verteilung auf viele Künstler und zu vielen Zeiten aufträten. Er allein habe «l'arte, i colori e la invenzione» zusammengeschmolzen und so auf einen Grad der Vollendung gebracht, der sich kaum erhoffen liess. Niemand möge je daran denken, Raffael übertreffen zu können. «O felice e beata anima!» «Wohl konnte, als dieser edle Künstler starb, auch die Malerei sterben; denn als er die Augen schloss, blieb sie fast blind zurück.» (Dem Verhältnis Raffael/ Michelangelo in Vasaris Sicht kann hier nicht nachgegangen werden.)

Damit sind die Hauptthemen – und allzubald die Gemeinplätze – der Raffael-Rezeption gegeben. Zuhanden der Nachwelt bildet sich eine Idealfigur, die das Höchstmögliche an Malerei personifiziert, ausserhalb der Geschichte stehend, nur noch mit der Antike zu vergleichen; ein Abstractum der Perfektion; ein Idol für all die Akademien und Klassizismen der folgenden Jahrhunderte, von Bellori über Félibien zu Winckelmann, Mengs und Ingres; eine Kultgestalt, die schliesslich die Theoretiker und Literaten, die Puristen und Moralisten mehr als die Kunstverständigen anzieht. Dabei konzentriert sich die Verehrung oft, so bei den Nazarenern, auf den frühen, «heiligen» Maler der Madonnen.

Aus dieser ästhetisch-sittlichen Verpanzerung hat sich der historische Raffael kaum mehr lösen können, auch nicht durch die frühen Quellenforschungen seit Ruhmor und Passavant, Crowe und Cavalcaselle, auch nicht in der Geniebiographik des späten 19. Jahrhunderts. Die Fraglosigkeit des «divino» ist damals zur Leblosigkeit degeneriert. Déjà lu, déjà vu. Und in unserem Jahrhundert, seitdem alles Klassische verdächtig geworden ist, steht Raffael lange im blinden Fleck der Kunstwahrnehmung. Fortan wurde es möglich, dass Raffaels Frauenbildnisse auf Parfumpakkungen erscheinen, nicht zu reden von den weltlichen Verführungskünsten der Sixtina-Engel. Da ist die Trivialisierung, die Demontage seines Ruhms gnadenlos vollzogen.

Selbst die Kunstwissenschaft, nun abseits jeglicher Aktualität mit Raffael beschäftigt, hat an der Stelle des verblichenen Idols keine ganz deutliche Realgestalt mehr sichtbar machen können. Es ist bezeichnend, dass eine moderne Monographie, die etwa dem Standard von Heydenreichs Leonardo oder Tolnays und v. Einems Michelangelo entspräche, nicht vorliegt. Selbst der Œuvrekatalog von L. Dussler (1966, revidiert 1971) und das zweibändige, von M. Salmi herausgegebene Sammelwerk «Raffaello: L'opera, le fonti, la fortuna» (1968) sind eher Bilanzen als Pioniertaten. Oskar Fischels bedeutender «Raphael» von 1948/1962 vereinigt zwanzig Teiluntersuchungen. Immerhin, seit einigen Jahren haben sich jüngere Kräfte dem «sommo pittore» wieder gestellt, mit mehreren hervorragenden Leistungen – ihm, der seinerseits die Generationen der Nachwelt in den Prüfstand nimmt, auch die unsere. Unter anderm wären die Beiträge von Shearman und Oberhuber zu nennen, ferner die neue (erfrischend respektlose, anti-ikonologische) Monographie von Jones und Penny (1983).

Eine Darstellung der Rezeptionsgeschichte hat übrigens Vincenzo Golzio vorgelegt (1936 und 1968), allerdings nicht viel mehr als eine Skizze. Die «Raffael-Legende» in der Kunsttheorie ist von Anthony Blunt nachgezeichnet, vorerst in groben Strichen (1958). Aber wo sind – weiterhin – die Stimmen der grossen Reisenden vor Raffael: Goethe, Shelley, Pater, Mme de Stael, Montesquieu, Jacob Burckhardt – welche Anthologie ergäbe das! Neuerdings geben Dissertationen differenzierteren Einblick in Teilbereiche (Raffael im Klassizismus und in der Romantik Deutschlands von Th. Ebhardt, 1972, in der französischen Kunsttheorie von 1660 bis 1830 von M.I. Rosenberg, 1979). Das Bild Raffaels in der deutschen Literatur des 19. Jahrhunderts hatte schon W. Hoppe (1933) dargestellt.

Vernachlässigt – oder nur in Ansätzen bewusst gemacht, so von J. Pope-Hennessy, 1970 – ist indessen eine andere Strähne der Wirkungsgeschichte: jene Raffael-Nachfolge, die nicht mit Federn, sondern mit Pinseln bezeugt ist – Maler unter dem Eindruck Raffaels. (Die Kunstgeschichte, selber ein verbales Medium, pflegt der verbalen Überlieferung entlang zu argumentieren, als hätte sie Angst vor ihrem Primärmaterial, dem visuellen, Angst vor den Unvordenklichkeiten der gemalten Dokumente.)

Kaum ein grosser Maler, von den direkten Nachfolgern bis tief ins 19. Jahrhundert, bleibt unbeeindruckt von Raffael, bewusst oder unbewusst, und jeder wieder auf seine eigene Art, jeder von anderen Aspekten des Vorbilds betroffen. Raffaels Nachleben in der Malerei ist noch ein Stück seiner selbst: eine anhaltende, antreibende Wirksamkeit seines Schaffens, auf den verschiedensten Achsen der Entwicklung, eine Fermentation und insofern zugleich eine Herausforderung an alle folgenden Epochen. Nachwirkend zerteilt sich das grosse Licht in ein buntes Spektrum: anders im Manierismus als im Barock, anders im Klassizismus als in der Romantik und im Historismus. Jede dieser «Farben» kann auf Raffael selber zurückweisen, jede kann, ihn selber betreffend, besondere Deutungskräfte rückwärts freigeben. Sie sind Indikatoren für Raffael selbst.

Innerhalb dieser Gegenwärtigkeiten ist ein merkwürdiger, hermeneutisch ergiebiger Umstand bisher kaum beachtet worden. Gerade in den widersprüchlichsten, dialektischen Situationen der neueren Malereigeschichte ist Raffael nicht nur der Mann der Akademiker und Klassizisten, auf ihn berufen sich zugleich deren Gegenspieler. Nicht allein Domenichino und Poussin, auch Caravaggio und Rubens sind Raffael-Nachfolger; nicht allein Ingres, auch Delacroix. Das muss seine Gründe haben, Gründe in Raffael selber.

Wir können uns hier nur auf ein paar Hauptstationen der Malereigeschichte beziehen – nicht auf die zahllosen Kopien und die Reproduktionsgraphik, die ein wahres Repertorium von Lösungen, sozusagen einen ersten «Alinari» bereitstellte, ein eigenes grosses Thema; nicht auf die Trivialverwendungen in Keramik und «imagerie populaire»; nicht auf die Vermarktung in der Werbung.

Wenn ausgangs des 16. Jahrhunderts, mitten in den Erschöpfungen des Manierismus, die Parole auf Wiederbelebung und Erneuerung der Malerei ging, war man sich einig, dass auf Raffael, auf Michelangelo und die Venezianer zurückzugreifen sei – nicht um dort Patentlösungen zu finden, sondern weil von diesen Meistern die einzelnen «Fakultäten» der Malerei je zu ihrer Entfaltung gebracht seien. Es liegt nahe, dass sich die Carracci, mit ihrer Akademie in Bologna, auch auf Raffael bezogen, den Meister der «giusta simmetria» und der «grossen Gedanken» im platonischen Sinn – um so eher als selbst Tizian, für die dramatisch narrativen Elemente seiner Kompositionen, wiederholt auf Raffael-Motive zurückgegriffen hatte.

Kaum bekannt ist aber, dass auch ihr Widerpart, Caravaggio, der Erzrealist, die römischen Werke Raffaels studierte und wiederholt zum Vorbild nahm. (Walter Friedländer und Hugo Wagner haben darauf hingewiesen.) Auch hier ist die Kritik wegen blinder Wortgläubigkeit in die Irre gegangen: Bellori behauptete 1672, Caravaggio habe die berühmten Werke der Antike und Raffaels verachtet und nur die Natur gelten lassen. In Wirklichkeit erinnert sich der Revolutionär sehr genau an lapidare dramatische Gestaltprägungen Raffaels, besonders in dessen «Transfiguration» und in den vatikanischen Stanzen (Parnass, Heliodor, Incendio). Auch Eindrücke aus der Graphik Raffaels melden sich, wenn tragische Situationen zu gestalten sind. So verdankt der Scherge im Matthäus-Martyrium von Caravaggio seine Prägnanz dem Schergen in Raffaels Bethlehemischem Kindermord und mehreren Figuren in den Stanzen. Ähnliches gilt für die erste Fassung des Matthäus in der Contarelli-Kapelle. Das geschah just um 1600, als neue Aufgaben, für Contarelli und Cerasi, statt stillebenhaft mimetischer Ikonik einen emphatischen Erzählstil forderten, zeichenhaft präzis und «lesbar», zudem mit realistischen Effekten vereinbar. Selbst Caravaggios heftigstes Regiemittel, das Helldunkel, ist durch Raffael mindestens beglaubigt: in der unteren, schreckensvollen Szene der «Transfiguration». Der Lombarde entdeckte dort, wie sein älterer Landsmann Lomazzo, metallen schimmernde Figuren, «wie Rauch».

Man sieht: der Initiator der naturalistischen, tragisch-dramatischen Barockmalerei erkennt in Raffael einen Vorgänger – nicht in dem Madonnenmaler, sondern in dem späten, männlich-illusionslosen Erzähler brutaler Ereignisse. Raffael in Caravaggio – das heisst umgekehrt auch: «Caravaggio» (avant la lettre) in Raffael. (Die Nazarener wären zu Tode erschrocken.)

Von den Grossmeistern des 17. Jahrhunderts kommt Poussin – Klassizist strengster Observanz, mit Wohnsitz in Rom – dem verehrten Raffael so nahe, dass er «le nouveau Raphael» heissen konnte. Das ist bekannt (Pope-Hennessy); ebenso die Bedeutung der französischen Akademie in Rom und die Rolle der französischen Reproduktionsstecher bei der Verbreitung von Raffaels grossen Bildgedanken; ebenso Félibiens Proklamation der Überlegenheit Raffaels über sämtliche Meister, was die Universalität seines Genies betreffe. Die Folgen sind ja nicht nur in dem hochreflektierten Schaffen Poussins, sondern auch in den Œuvres von Mignard, LeSueur, LeBrun und anderer ersichtlich.

Aber Rubens? In seiner Wirkung ist der Flame ja so sehr der Gegensatz zu Poussin, dass sich die europäische Malerei in der Folge als «Rubénisme» contra «Poussinisme» polarisierte. Dennoch, Rubens ist seinerseits und auf seine Weise ein ganz grosser Erbe Raffaels – nicht durch Befolgung von Dogmen und Prinzipien, sondern als wäre er ein leibhaftiger Nachfahre, wenn auch zur Zeit des Absolutismus und der «ecclesia triumphans». Seine Kenntnisse beruhten zunächst auf Stichen (wie M. Jaffé nachgewiesen hat). Aus ihnen liess sich ein Kompendium exemplarischer Figurenhaltungen und -bewegungen gewinnen. Tiefere Betroffenheit ist in den italienischen Skizzenbüchern und Ricordi zu bemerken. In den Stanzen, vor den Apostelteppichen und der «Transfiguration» springen die Energien und Spannungen, die Eloquenz und die Wucht der Erzählungen Raffaels unmittelbar auf den Erzähler Rubens über. Jahre und Jahrzehnte später geben diese römischen Bildnotizen ihre Potenzen frei, sei es in eigenen Varianten des Flamen (wie in der «Transfiguration») oder in neuen Zusammenhängen (wie den Zyklen von Decius Mus und Konstantin). Gewiss ist die Dynamik durchwegs gesteigert, die Vitalität erhöht, doch lässt sich in den Kompositionen eine natürliche, wachstümliche Entwicklung aus Raffaels Prototypen erkennen.

Besonders fasziniert zeigt sich Rubens von den Himmelswesen der Farnesina und der Chigi-Kapelle: von ihrem so selbstverständlichen Schweben und Fliegen. In seinen eigenen Decken- und Himmelsbildern nimmt er sie seinerseits so selbstverständlich auf, als wären sie Geschöpfe *seiner* Phantasie, wenn auch nun sinnlicher und wendiger, rauschender und turbulenter geworden.

Als eine *hommage* an den Porträtisten Raffael will die Kopie des Flamen nach dem berühmten Bildnis Castigliones verstanden sein. Hier wären Identitäten und Abweichungen genau zu verrechnen. Auf Raffaels Vorbild blickt Rubens gewiss auch zurück, wenn er seine riesige Werkstatt samt den Stechern organisiert, seinerseits ein *caposcuola*, ein Impresario und ein Manager grossen Stils.

So erweist sich Rubens als der Detektor eines heimlichen Barocks in Raffael. Fundort ist wiederum Raffaels Spätwerk in Rom, mit den Zyklen kirchlicher und mythologischer Heldentaten, ein Experimentierfeld rhetorischer, emotionaler Erzählformen, offen für vielerlei nachklassische Entwicklungen. Eine Art Neunerprobe besteht darin, dass selbst Bernini auf dieselben Modelle Raffaels zurückgriff, für den «Aeneas» und für «Pasce oves», und in den Gesprächen mit Chantelou lobte er ihn. Die Verbindung des Flamen mit Raffael reicht aber in tiefere Schichten: er fand in ihm einen ähnlich universalen, christlich humanistischen Dichter-Maler, wie er selber einer zu sein trachtete. Man darf hier an Jacob Burckhardts höchste Ligatur erinnern: RR = Raffael/Rubens. (Aber auch Rembrandt kannte Raffael, durch eine Sammlung von Stichen.)

Im 19. Jahrhundert stehen sich der Klassizist Ingres und der Romantiker Delacroix in einem ähnlichen Epochenzwiespalt gegenüber – und unter einer ähnlichen Konvergenz zu Raffael. Beide haben mit dem Pinsel in der Hand Raffaels Grösse erfahren, lebenslang, beide auch, in ihrer ganzen Gegensätzlichkeit, darüber geschrieben.

Es muss genügen, Ingres' stolze Devotion mit ein paar Hinweisen anzudeuten. Wo immer der Jüngling Originale von Raffael zu sehen bekam, im Louvre, im Musée Napoléon, bekannte er, «auf Raffael loszustürzen wie ein Raubtier auf seine Beute». Den ersten Triumph verdankte er einer Raffael-Nachdichtung: dem Kirchenbild mit dem «Schwur des Louis XIII» (1824). In der Erscheinung Mariae sind hier die bekanntesten Madonnenversionen Raffaels zu einem Idealbild übereingebracht, und die Haltung des Königs ist eine Paraphrase nach einem Motiv im «Borgobrand», alles aber abstrakter und zugleich realistischer. Dem Maler ist hier schaffend eine Raffael-Analyse gelungen, wie er sie in Worten niemals erlangte. Auch in Ingres' Porträtkunst ist Raffaels Bildniserfahrung eingegangen. Schliesslich sorgte Ingres als Direktor der französischen Akademie in Rom dafür, dass eine ganze Generation junger Maler mit Raffael lebte und ihn als höchste Instanz anerkannte, «un dieu descendu sur la terre». (Nebenbei: schon Mengs berichtet, er sei, erst 13-jährig, vom Vater in den Stanzen eingesperrt worden, um von früh bis spät nach Raffael zu zeichnen.) «Raffael war nicht nur der grösste unter den Malern, er war die Schönheit selbst, er war gut, er war alles.» Das Thema «Raffael und die Fornarina», nach 1812 mehrmals gemalt, ist Ingres' Treuebekenntnis, zugleich eine Art Künstler-Heiligen-Bild, in dem sich seine Kunstreligion erklärt, mit Raffael als dem Messias.

Der Akzent liegt auf Reinheit und Vollendung – bei den Nazarenern und den Präraffaeliten mehr noch auf Einfalt und Treue («von Herzen»). Graf Uexküll sieht im Spätstil Raffaels «eine Verirrung des grossen Mannes, als er Perugino verliess», und Cornelius spricht von einem «Abtrünnigen», nachdem er «das Allerhöchste... am Throne Gottes geschaut». Das ist ein «gotischer», anti-akademischer und auch anti-moderner Raphaélisme. In denselben Jahren, um 1820, ist Raffael aber auch das Idol des akademischen Neoklassizismus, und so versteht ihn Ingres nach seiner Rückkehr aus Rom, als Diktator der Pariser Académie, als Chef eines dogmatischen Néo-Davidisme, mit Front gegen Delacroix.

Müsste der Abgott Ingres' dem «chef de l'école romantique», Delacroix, nicht zwangsläufig zuwider sein? Der gebildetste unter den Malern seiner Zeit, überblickt er weite kunstgeschichtliche Horizonte, seine Urteile sind klüger und genauer, differenzierter und skeptischer als manche Berufskritikermeinung, niemals ein apodiktisches Pro oder Contra. Seine Schicksalsfigur ist Rubens, neben ihm Michelangelo, Tizian und Rembrandt. In solchen saturnisch wolkigen Nachbarschaften steht sein Raffael. Zudem wirkt sich aus, dass Delacroix nie in Italien war. Dem Urbinaten widmet er schon 1830 einen eigenen Essay, den ersten von seinen *hommages* an einzelne Künstler. Man habe die historische Distanz zur Renaissance in Rechnung zu stellen und die besondere Persönlichkeit Raffaels zu respektieren – ein Ordnungsruf des Romantikers gegen die normative Schematik der Akademiker.

In Delacroix' Kunstlehre und mehr noch in seiner Malerpraxis bildet sich mit Raffael eine Art Korrektiv zum romantischen Überschwang. Raffaels Konturenschönheit, die bewegliche Balance seiner Kompositionen, die Vereinigung von «grâce» und «grandeur», die offene Belebtheit seiner Pinselschrift – darin erkennt Delacroix eine Souveränität, in welcher Leidenschaft und Vernunft, Imagination und Gesetzmässigkeit vermittelt sind. Insofern scheint Raffaels Kunst beide Elemente, sowohl klassische als auch romantische, zu enthalten, wie später die Kunst Tizians und Rubens', und wie Delacroix selber es erstrebte – ein Geist des Ausgleichs und der Synthese, ein breiter humanistischer Maler. Der Usurpation Raffaels durch die Klassizisten wird demnach widersprochen. Raffael sei nicht Poussin («Seine Würde ist nicht die etwas theatralische Würde des Poussin, bei welcher man immer den Eindruck hat, dass der Maler sich bemühen musste, einen Ton aufrechtzuerhalten, der ihm nicht vertraut war»). Von Racine heisst es, vergleichsweise: «Son défaut était sa perfection même», und Ingres habe den Kult der Reinheit bis zur Leblosigkeit seiner Figuren getrieben.

Raffael dagegen: «son triomphe est de donner la vie». Dieser Lebendigkeit spürt Delacroix nach, wenn er Raffael kopiert (übrigens fast immer zeichnend, während er Rubens malend aufnimmt). Man hat 4 Gemälde und 24 Zeichnungen Delacroix' nach Raffael ausgemacht (gemäss dem Katalog von Sara Lichtenstein), meist nach Stichen und anderen Reproduktionen, aber auch nach Originalen im Louvre, Zeugnisse einer lebenslangen Aufmerksamkeit. Besonders sprechen den Kopisten Einzelfiguren und Kleingruppen an, mehr als ganze Kompositionen: Aktionsgestalten von «endgültiger» rhetorischer Prägnanz, mit grosser Sorgfalt und skulpturaler Plastizität nachgebildet. Viele von ihnen sind als Rohmaterial in seine eigenen Imaginationen eingegangen. Tatsächlich lassen sich auch genaue Verbindungen zu Delacroix' Hauptwerken nachweisen: so von Raffaels Madonnen zur «Vierge des moissons» (ein sehr «nazarenisches» Bild) und sogar zur «Medea», so im Hinblick auf seine Monumentalbilder im Palais Bourbon und im Palais du Luxembourg und für die Wandmalereien in Saint-Sulpice, nicht zu reden vom «Heliodor». Da hat sich der Romantiker seine Vorbilder mit Haut und Haar einverleibt, da sind sie in Farbe und Bewegung getaucht, ohne aber ihre herkömmliche Festigkeit und «grandeur» zu verlieren. Wenn er ausgerechnet im «Massaker von Chios», dem Manifest romantischer Malerei, eine Hauptfigur nach Raffael zitieren kann, als wäre alles aus einem Guss, dann ist Raffael ohne Entfremdung als «peintre moderne» verstanden.

Die Begegnung Delacroix' mit Raffael entlässt den Romantiker klassischer («je suis un pur classique»), den Klassiker rückwirkend mit romantischen Zügen. (Doch hätte sich Delacroix eine solche Formel verbeten). Jedenfalls, für Ingres wie für Delacroix ist Raffael «das historische Gewissen der grossen Kunst» (Henri Zerner).

Durch das Raffael-Erlebnis der Maler wird die ganze Spannweite seiner Anlagen offenbar; umfassender, differenzierter und widersprüchlicher als in den Zeugnissen der Theoretiker und Literaten. Die Entfaltung seiner Kunst in ihren Konsequenzen erreicht ja überraschend viele, auch gegensätzliche Stationen der gesamten europäischen Malereigeschichte bis ins 19. Jahrhundert. Gewiss, in der Vereinzelung der Aspekte wurde die Nachwelt (so und anders) über Raffael getäuscht. Doch in ihrer Gesamtheit zeigen sie einen «kompletten» Maler, in dem sich auch die «Klassik» der Hochrenaissance um 1510-20 als eine reiche, vielfältige und offene Kulmination erweist.

Es sind vor allem die Gegenspieler der Klassizisten, die sich von dem Spätwerk Raffaels überraschen lassen. In seinen Möglichkeiten bedeutet es ihnen eher einen Anfang als ein Ende – das Laboratorium des Vollblutmalers. Tatsächlich, in der Heliodor-Stanze erprobt der «pittorissimo» mit offener Gestaltung aus der Farbe, was schliesslich zu Paolo Veronese, zu Velazquez, zu Manet führen wird. Und in den donnerrollenden Aposteltaten der Teppiche wie auch in der peitschenden Dynamik des «Heliodor» ist von ihm die Dramaturgie der Barockzyklen schon angelegt. In anderen Spätwerken, namentlich Tafelbildern, tritt gleichzeitig eine Ästhetisierung und Verpuppung des hochklassischen Formenkanons ein, im manieristischen Sinn. Protobarock und Protomanierismus, beide sind im späten Raffael zu entdecken.

Diese Interessen bestätigt die jüngste Raffael-Forschung (Shearman, Oberhuber und andere). Sie hat in denselben prospektiven Werken und Problemen ihren Schwerpunkt. Ähnlich schon ein paar Maler der klassischen Moderne: Derain nannte Raffael bewundernd «den grossen Unverstandenen», und Renoir, Matisse und Picasso hatten unverstellten Umgang mit ihm. Im Gedenkjahr kündigt sich bereits eine neue grosse Hinwendung zu Raffael an.

Beiträge seit 1983

In der Tat haben sich die Geburtstagsfeiern von 1983 mit ihren Ausstellungen, Symposien und Publikationen «like an earthquake across the whole landscape of Raphael studies» (Shearman) ausgewirkt. Kaum eine Kunststadt, die dem epidemischen Ausstellungs- und Tagungsfieber widerstanden, kaum ein Kunstverlag, der nicht seinen Raffael auf den Markt geworfen hätte. Und die Auseinandersetzung hält an, am nachhaltigsten wohl in dem – von der Bibliotheca Hertziana in Rom vorbereiteten – neuen «Corpus Raphaelianum». Ob freilich der Jubiläumsrausch über den Kreis der Insider hinausgelangt sei, darf man bezweifeln.

Die Flut der wissenschaftlichen Publikationen haben Sylvia Ferino Pagden und Günter Passavant in dem Forschungsbericht «Post festum – Die Raffaelforschung seit 1983» (in: Kunstchronik 1988, S. 194) verzeichnet und geordnet. An neuen Monographien sind beizutragen: R. Jones, N. Penny, Raphael, New Haven-Yale University 1983. – J. P. Cuzin, Raphael, Vie et oeuvre, Fribourg 1983. – L. and H. Ettlinger, Raphael, Oxford 1987. – C. Pedretti, Raphael: his life and work in the splendors of the Italian Renaissance, Florence 1987.

Dabei bleibt just unser Thema, die Nachwirkung Raffaels auf die Kunst der folgenden Jahrhunderte, wie auch seine «fortuna critica» in der Kunsttheorie bis ins 19. Jahrhundert ausgeklammert. Hierzu sind einige neuere Titel anzufügen: H. Zerner, Raphael, Ingres, et le Romantisme, in: Studi su Raffaello, Atti del convegno internazionale di studi Urbino-Firenze 1984, Urbino 1987, S. 696. – M. Rosenberg, Raphael's «Transfiguration» and Napoleon's Cultural Politics, in: Eighteenth Century Studies, 1985/86, S. 180. – M. Rosenberg, Raphael and France, in: Art Journal, 1984, S. 70. – D. Rosand, Raffael, Marcantonio, and the icon of Pathos, in: Source, 1984, S. 34. – P. Meilman, Titian studies Raphael, in: Source, 1984, S. 53. – A. Avila, Influencia de Rafael en la pintura española del siglo XVI a traves de los grabados, in: Rafael in Espagna, Madrid 1985, S. 43. – S. Dickey, The passions and Raphael's cartoons in 18th century British art, in: Marsyas, 1983/85, S. 33. – P. U. Begni, Il raffaelismo di Moretto, in: Raffaello e Brescia, Brescia 1986, S. 95. – R. E. Spear, Leonardo, Raffael, and Caravaggio, in: Light on the Eternal City, 1987, S. 59. – Y. Kitaura, El Greco y Rafael, in: Goya, 1987, S. 68.

Raffael und Frankreich

Anlässlich einer Ausstellung in Paris, 1983

Raffael war nie in Frankreich. Nicht ihn, sondern Leonardo vermochte François Ier an seinen Hof zu ziehen, 1517. Leonardo, nicht Raffael, hat Hauptwerke und Manuskripte in Frankreich hinterlassen, wo er 1519 starb, und bis heute ist die «Mona Lisa», nicht die «Belle Jardinière», das Wallfahrtszentrum des Louvre. Den Urbinaten hielt Papst Leo X. in Rom fest, «im Interesse der Religion», mit Aufgaben, die kein Potentat der Welt überbieten konnte: Leitung des Neubaus von St. Peter, Pflege der römischen Altertümer, Wandmalereien grossen Stils im Vatikan.

Um so eher mag der Papst geneigt gewesen sein, Aufträge für Tafelbilder von der Hand Raffaels an die Adresse des französischen Königs zu erteilen oder zu veranlassen. Die Verbindung der beiden Mächte war ja damals ein Anliegen beiderseits. So sind um 1518 – im Zusammenhang mit der Heirat Lorenzos II. de' Medici, Neffe des Papstes, mit Madeleine de la Tour d'Auvergne, Nichte des Königs – grosse Spätwerke Raffaels als Geschenke in die Residenz von Fontainebleau gelangt, die «une Italie française» werden sollte: der «grosse hl. Michael», «particolarmente per il re», der, selber Grossmeister des Ordens vom hl. Michael, des Schutzpatrons Frankreichs, den Erzengel zu seinen persönlichen, christlich-politischen Idealen zählte; die «grosse hl. Familie des François Ier», wohl für den Altar der Chapelle Haute in der Residenz, ein Inbild der christlichen Familie und der Mütterlichkeit; die «hl. Margarete», Patronin der Marguerite de Valois, Schwester des Königs, und Allegorie der triumphierenden Kirche; das Porträt der «Jeanne d'Aragon», offenbar für die Serie der «Belles Dames» von Fontainebleau, welcher auch die «Mona Lisa» angehörte. Die «Belle Jardinière», Raffaels eigenhändige hl. Familie, wird zwar um 1518 nicht genannt, vermutlich weil sie damals in den Gemächern der Königin nicht zugänglich war; sie muss aber zu den ersten Sendungen gehört haben.

Unter Louis XIV wuchs die Raffael-Kollektion der Krone um volle zehn Nummern an, darunter, aus dem Nachlass Mazarins, das Bildnis Castigliones, der «kleine hl. Michael», der «kleine hl. Georg», die «kleine hl. Familie», daneben auch Werkstattbilder und irrtümliche oder zweifelhafte

Zuschreibungen. Nicht zu vergessen sind die zahlreichen Originale, die sich seit dem 18. Jahrhundert in französischem Privatbesitz (Crozat, Duc d'Orléans usw.) befanden, darunter berühmte Madonnen, seither aber in alle Welt verkauft worden sind. Die Académie Royale war seit LeBrun ihrerseits darauf aus, mit hohen Modellen für die königliche Produktion zu arbeiten. Vornean stand Raffael, besonders mit Figuren, die «les passions de l'âme» beredt zum Ausdruck brachten.

In aller Stille bildeten sich gleichzeitig bedeutende Sammlungen von Zeichnungen und Stichen, so im Fonds Jabach, der 1671 mit 143 Raffael-Blättern an das Cabinet du Roi überging, so auch in der Collection P. J. Mariette, die ihrerseits den Bestand des Louvre vergrösserte. Erstaunliche Kabinette legten Liebhaber und Künstler in Lille, Montpellier und Bayonne an; sie waren grossenteils im Sommer 1983 an Ort und Stelle zu sehen. Eine hervorragende Sammlung druckgraphischer Blätter konnte der Louvre 1935 von der Collection Edmond de Rothschild in Empfang nehmen.

Jedenfalls ergab sich daraus eine repräsentative und kontinuierliche Raffael-Präsenz in Paris, für die Amateure und die Kunstschriftsteller nicht anders als für die Künstler. Man konnte Raffael als Madonnenmaler, als Porträtisten, als Erzähler, als Zeichner, als Erfinder vielfältiger Kompositionen mit Werken von 1501 bis zu seinem Ableben 1520 vor Augen haben. Dazu kommt, dass seit der Gründung der Académie de France à Rome, 1665, die jungen französischen Künstler gehalten waren, kopierend und variierend die Kunst Raffaels zu ihrer eigenen zu machen. Die Kunsttheorie des 17. und 18. Jahrhunderts wirkte ihrerseits mit, den Urbinaten zum Maler der «perfection de la peinture» (Roger de Piles) zu befördern. Und die französische Malerei selber befand sich, wie keine andere, bis tief ins 19. Jahrhundert in seinem Bann, von Poussin über Ingres bis Picasso. Raffael: der absolute Maler, der Geist der Malerei selber – bis zur Idolatrie und schliesslich bis zum Überdruss.

Eine Raffael-Kollektion ohnegleichen ergab sich vollends im «Musée Napoléon». Beim triumphalen Einzug der Kunstbeute am 27. Juli 1798 befand sich die «Transfiguration» auf dem ersten Wagen. In der Grande Galerie waren 1802 mehr als zwanzig Originale von Raffael zu sehen. General Pommereul offerierte sogar, die Segnaturafresken nach Paris zu bringen. In dieser Raffael-Versammlung erblickte man die grosse Synthese grosser Malerei, einschliesslich Leonardos, Michelangelos und der Antike. Und die Person des Malers konnte als der perfekte Cortegiano und als Académicien par excellence gelten. (Nach M. Rosenberg.)

Zum 500. Geburtstag Raffaels – 1483/1983 – ist im Grand Palais diese französische Präsenz auf zwei Achsen dargeboten. «Raphaël dans les collections françaises» führt den Originalbestand an Gemälden, Zeichnungen, Stichen samt einer Teppichfolge vor. «Raphael et l'art français» verfolgt dagegen auf 400 Stationen die Auseinandersetzung der französischen Künstler mit der Kunst des Urbinaten. Beide Veranstaltungen sind erst- und einmalige Leistungen der französischen Raffael-Forschung, mit Katalogen, die ihrem Gegenstand mit Genauigkeit und Umsicht und nach allen modernen Gesichtspunkten gerecht werden.

Nicht weniger als 29 Gemälde «von Raffael» kann der erste Parcours anbieten – grösserer Raffael-Schatzkammern rühmen sich nur die Schaffensorte Florenz und Rom. In Ausstellung und Katalog sind verschiedene Kategorien unterschieden, der Werkstattorganisation des Malers entsprechend: 13 Nummern, die durch Signatur oder stilistische und technische Eigenart längst gesichert sind; 4 Bilder von den engsten Mitarbeitern Giulio Romano und G. F. Penni nach Entwürfen des Meisters; 5 Arbeiten der Werkstatt; 7 alte Kopien nach verlorenen Gemälden. Über hundert Zeichnungen, darunter zahlreiche Erstpräsentierungen, geben Einblick in Raffaels differenzierte Arbeitsweise.

Als monumentaler Horizont dient der sechsteilige Sixtinische Bildteppichzyklus mit den Aposteltaten, der nach 1629 in der neuen englischen Manufaktur Mortlake für Charles Ist hergestellt wurde und um 1659 nach Frankreich gelangte, eine durch den Reichtum der Materialien und die Finesse der Ausführung besonders ausgezeichnete Serie. In einem anregenden Gegenlauf sind alte irrtümliche Zuschreibungen und Derivationen aufgereiht. Selbst ein römisches Fresko – aus der päpstlichen Villa der Magliana, mit «Gottvater» und dem «Martyrium der hl. Caecilie», entstanden zur Zeit der Loggien – ist gegenwärtig, so dass, mit Ausnahme der Architekturentwürfe, alle Medien in Sicht kommen. Das wissenschaftliche Kommissariat, unter der souveränen Leitung von Sylvie Béguin, ist dabei zu einer Unzahl neuer und genauerer Ergebnisse gelangt.

In der Tat hat man festzustellen, dass der französische Raffael-Bestand nun, dank dieser Unternehmung, der besterforschte ist – wenn auch in Italien und in den Vereinigten Staaten von Fall zu Fall (die «Fornarina» in Rom, die «hl. Caecilie» in Bologna) ähnliche Fortschritte zu verzeichnen sind. Besonders hat die systematische Zusammenarbeit der Konservatoren mit den Technologen der Laboratorien und des Restaurierungsdienstes im Louvre zu neuen Grundlagen geführt. Sämtliche Gemälde sind in gereinigtem und restauriertem Zustand vorgeführt und gemäss den strahlenanalytischen und stratigraphisch-chemischen Untersuchungen beurteilt. Zudem wurden die historischen Akten kritisch überprüft und die ikonographisch-ikonologischen Bedeutungen der Bildthemen wie auch die ursprünglichen Funktionen der Bilder eruiert. Ähnliches gilt für die

Graphik. Als Ergebnis besitzt nun jedes Werk im Katalog seine umfassende, dennoch konzise Monographie – die sachlichste und nobelste Art einer *hommage* zum Raffael-Jahr.

Vor allem sind zwei listige Rückeroberungen hervorzuheben. 1981 erwarb Frau Béguin für den Louvre aus dem Kunsthandel die vielfach übermalte «umbrische» Tafel eines Engels. Ihre Ahnung bestätigte sich im Laboratorium: ein kostbares Fragment aus Raffaels grossem Erstlingswerk, dem Retabel mit dem hl. Nikolaus von Tolentino für S. Agostino in Città di Castello (1500/1501), das bei einem Erdbeben 1789 weitgehend zerstört wurde. Da die bisher bekannten Teilstücke aus Neapel und Brescia wie auch der Kompositionsentwurf aus Lille nach Paris geliehen wurden, konnte eine eindrückliche dreidimensionale Rekonstruktion des Altarwerks hergestellt werden.

Der zweite direkte Gewinn betrifft die «Loreto-Madonna», eine berühmte, oft wiederholte Komposition (mit dem auf die Passion deutenden Schleiermotiv und dem fröhlichen, die Auferstehung vorauswissenden Christusknaben), ursprünglich als Pendant zum Bildnis des Papstes Julius II. in S. Maria del Popolo in Rom ausgestellt (im Hinblick auf ein päpstliches Familienmausoleum). Indessen stellt sich nun heraus, dass nicht das Exemplar im Louvre das Original ist, sondern jenes im Musée Condé in Chantilly, das dort zurzeit im Mittelpunkt einer eigenen kleinen Raffael-Ausstellung zu sehen ist. Die Radiographie der Version von Chantilly zeigt, dass hier der hl. Joseph nachträglich (nicht von Raffael) beigefügt wurde, während er in allen Repliken, auch in jener des Louvre, schon zum Primärbestand gehört. Im übrigen hätte allein die subtile, nachdrücklich formende Malweise von blossem Auge die Überlegenheit der Version von Chantilly erweisen können.

Technische Untersuchungen haben die Beurteilung weiterer Hauptwerke verändert. Das Bildnis des Grafen Castiglione: Die Leinwand ist (anders als man gemeint hat) unten nicht beschnitten; die Hände waren immer untergeordnet, zugunsten des Gesichts, mit seinem ungewöhnlich direkten und vertraulichen Kontakt zum Betrachter. Die «mise en page» erinnert direkt an Leonardos «Mona Lisa». Nach der Reinigung – Entfernung vergilbter Firnisse – kommen das «moderne», harmonisch weiche Graukolorit und die leichte Malweise aufs neue zur Geltung. – Die «kleinen» hl. Georg und Michael: Aus den Analysen ergibt sich, dass das Bild des Erzengels früher entstanden ist als jenes des (nachmaligen) Pendants. Für die Ikonographie der dämonischen Nebenfiguren wird neuerdings auf Dante verwiesen (Inferno XXIII), für die figürlichen Anregungen auf Bosch, Dürer, Schongauer und den Meister MZ. – Das Doppelporträt mit Raffael und einem Freund: Die Attribution an Raffael selbst gewinnt mehr und mehr an Wahrscheinlichkeit. Für die Identifikation des Freundes liegen neue Vorschläge vor (Aretino, G. B. Branconio dell'Aquila). Der Porträttypus des spontanen Augenblicksbildes (im Doppelbildnis) gibt in mehreren Vergleichen seine Exponiertheit zu erkennen. Noch immer ist aber die Funktion der Blicke und der Gesten nicht überzeugend gedeutet.

Die *«Belle Jardinière»* liegt nach wie vor unter vergilbtem Firnis; vor allem ist das Blau des Madonnenmantels verfälscht. Da das Bild datiert ist, auf 1508 («la plus belle des Madones florentines»), wäre eine Reinigung besonders erwünscht. Kompositionell ist ja hier ein subtiles Gleichgewicht im Dreieckkonzept erreicht, nicht ohne Beziehung zu Leonardos «Anna Selbdritt» und Michelangelos Brügge-Madonna.

Was die Zusammenarbeit Raffaels mit seinen Werkstattgenossen angeht, hat man, nach der Reinigung der betreffenden Bilder, dem Meister offenbar grössere Anteile zuzubilligen. Bildnis der Jeanne d'Aragon: In diesem erfolgreichen, amourös-bravourösen *portrait d'apparat*, einem indirekten Geschenk des Papstes an den König, ist die gesamte Einkleidung von Giulio Romano gemalt, der graziöse Kopf aber, unter Veränderung seiner Haltung, wohl von Raffael selber. – Der «grosse hl. Michael», in prekärem Erhaltungszustand, scheint ein weitgehend eigenhändiges Werk von 1518 zu sein. Von besonderem Interesse sind hier die ikonologischen Schlüsse: Der Erzengel als eine Allegorie der Allianz von Papst und König, wobei der Mythos des Sonnengottes bereits mitspielt. Die Überlegenheit des Helden ist derart, dass er keine Kraft aufzubringen braucht. Das Bild befand sich im Arbeitszimmer des Königs. LeBrun hat es in seiner Conférence vom 7. August 1667 ausführlich gewürdigt und als ein Modell präziser Leidenschaftlichkeit empfohlen. Stilistisch ist die «cosa rara» überzeugend als frühmanieristisch charakterisiert.

Auch an der «grossen hl. Familie des François Ier» ist der Meister selber massgeblich beteiligt: nicht nur mit dem Gesamtentwurf, der «invenzione», und der Überwachung der Ausführung, sondern auch mit mehreren eigenhändigen Partien; andere sind von Giulio Romano. – Der günstigen Beurteilung des «hl. Johannes d. T. », einer wahren Ruine, vermögen wir hingegen nicht zu folgen.

Wessen die Mitarbeiter selber bestenfalls fähig waren, zeigen das «Bildnis einer jungen Frau» (Strassburg) von Giulio Romano, ein überaus brillantes Idolporträt, und die «Madonna mit dem Schleier» (Louvre), die nach der Reinigung ihre ganze koloristische Preziosität wieder erlangt hat, ein Madonnenbild wie ein Werk der Emaillure, vermutlich von G. F. Penni, jedenfalls nicht von Raffaels Hand. Unter den frühen Zuschreibungen interessiert besonders das berühmte «Jünglingsbildnis» (Louvre), das lange Zeit die Legende des Wunderkindes Raffael zu bestätigen schien. Die Restaurierung hat nun ein sehr helles, exklusives Kolorit, ein knapperes Format und einen asymmetrischen Bau des Kopfs an den Tag gebracht, so dass eine neue Zuschreibung, an Correggio, vieles für sich hat. Der Dargestellte kann nicht Raffael sein. – Die Tendenz, in der Marktfeilscherei des Attribuierens den Meister selber wieder grosszügiger zu behandeln, wird man begrüssen, besonders unter den Gesichtspunkten der «invenzione» und der strengen Werkstattführung.

Das breite Aufgebot an Zeichnungen möchte im Betrachter das Raffael-Klischee der Perfektion und der Fraglosigkeit ausschalten – Raffaels Zeichnen als Hinweg voller Versuche und Varianten, Zweifel und Opfer, als Ort der Phantasie in voller Aktion, auch als Parcours der Auseinandersetzung mit den grossen Zeitgenossen. Die Auswahl vermag ausserdem darzutun: die Verschiedenheit der Techniken und der Methoden – es gibt keine durchgehende «logische» Entwicklung –; die Sorgfalt und die Sicherheit des Handwerks; die Konzentration in der Verwirklichung der «certa idea»; die vielfältigen Funktionen der Zeichnung innerhalb der grossen Werkstatt.

Vier Werkgruppen lassen den Betrachter tatsächlich kaum mehr los, hat er sich einmal eingelassen auf den Prozess des Suchens und Wählens, immer unter dem Eindruck von Raffaels eigenhändigem, spontanem Strichbild: die Blätter zu dem erwähnten Retabel von Città di Castello, zur «Krönung Mariae» (Vatikan), zur «Deposizione» Borghese und zu den römischen Stanzen. Auch hier sind die Katalogtexte sorgfältig und vorsichtig abgefasst. Wie im Katalog, sind den Blättern selber Kleinphotos der betreffenden Endresultate, der Gemälde, zur Kontrolle beigegeben.

Vorbilder, Modelle, ja Schemata für die Nachfolge führt dagegen die grosse Kollektion der Druckgraphik vor (ausschliesslich aus der Schenkung Rothschild). Raffael, der Erfinder: man weiss, dass seine Stecher (Marcantonio Raimondi, Agostino Veneziano, Marco Dente, Ugo da Carpi und andere) nicht nur seine Gemälde, sondern auch eigens geschaffene Kompositionen verbreiteten. Noch immer sind diese *invenzioni* nicht genügend als erstrangige Leistungen Raffaels gewürdigt; allzu sehr hängt die Kunstwissenschaft noch an der Eigenhändigkeit der Ausführung, im Gegensatz zur Kunsttheorie der Renaissance, die vor allem auf die Erfindung pochte. Die Kupferstiche, nicht die Originalwerke, waren das erste Vehikel von Raffaels Ruhm und Vorbildlichkeit. Künstler zählten zu den ersten und leidenschaftlichsten Sammlern dieses indirekten Œuvres, unter ihnen sogar Rembrandt.

Nur in diesem Medium sind Raffaels Ansichten zum «Abendmahl», zum «Bethlehemitischen Kindermord», zur «Pest von Phrygien», zum «Urteil des Paris» und zu anderen Kardinalthemen zu finden. Wie weit der grosse dramatische Erzähler mit seinen Chiffern der Leidenschaft selbst in Bereiche der Dämonie vordringen mochte, lässt sich an seinen Bacchanalien und der «Carcasse» (wirklich nach seinem Entwurf?) ablesen.

Das Unternehmen, die Wirkungsgeschichte eines Klassikers zum Thema einer Ausstellung zu machen, Bild für Bild, über viele Jahrhunderte hin, entspricht dem aktuellen Interesse an den Vorgängen der Rezeption. Ganz neu ist es nicht, doch sind die Erfahrungen noch gering (zum Beispiel mit Courbet und Deutschland, mit Manet, auch schon mit Raffael, in Washington). Kein Zweifel, die Fragestellung ist wichtig, ja fundamental für die Entwicklung der französischen Malerei, aber die Beantwortung als Ausstellung hat ihre Tücken. Jean-Pierre Cuzin, Autor der jüngsten Monographie über Raffael, reiht 400 Raffael-Kopien, -Paraphrasen, -Parodien, -Verarbeitungen, gemalte, gezeichnete, gestochene, skulptierte, gewobene, gestickte, in Glasmalerei, Email, Keramik, auf Uhren und Pendulen aneinander, mit gelehrten Kommentaren im Katalog, der im ganzen 495 zweispaltige Seiten zählt.

Wären 200 Belege nicht einleuchtender? Oder 800? Was ist herausgefischt aus dem riesigen Strom von Reaktionen auf Raffael? Das heisst: welche Wirkungsarten kommen zur Darstellung, welche nicht? Die Antwort gibt der zweite Teil des Katalogs, wo das gesamte Material noch einmal abgebildet ist, nun nach Motiven geordnet, demnach komplementär zum chronologischen Ablauf der Ausstellung. Motive also – Verarbeitungen der «Madonna della Sedia» oder des «Paris-Urteils» oder der Farnesina-Themen; Ableger und Filiationen von Bild- und Figurenprägungen, die man für endgültig hielt. Das ist interessant, bis in die chronologisch-statistische Auswertung. Es ist auch amüsant, besonders in den Missverständnissen und Anmassungen (Nestlé-Inserat für Bébénahrung im Anschluss an die «Belle Jardinière»; die Bauernmadonnen in der *imagerie populaire*; die provokanten Surrealismen Dalis und Mirós).

Indessen: Hat man, beispielsweise, die Bedeutung Raffaels für Delacroix begriffen, wenn dessen «Vierge des moissons» (eine Abwandlung der «Belle Jardinière»), die Nachzeichnung des Castiglione-Bildnisses und eine Studie nach dem «Heliodor» – alle drei je in ihrem besonderen motivgeschichtlichen Zusammenhang ausgestellt – zur Kenntnis genommen sind? Raffaels Wirkung dringt bei Delacroix in tiefere Schichten der Phantasie. Fragen der Dynamik und ihrer Zügelung, Probleme der rhetorischen Präzision und der Vermittlung von «grâce» und «grandeur» sind Themen seines Dialogs mit Raffael, und immer wirken dabei auch die beiden andern Dialoge des Malers mit Malern herein, jene mit Rubens und mit Tizian. Zeigen lässt sich das nicht in dem Supermarkt der Raffael-Motive.

Vollends sind die Hauptstationen der Nachfolge – Poussin, LeSueur, LeBrun, Ingres – mit motivischen Belegen allein nicht zu erklären. Hier ist der Katalog unentbehrlich, insofern er verbale Äusserungen dieser Künstler zu Raffael beiträgt und damit ein anderes Manko der Ausstellung zu beheben sucht: das Raffael-Bild in der Ideengeschichte der Kunsttheorie und der Kunstwissenschaft. Welche «chemischen» Arten der Assimilation in der grossen Zeit des 17. Jahrhunderts, wie auch bei Ingres, zu bedenken wären, ergäbe sich am Exempel Poussins. Mit den Worten der Epoche: Courtois, Mathematiker des Königs, zeigte dem Maler Stiche nach Raffael, «les insinua dans l'âme de Nicolas [Poussin]... qu'il se pénétra du dessin et des formes, non moins que des mouvements et inventions...; il parut élevé dans l'école de Raphaël, dont assurément il but le lait, et par lequel il naquit à la vie de l'art».

Im Längsschnitt präsentiert sich die Auseinandersetzung Frankreichs mit Raffael als ein dauerndes Auf und Ab, mit Höhepunkten im 17. und im 19. , mit Flauten im 18. und im 20. Jahrhundert. Die Anfänge, in der École de Fontainebleau, sind eher diskret. Italiener der manieristischen Generation beherrschten das Feld; ihnen ist Raffael ein Gott unter andern Göttern. Anhaltenden Erfolg hatten die Kupferstiche. Sie dienten in den Werkstätten der Kunsthandwerker – der Glasmaler, Teppichwirker, Emaillisten, Bildschnitzer – als ein Grundrepertoire.

Der Klassizismus des 17. Jahrhunderts beruht dagegen weitgehend auf dem Dogma Raffael, als dem «génie de la peinture». Nun sind es seine römischen Monumentalwerke, die als Herausforderung wirken. Man will, auf gleicher Höhe, Raffael weiterdenken, in allen seinen Konsequenzen. Es verwundert nicht, dass die Ausstellung hier ihren schönsten Aufschwung hat, mit einer Poussin-Kollektion, die im «Parnass» des Prado und in der «hl. Familie» von Leningrad gipfelt, mit LeBruns enormem Schlachtenbild des «Passage du Granique», einem «raphaëlisme héroique et flamboyant», gegründet auf «invention, dessin et expression», mit Hauptwerken von LeSueur, dem «Raphaël français», mit Hinweisen auf Mignard, Bourdon, de la Hyre, und mit vorzüglichen Bildteppichen aus französischen Manufakturen. Es wirkt sich aus, dass vom neuen Stützpunkt in der Stadt Raffaels, der Académie de France à Rome, ein ununterbrochener Strom seiner «idées parfaites» nach Paris floss, auch in die dortige Académie Royale und die École des Beaux-Arts, wo sich Raffael als pädagogisches Idol installierte.

Hingegen hat das 18. Jahrhundert andere Götter – Rubens, Tizian, die Holländer –, und weder Watteau noch Boucher sind zu Füssen Raffaels zu finden. (Nennenswert wären allenfalls Restout, Lemoine und van Loo.) Erst die Revolutionskunst entdeckt ihn neu und macht Figuren wie den «Merkur» der Farnesina zu jakobinischen Allegorien.

Man weiss, wie in der Folge die gesamte akademisch-klassizistische und die neue religiöse Malerei des 19. Jahrhunderts auf Raffael orientiert waren. Für Ingres ist er «pas un homme, mais un dieu descendu sur la terre». Die Kollektion dieses Malers, von seinen Kopien bis zu dem Raffael-Manifest «Le vœu de Louis XIII», dominiert den zweiten Teil der Ausstellung, wo all die Raffael-Motive schliesslich auf Sèvres-Porzellanen, Stickereien, Pendulen und in der *imagerie populaire* ihr selig-unseliges Ende finden.

Im Zusammenhang mit der Mittelalterschwärmerei, den Nazarenern und den Präraffaeliten verschiebt sich nun die Vorliebe vom reifen auf den frühen Raffael, den engelhaften Maler der «pureté», im Zeichen Peruginos und Fra Angelicos. Das römische Werk zieht dabei Schimpf und Schande auf sich, als Ausdruck der «corruption», des «paganisme», der «dégradation précoce du génie». Gegen 1870/80 setzt die Anbetung mit dem Pinsel mehr und mehr aus, Raffael wird Gegenstand der Genie-Biographik und der Museumswürde. Die grossen Erneuerer, die Realisten, die Impressionisten, die Nabis, die Fauves, die Kubisten, kommen ohne ihn aus. Gelegentliche Ausnahmen – bei Degas, Cézanne, Maurice Denis, Matisse, Picasso – bestätigen nur die Regel.

Einer besonderen Spätblüte des Raffael-Kultes gilt das Finale der Ausstellung. Im 19. Jahrhundert wurde sein Künstlerleben selber ein Kunstsujet, erzählt wie eine Heiligenlegende – eine Strähne romantischer Historienmalerei –, und seine Apotheose beschäftigte die Plastiker. Von der Geburt (auf den Stufen des Madonnenaltars in Urbino oder umgeben von den drei Grazien!) bis zum frühen Tod im Prunkgemach sind all die rührenden Stationen illustriert worden. Der Anschluss an Quatremère de Quincys Raffael-Buch von 1824 ist nicht zu übersehen. Von der scheuen Einfühlung bis zur Larmoyanz fehlt keine Einstellung. Um so kühler und brillanter hebt sich Ingres ab, der die gesamte Vita darzustellen gedachte: mit der «Verlobung Raffaels» (wo der Kardinal Bibbiena seine Nichte heranführt) und mit «Raffael und die Fornarina» (wo das skizzierte Bildnis auf der Staffelei gegen ihre nackten Schultern in natura nicht aufkommt). Das Erscheinen der «alten Meister» als Bildthema ist ein noch selten genutzter Indikator für das Bild des Künstlers in der Gesellschaft des 19. Jahrhunderts (dazu Francis Haskell 1971).

Weniger problematisch, aber auch weniger unterhaltsam, dem hohen Standard des Cabinet des Dessins im Louvre entsprechend, ist die dritte Pariser Veranstaltung: 132 ausgewählte Zeichnungen und 11 Gemälde aus der Schülerschaft Raffaels (Louvre, Pavillon de Flore). Die auffällig grossen Bestände aus diesem Umkreis – den Sammlungen Jabach, Crozat, Mariette und des bisher kaum bekannten Saint-Morys entstammend –

spiegeln die Hochschätzung der Raffael-Schüler Giulio Romano, Perino del Vaga und Polidoro da Caravaggio und ihres Studienmaterials im Frankreich des 17. Jahrhunderts.

Den Ehrenplatz nimmt Giulio Romano ein. Dieser Grossproduzent handhabt den Formenvorrat Raffaels mit einer Fingerfertigkeit, die ihn von den Quellen in eine verwilderte Welt der Mythologie und der Sage verführt. Die fast fünfzig Blätter von seiner Hand beziehen sich grossenteils auf seine Arbeiten in Mantua, aber auch, weniger beachtet, im Dom von Verona, auf Tapisserien, auf ornamentale Aufgaben und einige Tafelbilder. Von diesen ist die berühmte «Geburt Christi mit dem hl. Longinus» aus S. Andrea in Mantua (Louvre) selber zugegen: nach erfolgreicher Restaurierung wieder als ein Kapitalwerk Giulios zu würdigen, ein Nachtstück von gleissender Intensität. Ferner wird, ausser Katalog, auf die Teppichfolge der «Fructus belli» für den Herzog von Mantua hingewiesen, deren magistrale *modelli* auf Giulio zurückgehen.

Eine Trouvaille bedeuten die 22 Blätter von Perino del Vaga. Viele von ihnen sind erst kürzlich ihm zugeschrieben und in ihrer Zweckbestimmung erkannt worden. Eine produktive Phantasie, jedoch an der Wirklichkeit der Natur verifiziert, alsdann der Künstlichkeit von der Art antikischer Reliefs überantwortet: so hat Perino zahlreiche Kompositionen von grosser Preziosität geschaffen, nicht selten für Gemmen- und Kristallarbeiten (zum Beispiel für die Cassetta Farnese). Kein Zufall, dass sich sein verfeinertes, elegant-schlankes Figurenideal am reinsten im Ovalformat entwickelt hat. Seine Sicherheit kommt auch den Entwürfen für Fassadenmalereien zugute. Der Louvre besitzt ausserdem zwei Freskenfragmente aus der Cappella Massimi in der Trinità dei Monti in Rom; sie wurden eben erst als solche erkannt und restauriert.

In den 24 Blättern von Polidoro da Caravaggio ist dessen ganze Spannkraft zwischen direkter Naturstudie und manieristischer Phantastik zu ermessen. Hier treten die widersprüchlichen Prinzipien, die Raffael mit grosser Kraft vereinigte, deutlich und folgenreich auseinander.

Raphael dans les collections françaises, Ausstellungskatalog Paris (Grand Palais), Paris 1983. – Raphael et l'art français, Ausstellungskatalog Paris (Grand Palais), Paris 1983.
Neuere Publikationen zum Thema, seit 1983 (Auswahl): M. Rosenberg, Raphael and France, in: Art Journal, 1984, S. 70. – M. Rosenberg, Raffael's «Transfiguration» and Napoleon's Cultural Politics, in: Eighteenth Century Studies, 1985/86, S. 180. – The Princeton Raphael Symposium, Science in the service of art history, Princeton 1990. – Raphael au Musée Condé, Hommage à Raphael. Chantilly 1983. – G. C. Argan, Raffaello e la critica, in: Classico anti-classico, Il Rinascimento da Brunelleschi a Bruegel, Milano 1984, S. 238. – E. H. Gombrich, Raffael, eine Festrede, in: Neues über alte Meister, Zur Kunst der Renaissance IV, Stuttgart 1988, S. 82. – J. Shearman, Zu Raffaels Doppelportrait, in: Raffael, Das architektonische Werk, Stuttgart 1987, S. 107. – J. Shearman, The organization of Raphael's workshop, in: Art Institute of Chicago Centennial Lectures, Museum Studies, 10, 1983, S. 47.

Der Maler «ohne Fehler»

Zu Andrea del Sarto in Florenz, 1987

Wäre nicht längst der Triumph einer grossen monographischen Ausstellung «Andrea del Sarto» (1480 bis 1530) fällig gewesen? Er ist ja vier Jahrhunderte lang zu den bedeutendsten Malern der Hochrenaissance gezählt worden; nicht kleiner als Leonardo, Michelangelo und Raffael, ja «sovrano», wie Francesco Bocchi um 1591 meinte. Nun hat es der modernen Memorialmaschinerie bedurft, um ihn, aus Anlass seines 500. Geburtstags, 1987, einzuholen. Weshalb die Verspätung, weshalb die Vorbehalte?

John Shearman – ungerührt und ganz vom Unsinn der heutigen Situation überzeugt – stellt in seiner grundlegenden Monographie von 1965 fest, die Sarto-Schätzung habe in unserer Gegenwart ihren Tiefpunkt erreicht. Einen solchen Valutasturz haben von den Italienern nur wenige erlitten (allen voran jedoch Raffael, nach etwa 1870).

Die Fallhöhe lässt sich genau ermessen. François Ier berief Sarto um 1518 an den Hof von Fontainebleau, nicht anders als zur selben Zeit Leonardo. Vasari nennt ihn in seinen Künstlerbiographien «eccellentissimo» und «di somma perfezione», einen Maler «senza errori». Bei Bocchi hält er geradezu «il principato nella pittura» inne, und Stendhal bezeichnet ihn als oberste Autorität für die französische Malerei neben Raffael.

Im Cinquecento selber ist sein Ansehen vor allem an den unzähligen Kopien und Nachahmungen zu erkennen. Reformer hielten sich in den 1560-er Jahren an seine Autorität, so Naldini, Maso da San Friano und Cavalori. Gegen Ende des Jahrhunderts kam es, im Zeichen der Gegenreformation, zu einem eigentlichen Sarto-Revival. Florentiner Antimanieristen wie Cigoli, Poccetti, Jacopo da Empoli und Santi di Tito stützten sich auf ihn. Sein grösstes Ruhmesblatt ist indessen die anhaltende Hochschätzung durch das Fürstenhaus der Medici und ihrer Nachfolger. Zug um Zug liessen sie sämtliche Originale aus ihrem Herrschaftsgebiet in die Florentiner Residenzen kommen (nicht ohne gute Kopien an Ort und Stelle zu hinterlassen – die Kunst den Fürsten, die frommen Inhalte dem Volke). Schon 1589 erscheint Sarto in der «Tribuna» der Uffizien, dem Allerheiligsten der Medici-Sammlungen, gleichrangig mit Raffael. So konzentrierte sich sein Œuvre etwa zur Hälfte im 17./18. Jahrhundert im musealen Bereich der Landesfürsten – eine direkte Voraussetzung und gewissermassen eine Vorwegnahme der gegenwärtigen «Mostra».

Die Wende in der «fortuna critica» kündigt sich in der ersten Sarto-Monographie, von A. v. Reumont (1835), an: Andrea lasse kalt, es fehle ihm «das Grossartige», «die glänzenden Gegensätze». Als wahrer Todesstoss hat sich Wölfflins und Berensons Kritik erwiesen: «oberflächlich und seelenlos», «blosse Routine»; «a certain lack of imagination». Davon hat sich sein Nachruhm nicht mehr erholt. Andrea ist, samt den Kollegen der Hochrenaissance, samt Raffael, Correggio, Sansovino und andern, den modernen Ansprüchen auf Antiklassik erlegen. Bis auf weiteres. Bis auf die «Mostra 87»?

Was für ein Erzflorentiner! Die Biographen berichten (nicht ohne Spott), wie es Sarto am französischen Hof (1518/19) nicht aushielt und er, unter dem Zorn des Königs, heimkehrte, zu seinen Freunden und – anekdotischer Dauerbrenner – zu seiner Lucrezia, «la bella mia imperiosa moglie», mit ihrem notorischen «appetito» auf den Gemahl.

Ob er jemals in Rom war – obligatorische Station jeder Laufbahn –, ist nicht mit Sicherheit zu entscheiden. Jedenfalls hat sich ihm der heroische Grundton der römischen Hochrenaissance nicht mitgeteilt. Aus dem Ausstellungskatalog geht nun hervor, wie sehr Andreas Schaffen auch wirtschaftlich in Florenz verankert war, nicht nur in den oberen Kreisen – Ottaviano de'Medici und Giovanni Galli waren seine Freunde –, sondern auch in mehreren Bruderschaften und Kirchenverwaltungen, wie S. Gallo, SS. Annunziata, Scalzi und S. Salvi, und bei auffällig vielen Handwerkern und Bürgern («serviva più volentieri le persone basse», stellt Vasari mit Verwunderung fest). Schliesslich liess er nach 1520 hinter der SS. Annunziata ein eigenes (später von Federigo Zuccaro bewohntes) Künstlerhaus errichten.

Ganz und gar florentinisch ist denn auch die Ausstellung im Palazzo Pitti, mit den 35 Gemälden und den 101 Zeichnungen, die alle aus dem erwähnten Fundus der Grossherzöge stammen. Das entspricht, grob geschätzt, etwa der Hälfte des erhaltenen Gesamtwerks. Es fehlen in der Tat mindestens ein Dutzend Hauptwerke, von der frühen Dresdener «Katharinen-Verlobung» und der Leningrader «Madonna» über die «Heilige Familie» und die «Caritas» (Louvre und Washington) bis zur «Madonna della Scala» des Prado und der «Opferung Isaaks» in Cleveland, dazu mehrere Madonnen und Bildnisse. Aber dem wird mit guten Gründen entgegengehalten, dass die Florentiner Kollektion ihrerseits die Entwicklung des Malers in allen ihren Phasen und seine ganze Thematik zu repräsentieren vermöge und dass sie eine historisch genau definierte Einheit sei. Eine «grosse» Sarto-Präsentation dürfte freilich, der komplexen Situation von

1510/1530 entsprechend, auf Vergleichsbilder und Auseinandersetzungen nicht verzichten.

Zudem fällt ins Gewicht, dass auf den Anlass hin die vier Freskenzyklen Sartos in Florenz restauriert und zugänglich gemacht worden sind: in der Vorhalle der SS. Annunziata, im Kreuzgang der Scalzi, im Refektorium von S. Salvi und in der Medici-Villa von Poggio a Cajano. Niemand sollte verfehlen, diesem Sarto-Itinerar nachzugehen, es ist mehr als eine Ergänzung der Ausstellung. Besonders kann in den zehn Szenen der Täufergeschichte in den Scalzi – alle in Grisaille gemalt, ein attizistisches Juwel – die gesamte Entfaltung seines Könnens im epischen Fach 1507 bis 1526 studiert werden. Man weiss auch zu schätzen, dass das «Abendmahl» der Vallombrosaner in S. Salvi, ein besonders feierliches Spätwerk, endlich wieder offensteht.

Eine weitere Tugend der Ausstellung besteht darin, dass sämtliche Gemälde ad hoc restauriert worden sind, alle nach denselben Prinzipien des Respekts und der Zurückhaltung. Im Katalog wird darüber bis in die technischen Einzelheiten Rechenschaft abgelegt. Die von langer Hand vorbereitete Kampagne ergibt nicht nur eine zuverlässige Vergleichbarkeit von Bild zu Bild, vielmehr ist das bei Sarto so delikate Verhältnis von Farbe und Helldunkel weitgehend wiederhergestellt, im Gegensatz zu dem bisherigen pauschalen Sfumato-Nebel. Die «Pala di Gambassi» zum Beispiel zeigt nun, nach Entfernung neuerer Firnisschichten, ein raffiniertes Gleichgewicht von schwebenden Schatten und einem reichen chromatischen Kolorit. Da sie teilweise unvollendet ist, sind in diesem Altarbild auch Einblicke in Sartos nachdenkliche Arbeitsweise zu gewinnen.

Die Ausstellung hat in der «Sala Bianca» – mit ihren brillanten klassizistischen Stukkaturen von 1776 – ihr Zentrum. Hier begegnen einander die Frühwerke, unter dem Eindruck Leonardos, Fra Bartolommeos und Albertinellis entstanden: die grosse «Verkündigung» Pitti, dann die zwei dekorativen Zyklen für einen Triumphwagen und für das Hochzeitsgemach Borgherini, hierauf als Höhepunkt das Terzett der Hauptwerke um 1517-1524, die «Harpyien-Madonna», die «Disputa sulla Trinità» und die «Pietà» von Luco. In den anliegenden Sälen folgen der junge «Täufer» aus dem Ensemble der Anticamera Benintendi, die schon sehr formelhafte «Sacra famiglia Bracci» und die erwähnte «Pala di Gambassi», eine erstaunliche Madonna mit Heiligen (um 1525-1528). Den zweiten, abschliessenden Aufschwung bilden die in sieben Teilen erhaltene «Pala Vallombrosana» von 1528 und die zwei sehr ähnlichen, aber nicht gleichzeitigen «Himmelfahrten Mariae» (die «Assunta Panciatichi» von 1522-1525 und die «Assunta Passerini» von 1526/27), während die grosse späte «Pala di Poppi» von 1528-1530 schon gegenreformatorische Züge hat. Einige kontroverse Kleinformate, das einzigartig vertrauliche Porträt einer jungen Frau (Uffizien) und die preziöse «Sacra famiglia Medici» beschliessen den Parcours, der in klarer Artikulation die Entwicklung Sartos vor Augen bringt.

Mit Geschick, instruktiv und doch diskret, sind jeweils die vorbereitenden Zeichnungen beigeordnet, so dass die Entstehungsgeschichte mehrerer Hauptwerke zu verfolgen ist. In den hundert Blättern stellt sich zugleich die florentinische Renaissancepraxis des «disegno» dar, technisch, funktional und nach Typen: von der ersten «idea»-Skizze über die Kompositionsstudien bis zu den vielen Verifikationen der Einzelheiten am Modell. Von den Gemälden her gesehen, mag es überraschen, dass Sarto immer wieder diesen ganzen Weg zurückgelegt hat; man kann ihn in langen Reihen, Zug um Zug, nachrechnen, so für das «Abendmahl» von S. Salvi und die «Assunta Panciatichi». Das heisst: selbst im Besitze grösster Routine hört er nicht auf, die Realität zu befragen, in Einzelstudien zu bestimmten Faltenmotiven oder zu Hand- und Kopfhaltungen, auch wenn er die Ergebnisse dann einem langen Prozess der Emendation und der Idealisierung unterwirft. Gerade in den Heiligenköpfen ist ersichtlich, dass nicht Formeln verwendet sind, vielmehr die Intensität von Porträteindrükken bis ins Gemälde anhält. Berenson hat gewiss recht, wenn er (wenigstens) den Zeichner Sarto in die Ränge von Raffael, Fra Bartolommeo und Pontormo stellt.

Der Katalog – sehr professionell gemacht, versteht sich – lässt auch den Normalbesucher nicht im Stich. Die Nummerntexte sind lesbar, sogar vor den Originalen, und mehrere Einleitungsessays gehen auf Fragestellungen ein, so die Spiegelfechterei «Un ottimo sartore» von L. Berti, die ikonographischen Untersuchungen der Harpyien und der Trinität von A. Natali, die «Profili di amici e committenti» von A. Cecchi (mit neuem Material aus Archiven, so dass sich eine genauere Einbettung des Malers in seine Zeitgenossenschaft ergibt), und die Studie über den Nachruhm von S. Padovani. Nützlich sind der topographische Katalog aller Sarto-Orte in Florenz – eine Novität –, die Bibliographie und akkurate Notizen zur Biographie.

Wie spricht er uns heute an, der Grossmeister der Florentiner Hochrenaissance in den zwei Geniejahrzehnten von 1510 bis 1530?

Drei Jahre jünger als Raffael, tritt er – seine Chance?, seine Herausforderung?, seine Überforderung? – ausgerechnet in das Vakuum, das nach der Übersiedlung Leonardos nach Mailand (1507) und Michelangelos und Raffaels nach Rom (1508) entstanden war. An seiner Seite findet er nur die älteren Kollegen Albertinelli (gestorben 1515) und Fra Bartolommeo (1517), den Mitschüler Franciabigio, den gleichaltrigen Bildhauer und

Freund Sansovino. Betagte Quattrocento-Meister wie Lorenzo di Credi und Piero di Cosimo sind noch am Werk, gleichzeitig tauchen die blutjungen ersten Manieristen, Pontormo und Rosso, in Sartos Werkstatt auf.

In diesem genieleeren Raum, umgeben von den grossen Modellen der Jahrhundertwende, ist er auf sich selber angewiesen. Seine künstlerischen Ressourcen scheinen ganz in seiner Persönlichkeit begründet zu sein: in einer ungewöhnlichen Sanftheit der Empfindung, in hoher Sensibilität, in einer Frömmigkeit, die sich leicht mit Schwermut verbindet. Exzesse des Gefühls sind ihm ebenso fremd wie Aufschwünge in heroische Rhetorik, und formale Experimente halten sich in Grenzen. Kein Drama, keine Tragik, nichts Triumphales, keine Hochspannung.

Innerhalb dieser Beschränkung kann sich um so mehr sein enormes Bedürfnis nach Harmonie ausbreiten – als tief fundiertes Prinzip der Innigkeit, nur selten als Ausgleich heftiger Gegensätze. Aufgaben und Themen aller Art haben sich diesem Gesetz zu fügen. Selbst die Greuel der Täufergeschichte (Scalzi) entgehen nicht der Regie des Ausgleichs und der Diskretion. In der «Enthauptung» verdeckt der Maler die entsetzlichen Stellen; im «Tanz der Salome» sind es nur ihre Hände, die tanzen. Sein grosses Thema ist deshalb die «Sacra Conversazione», die Madonna mit Heiligen, als Darstellung vollkommener Übereinstimmung und innerlich bewegter Einmütigkeit.

Seine Heiligen sind dabei nicht weniger sanftmütig als die des Frate Bartolommeo: nicht aus der heiligen Ruhe zu bringen, versonnen, die Augen ohne viel Blickkraft, die Köpfe kaum je in Leidenschaft erglühend. In ihren Gewändern ist oft mehr Energie als in den Gebärden.

Hingegen gelingt ihm die Lösung eines künstlerischen Problems, das seit Leonardo hängig war, fast eine Quadratur des Zirkels: das moderne Helldunkel mit alter Farbenkraft zu vereinigen. Das macht den Zauber seiner Heiligenbilder aus (für das Auge von heute): wie das Sfumato sich hundertfach verfärbt, wie umgekehrt die Farbigkeit sich in abendlichen Dämmerungen bricht, ohne dass es dabei zu Unverträglichkeiten käme. Kein blosses Grau mehr in den Modellierungen, sondern verschleierte Farbbewegung, vom Aufglühen bis zum Verlöschen, immer in gebrochenen, bald chromatischen, bald changierenden Tönen; selten heiter, öfters morbid – wie es, in jenem Jahrhundert, nur Tizian und Barocci kennen. Das ist das Hauptmedium seiner Harmonik und seiner Innigkeit, ein bewegliches, labiles. Jedenfalls gehört Sarto zu den grossen Koloristen der Hochrenaissance, und das ausgerechnet in Florenz, wo doch immer der «disegno» heilig, die Farbe suspekt war.

In allem, was er tut, ist er ein Meister der Dämpfung. Aber man täusche sich nicht: die Emotionen sind nur verschleiert und verdeckt, nicht abwesend. An den seltsamsten Stellen lässt er sie zu: in der Brillanz und im Rauschen von Gewandfaltungen; in abseitigen Farbengluten; in dem grimassierenden Lächeln heiliger Kinder; jedoch kaum in ikonographischen Bildzentren. Natürlich trägt das Netz solcher freier Akzente seinerseits zur Vereinheitlichung der Bildgestalt bei.

Gerade in dieser Farbchromatik und in den exzentrischen Steigerungen erkannten Sartos junge Schüler, Pontormo und Rosso, neue Möglichkeiten: Auf- und Ausbrüche in der Richtung auf das, was heute «erster Manierismus» heisst. Ein solcher Ansatz sind die Josephsgeschichten Borgherini, auch die Hauptwerke nach 1517 samt dem Fresko in Poggio a Cajano. Er liess die zwei Heisssporne ziehen, schon um 1518, unbeirrt in seiner eigenen Art.

Hingegen gibt es in seinen letzten Jahren da und dort Anzeichen von Abkühlung und Verfremdung. Besonders in den Madonnenbildern tritt eine sophistische Ästhetisierung ein; sie hatten als Preziositäten ihren Markt. Man sieht da die so gepflegten Formen zu Formeln erstarren. Die Spielfreude des Malers zieht sich ins Artistische zurück, seine Imagination scheint stellenweise ganz auszusetzen. Damit deutet er abermals neue Wege an, ohne sie selber zu gehen, nun für die Generation der höfischen internationalen Manieristen wie Vasari, Salviati, Bronzino, Jacopino del Conte. Stichworte für eine weitere Richtung wurden später in Werken wie der «Pala di Poppi» gefunden: Kombinationen abgekapselter Bildzeichen, zum Beispiel fromm anbetende Engelchen um eine fromm emporseufzende Maria, alle wie auf goldenem Öldruckgrund montiert. Auf solche Devotionsschablonen griffen die Maler der Gegenreformation gerne zurück.

Nach Sartos Tod, 1530, bricht die Elementarklassik in Florenz sofort ab.

Vasari, beeindruckt von Sartos Korrektheit und Disziplin, fand ihn einen Maler «senza errori». Das mag, innerhalb klassizistisch-akademisch-moralistischer Parameter, ein Lob sein. Aber er warf ihm gleichzeitig «una certa timidità d'animo» und einen Mangel an «grandezza e copiosità di maniere» vor, so dass er nicht «veramente divino» genannt werden könne. Dahinter steht die Genielehre, die in Michelangelo ihren Abgott hatte. So gesehen, heisst «pittore senza errori»: Maler ohne Wagemut, ja Maler ohne besondere Eigenschaften. Gerade seine Fehlerlosigkeit erscheint als Fehler.

Es verwundert nicht, dass die moderne Kunstgeschichte, als eine Kunstgeschichte der Revolutionen, der Exzesse und der Avantgarden, den stillen Statthalter der Renaissance in veränderter Zeit fallengelassen hat. Die Gegenwart seiner Werke (in nicht mehr so ganz moderner Zeit) gibt indessen jetzt Anlass, hohe Qualitäten in der Position des Ausharrens zu bemerken. Die harmonikalen Elemente seiner Malerei, die Sicherheit seiner Sensibilität, die Anreicherungen im Kolorit, die Fähigkeit, alte Aufgaben zu ihrer Reife zu führen – sie ergeben eine Spätblüte der Renaissance, die in einer undogmatischen Betrachtung ihren eigenen Platz hat. Wenn Pontormo und Rosso an Sarto anknüpfen, gehen sie nicht von dessen Zentrum aus, nicht von der Harmonie und der Wärme seiner Gefühle. Vielmehr verschärfen sie einseitig sein Kolorit und entwickeln expressive Formpointen, bereits manieristisch aufgestört.

Wenn Sartos Malerei schon eine Sackgasse ist – was für ein inniger, was für ein nobler Ort.

Andrea del Sarto, 1486-1530, Dipinti e disegni a Firenze, Ausstellungskatalog Florenz (Pal. Pitti) 1986/87, Milano 1986. – Vgl. die zahlreichen Ausstellungsrezensionen, in: Prospettiva, 1986, S. 85 (A. Angelini), Burlington Magazine, 1987, S. 498 (J. Shearman), Kunstchronik, 1987, S. 553 (Ch. Fischer), Apollo, 1987, S. 364. *Seit 1986* sind an Publikationen nachzutragen: – Hommage à Andrea del Sarto, Ausstellungskatalog Paris (Louvre, Cabinet des Dessins) 1986/87. – S. Padovani, Andrea del Sarto: ipotesi per gli inizi, in: Arte Cristiana, 1988, S. 197. – A. Natali, A. Cecchi, Andrea del Sarto, Catalogo completo dei dipinti, Firenze 1989 (mit Bibliographie). – S. Béguin, A propos des Andrea del Sarto au Musée du Louvre, in: Paragone, 1989, H. 18, S. 3. – A. Cecchi, Spigolature sulla committenza sartesca, in: Paragone, 1989, H. 18, S. 32. – R. Williams, A treatise by Francesco Bocchi in praise of Andrea del Sarto, in: Journal of the Warburg and Courtauld Institutes, 1989, S. 111. – Akten des Sarto-Symposions «Novità su Andrea del Sarto» in der Fondazione Longhi in Florenz, Januar 1987: ausstehend, bezw. im Paragone, siehe oben.

Savoldo: ein paar Wunderbilder – und andere

Zur Savoldo-Ausstellung in Brescia, 1990

Das nicht sehr grosse Œuvre des nicht sehr bekannten Renaissancemeisters (1480? bis nach 1548) zählt nicht viel mehr als etwa 50 unbestrittene Gemälde und etwa 12 Zeichnungen – davon aber ein Dutzend wahre Erstaunlichkeiten. Savoldo arbeitete meistens in Brescia und in Venedig, sein Schaffen steht mitten im Spannungsfeld der oberitalienischen Hochrenaissance. Vasari, Aretino und Pino schrieben damals über ihn. Die Heimatstadt Brescia widmet ihm (1990) die erste monographische «Mostra».

Die Veranstaltung ist Roberto Longhi gewidmet, Galionsfigur der italienischen Kunstgeschichte immer noch – vor hundert Jahren geboren, vor fünfzig Jahren der Ideator der grundlegenden Schau «La pittura bresciana del Rinascimento». Seither ist mit seiner Autorität die These verbunden, die Lombardei, vor allem Brescia, sei die Heimat des Renaissance-Realismus, sie habe mit ihren Leistungen in der Folge den grossen Caravaggio hervorgebracht. Daher der Untertitel und das Konzept der gegenwärtigen Savoldo-Veranstaltung: «Tra Foppa, Giorgione e Caravaggio».

Giorgione? Mit ihm kommt, neben der lombardischen «Direttissima» Foppa-Caravaggio, Venedig ins Spiel. Da arbeitete Savoldo lange Zeit, nach 1520, so dass er, wie Creighton Gilbert meint, vielmehr der venezianischen Kunst zugehöre. Gerade damals wurden in Venedig auch frühe Niederländer gesammelt und diskutiert, eine wichtige Würze für Savoldo. Dazu kommt, dass er schon 1508 in der Malerzunft von Florenz immatrikuliert worden war. Also ein kunstgeographisches Plateau von heikler Ausdehnung, voller Spannungen, somit ein Fechtplatz der «partigiani».

Nicht zu beneiden sind auch die Biographen Savoldos (die neueren: Bossaglia, Gilbert, Boschetto, dazu die Akten der Savoldo-Tagung in Brescia 1983). Die Nachrichten über ihn sind spärlich. Trotz erneuter Kampagnen kennt man weder das Geburts- noch das Todesjahr, weder Lehrmeister noch kollegialen Umgang. Bis heute, so auch in der Mostra, ist die Produktion vor 1520 ungewiss. Das Gesamtwerk – wie erwähnt: unbestritten sind nur etwa 50 Gemälde und ein Dutzend Zeichnungen – hat sich in alle Welt zerstreut; in Brescia selber ist nur die «Anbetung der Hirten» aus S. Barnaba verblieben. Davon sind nur wenige zuverlässig datiert oder datierbar. Die Entwicklung verlief offenbar nicht auf gerader Linie. In dieser unkomfortablen Situation musste sich eine Zusammenführung seines Œuvres seit langem aufdrängen.

Die Liste der Leihgeber und der Experten ist erstklassig. Natürlich ergibt sich keine Megamostra, aber auch – mit den 33 Savoldo- und den 52 Vergleichsnummern, dazu 12 eigenhändigen Zeichnungen – keine Minimostra. Vor allem: keine Monomostra. Denn angesichts der Gegebenheiten (und Nichtgegebenheiten) hat man für einmal von einem Attributions- und Datierungsfestival «all'italiana» abgesehen und aus der italienischen Not eine europäische Tugend gemacht.

Das heisst: Savoldos Werk ist nicht chronologisch und nicht nach Kriterien der Eigenhändigkeit aufgereiht, vielmehr nach Themen. Damit kommt die Macht der Ikonographie, der Bildfunktion, der Auftraggeberschaft – konkret: der Orden, der privaten Devotion, der Nachfrage nach Porträts – zum Zug. In einer zweiten grossen Abteilung erscheint der Maler «im Kontext» seiner Zeitgenossenschaft, zum Glück unter seinen eigenen Stichworten. So ergibt sich eine kleine Galerie zur Entwicklung der malerischen Lichteffekte im lombardischen Cinquecento; eine andere zur Porträtmalerei; eine weitere zu den Einwirkungen der niederländischen und der deutschen Kunst (eine Demonstration mittels Graphik und Malerei); dazu die Komponenten der Brescianer Malerei im frühen 16. Jahrhundert, parallele Entwicklungen zwischen Mailand und Venedig, Auswirkungen von Savoldos Errungenschaft. Diese Ausrichtung auf eine Problemgeschichte wird im Katalog (Electa, Mailand) mit einer Folge von zehn klugen Essays bekräftigt. In den engen Sälen des Obergeschosses bleibt die Argumentation freilich oft unklar.

Der Parcours setzt nicht gerade mit Fanfaren ein, just in dem hohen Renaissanceraum von S. Giulia, einem der schönsten Ausstellungssäle für Sakralbilder überhaupt. An drei grosse Abwesende muss mit 1:1-Projektionen erinnert werden: die «Zwei heiligen Eremiten» (Venedig), die «Thronende Madonna» von Treviso und die «Pala di Pesaro» (Mailand). Andere Hauptwerke – «Transfiguration», «Anbetung», «Pietà» – sind durch Varianten oder alte Kopien vertreten. (Die «Transfiguration» der Ambrosiana in Mailand könnte freilich von Savoldos eigener Hand sein.)

Dafür entschädigen zunächst ein paar Schwergewichte aus dem intimeren Sakralwerk. Die «Anbetung der Hirten», ein Lieblingsthema Savoldos, ist in drei Versionen zur Stelle; die schönste, perfekt erhaltene aus S. Giobbe in Venedig; alle drei als unpathetisch ernste, lombardisch sachliche Andachten; von Gegenlichteffekten und vielen Motiven aus der Graphik Dürers, Schongauers und Baldungs nicht aus der Ruhe gebracht. Etwas kleinere Formate gelten der privaten Devotion: die «Madonna mit Heiligen», im Querformat gemäss dem venezianischen Schema (in den zwei reinsten Fassungen vorhanden, von Hampton Court und Turin); die «Flucht nach Ägypten», in vier Nummern, von denen eine (aus Mailand) allerlei Klassizismen des Seicento vorwegnimmt. Nur in einem Exemplar ist das grosse Savoldo-Thema der «Beweinung Christi» zugegen, aus Berkeley, der nordischen Pietà-Formel folgend; dazu ein branstiger Sonnenuntergang, der dem Vorgang seine volle Tragik gibt.

Ein Vorzugsheiliger der Epoche, der Eremit, ist auch ein Favorit Savoldos. In Absenz von «Antonius und Paulus» (Venedig) kommt dem «Elias» (Washington) und dem «Hieronymus» (London) doppeltes Gewicht zu – beide als kräftige, sonnverbrannte Glaubenshelden verstanden, mitten in einer «romantischen», zottig felsigen Phantasielandschaft nordischer Provenienz. An der Stelle der berühmten «Versuchung des heiligen Antonius» (San Diego) bekommt man die kleinere Fassung aus Moskau zu sehen, auch sie ein Horrorbild mit Zwitterwesen, Brandhimmel und wild getürmter Landschaft, voller Anleihen aus Bosch, Patinier und Scorel, aber auch aus dem späten Raffael.

Den zeitgenössischen Kunstautoren fielen Savoldos «Nacht- und Feuerbilder» (Vasari), die «aurore con riflessi del sole» und die «oscurità con mille descrizioni ingeniosissime e rare» (Pino) besonders auf. Erforschung und Eroberung der Lichtphänomene sind in der Tat seine Domäne – ein halbes Jahrhundert bevor Caravaggio sie zum schärfsten dramatischen Regiemittel machte.

Es sind aber Niederländer wie van Eyck, van der Goes, Geertgen und Joest van Calcar, die sich zuerst auf die Nachtthemen in der Heilsgeschichte kaprizierten; vor allem gilt dort die «Geburt Christi» als Notturno. Scorel, der 1520 in Venedig weilte, war wie Bosch berühmt für seine Höllenvisionen. Auch Deutsche wie Altdorfer, Baldung und Krug wurden beachtet; ihre Nachtstücke waren in der Graphikwelt weit verbreitet. Italien selber kannte Nachtszenen seit Piero della Francesca, dem Brescianer Foppa (ausgestellt ist dessen «heiliger Hieronymus», um 1460) und anderen. Auf den Oberitaliener-Venezianer Lotto, mit Savoldo persönlich bekannt, gehen die kühnsten Dramatisierungen von Notturno-Effekten zurück («Christus vor dem Prätorium»). Schliesslich ist ganz in Savoldos Nähe der «Matthäus» des Brescianer Kollegen Romanino entstanden, mit einer Kerze als interner Lichtquelle (1521/24). Ein guter Teil dieser Vor- und Vergleichsgeschichte ist in der Ausstellung exemplifiziert.

Savoldo selber hat ein aussergewöhnlich waches Auge für die Aktionen des Lichts. Viele Möglichkeiten prüft er, einige führt er zu ihrer erdenklichen Erfüllung. Sein eigener Weg – von der blossen Pointe zur eigentlichen «Erleuchtung» – zeigt sich etwa in der «Geburt Christi», einer «natività finta di notte» (zwei Fassungen, beide aus Mailand, um 1535): ein Halbfigurenbild, konzentrisch um das leuchtende nackte Kind geordnet, so dass das Licht die Anbetenden von unten trifft, tangential, «verkehrt»; zugleich die tiefe Andacht markierend; für die Bildkomposition ein Zentralmotiv ohnegleichen. Und mehr: das Christkind als Lichtkind hebt selbst das helle Linnen hoch, auf dem es liegt, um sich zu offenbaren – nicht nur Emanation des göttlichen Lichts, sondern auch Revelation der Wahrheit, Erleuchtung der Anbetenden und des Betrachters zugleich. Immerhin, ohne Kunststück geht es nicht ab: rechts hinten ist in einem Hinterhof ein Feuer entzündet, eine Genreszene wie im 17. Jahrhundert, und links oben schaut ein fahler Mond herein, die dritte Lichtquelle im Bild.

Eine Erleuchtung ist auch der berühmte «Tobias mit dem Erzengel Raphael» (Rom, Borghese). Der Engel sitzt im rauschenden Licht seiner Flügel und Gewänder; diese haben einen solchen Reichtum des Faltenwerks und der Lichtfarben, dass man, wie Tobias, in ihnen den Reichtum der hohen Botschaft erkennen kann. Dagegen muss der Kopf des Jünglings im Schatten bleiben. Die Szene spielt in einer wunderbar wolkigen Landschaft, vor Kumulus-Bäumen und einem Weitblick im Gegenlicht – Elsheimer «ante portas». Dass der Maler des Engels auf Tizians Verkündigungsengel im Polyptychon Averoldi (Brescia) wie auch auf Leonardo geblickt habe, ist einleuchtend. Die Anwesenheit von Tizians gesamtem Brescianer Altarwerk in der Ausstellung ist ein Ereignis für sich. Natürlich war dieses Frühwerk von 1522 ein Fanal für die gesamte Brescianer Cinquecento-Malerei.

Und die «Maria Magdalena» (in drei von vier Varianten vorhanden)? Macht sich das triumphale Faltenwerk ihres Kopftuchs, hochgesteigert im Licht, nicht vollends selbständig, als «artificio», als malerische Prahlerei? Einmal erglänzt es in Silbertönen, gleissend und zischend an den Übergängen vom Hoch- zum Halbglanz; ein andermal gold- und messingfarben. Aber die Abwendung und die Verhüllung der Heiligen, das Blendlicht, die Draperie als Schutzschild: alles erklärt sich, wie im Katalog vorgeschlagen, aus einem Text von Pietro Contarini, Auftraggeber Savoldos. Die Heilige erzählt dort die Passion Christi (ähnlich wie im Johannes-Evangelium): die überraschende Anwesenheit Christi nach der Auferstehung erzeugt Licht, Erschrecken, Bekehrung. Im Bild ist Magdalena zugleich «illuminata» und «illuminatrix».

Das Wunderbild des Lichtmalers Savoldo ist aber der «Evangelist Matthäus mit dem Engel» (New York, um 1535). Das Karminrot seines Gewandes, von einer Öllampe beleuchtet, nimmt plötzlichen überirdischen Glanz an, bald wie entflammt, bald schillernd und verlöschend, überall beweglich, irreal, als hätte El Greco schon den Pinsel geführt. Der Heilige wendet seinen Kopf nach rechts oben, in den Halbschatten, wo der Engel sich mitteilt. Kein Bauerntölpel, dem man die Hand führen muss, wie dann bei Caravaggio. Eher verbirgt sich das Thema des Dichters mit der Muse: Inspiration als Erleuchtung.

Ein anderes Motiv der «pittura»-Souveränität ist in dem Porträt des Pseudo-Gaston de Foix (Paris) aufgegriffen. Der Dargestellte sitzt zwischen zwei rechtwinklig gestellten grossen Spiegeln, er erscheint darin in verschiedenen Aspekten, zerstückt und veräfft. Hinter diesem «tour de force» steht das vielzitierte Spiegelexperiment Giorgiones, das einen Gerüsteten von allen Seiten zeigte und damit, im Paragone der Künste, die Virtuosität der Malerei proklamierte. Aber Savoldo lässt auch Licht und Bewegung, auch verzerrte Reflexe in der Rüstung mitwirken, so dass sich in dem Spiegelkabinett ein sinnverwirrendes Verfremdungs- und Schrekkensspiel ergibt, gewiss ein manieristisches Motiv der Verstörung. Vasari nennt den Maler «capriccioso e sofistico».

Eine weitere Abteilung der Mostra lädt zu Längs- und Quergedanken ein: die Porträtmalerei. Mindestens ein halbes Dutzend Bildnisse von Savoldo, zu Melancholie, Introspektion und andern «moti dell'anima» neigend, halten sich annähernd auf der Höhe Lottos und Giorgiones. Eine interessante oberitalienische Vergleichsgalerie bietet Anhaltspunkte aller Art.

Giovanni Gerolamo Savoldo: tra Foppa, Giorgione e Caravaggio. Brescia (und Frankfurt) 1990. Ausstellungskatalog Milano 1990. – Vgl. die Ausstellungsrezension von A. Nova im Burlington Magazine 1990, S. 431.

Moretto im Prüfstand

Zur Ausstellung «Il Moretto» in Brescia, 1988

Dem Renaissancekünstler Moretto da Brescia – mit dem bürgerlichen Namen Alessandro Bonvicino, um 1495/98 bis 1554 – kann man in den Weltklassegalerien begegnen, in London wie in St. Petersburg, in Wien wie in New York, je in einsamen Hauptwerken. Wie aber nimmt sich sein Schaffen als Ganzes aus, welche Stellung, welchen Rang hat es in der Geniezeit der Hochrenaissance? Die Ausstellung in Brescia – die erste ihm gewidmete – ist dafür der Prüfstand.

Das Œuvre des grossen Brescianers hat zurzeit den Vorzug, im Sakralbezirk von Santa Giulia dargeboten zu sein – nicht in einem musealen Lunapark oder Monumentaltempel, sondern in dem alten Stadtviertel (hinter dem Kapitol), das sich aus drei ehemaligen Klöstern zusammensetzt: der Kirche San Salvatore aus langobardischer Zeit, dem romanischen Oratorium Santa Maria in Solario und dem Nonnenkloster Santa Giulia, dessen Kirchen 1466 und 1599 erbaut wurden. Dieses suggestive Quartier, heute noch grossenteils ein archäologischer Fund- und Restaurierungsplatz, soll nach einem Projekt des Bologneser Spezialisten Andrea Emiliani das «Museo della città» aufnehmen: zahlreiche Abteilungen, von denen Keramik und Waffen schon bereit sind, unter Einschluss der Laboratorien, der Bibliotheken, Phototheken und Verwaltungsbüros. (Daneben bleibt die schöne Bildersammlung der Pinacoteca Tosio Martinengo in ihrem Cinquecento-Palazzo im Südosten der Stadt natürlich weiter bestehen. Und wer in Santa Giulia das obligate Museumscafé vermisst, findet gleich nebenan die winzige Pasticceria Capuzzi, ein schon nicht mehr ganz geheimer Tip).

Morettos Bilderfolge ist in das weite Areal mit Geschick und Phantasie eingeflochten, in einem wendungs- und überraschungsreichen Parcours, der die Kirchen mitbenützt, als wären die vielen Altarbilder hierher heimgekehrt. Das ist mehr als ein Regieeinfall oder ein Gag der Einstimmung. Der hohe Nonnenchor von Santa Giulia, die Seitenkapellen von S. Salvatore und der Zentralbau von S. Maria in Solario sind mit Freskenzyklen von Ferramola, Caylina und Romanino ausgemalt. Das heisst: man sieht Morettos Leistung begleitet und kommentiert von den Leistungen seiner unmittelbaren Vor- und Mitläufer, in der Art einer selbstredenden kunstgeschichtlichen Lektion. Damit wird ein Vorbehalt, der gegenüber allen streng monographischen Veranstaltungen angebracht ist, wenigstens zum Teil entkräftet: nämlich der Maler werde aus seinem Kontext gerissen, er sei ohne die Zusammenhänge mit seiner Zeitgenossenschaft nicht zu beurteilen. Moretto hat in der Tat mit seinen Kollegen von nah und fern, mit seiner Stadt und ihren Institutionen besonders intensive Beziehungen; darüber später.

Weitere Erläuterungen zum Œuvre kommen aus dem Sektor der technischen Hilfsmittel. In den Laboratorien der «Musei Civici» wurden einige Hauptwerke strahlenanalytischen Untersuchungen unterworfen, mit interessanten, radiographisch vermittelten Einblicken in Morettos Arbeitsweise. Zum Beispiel ist zu verfolgen, wie in dem späten, gegenreformatorischen «Passions-Christus» (um 1550, Brescia) eine symmetrische Dreieckskomposition vom Maler so weit gestört wurde, bis heftige expressive Akzente dominierten, vielleicht auf Verlangen des Auftraggebers. Überraschend ist auch das Ergebnis zu dem bekannten «Emmaus»-Bild (um 1526, Brescia): das Format des Bildes ist, entgegen allen Annahmen, nicht reduziert, die Szene muss immer so beengt und nahsichtig (und präcaravaggesk!) gewesen sein, wie sie sich heute darbietet (allenfalls mit einer Umrahmung in Fresko eingefasst). Weiter ist festzustellen, wie der Maler jeweils mit Entschiedenheit die Konturen fixiert, als ein Gerüst, innerhalb dessen er sich dann ein unerwartet lockeres und spontanes Pinselwerk erlaubt. Zu ähnlichen Einsichten führt die kleine Abteilung der Handzeichnungen, die alle im Katalog sorgfältig ausgewertet sind.

Dass Moretto ein Unbekannter, ein Verkannter, ein schlecht Erkannter sei, lässt sich angesichts seiner Bibliographie nicht behaupten: sie füllt, im Katalog, 25 dreispaltige Seiten. Irritierend ist aber die Krassheit der Divergenzen in der Beurteilung. Daraus wären Stichworte für eine moderne, vor Widersprüchen nicht zurückschreckende Analyse seines Schaffens zu ziehen.

Vasari (1568), haarsträubend überheblich gegenüber den Oberitalienern, sieht Moretto mit Raffael zusammen; deshalb dann die schiefe Eulogie «il Raffaello bresciano», beliebt bis zum Denkmal von Ghidoni (1898). Ein waches und kühnes Auge auf Moretto hatten die Nazarener, von Overbeck bis Colombo, später die Präraffaeliten, wie überhaupt die Künstler des 19. Jahrhunderts ihn lebhafter schätzten als die Gelehrten. Für diese war Moretto noch und noch ein «Primitiver», eine moralische und religiöse Grösse mehr als ein Maler, «reinen Herzens» und voll frommer Gefühle; weshalb etwa, für Rio (1861), die schöne «Salome» (Brescia) eine *bekehrte* Sünderin sein musste. Und als Morelli und Cavalcaselle über Moretto schrieben, hatte der grosse Ausverkauf der Bilder, von Brescia besonders nach England, längst begonnen.

Es war, einmal mehr, Roberto Longhi, der den Blick auf die künstlerischen Leistungen lenkte; dabei ergab sich eine lombardische Entwicklungslinie Foppa-Moretto-Caravaggio (1917, 1929, 1952). Dieser Optik – Moretto als Wegbereiter Caravaggios – widersprach heftig Gombosi (1943); ihm erschien der Brescianer ganz im Lichte Venedigs (und zur Republik Venedig gehörte die Stadt damals). Genauer ist Morettos Eigenart erst seit den 1960er Jahren fassbar geworden, durch Monographien über die Nachbarn Romanino und Savoldo, im Horizont einer präzisen «brescianità». Nun bietet die «Mostra» mit ihrer Werksynopsis die erste solide Gelegenheit, Morettos Bewegungen auf dem Magnetfeld der Rivalitäten zwischen Venedig, Mailand, Cremona und Brescia und im Vorfeld des Tridentiner Konzils zu verfolgen.

Die Werkauswahl in Santa Giulia vermag eine zureichende Vorstellung des Entwicklungsgangs, der Aufgaben und Gattungen, der Meriten und Misserfolge zu vermitteln. Von den prominenten Absenzen seien immerhin genannt (weil sie nicht anderweitig zu ersetzen sind): das ganzfigurige männliche Bildnis Avogadro von 1526 (London), die «Beweinung Christi» in den Versionen von Washington und New York, die berühmte «hl. Justina mit Stifter» (Wien).

Die in Brescianer Kirchen verbliebenen Werke hat man zu Recht nicht disloziert (mit der Ausnahme von SS. Nazaro e Celso). Sie aufzusuchen ist mehr als ein Vergnügen; denn sie bewahren ja das ursprüngliche Ambiente – die Bilder in ihrer kalkulierten Wirkung, so in S. Giovanni Evangelista und in S. Clemente. Freundlicherweise sind die betreffenden Gruppen im Ausstellungskatalog mitbehandelt.

Das Frühwerk – es darf sich in der hohen Saalkirche von Santa Giulia entfalten – besteht vornehmlich aus Altarretabeln grossen Formats, mit Repräsentationsthemen («Sacra Conversazione» in zweistöckiger Disposition, inszeniert in feierlichen Gehäusen venezianischer wie auch lombardischer Observanz). Moretto ist ja ein tief religiöser Maler, in Verbindung mit der «katholischen Reform», längst vor dem Konzil von Trient.

Schon hier: keine einfache Schülerschaft, vielmehr komplexe Orientierungen – zu Foppa, Ferramola, Romanino, Savoldo für die Figuren- und Raumbildung; zu den Venezianern (via Romanino) für das Kolorit; zur Raffael-Schule (via Graphik). Und schon hier zeigt Moretto sein eigenes Gesicht. Kein Herumsuchen, kein Zögern; Rezeption ohne Eklektizismus; Kultiviertheit ohne Ballast. Zwar sind immer wieder fixfertige Formeln übernommen, für Standmotive, Gesten, Faltenwerk, Kopftypen, und nach Montageprinzipien kombiniert, so dass das Bildganze kaum je wirkliche

Originalität hat. Aber er erfindet hinreissende Emotionsfiguren, Kniende in kühler Ekstase, auch stehend ergriffene Heilige. Vor allem beflügelt sich seine Phantasie an den Madonnengruppen in der Höhe: keine ist wie eine andere, jede bietet ihre eigene, unvergleichliche Geborgenheit für das Kind, jede hat ihr eigenes Gleichgewicht von Noblesse und menschlicher Wärme. Da ist er wirklich ein paarmal in Raffaels Nähe. Dies alles ist einer kühlen Morgenfrische ausgesetzt, im Gegensatz zum venezianischen Goldlicht. Das Kolorit erglüht nirgends, auch nicht in den prunkvollen Rot- und Gelbtönen; vielmehr ist es von dem vielgerühmten morettianischen Silberlicht reguliert. Und von Anfang an fehlt auch niemals ein perfektes und brillantes Handwerk. Noch kaum erkannt sind Morettos Reaktionen auf die Malerei und Graphik des Nordens.

Eine Phase der Reife und der Souveränität zeichnet sich in den Jahren um 1525 bis 1540 ab, weiterhin mit Altarblättern, die nun eher kontemplativ und auf unangestrengte Weise gravitätisch sind, dazu von hoher Verbindlichkeit, für den Klerus wie auch für die Laienschaft. Wenige Elemente genügen jetzt, etwa die Dreieckdisposition dreier Heiliger im «hl. Antonius von Padua» (um 1530, Brescia). Oder die sanft bewegte Versammlung heiliger Jungfrauen unter dem weit ausgebreiteten Schutzmantel der Madonna (um 1540, Verona). Mehr als einmal kündigt sich hier bolognesisches Seicento an. Die Reihe dieser «Konversationen» gipfelt in der berühmten «Pala Rovelli» (1539, Brescia). Hier herrscht die diagonale Bildordnung von Tizians Frari-Madonna, gewiss um die herzliche Verbindung von oben und unten recht deutlich ins Profil zu setzen. Der bäurische Kopf des hl. Nikolaus, die Rostwassersträhnen an der Architektur und eine vertraute Helligkeit müssen das Laienpublikum besonders angesprochen haben. Vollends wagt sich die Heiligkeit des «Emmaus»-Ereignisses ganz nach vorn, zum Betrachter, als wäre sie greifbar – Wagnisse in der Richtung auf Caravaggio.

Ein Erzähler aber, ein Dramatiker ist Moretto nie gewesen, nicht in dem frühen Triptychon mit Szenen aus dem Alten Testament (1527/28, Brescia), nicht in dem «Kindermord» (1531, Brescia), nicht in dem grossformatigen eucharistischen Zyklus für den Duomo Vecchio (1530/1553, Brescia), auch nicht in den späten Orgelflügelmalereien für S. Pietro in Oliveto (um 1550, Brescia). Nirgends ist der Anschluss an das Repertorium der Raffael-Schule und andere manieristische Rezepte so mit Händen zu greifen wie in diesen schwierigen narrativen Aufgaben. Und es verwundert nicht, dass in dem «Tod des hl. Petrus Martyr» (um 1535?, Mailand) Tizians berühmte Komposition Modell gestanden hat.

In seinen späten Jahren gerät der Maler in den Sog des Tridentinischen Konzils, das in der nahen Bischofsstadt seit 1543 die Funktion der Bilder in der «Ecclesia militans» der Gegenreformation neu bestimmte. Brescia, ohne den Humanismus eines Hofs, gehörte zu den Stützpunkten der Bewegung. Und Moretto malte für zahlreiche ihrer Orden, Bruderschaften und «Scuole». Sein Testament, kürzlich aufgefunden, lässt eine tiefe Frömmigkeit erkennen; auf seinem letzten Werk steht das Paulus-Wort «Factus est oboediens usque ad mortem».

Ob seine Phantasie aus Altersgründen zu versiegen begann, ob sie sich den rigorosen neuen Vorschriften zu fügen hatte, das mag von Fall zu Fall auszumachen sein. Jedenfalls findet kaum mehr eine künstlerische Entwicklung statt, das Spätwerk bewegt sich in Formeln und Symbolen, die Sensibilität des Malers verpuppt sich in ihnen. Es kommt hinzu, dass seine Feinmalerei den nun geforderten Grossformaten wenig entspricht. Immerhin, abstrakten theologischen Aufgaben war der junge Moretto schon mehrmals gerecht geworden. Nun aber verordnete der Klerus eine orthodox doktrinäre Sakramentalthematik, die zu einer Devotions-Imagerie führen musste. Moretto, ein Mann der Hochrenaissance, sucht die Schemata mit seiner «peinture» zu beleben, aber eine trockene, freudlose Schematik nimmt überhand. In dem erwähnten «Schmerzensmann» hat der Engel grimassierend zu weinen (die Radiographie zeigt dagegen in der ersten Anlage ein schönes Trauergesicht), und der nackte Christus sitzt da in barem Pathos. Von solchen Affektationen kehrt man gerne zur «Madonna mit dem taubstummen Filippo Viotti» (um 1534, Paitone) zurück, einer Erscheinung, die in ihrer Schlichtheit und Lebensnähe tatsächlich etwas von der Bildprosa Caravaggios vorausnimmt.

Und die Bildnisse, diese Volltreffer, die man von London, Wien, Washington her kennt? Es kommt dem Maler sehr entgegen, Modelle zu haben, die nicht so sehr auf höfische Repräsentation als auf Darstellung ihrer seelischen Verfassung und ihres Temperaments bedacht waren. Damit war der Anschluss an die «romantische» Porträtistik Lottos und Savoldos (in der Tradition Giorgiones) gegeben. In der Tat wählt Moretto oft schräge, unstatische Sitzmotive und labile Achsen. Sein «Martinengo» (London), zur Seite geneigt, stützt sogar den Kopf in die Hand, er könnte ebensogut ein Dichter sein. Die Kostüme, reich und effektvoll, bieten keinen Halt in der Bildgeometrie. Um so mehr können die Gesichter, hellhäutig und sensitiv, ein Spiegel der Melancholie sein. Anzeichen der Nachdenklichkeit, der Träumerei, der Ungewissheit haben den Vorrang gegenüber analytischer Charakteristik. Kein Wunder, dass sich zu diesen Psychogrammen immer wieder anekdotische Interpretationen eingestellt haben (von der Art: Graf Sciarra, über Rache meditierend).

Aber Moretto verfügt auch über andere Porträtregister. Der rätselhafte Ausdruck einer vornehmen Dame (um 1545, Mailand) gibt kein Geheimnis preis; sie lässt lediglich ein Hündchen in ihrem Schoss und eine Laute «sprechen». Dagegen ist das Bildnis eines Klerikers (um 1545, München) eine scharfe Persönlichkeitsdefinition, auf der Linie Holbein-Moro. In der stabilen Komposition und dem fast monochromen Kolorit gibt sich die Unerschrockenheit des Denkers ebenso zu erkennen wie in der – fast niederländisch präzisen – Strenge der Physiognomie. Da ist Moroni – Schüler Morettos, der grosse Porträtspezialist – nicht mehr fern.

Bei allen diesen Erwägungen ist nicht zu unterschätzen, dass die Attribution zahlreicher, gerade auch wichtiger Werke nicht gesichert ist. Wirklich ist Moretto ein Maler zwischen Malern, in einem besonders engen Sinn: ein Maler zwischen den nahen Kollegen Romanino, Savoldo und Moroni, nah bis zur Verwechslung; zwischen massgebenden Grössen wie Foppa, Giorgione, Lotto, auch Tizian und Raffael, mit Tendenzen auf Veronese, Caravaggio, die Bolognesen; ein Maler zwischen den grossen Zentren Venedig und Lombardei; zwischen sakraler Heiligkeit und gezielten Realismen.

Es ist gerade sein kultiviertes und informiertes Wesen, das ihn labil und anfällig macht. Und sein Engagement in der jeweiligen Aufgabe dispensiert ihn von allem, was heute Profilneurose heisst. Am meisten irritieren freilich die Schwankungen der Qualität. Neben fraglosen Meisterwerken, ganz auf der Höhe ihrer Zeit, stehen Banalitäten, Kompilate, devote Dutzendware.

Die «Mostra» – das zeichnet sich schon ab – wird Morettos «brescianità» verdeutlichen: in seinem differenzierten, wählerischen Verhalten gegenüber Venedig (nicht nur in der Absage an den Goldglanz); in der fromm-genauen, prosaisch hellen Beobachtungsweise (nicht nur in der «lombardischen Sachlichkeit»); in dem lebenslänglichen Ernst seiner Gesinnung, als Maler und als Christ; und in dem Respekt vor der Thematik, den Aufgaben und den Bestellern. Vieles davon, und oft das Beste, ist aber weniger dem «Campanile» von Brescia als dem Maler selber, seiner ringsum fundierten «maniera devota», zugute zu halten.

Der Ausstellungskatalog (Nuova Alfa Editoriale, Bologna) offeriert bereits eine Menge neuer Forschungsergebnisse. Ihm steht die neue Monographie von P. V. Begni Redona (Brescia 1988) sehr nahe.

Il Moretto, Ausstellungskatalog Brescia (Monastero di Santa Giulia) 1988, Bologna 1988. – Vgl. die Ausstellungsrezension im Burlington Magazine, 1988, S. 714 (G. Perini).

Tizian, eine Anthologie

Notizen aus der Tizian-Ausstellung in Venedig, 1990

Seit 1935 ist Tizian, obgleich der «sommo pittore», nicht mehr in einer Gesamtansicht präsentiert worden. Jahr für Jahr schien eine Neuauflage unmöglicher zu werden; man hielt sich an die grossen habsburgischen Tizian-Bestände in Madrid und Wien. Nun hat das Zwiegespann Venedig – Washington zum 500. Geburtstag (der freilich nicht genau bekannt ist) eine Schau von 77 Werken zustande gebracht – eine Anthologie nur, gewiss, doch eine respektable Sicht auf Tizians Schaffen in seinen vielen Aspekten: Tizian für unsere Generation.

Der Parcours beginnt mit den Freskofragmenten vom «Fondaco dei Tedeschi», dem frühesten Frühwerk von Bedeutung, um 1508 begonnen; er endet mit der «Pietà», die der etwa 86jährige über seiner Grabstätte haben wollte. Dazwischen liegen fast 70 Jahre – Jahre pausenloser Erfindung und Produktion, mit Bildern aus allen Gattungen, für jegliche Art von Auftraggebern, mit einer Entwicklung, die vom späten Quattrocento bis zum Frühbarock führt, in einer der ereignisreichsten Epochen der Kunstgeschichte. Die Regisseure der «Mostra», allen voran Francesco Valcanover, verzichten trotz allen Absagen nicht darauf, dieses gemalte Universum als ein Ganzes darzustellen, wenigstens in seinen Hauptstationen, in chronologischer Abwicklung. Insofern unterscheidet sich die Darbietung in ihrer Zielsetzung, ihrem Umfang und den Provenienzen nicht sehr von ihrem Vorgänger von 1935. Allerdings, inzwischen sind ein gutes Dutzend Nummern aus dem eigenhändigen Œuvre ausgeschieden. Dafür haben Washington und Madrid nun generöser mitgewirkt. Nur unbestrittene Werke sind zugelassen (mit ganz wenigen Ausnahmen), und auf Vorläufer und Nachfolger ist man nicht eingegangen – also ein «reiner» Tizian, ein Tizian der «Meisterwerke».

Bei einem erhaltenen Œuvre von etwa 560 Nummern (Valcanover, Wethey) ist es unvermeidlich, dass in dieser Anthologie die Lücken um ein Vielfaches grösser sind als die Präsenzen. Eine Liste der vermissten Hauptwerke? Sie würde mindestens fünfzig Titel zählen. Aber es wäre unsinnig, mit ihr zu lamentieren, angesichts der gegenwärtigen Leihverhältnisse. Immerhin, ins Gewicht fällt doch die Abwesenheit der unvergleichlichen späten «poesie» für Philipp II. , einiger kapitaler Bildnisse (von Karl V. und Philipp II. , um nur die Herrscher zu nennen), der berühmtesten Venus-Varianten (von Urbino und von Pardo). Ferner ist von dem brillanten frühen Zyklus für Alfonso d'Este nur Bellinis «Götterfest» (von Tizian ergänzt) zugegen, während die andern drei Nummern durch Kopien von Padovanino ersetzt sind. Und nur in Gedanken wenigstens: die wichtigsten untergegangenen Werke, unter ihnen die dramatische «istoria» des Petrus Martyr und die «Schlacht von Cadore».

Aber die Gegenwart von 77 Tizian-Originalen ist (fast) 77mal ein Wunder. Sie macht prominente Absenzen vergessen. Die Ausstellung hat ihre eigenen Höhepunkte, so einige Gruppen von Bildnissen, so die Solo-Präsentation der «Laurentius-Marter», vor allem der Saal mit den Spätwerken. Mehr als nur Lückenbüsser sind die Grossholzschnitte des «Triumphs Christi» und des «Untergangs des Pharaos im Roten Meer» (Nr. 7, 10); sie weisen stellvertretend auf Tizians Kraft des dramatischen Erzählens. Zum Glück hat man die beiden grossen Altarwerke für die Frarikirche in Venedig, die «Assunta» und die Pesaro-Madonna, an Ort und Stelle belassen; sie sind ja von Tizian genau in die Szenographie des gotischen Raums eingepasst. Indessen figurieren sie beide im Ausstellungskatalog, ebenso der «Tempelgang Mariae» in der Accademia, der seinerseits an seinem Ursprungsort verblieben ist.

Der Katalog bietet Essays von respektablen Spezialisten, mit Vorzug von Venezianern und Amerikanern. Darin sind meist die bisherigen Positionen, d. h. die je eigenen, bezogen; neues Material stammt dagegen von den Restauratoren. Die Nummerntexte haben den Nachteil, von den jeweiligen Besitzerinstitutionen verfasst zu sein (36 Autoren!), daher der Mangel an Einheitlichkeit und die Verschiedenheit der Gesichtspunkte.

Was für eine Entfaltung, über fast 80 Stationen! Die Ausstellung akzentuiert sich im Früh- und zumal im Spätwerk, so dass die Spannweite ganz evident wird. Tizian setzt bei Bellini ein, und er endet (möchte man sagen) bei Rembrandt und bei Delacroix. Das heisst: seine Malerei produziert nahezu alles, was die Malerei der Neuzeit ausmacht. Es gibt, in dieser Hinsicht, keinen kompletteren Maler als ihn. Das bestätigt sich ja darin, dass sich bis ins 19. Jahrhundert fast alle Grossen auf ihn berufen.

Die Ausstellung bemüht sich in den Eingangssälen, die ersten Schritte des – aus dem Bergland des Cadore stammenden – Talents in Venedig deutlich zu machen. Ein altes Streitthema: Tizian zwischen seinen Lehrern Giovanni Bellini und Giorgione! Von den Wandmalereien am «Fondaco dei Tedeschi», wo er Seite an Seite mit Giorgione arbeitete, kaum 20jährig, wird ein langer ruinöser Fries gezeigt, immerhin genug, um die Sitzfigur einer Judith erkennen zu lassen, wuchtig und ausladend, «un pezzo di viva carne», wie Zanetti 1771 schreibt. Das ist Tizians Hand. Doch in den Tafelbildern scheinen sich die Anteile zu vermischen: Tizian mit (oder à la) Giorgione im «Concerto» (Nr. 3), Tizian mit Giovanni Bellini im Ex Voto mit Petrus, Papst Alexander und Jacopo Pesaro (Nr. 4). Noch umstrittener ist der Wiener «Bravo» (Nr 13), auch ikonographisch, doch neigt die Forschung neuerdings wieder Tizian zu, der in den «due oppositi d'affetti» einen Bildtypus Giorgiones dramatisiert und psychologisch geschärft hätte. Klar zu unterscheiden sind die Verhältnisse jedoch in dem herrlichen «Götterfest» für den Zyklus des Herzogs Alfonso d'Este in Ferrara (Nr. 19): datiert 1514 und signiert von Giovanni Bellini, jedoch von Tizian (um 1524 oder 1529?) modernisiert in dem grossen Landschaftsgrund: mit wüchsiger Vegetation und wanderndem, plötzlich aufleuchtendem oder verlöschendem Licht, ein Stück «natura naturans», das in der Geschichte der Landschaftsmalerei seinen eigenen prominenten Platz hat.

«Attribuzlerei», wie Jacob Burckhardt spottete? Eher wäre ernst zu nehmen, wie der junge Tizian mitten in einer hochstehenden Tradition antritt, ohne revolutionäres Hurra, ja ununterscheidbar , jedoch mit einem sicheren Instinkt für grosse Entwicklungspotenzen. Von beiden, von Bellini wie von Giorgione, sind Spuren bis auf die Höhe seines Schaffens zu bemerken. Er ist ein generöser Erbe. Davon scheint das Spätwerk nicht 60 Jahre, sondern 160 oder mehr entfernt zu sein, obgleich es kontinuierlich heranwächst. Die Ausstellung kann mit drei Kapitalstücken aus den 1570er Jahren aufwarten: der «Bestrafung des Marsyas» (Nr. 76), «Tarquinius und Lukretia» (Nr. 73) und der erwähnten «Pietà» (Nr. 77). Allein um derentwillen lohnte es sich, nach Venedig zu fahren.

Schon gegen 1550 treten Auflösungen und Verdüsterungen ein, die dem festlichen Glanz und der Lebensfreude der mittleren Jahre zusetzen. Die Oberflächen, bisher solid und blühend, beginnen durchlässig zu werden, das Licht bricht in neblige Düsternisse ein, es korrodiert sämtliche Bildstoffe. Auf solche Erfahrungen antwortet der Maler mit einem kühnen offenen Pinselwerk, einer «pittura di macchia», die kaum mehr mit «Farben», sondern mit diffusen Lichtsubstanzen und -energien arbeitet. Zumal das «Marsyas»-Bild wäre als Komposition aus Leibern nicht zu verstehen, es ist vielmehr ein flimmerndes Relief, eine traumhafte Evokation mit archaischem Tiefblick. Da erhebt sich die Malerei selber zur «poesia», d. h. zu einer Erfindung von eigener Logik, einem eigenen, weit über die literarische Vorlage hinausführenden «Text». Der «Marsyas» ist denn auch von den Ikonographen allein unzureichend gedeutet. Dass das Werk unvollendet oder gar nur ein «bozzetto» sei, kann nicht mehr zur Diskussion stehen.

Schliesslich die «Pietà», Tizians letztes Wort, sein gemaltes Testament. Fast farblos, eine Grisaille mit wenigen blauen und roten Tinkturen. Vor einer düsteren symmetrischen Rustika-Architektur agieren die Figuren in heftiger Schräge, eher klein, schmächtig und machtlos, auch Christus, nur Maria Magdalena in krasser Klage, all das in grottenhafter Düsternis. Kein allegorischer «Trionfo». Vielmehr Ergebung, die nur auf Gnade hoffen kann. Eine Tiefe, die nur noch dem alten Michelangelo, in seinen letzten Pietà-Gedanken, und dem alten Rembrandt zugänglich geworden ist.

Zwischen diesen Extremen, sehr früh und sehr spät, breitet sich ein Œuvre von erstaunlicher Fülle und unvergleichlichem Glanz aus. Die Bestände der «Mostra» genügen, um die Dimensionen anzudeuten, sowohl in der Thematik wie in der Entwicklung der künstlerischen Sprachmittel. Man kann aber, ganz für sich, viele eigene Ausstellungen in dieser Ausstellung arrangieren. Statt deren Chronologie zu verfolgen, statt Panofskys und Wetheys Ikonologien beizuziehen, statt Theodor Hetzers Formbeobachtungen zu Hilfe zu nehmen, überlassen wir uns ein paar Stichworten, wie sie sich beim Flanieren in der Ausstellung ergeben können.

«Decoro» und Freiheit. Der Maler hat zeitlebens einen genauen Sinn für das «decoro», d. h. die Angemessenheit, die Arbeit «nach Mass», je nach Auftrag und Funktion. Die Höfe Oberitaliens – Ferrara seit 1516, Mantua seit 1523, auch Urbino seit 1532 –, dann Kaiser Karl V. seit 1530 und Philipp II. von Spanien: sie machen seine erstklassige Klientel aus, daneben zahllose Fürsten und Adelige, Humanisten und Freunde, Franziskaner und Dominikaner. Aber weder diesen Potentaten noch dem Papst ist es gelungen, Tizian an sich zu ziehen, er ist niemandes Hofmaler geworden. Nur mit der Serenissima verbindet er sich. Seine «venezianità» steht nie in Frage. Von Venedig aus organisiert er seinen Weltruhm.

Dieses souveräne Verhältnis zwischen Freiheit und «decoro» teilt sich vor allem der Bildnismalerei mit, dem Hauptzweig seiner Auftragsarbeit. Ob Papst (Nr. 34), ob Doge (Nr. 50), ob Herzogin (Nr. 25) oder Freund (Nr. 36), immer hält sich Tizian zuerst an die Persönlichkeit, dann erst an Stand und Rang. Den Menschen, der Karl V. war, kennen wir durch Tizian.

Die Altar- und Andachtsbilder, für Kirche und Private, sind ein Kapitel für sich, ein ungewöhnlich belebtes, denn die Vitalität des Malers setzt sich oft über Massstäbe und Normen hinweg. Da fällt zum Beispiel auf, wie sehr er die «Madonna mit dem Jesusknaben» als Mutter und Kind ausgibt, mit entzückenden Gefühlsregungen, ausserhalb ikonographischer Formeln, ohne aber ihre Würde zu schmälern (Nr. 22, 23). Oder seine «Verkündigungen»: er transponiert sie ganz in die Psychologie der Situation, emotional, zudem mit einem Einstrom himmlischer Engelscharen, zum

Zeichen der Inkarnation (Nr. 56). Und welche Marterszene hätte einem so ans Herz gegriffen wie sein Laurentius (Nr. 53)? Um so mehr bemerkt man die Starre und die Schematik, wenn die Gegenreformation ihre Forderungen erhebt (Nr. 39, 43). Auf das Kollegial- (oder Konkurrenz-)Verhältnis zu Pordenone, Tintoretto und Paolo Veronese geht der Katalog nicht ein.

Tizian nach Stilen. So unaktuell das zurzeit sein mag, gemäss dem Modejournal der Kunstwissenschaft: der Cinquecento-Künstler Tizian steht mitten in den grossen Stilbrüchen seiner Epoche, und diese produzieren für den Betrachter entsprechende Interpretationsmuster. Mit seiner Ausbildung nimmt er die ganze Frische der frühen Hochrenaissance auf, und in der Menschenpracht seiner «istorie» führt er sie, auch europäisch gesehen, auf ihre Höhe (Nr. 18, 23, 32, 40). Und dann, nach 1530: «Tizians Krise», «manieristisch»? Durch römisch-florentinische Reproduktionsgraphik, durch Sansovinos, Sebastianos und Serlios Aufenthalte in Venedig nach dem «Sacco di Roma» 1527, durch Kontakte mit Giulio Romano und die Berufung Salviatis und Vasaris gelangte die mittelitalienische «maniera» mitten in die Serenissima, jedoch stets nur in Fermenten. Es geht nicht an, Tizians Schaffen nach 1540 schlechthin manieristisch zu nennen und es allein in diesem Zeichen zu interpretieren. Weder seine Deckenbilder (siehe unten) noch die Porträts noch gar die Danae- und die Venusbilder dieser Jahre entsprechen einem solchen Schema (NZZ Nr. 235, 1981).

In einem viel tieferen, «poetischen» Sinne folgt das «Martyrium des hl. Laurentius» (Nr. 53) dem manieristischen Einbruch von Skepsis, Angst und Fassungslosigkeit. Ein Schlüsselwerk – nicht nur weil die Greueltat als Nachtstück inszeniert und die Liegefigur des Heiligen auf Michelangelo zurückzuführen ist, sondern weil die Situation ganz aus der Optik der Todesangst gesehen ist – Auslieferung einer reinen Seele an die Brutalität. Daher die Polarisierung der Komposition, mit der schwarzen Leere inmitten, daher die schiefen zusammenhangslosen Raumfragmente, daher die Aufzehrung der Farben durch das Helldunkel. Aber das ist ein Einzelfall, dabei kann Tizian nicht bleiben. Zwischen den Stationen einer reifen Spätrenaissance werden schon Möglichkeiten erprobt, die später barock heissen werden: mit Steigerungen der Dynamik und mit einer Regie der hohen Rhetorik. Es ist bezeichnend, dass sich sowohl Poussin wie Rubens auf Tizian beziehen konnten.

Die «Bella». Venus, Danae, in ihrer göttlichen Nacktheit, blühend, gelöst, natürlich: viermal bekommt man sie zu sehen. (Das urvenezianische Thema, seit Bellini und Giorgione). Aber nicht die «ignuda», das Bild ist erotisch. Der zarte Goldglanz der Danae-Haut verbindet sich mit dem

Gold der Jupiter-Ankunft (Nr. 40); der Linienfluss der Draperien klingt ein in die Rhythmik der Gesamtkomposition; der Schatten auf dem Kopf bricht die Eigenmacht des Leibs. So fängt die Schönheit des Bildes die Schönheit der «bella» auf. In den späteren Versionen wird alles kostbarer, plastischer, auch artifizieller und reflektierter. Synästhetische Steigerungen (Nr. 48) und Kontraste durch karikierende Motive (Nr. 51) kommen hinzu. Schliesslich nimmt eine rötliche Helle, vom Himmel her, den ganzen Körperprunk auf; das Bild wird flächig, schimmernd, ein Traum (Nr. 66). Und Tizians Hände – Madonnenhände, Venushände, Porträthände: ebenso fühlsam wie kräftig, Organe ohnegleichen.

Porträtgalerie. Nicht weniger als zwanzig Bildnisse im engeren Sinn, dazu Bildnisse in den frühen Altarwerken: das ergibt in der «Mostra» einen gültigen Ausweis für Tizians Souveränität im Porträtfach. Sie bilden zusammen eine Galerie der politisch, religiös und kulturell Mächtigen der Epoche. Aber mehr: der Maler sieht sie nicht zuerst als Repräsentanten ihres Rangs, auch nicht in deskriptiver Analyse, weder pointiert noch absonderlich individuell, vielmehr in der Fülle ihrer Persönlichkeit, samt Charakter, Temperament und Intelligenz, samt Mitteilungen über ihr Fühlen, Denken und Wollen, nicht ohne Teilhabe an einer natürlichen Würde, ja Idealität, selbst in heiklen Regionen der Psyche. Sympathie liegt zugrunde; Tizian will weder kritisieren noch glorifizieren, und Ähnlichkeit ist nur einer unter vielen Vorsätzen. Dafür entwickelt er eigene Bildtypen, von der Büste bis zur Vollfigur, mit neuartigen Positionen und mit entsprechenden Anteilen von Kostüm und Ambiente, von Gestik und Mimik – Typen, die über Velazquez, van Dyck und die Engländer ein europäischer Besitz geworden sind. Besonders wirkt sich aus, dass hier ein grosser Historienmaler, nicht ein Porträtspezialist, am Werk ist. Tizian porträtiert Männer und Frauen, die zu urteilen und zu handeln vermögen, mit lebhaftem, kommunizierendem Blick, mit Schultern und Händen, denen man Handlungen zutraut. Sie könnten in Historienbildern ein- und ausgehen.

Vor allem: Tizians Bildnisse sind zuerst Kunstwerke, dann erst Steckbriefe von Individualitäten. Phantasie und Erfindungskraft regulieren ihre Komposition, ihren Sitz, ihr Kolorit und ihr Lichtklima, sie sind «invenzioni», grundsätzlich nicht anders als die sakralen und mythologischen Schöpfungen. Nur in wenigen Fällen, wo Rang und Stand zu betonen sind, greift er nach entsprechenden Schemata, so für gewisse Kardinäle und Dogen (Nr. 31, 37).

«Di sotto in sù». In einem der grossen Quersäle heisst die «Mostra» den Betrachter unversehens nach oben blicken: zu Tizians Deckenbildern aus S. Spirito in Isola und der Scuola Grande di S. Giovanni Evangelista; Zy-

klen, die man selten zu sehen bekommt; eine ungewöhnliche Aufgabe, mit ungewöhnlichen Mitteln gelöst. Die drei Themen aus dem Alten Testament – eine «Trilogie des Mords» (Panofsky) – sind als urgeschichtliche Gewalttaten inszeniert, mit Giganten, die in der Untersicht eine brutale Dynamik entfesseln.

Tizian scheut sich nicht, den Betrachter an Herz und Nerven anzugreifen. Dabei kann er auf Giulio Romano und Pordenone zurückblicken, auch auf Correggio. In ihren Konsequenzen läuft seine Regie aber in die Bildrhetorik des Hochbarocks hinauf. Es ist kein Zufall, dass Rubens sie in seinen Deckenbildern der Antwerpener Jesuitenkirche direkt aufgenommen hat. Auch hier: Tizian, unterwegs zum Barock.

Wenn es Tizian nicht gegeben hätte, wüssten wir dann, was Malerei sein kann? Und was wäre aus ihr geworden ohne ihn, im 17. , 18. , 19. Jahrhundert? Das sind müssige Fragen, doch kann man sie stellen, um über die Bedeutung dieses «pittorissimo» zu spekulieren. Wie in einem Brennspiegel fasst er zusammen, was vor ihm an Eroberungen geleistet worden war, vom Quattrocento Bellinis zur poetischen Renaissance Giorgiones, dazu Raffael, Michelangelo, die Antiken Roms (in Rom selber weilte er freilich erst 1545/46): eine Zentrale der grossen Malerei, mit einer unvordenklichen Entwicklung des «colore» (ohne dass die «invenzione» vernachlässigt wäre). Und von ihm strahlt dann die Zukunft aus, zu der jüngeren Generation der Cinquecento-Venezianer, von da zu den Carracci, ins ganze Seicento und weiter bis zu Delacroix; überall, wo die Malerei nicht allein vom «disegno» und von der Thematik lebt, sondern alle ihre Potenzen entfaltet, zumal die Farbe. Die historische Kunstliteratur ist voll von Rückgriffen auf Tizian. Aber wichtiger wäre es, die Maler aus seiner Nachfolge selber antreten zu lassen, mit Worten – und mehr noch mit ihren Werken. Es spricht nicht für die Kunstwissenschaft, dass eine solche Wirkungsgeschichte seit den bewundernswerten Studien Theodor Hetzers über Tizians Farbe nicht mehr recht vom Fleck gekommen ist.

Tiziano, Ausstellungskatalog Venedig (Palazzo Ducale) 1990. – Weitere Ausstellungsrezensionen: Kunstchronik 1990, S. 382 (Ch. Hornig); Burlington Magazine 1990, S. 740 (J. Fletcher); Giornale dell'arte 1990, Nr. 76, S. 8 (F. Valcanover), Nr. 81, S. 46, 67 (F. Haskell). – Über ein Symposion – Werke der Ausstellung in Venedig betreffend – in der National Gallery of Art in Washington, Oktober 1990, berichtet Ch. Hope in der Kunstchronik 1991, S. 249.

«Bologna 1584»

Bemerkungen zu den Anfängen der Carracci in Bologna

Bologna nimmt das Gedenkjahr des Palazzo Fava, 1584 ausgemalt, zum Anlass, in einer Ausstellung nach den Anfängen der drei grossen beteiligten Künstler – Lodovico, Agostino und Annibale Carracci – zu fragen. Dabei kommt das Problem der Entstehung der Barockmalerei aufs neue zur Diskussion – wie sich zeigt, eine Geburt mit Komplikationen.

Die Barockmalerei Italiens ist eine Zwillingsgeburt: mit Caravaggio und Carracci. Seit Bellori (1672) ist man gewohnt, die beiden als Gegenpole und Gegenspieler zu sehen: Naturalismus gegen Eklektizismus, Realismus gegen Klassizismus, Revolution gegen Tradition und Restauration. Dieses Schwarzweissklischee beglaubigt sich im Gegensatz der Persönlichkeiten: Raufbold und finsterer Einzelgänger gegen «gentiluomo» und Bildungskünstler.

Und doch handelt es sich um eine Geschichtskonstruktion der Klassizisten. Die Zeitgenossen, zu Beginn des Seicento, haben ein anderes Urteil, so der Marchese Giustiniani, der die beiden eng zusammensieht und sie beide zusammen an die Spitze der Epoche stellt. Beide hätten, je auf ihre besondere Weise, das «dipingere di maniera» (nach der Phantasie) vereinigt mit dem «dipingere con l'esempio avanti del naturale». Er weiss also um die «maniera» in Caravaggio und um das «naturale» in Carracci. Und das ist genau die Richtung der modernen Forschung, die gelernt hat, Caravaggio eher carracesk und Carracci eher caravaggesk zu sehen, in reziproker Korrektur.

Zusätzlich kompliziert sich die Stellung der Carracci als ein Familienunternehmen, mit Agostino und Annibale als Brüdern und Lodovico als deren Vetter. Gewiss ist Annibale das Genie in dem Trio, doch Lodovico – der älteste und doch beide andern überlebend – leistete den Antritt und schuf die Kontinuität zur zweiten Generation der bolognesischen «Schule», die lange Zeit auch die Malerei des barocken Rom beherrschte. Nicht leicht ist es – aber ist es auch so bitter nötig? –, in der Frühzeit die Produktion der gemeinsamen Werkstatt zu differenzieren – ein Gefechtsfeld der modernen attributionistischen Kritik –, um so mehr als sich der Wille zu einer fundamentalen Reform schon um 1582 in der Gründung einer gemeinsamen eigenen Akademie manifestierte. Auf die Frage, wer was gemalt habe im Palazzo Magnani (Bologna), antworteten die Drei: «Es ist von den Carracci, wir alle haben es gemacht.» Annibale wird 1595 nach Rom gerufen, vom Kardinal Odoardo Farnese, um dort die Galleria Farnese auszumalen, das Initialwerk der barocken Grossdekoration, gleichermassen bewundert – und das sagt viel – von Poussin wie von Bernini.

Für die Carracci-Forschung war 1956 das grosse, das glückliche Jahr, mit einer Gesamtausstellung, die 115 Gemälde und 247 Zeichnungen aus aller Welt vereinigte, dazu die Studien von Cesare Gnudi, Denis Mahon, Francesco Arcangeli, Andrea Emiliani und andern. Das war einmal – eine Zusammenschau, die sich nicht wiederholen wird. Nostalgia, schwärmerische Würdigung der damaligen Carracci-Texte Arcangelis beherrschen denn auch den Einleitungsessay von Emiliani im vorliegenden Katalog von 1984. Immerhin sind inzwischen die wichtigen Monographien von Donald Posner, Charles Dempsey, Anton W. A. Boschloo und zahlreiche Spezialstudien erschienen.

Neue Anstösse innerhalb einer neuen Forschergeneration gibt nun die Restaurierung der Fresken im Palazzo Fava zu Bologna, eines frühen Gemeinschaftswerks aller drei Carracci, vor genau vierhundert Jahren entstanden, nach eigener Aussage die erste Erfüllung ihrer neuen Vorstellung von Malerei, zugleich die Grundlage ihres Ruhms. Die Rettung dieses Monumentalfrieses ist allerdings mit seiner Abnahme und insofern mit seiner Entfremdung vom Bestimmungsort und von seiner Funktion erkauft. (Restaurierung 1983/84 durch O. Nonfarmale.) Noch nie waren die Szenen aus der Argonautensage so nah und in gereinigtem Zustand zu sehen. (Malvasia, der bolognesische Vasari, berichtet um 1678, man habe damals im Argonautensaal einen erhöhten Holzsteg gebaut, um Kennern die Nahsicht zu ermöglichen, schon damals also ein rein ästhetischer Zugang; das ist nun, im Museum, nachgebaut worden.) Indessen verrät die klinische Sicht, dass viele Partien der obersten Secco-Malerei verloren sind, so dass sich bei der stilistischen Interpretation neue Vorbehalte ergeben.

Die Chance einer musealen Präsentierung dieses frühen Hauptwerks – ausgestellt sind freilich nur sechs von achtzehn Feldern, die übrigen harren erst der Restaurierung – hat man mit der Verpflichtung verbunden, möglichst viele weitere Bilder aus den Nachbarjahren beizubringen, in der Hoffnung, die Anfänge und die ersten Entwicklungen von der präzisen Höhe «1584» aus deutlicher erfassen und anderseits auch die Konsequenzen ermessen zu können. Diese schöne Absicht ist durch das Ausbleiben wichtiger Leihgaben (die noch 1956 zu haben waren) beeinträchtigt, aber nicht durchkreuzt worden. Aus der Not hat man neue Tugenden gemacht. Als Voraussetzung ist die bolognesische Malerei vor und zur Zeit der Fava-Fresken dargestellt; in einem eindrücklichen Saal erscheinen die grossen Venezianer, von Tizian bis Bassano, die auf die Carracci einwirkten; schliesslich mündet die Schau in die einzigartigen hauseigenen Bestände des bolognesischen Seicento, mit Domenichino, Reni, Guercino, Albani. Im ganzen ein geschmeidiges und sparsames Konzept, um ein bolognesisches Problem von internationalem Belang abzuhandeln. Dabei sind die Ausstellungssäle fast unmerklich mit den permanenten Abteilungen verzahnt.

Ein Aufgebot bolognesischer Durchschnittsmalerei von etwa 1560 bis 1590 erweist sich für den Antritt der Carracci als ein wahres Repoussoir. Den Anfang machen ein paar grosse Altarwerke, alle von 1582/83 – da setzen sie sich gleich von ihren hochmanieristischen Kollegen ab. Annibales grosse Kreuzigung aus S. Nicolò steht zwar noch im Silberglast manieristischer Lichtregie, aber die Emotionen seiner Heiligen und die kraftvolle Pinselschrift sind Signale einer neuen Orientierung. Die Distanz markiert sich besonders in der Konfrontation mit dem (aus Antwerpen gekommenen) Calvaert, dessen «inarrivabilmente graziosissimo arcangelo» (Malvasia) zu den Höhepunkten manieristischer Artistik in Bologna zählt.

Einen überraschenden Akzent setzt hier der «S. Vincenzo» von Lodovico, ein Adorationsbild, das erst vor etwa zehn Jahren aufgetaucht ist, mit seiner warmherzigen und warmfarbigen Frische. Wenn sich die Zuschreibung mit der Frühdatierung auf 1583 halten kann, ist ein frühbarocker Wurf zurückgewonnen, und Lodovicos wichtige Rolle im Palazzo Fava liesse sich von hier aus leichter verstehen.

Was im übrigen von Sabbatini, Sammacchini, Fontana und Kollegen gezeigt wird, hat weder Puls noch Originalität. Es sind Ableger der überdrehten toskanisch-römischen «maniera».

Anders verhält es sich mit Barocci und Passerotti. Baroccis Marterbild von 1583 im nahen Ravenna, selber eine Art barocken Vorschlags, hat durch den Zauber seines blumigen Kolorits tief auf Annibale gewirkt, nicht nur damals übrigens, sondern über viele Jahre. Geburtshelferdienste hat auch Passerotti geleistet, besonders mit seinen Fleischstilleben, wo die Natur ungereinigt einbricht. Hier schliessen Annibales Metzgereien und Fressereien an (leider nicht ausgestellt). In ihnen ist die Farbe als eigene schöpferische Materie entdeckt – Inkunabeln einer modernen «pittura diretta».

Hingegen hat der Ehrensaal mit den «alten Meistern» des oberitalienischen Cinquecento – die meisten aus eigenem Besitz der Pinacoteca – nur Suggestionswert. Er erinnert an die Reisen der Carracci nach Parma

(1582, aber wohl auch schon vor 1578) und nach Venedig (1587/88, eventuell 1580/81, wenn Malvasia recht hat) und an die neuen Horizonte, die dort in Sicht kamen: Correggio und Parmigianino in Parma; Tizian, Tintoretto, Paolo Veronese und Bassano in Venedig. Auch befanden sich Werke dieser Grossen in Bologna und im benachbarten Ferrara, zudem in Reggio Emilia. Doch ist eine konkrete Anknüpfung nur im Falle der «Madonna di S. Margherita» von Parmigianino nachzuweisen – des hochberühmten Werks in Bologna, bewundert und kopiert von vielen Generationen, so auch von den Carracci, mit genauen Folgen für die Lieblichkeit und die Geschmeidigkeit ihrer Figurenbildung.

Indessen haben diese entscheidenden Begegnungen erst nach den Fava-Fresken stattgefunden. Tatsächlich kulminiert die Wirkung Correggios in der «Taufe» und der «Pietà» von Annibale, die beide 1585 gemalt sind. Kurz darauf folgt die mächtige Woge venezianischer Farbigkeit, und als Erzähler ist Paolo Veronese nunmehr der Favorit, «più animoso e più inventore», wie Agostino meint. Dazu kommen tiefe Eindrücke von Barocci, dem protobarocken Gefühlsmaler. Im übrigen war der mondäne Geist des Nicolò dell'Abate in den Fresken des Palazzo Poggi stets gegenwärtig. Um 1588 ist schliesslich der Prozess der grossen Auseinandersetzungen abgeschlossen. Dafür stehen Lodovicos «Bekehrung Pauli» und Annibales «Madonna di S. Ludovico», etwas später Agostinos «Kommunion des hl. Hieronymus», «che di tutte le maniere è un concertato misto» (Malvasia).

«Concertato misto»: das ist eine frühe Formel für den vielberufenen Eklektizismus der Carracci. So viele Autoritäten, so viele Einflüsse, so viel «restaurazione»! Um so erstaunlicher ist es – und damit entlässt die «Mostra» den Besucher –, dass sich in Wirklichkeit, in der Wirklichkeit der Bilder selber, kein Konglomerat, keine Collage einstellt, dass kaum je Zitate auszumachen sind. Vielmehr bildet sich eine ganz neue, «chemische» Synthese, deren Eigenschaften nur in der Fusion zu erfassen sind: barock. Darin finden sich «Natur» und «Klassik», Beobachtung und Kunsttradition versöhnt, als könnten sie niemals Gegensätze sein. Vor allem steigert sich die Dynamik der Figuren, in ihrer Bewegungskraft wie in der Intensität ihrer Affekte. Dem Ältesten, Lodovico, gelingt es, die erfolgreichste, brauchbarste Formel zu finden, emotional rhetorisch, im Dienste einer volkstümlichen Frömmigkeit.

Wo steht nun der Freskenfries des Palazzo Fava innerhalb dieser ungeraden Entwicklung? Vom Hausherrn und Auftraggeber, Conte Filippo Fava, scheinen keine genauen Impulse ausgegangen zu sein. In seiner Umgebung spielt der Kardinal Cesi eine gewisse Rolle, als päpstlicher Vizelegat und als Vertrauter der Medici, bekannt mit Vasari und seinem Künstlerkreis. Beide, Fava und Cesi, waren nach Abschluss der Ausmalung nicht zufrieden mit dem Ergebnis, ebenso die ältere Malergeneration der Stadt. Darüber, wie auch über das Verhältnis zum Traktat des bolognesischen Erzbischofs Paleotti (1582) und zur Persönlichkeit Aldovrandis, wird im Ausstellungskatalog ausgiebig spekuliert. Innerhalb der gegenreformatorischen päpstlichen Stadt muss jedenfalls die Wahl der Argonautensage als Thema des Freskenfrieses besonders auffallen. Es scheint, dass Jasons Sieg als Sieg der Constantia und ähnlicher Tugenden geschätzt wurde. Jedenfalls ist die Erzählung voller philosophischer, symbolischer, magischer und esoterischer Anspielungen.

An mythologischen Quellenschriften fehlte es damals nicht. Pindar, Appollonius Rodius und Ovid waren in Ausgaben des Cinquecento zur Hand; das illustrierte ikonographische Repertorium Cartaris war den Carracci ebenso bekannt wie das Emblembuch Bocchis. Ohne Vertrautheit mit diesen Texten ist die präzise Erzählweise im Fava-Fries nicht denkbar. Als Bildquellen kommen die Stiche Boyvins zur «Toison d'or» aus der Schule von Fontainebleau in Frage. Die Carracci scheinen das Argonautenthema selber favorisiert zu haben, als «soggetto copioso e ferace, per isibizzarsi nei varii pensieri, vi si ricercano» (Malvasia, 1678). Ritterliches Ambiente, Märchenhaftigkeit, Naturnähe – dies alles hatte hierzulande Tradition. Dass aber die Maler das Thema selber bestimmt und auch das Programm formuliert hätten, wie Malvasia berichtet, ist indessen kaum glaubhaft. Gerade dies gehört ja wie nichts anderes zum Part des Bestellers, und der Conte verfügte über viele Beziehungen zu Literaten.

Welch ein Aufgebot an Gelehrsamkeit – aber welche Frische und Ursprünglichkeit, welche Erfindungskraft in den Fresken! Das Werk besteht aus achtzehn Bildfeldern, flankiert von grossen atlantenhaften Gottheiten. Dieses System ist überaus kunstvoll: es kombiniert fingierte Bildteppiche mit fingierten Skulpturen. Dabei sind die Realitätsbezüge paradox, die «Skulpturen» nämlich steinfarben, doch höchst illusionistisch in ihrer Untersicht und ihrer aufreizenden Beleuchtung, die Szenen dagegen farbig, doch entrückt infolge ihrer teppichhaften Zartheit. In diesem sophistischen Spiel klingen vielerlei Erfahrungen aus manieristischen Systemen nach. Aber die «Skulpturen» haben eine ungebärdige Vitalität: strotzend dank ihrer Bewegungskraft, sprengend durch den Witz ihrer Stellungen, im ganzen gegenwärtiger als die erzählte Geschichte und insofern direkte Vorfahren der berühmten Jünglinge im Hauptwerk Annibales, der Galleria Farnese in Rom – also Barock-Proklamationen.

Anders die Szenen, die in viel kleinerem Massstab gehalten sind. In ihnen träumt eine märchenhafte Antike: es war einmal die Geschichte vom Goldenen Vlies, mit Jason und Medea. Die Erzählung ist bezaubernd, mit prinzlichen Gewändern, mit fabelhaften Schiffen, überaus rasch und wendig. Nicht buchstäblich illustrierend, sondern selber fabulierend. Es verwundert nicht, dass zu den Kompositionen nur wenige Zeichnungen erhalten sind; die Maler vertrauen auf die Einfälle des letzten Pinselstrichs. Viel Bewegung, jedoch leichtfüssig und flüssig; kein Fett, keine Muskulaturen. Die Kompositionen entsprechend locker, ganz ohne Formeln und Forcierungen, eher tumultuös und unordentlich. Diskrete Tötungen, ohne Graus und Gewalt. Oft Heiterkeit und Ironie. Die Landschaftskulissen erlauben schräge Durchblicke und Überraschungen; keine Standbühne. Mehrere Nachtbilder, als romantische *notturni*: beim «Begräbnis Jasons» ein geistreiches Fackellicht; beim «Zauber Medeas» eine durchsichtige, geheimnisvolle Mondnacht. Farbe und Helldunkel transportieren die Erzählung in überraschenden Effekten. Am denkwürdigsten aber, dass just darin die sitzende Nacktheit Medeas ihren Platz hat, selbstvergessen und kreatürlich, gedankenvoll mit dem Wasser spielend, ein reines Naturwesen, gemalt wie von Courbet oder Manet, jedenfalls der erste moderne Akt. (Und doch aufgrund einer Kunstfigur, wie Gramaccini meint?) Hier ist der Text Ovids auf frappante Weise verlassen. Und mit der Nacktheit des verliebten Mädchens werden die Mahnungen und Drohungen des Kardinals Paleotti (wider die «unzüchtigen Bilder») geradezu verhöhnt, gewiss unter dem Schutz des mächtigen Hausherrn.

Alle Spielregeln eines poetischen Manierismus sind da angewandt, mit Souveränität, auch mit ein wenig Abstand. Erbschaften des genialischen Nicolò dell'Abate, der seinerseits, im Palazzo Torfanini, einen chevaleresken Orlando Furioso gemalt hatte? Dagegen ist den Carracci der manierierte «Statuetten»-Stil Vasaris zuwider, wie auch die kunstvollen Übertreibungen Michelangelos. Sie demontieren deren Metaphern und Concetti und ergötzen sich vielmehr an den Farben Correggios und Baroccis, «morbidi e carnosi». Ihre Fabulierkunst ist so offen, dass in ihr auch, ohne jeden Bruch, ihre Naturerlebnisse unterkommen – Natur in ihrer frühlingshaften, wüchsigen Frische, Natur mit ihren magischen und mythischen Untergründen. Der genannte Medea-Akt ist dafür nur das sichtbarste Signal. Was fehlt – im Gegensatz zu den bald folgenden Altarbildern –, ist die Regie der grossen Affekte und Gemütsbewegungen, ist die mehr und mehr «römische» Rhetorik, wie sie dann den Freskenzyklus im Palazzo Magnani und vollends im Palazzo Farnese in Rom dominieren werden. So stehen die Fava-Fresken merkwürdig ausserhalb der Kontinuität in den achtziger Jahren, einzigartig oder nur in einzelnen Aspekten vergleichbar, offenbar das Ergebnis besonderer Bedingungen.

Der Typus des *fregio dipinto*, dem die Fava-Fresken angehören, hat seine eigene Geschichte. Es handelt sich um die oberste Wandzone, gleich unter der Decke, monochrom oder farbig, ornamental oder figürlich ausgemalt.

Im Cinquecento fand er eine überaus grosse Verbreitung, in zahlreichen Varianten; der Barock bevorzugte dann Decken und Gewölbe. In einer besonderen, didaktischen Abteilung der Ausstellung hat der Spezialist Anton Boschloo die Entwicklung dieser Gattung in Bologna dargestellt.

Profane Säle in Palästen, zur Zeit der Gegenreformation – sie sind der Ort, da sich eine spezielle Ikonographie herausbilden kann. Aus der klassischen Literatur, der römischen Geschichte und dem Alten Testament werden Szenen gewählt, die als «exempla virtutis» zu wirken haben, mit Äneas, Odysseus, Jason, David als vorbildlichen Helden. Den Malern ist damit eine Archäologie der Tugenden und Laster, der grossherzigen und abscheulichen Taten aufgegeben, meist als ein Weg der Abenteuer und Prüfungen – ähnlich übrigens wie in den Fassadenmalereien dies- und jenseits der Alpen. Höhepunkt der Entwicklung in Bologna ist der Palazzo Poggi in den fünfziger Jahren, mit einem durchorganisierten Grossprogramm und hervorragenden Leistungen von Nicolò dell'Abate und Tibaldi.

Nur mit einem Seitenblick würdigt die «Mostra» den Umstand, dass die Carracci just zur Zeit der Fava-Fresken eine eigene Akademie gründeten, «l'Accademia delli Desiderosi per lo desiderio ch'era in tutti d'imparare» (Bellori), einige Jahre später «Accademia degli Incamminati» genannt. Hingegen lässt sich G. P. Cammarota in einem Katalogbeitrag ausführlich (und mit ausgezeichneter Bibliographie) darauf ein. Die Eigenart der Carracci-Akademie – ihre Stellung zwischen praktischer Experimentierung und theoretischer Spekulation, keine akademische Akademie – präzisiert sich im Vergleich mit der «Accademia del Disegno» in Florenz und der «Accademia di S. Luca» in Rom. Da wird die Polemik gegen den römisch-toskanischen Manierismus sehr deutlich: gegen Vasari, Salviati und Zuccaro. Der «maniera statuina» und dem abstrakten Concettismo sind Stichworte der Natürlichkeit entgegengesetzt: «pastosità», «viva carne» und geradehin «il vero» – Stichworte, die an die Diskussion um Caravaggio zwanzig Jahre später gemahnen. Nebenbei wird auch das (erst 1978 aufgefundene) Exemplar der Künstlerbiographien von Vasari gezeigt, das mit kritischen Randnotizen der Carracci versehen ist: eine leidenschaftliche Polemik gegen den «ignorante Vasari», der die Toskaner und Römer verherrliche, ohne das Kolorit und das «naturale» der grossen Venezianer zu verstehen.

Luigi Lanzi hatte gewiss recht, wenn er in seiner erstaunlichen Geschichte der italienischen Malerei von 1795 behauptete, die Geschichte der Carracci und ihrer Nachfolger zu schreiben, heisse nichts anderes als potentiell die Geschichte der italienischen Malerei über die zwei folgenden Jahrhunderte zu schreiben.

Bologna 1584: gli esordi dei Carracci e gli affreschi di Palazzo Fava, Ausstellungskatalog Bologna (Pinacoteca Nazionale) 1984, Bologna 1984.
Zum Fortgang der Forschung seit 1984: – M. Ferretti, Annibale agli inizi del 1584, in: Itinerari, 1984. – A. W. A. Boschloo, Il fregio dipinto a Bologna da Nicolò dell'Abate ai Carracci (1550-1580), Bologna 1984. – Ch. Dempsey, The Carracci Postille to Vasari's Lifes, in: The Art Bulletin, 1986, S. 72. – Annibale Carracci e i suoi incisori, Ausstellungskatalog Rom (Ecole française de Rome) 1986, Roma 1986. – Nell'età di Correggio e dei Carracci/The age of Correggio and the Carracci, Ausstellungskatalog Bologna, Washington, New York 1986/87. – Emilian Painting of the 16th and 17th centuries, A Symposium, National Gallery of Art Washington, Bologna 1987. – G. Briganti, A. Chastel, R. Zapperi, Gli amori degli dei, Nuove indagini sulla Galleria Farnese, Roma 1987. – Dall'avanguardia dei Carracci al secolo barocco, Bologna 1580-1600. Ausstellungskatalog Bologna 1988. – C. Goldstein, Visual fact over verbal fiction, A study of the Carracci and the criticism, theory, and practice of art in Renaissance and Baroque Italy, Cambridge 1988. – Les Carrache et les décors profanes, Tagungsakten Rom (1986), Rom 1988. – G. Feigenbaum, Drawing and Collaboration in the Carracci Academy, in: Essays Honoring Irvin Lavin, New York 1989. – N. Gramaccini, Annibale Carraccis neuer Blick auf die Antike, in: Antikenrezeption im Hochbarock, Berlin 1989, S. 59. – A. Emiliani, Le storie di Romolo e Remo di Ludovico, Agostino e Annibale Carracci in Pal. Magnani a Bologna, Bologna 1989. – R. Zapperi, Annibale Carracci, Ritratto di Artista da Giovane, Torino 1989. (Deutsche Ausgabe: Berlin 1990). – D. S. Pepper, Progress in the field of the Carracci, in: Apollo, 1990, S. 426.

Guido Reni: süchtig nach Perfektion

Zur Reni-Ausstellung in Bologna, 1988

Guido Reni? Seinerzeit weltberühmt, ein Name gleich neben Raffael, dann in Verachtung und Vergessenheit geraten – nun wird der Bologneser Barockklassizist (1575 bis 1642) Zug um Zug für unsere Generation zurückerobert, durch Publikationen, durch Symposien, vor allem durch Ausstellungen. Die Zusammenarbeit der Pinacoteca Nazionale in Bologna mit dem County Museum of Art in Los Angeles und dem Kimbell Art Museum in Fort Worth hat 1988 eine Werkanthologie möglich gemacht, die aus 77 Gemälden Renis und 62 Werken seiner Vorläufer und Kollegen besteht. Wie hält sich der «divino» in seiner Re-vision? Ist 1988 das «annus mirabilis» seiner Wiedergeburt?

Einen ähnlichen Sturz in ihrer Wirkungsgeschichte haben nur wenige getan, Raffael etwa, Sarto, die Vedetten der französischen «Salon»-Malerei. Von Reni sagt der Cavaliere d'Arpino, Zeitgenosse und Malerkollege: «Unsere Bilder sind von Menschenhand gemalt, jene von Guido aber von Engelshand.» Seine Patrone sind von höchstem Stand, man reisst sich um seine Bilder. Kopiert und nachgeahmt in Unzahl, vergöttert von den Klassizisten, zumal den Franzosen von Poussin über David bis Ingres, «le Guide» in jedem Sinne, bewundert aber auch von Bernini und Cortona, verfällt er seit Ruskins Verdammung («false, feeble, fallen») dem Spott und der Verachtung der «Modernen». Baudelaire, Romain Rolland und der junge Berenson finden ihn «entsetzlich sentimental», er wird ein Trivialmaler, ein «peintre maudit». Seine Bilder verschwinden in den Depots der Museen, die Vorkriegsgeneration «kennt seinen Namen nicht mehr». Nur ein paar unabhängige Geister, unter ihnen Hermann Voss, Otto Kurz, Roberto Longhi, Denis Mahon, liessen sich nicht täuschen. (Die Geschichte von Renis postumer Karriere hat 1953 Guido Giongo dargestellt; der Ausstellungskatalog von 1988 enthält eine Anthologie von Urteilen aus vier Jahrhunderten, ebenso der Band der «Classici» von Baccheschi.)

Um so grösser war das Staunen anlässlich der grossen Retrospektive, die Cesare Gnudi, in glücklichem Trotz, 1954 dem Nachkriegsgeschmack vorsetzte. Sie war Rettung, Rehabilitation und Neubegründung zugleich. Ihre Resultate sind in der Monographie von Gnudi und G. C. Cavalli

(1955) festgehalten. Seither hat Reni den Ruf eines grossen Seicentisten, nahezu vom Range eines Rubens oder Poussin, zurückerobert. Dutzende von Werken und eine Vielzahl von Dokumenten sind wieder zutage gekommen. Diesem neuen Stand der Dinge widmet sich die Monographie des Amerikaners Stephen Pepper (1984, verbesserte italienische Ausgabe 1988) – im Katalog nützlich, im Einleitungsessay enttäuschend, jedenfalls nicht das längst erwartete Standardwerk.

Dass Bologna nun, nach 34 Jahren, mit dem Enthusiasmus Andrea Emilianis, zu einer Generalrevision zuhanden einer kritischen Aktualität antreten kann, steht im Zusammenhang mit einer neuen Serie von Repräsentationen in Zusammenarbeit mit potenten amerikanischen Instituten: vor zwei Jahren «Nell'età del Correggio e dei Carracci» (mit Washington und New York); nun Reni (mit Los Angeles und Fort Worth); für 1991 ist eine «personale» Guercino, für später eine Übersicht über «La scenografia e l'architettura teatrale nel Settecento» mit der Hauptfigur Bibiena in Vorbereitung. Solche Partnerschaften sind ja nicht nur für die Finanzen willkommen, sie entsprechen auch einem jungen angelsächsischen Interesse, nach allzu langer Konzentration auf Florenz, Rom und Venedig.

Das Konzept «alla bolognese» ist dreistufig: eine Novität, indem es nicht nur das Œuvre Renis in einer Auswahl von 77 Werken zeigt, sondern auch die Situation der bolognesischen Malerei bei seinem Antritt in den 1580er Jahren, und die Schirn-Kunsthalle in Frankfurt widmet sich den Nachwirkungen Renis bis ins 19. Jahrhundert, ein Exempel konkreter Rezeptionsgeschichte.

Dabei wird von einer genauen Analyse der Forschungslage ausgegangen. Kritische Kunstgeschichte, die sich der Probleme, der Lücken, der neuen Fragestellungen bewusst ist, wirkt als Motor. Man muss den hundertseitigen argumentierungslustigen Essay von Emiliani im Katalog lesen, um sich der Stossrichtungen zu versichern. Zum Beispiel, in Stichworten: schonungslose Ernstnahme der Charaktereigenschaften (d. h. -schwächen) des Malers; Verankerung seines Schaffens im Kontext der Auftraggeber, der Bildfunktionen, der gegenreformatorischen Strategien mit ihren Auswirkungen auf die Bildinhalte und die Bildrhetorik; die Organisation der Werkstatt (mit ihren angeblich zweihundert Schülern); die Beziehungen des Malers zu Dichtern und Schriftstellern seiner Umgebung, u. a. zur stoischen «severitas» seines grossen Freundes und Patrons Virgilio Malvezzi; das Verhältnis von «pictura» und «poesis»; die Rolle des Theaters; Renis Verhältnis zur Antike einerseits, zu Caravaggio anderseits, mit konkreten Nachweisen; die neue Sicht auf das Spätwerk; deutungskräftige Rückschlüsse aus der «fortuna critica» und der gemalten Nachfolge. Dies alles im Dialog mit stilkritischer Feinarbeit.

Eine (buchstäbliche) Revelation kommt schon durch die Arbeit der Restauratoren zuhanden der Ausstellung zustande (übrigens weitgehend von der Bank des Credito Romagnolo finanziert). Erst die Freilegung der silbrig-fahlen Farbigkeit mit allen ihren Delikatessen hat zur Entdeckung und zur Hochschätzung des Spätwerks nach etwa 1625 führen können. («Ecco un nuovo maestro!», so Cesare Gnudi.) Ähnliches gilt für die «Venus mit Cupido» aus Toledo USA, eine Komposition aus Elfenbeintönen «alla veneziana», nun als ein Jahrhundertbild zu erkennen; ähnliches für den «Hieronymus», den Pepper erst kürzlich in der Sakristei des Domes von Piacenza entdeckte; ähnliches schliesslich für den grossen «Triumph Hiobs», der bis 1950 in der Tribuna zwischen den Türmen von Notre-Dame in Paris «vergessen» blieb und nun zu den Hauptwerken zu zählen ist.

77 Bilder, das ist viel Reni. Im Verhältnis zu den etwa 300 katalogisierten und etwa 600 registrierten Werken des Meisters vermindert sich allerdings die Repräsentationskraft, um so mehr, als die Zeichnungen und natürlich das Fresko-Œuvre (in Rom, Bologna und Ravenna) fehlen. Eine ganze Anzahl von Meisterwerken, die 1954 zugegen waren, sind jetzt auf der Absenzenliste zu vermerken, so «Nessus und Dejanira» und der «Raub der Helena» (Louvre), die «Taufe Christi» und «Die vier Jahreszeiten» (Wien), «Apoll und Marsyas» (München), die «Fortuna» (Rom) und die «Anbetung der Hirten» (Neapel). Andere, wie die «Kreuzigung Petri» im Vatikan, sind ohnehin unabkömmlich.

Indessen haben sich die Veranstalter bemüht, alle Aspekte, ikonographische und künstlerische, und alle Entwicklungsphasen Renis in Sicht zu bringen. Das ist weitgehend gelungen, wenn auch zum Beispiel die Auseinandersetzung mit Caravaggio oder die hochklassizistischen Extreme nicht recht deutlich werden. Ein unverhoffter Einblick ergibt sich, indem der Druckgraphik ein eigenes Kabinett gewidmet ist: Radierungen von grosser Sensibilität und Beschwingtheit, unter dem Eindruck Parmigianinos.

Was ist das für ein Maler, der tagsüber Madonnen und Heilige von berückender Reinheit malt und nachts im Spiel ganze Vermögen verprasst? Sein Biograph, der Kanonikus Carlo Malvasia, gibt befremdliche Auskünfte. Der Maler ist selber von engelhafter Schönheit, aber ein Narziss, dazu krankhaft misstrauisch, eifersüchtig und so hochnäsig, dass er sich mit den bedeutendsten Kollegen wie den Carracci, Domenichino und Albani überwirft. Über eine Bildung verfügt er nicht, er gilt als unkultiviert. Seine Spielsucht ist notorisch, ebenso seine Arroganz, seine Furcht vor Vergiftung und Hexenkunst, auch seine Berührungsangst («eine jungfräuliche Natur») – dies alles in pathologischen Graden. Als Maler erhebt er enorme Ansprüche, zunächst an sich selber, vor allem aber an seine Auftraggeber, mit Rekordforderungen (tausend Scudi für ein Bild, mehr als Lodovico Carracci, «ti ho battuto!»). Und er weigert sich, vor Papst und Fürsten den Hut abzunehmen.

Da bestätigen sich, zu einem guten Teil, alte Topoi der Künstlerbiographik. Darüber hinaus ist zu bemerken, wie Reni das feudale System (der Geschenke und Ehrentitel) verlässt und sich einem modernen Markt stellt. Dabei modernisiert sich auch das soziale Ansehen des Künstlers. (Reni ist, fast aufs Jahr genau, ein Zeitgenosse von Rubens.)

Unsympathisch, widerwärtig – von daher ist seine Sucht, sich in der Malerei eine Welt der Vollkommenheit zu schaffen, als Gegenleistung von grosser Intensität zu verstehen.

In der Tat, vom Himmel gefallen ist der Meister Guido nicht. Der erste Teil der Ausstellung, die «pre-mostra» im Museo Civico Archeologico, «Dall'avanguardia dei Carracci al secolo barocco», gibt Einblick in die Verhältnisse Bolognas um 1580/1600, d. h. am Nullpunkt von Renis Antritt – Bologna als päpstliche Dépendance zur Zeit des gegenreformatorischen Eiferers Kardinal Paleotti, kunstgeschichtlich eine grosse Wende. Da findet sich der junge Guido mitten in die spätmanieristische Epigonenschaft der Fontana, Sabatini, Samacchini, Passerotti, Cesi und Calvaert hineingestellt.

Doch – schon dies ist ein Akt innerer Sicherheit und Flexibilität – er entwindet sich ihrer, mit Hilfe der Carracci und ihrer jungen Akademie (pro «natura», pro Klassik, pro Venedig). Das heisst nicht, dass grosse Cinquecentisten ihn nicht zeitlebens begleiten, so Parmigianino, Veronese, Bronzino und natürlich Raffael. Seine besonderen Fixpunkte gibt er schon in der «Marienkrönung» aus S. Bernardo zu erkennen: Calvaert (sein erster Lehrer) für die himmlische, Carracci für die irdische Zone, Raffael für die Disposition. Die Quellen sind freilich weitaus zahlreicher, in einem wahren Dickicht widerstrebender Tendenzen.

Ein eigener Katalog erschliesst diese Ouverture. In 16 Beiträgen von internationalen Spezialisten kommen auch frömmigkeitsgeschichtliche, organisatorische und theoretische Probleme zur Sprache. Es ist ein Schlüsselbund zum Aufbruch des Barocks in Bologna.

In der Pinacoteca Nazionale folgen die römische (1601 bis 1614) und drei spätere bolognesische Phasen, bis 1642: ein Höhenweg in ruhiger Inszenierung, indessen je mit Triumphstationen wie der «Pietà dei Mendicanti», dem «Kindermord», dem «Samson», der «Immacolata», dem «Pallione della peste» und der späten «Geisselung». Immer wieder, jedoch mindestens dreimal mit verschiedenen Strategien, versucht Reni, in die Höhen überirdischer Perfektion zu gelangen, mit jenem süchtigen Zug ins

Absolute, wie er zu den (unerfüllbaren) Bemühungen der Klassizisten gehört. Mehr und mehr setzt sich dabei die «bella idea» durch, oft antikisch, oft als Ergebnis von Emendationen, jedenfalls ein reines Kunst-Ziel. Neuerdings ist auch deutlich geworden, dass sich der Maler verschiedener «modi» bedient, je nach Aufgabe. Insofern sind antikisierte Christlichkeit und christianisierte Antike keine Gegensätze, wie auch «disegno» und «colore», puristische und erotische Stimmungen zusammengehören.

Statt eines kritischen Parcours sollen hier drei entsprechende Spitzenwerke, Exempla, herausgegriffen werden, mit ein paar Bemerkungen.

Der «Bethlehemitische Kindermord» (Bologna) um 1611, berühmt und noch und noch interpretiert, ist Renis Deklaration zur «pittura di storia». Höchste Leidenschaften sind aufgerührt, «affetti», wie Todesangst, Brutalität und verzweifelte Gegenwehr, mit Schreien und Seufzern, sie alle im Stande des Fortissimo und der Kulmination – aber höchste Kräfte der Zügelung wirken ihnen entgegen, zum Ausgleich. Kein Figurenfries, der vorüberzöge, vielmehr ein strenges hochrechteckiges Relieffeld, erfüllt von Gesten und Blicken, kontrapunktisch auskalkuliert in kontrastierenden Responsionen, geometrisch blockiert, ohne die Gnade der Zeit, ein Horror ohne Ende. Auch keine frühbarocke Dynamik (reissend, asymmetrisch, raumflüchtig), sondern ein intellektuelles System der Verstrebung und Fixierung, zu dauerstarrer Harmonie gefügt. «Passio» und «ratio» sind miteinander und gegeneinander hochgetrieben. Sie halten einander im Schach.

Selbst diese Emotionalität schliesst indessen Bildungsreferenzen nicht aus: antike Schlachtenfriese, Niobe, Laokoon, Raffael, Niccolò dell'Arca, eingebaut als autoritative Chiffren, zugleich Ausweise hoher Gültigkeit. Die kürzlich erfolgte Restaurierung lässt das Kolorit wieder hell und scharf erscheinen; die Farben haben ihrerseits teil an der kalkulierten Spannung. «L'horror va col diletto», stellt Marino um 1620 fest; was stimmt, wenn «diletto» intellektuelle Spielfreude meint.

Poussin «ante portas», auch schon Racine. Guido, «le Guide».

Zu einem andern «Non plus ultra» führt Reni die Vollkommenheit in der mythologischen Szene mit «Atalante und Hippomenes» (in zwei Versionen zugegen, Prado und Neapel, gegen 1620). Vor dunklem Landschaftsgrund – mit einem Horizontstreifen, der die Waagrechte als Index markiert – hebt sich das Wettkampfspiel des schönen Paars ab: Atalante greift nach den goldenen Äpfeln und verliert damit den Wettlauf – ein Spiel mit alabasterhellen Körpern, die wie ein klassisches Ballett ins Bildgeviert komponiert sind. Die Akteure fügen sich einer geometrischen Equilibristik, mit strengen diagonalen Achsen und Winkeln, die sich verschränken. Ihre Schönheit ist von jeglichem Makel gereinigt: so sehr filtriert und geglättet, dass aus Leibern Artefakte werden, kaum mehr aus Fleisch und Blut, vielmehr Preziositäten, immateriell leuchtend; überirdische Schemen.

Da hat die «idea» die «natura» überwunden. Anschauung und Erfahrung sind purer Idealität gewichen. In diesem Bannkreis der «forme divinizzate» – das ist Renis eigener Begriff – kommt seine Ambition an einen äussersten Punkt. Weiterhin sind nur noch Formalismen und Banalitäten möglich.

In der Tat: «Immaculata», das ist für ihn nicht allein ein religiöses, sondern auch ein künstlerisches Credo, eine Herausforderung ohnegleichen. In dem grossen Altarbild «L'Immacolata Concezione» für die Infantin von Spanien (1627, New York), einer hieratisch ikonischen Konstruktion, verzehrt der Zwang zur Makellosigkeit jegliche Realität, von der Räumlichkeit bis zu den Köpfen, eigenschaftslosen Kugeln mit Himmelsblick. Auch die Farben schmelzen dahin, die Lichtaura Mariae nimmt die Flachheit eines Öldrucks an. So endet die Übersteigerung, hier wie anderswo, in blanker Sentimentalität – einer anderen Endstation der Sehnsucht nach der «idea» (Jacob Burckhardt: «oft da am leersten, wo er besonders empfindungsvoll sein will»).

Aber man täte ihm unrecht, wenn man ihn nur auf der Fabrikation solcher standardisierten Augenaufschläge behaften wollte. Es gibt auch den andern Reni: einen Beobachter von nüchternem Ernst, offen für Wirklichkeiten menschlichen Leids. Das «Bildnis der Mutter» ist eines der grossen Schicksalsporträts des grossen Porträtjahrhunderts. Und die Penetranz forcierter Leiber ist in der «Kreuzigung Petri» ebenso wahrgenommen wie in der Serie der «Herkules-Taten» für den Herzog von Mantua. Als ein Programmbild, eine wahre Allegorie von Renis spannungsvollem Barock/Klassizismus, liesse sich die Gruppe mit «Apoll und Marsyas» (München, nicht ausgestellt) deklarieren, mit dem Gott in aller idealen Eleganz und dem Zerrbild des geschundenen Silens. Auch die Auseinandersetzung mit Caravaggio lehrt, dass Reni über vielfältigere, problematischere und widersprüchlichere Anlagen verfügt als ein Schema-Klassizist.

Seit den späten 1620er Jahren experimentiert der Maler mit einer weiteren, neuartigen Bildsprache der Idealität. In dieser «seconda maniera» (Malvasia), einer Art Altersstil, wird das Licht silberhell, es bleicht die Farben aus, bis zu fahl schimmernden Hellgraunuancen in Rosa, Hellblau, Citron, Resedagrün – Signum eines Lichtreichs, das nicht von dieser Welt ist. Der Maler wünscht sich einen «pennello angelico e forme di paradiso». Dazu kommt ein offenes, skizzenhaftes Pinselwerk, oft flüssig diaphan, oft temperamentvoll und spritzig, so dass alle Illusionismen entschwinden. Es gab Anlass, dem Maler Flüchtigkeit vorzuwerfen. Gebrochen ist hier das

Pathos der früheren Werke, ausgeschieden die Körperdrastik und die statuarische Kraft. Diesen Reni hat das 18. Jahrhundert, von Fragonard und Giaquinto bis Goya, besonders geschätzt, unter den Stichworten von «delicatezza», «dolcezza» und «sprezzatura».

Nach all diesen Entzügen – Entzug der Farbe, der Körperlichkeit, der Präsenz –, nach all den Befreiungen von irdischen Substanzen verbleibt eine entrückte, sanfte Sphäre der Erscheinungen, eine gewagte Art von Suprematismus. Es ist eine Malerei, die von den Dingen (oder was von ihnen bleibt, ganz an der Grenze zur Unsichtbarkeit, in den Höhen der «suprema idea») noch eben den Schimmer festhält, eine Fata Morgana, den Sinnen kaum mehr wahrnehmbar. Melancholie im geschlossenen Zirkel der Perfektion? Wo die Möglichkeiten der Malerei in ihre Unmöglichkeit umschlagen? Oder – und zugleich, das ist wieder die Kehrseite seiner Person – die Gelegenheit zu einer vagen Schnellmalerei, die rasch viel Geld einbringt? Denn die Kleinformate der späten Heiligenbilder, und erst recht ihre Kopien und Repliken, stehen oft gefährlich nahe an der Devotionalienproduktion. Oder sind es lediglich erste Bildanlagen, stehengeblieben im Atelier?

Ein ähnlicher Kult sentimentaler Sublimität ist übrigens damals im Spätwerk anderer Bolognesen, so Guercinos und Albanis, zu beobachten.

Renis Ikonographie ist ein präzises Stück nachtridentinischer Geistesgeschichte, von den Bestellern und ihren Ratgebern, von der Kirche und den Orden gesteuert. Sie hat bisher wenig Aufmerksamkeit gefunden, noch weniger sein persönliches Repertoire an Motiven.

Als Beispiel: der Augenaufschlag, der Himmelsblick seiner Madonnen und Magdalenen (Belloris «alzate d'occhi»), sein Markenzeichen, ein Traditions- und Exportartikel (bis zu Greuze), schliesslich der Anlass für aufgeklärten Spott. Wie oft hat er so die Maria Magdalena gemalt (allein in der «Mostra» kommt sie fünfmal vor): irdische Bellezza, jedoch in Zerknirschung und Reue. Auch Marien, Heilige, die Halbfiguren Christi, der Evangelisten und Apostel, der Sibyllen und Lucretien, der Caecilien und Cleopatren – «Sehnsuchtshalbfiguren» (Jacob Burckhardt) – sie alle wenden sich gleicherweise schmachtend himmelwärts. Da bricht ein Überschuss an Gefühl aus, in Ekstase, Hingabe und Verzweiflung. Gestik und Mimik vermögen ihn nicht zu binden, er schafft sich seine eigene Pathosformel – ein Ventil des Sentimento ins Unsagbare. Raffaels Cäcilie (in Bologna) hatte das Motiv in Konjunktur gebracht.

Guido Renis Malerei: schliesslich selber eine Malerei des Himmelsblicks, weg von hier, süchtig nach «oben», aus der Körperschönheit in die Schönheit der «idea». Eine Malerei, jedenfalls, voller Spannungen und Antinomien, ein Klassizismus in seiner ganzen Problematik.

Guido Reni, 1575-1642, Ausstellungskatalog Bologna (Pinacoteca Nazionale) 1988, Bologna 1988. – Dall'avanguardia dei Carracci al secolo barocco, Ausstellungskatalog Bologna (Museo Civico Archeologico) 1988, Bologna 1988. – Eingehende Ausstellungsrezension im Burlington Magazine 1989, S. 367 (R. E. Spear); Auseinandersetzung mit D. S. Pepper ebendort, 1990, S. 219; P. O. Krückmann, Guido Reni, Komplexität und Artistik, in: Pantheon, 1989, S. 178. – Beiträge zu Reni anlässlich der Ausstellung in Bologna: Atti e Memorie, Accademia Clementina, Bologna 1988 (Aufsätze von Kurz, Emiliani, Pepper, Spike und andern). – Zur vierten Station der Reni-Gedenkveranstaltungen von 1988/89, nach Bologna, Los Angeles und Fort Worth: Guido Reni und Europa, Ruhm und Nachruhm, Ausstellungskatalog Frankfurt (Schirn Kunsthalle), Frankfurt-Bologna 1988, mit wichtigen Beiträgen zum Werk und zur Nachwirkung Renis. Kritische Würdigung von Michael Levey in: Burlington Magazine, 1989, S. 168; ferner D. S. Pepper in: Master Drawings, 1989, S. 234. – Letzte Jubiläumsausstellung, in Wien: Guido Reni und der Reproduktionsstich, Ausstellungskatalog Wien (Albertina), Wien 1988.

Stefano della Bella

Notiz zu einer Ausstellung in den Uffizien in Florenz, 1973

Nur Kennern der Barock-Graphik ist Stefano della Bella (1610-1664) mehr als der Träger eines Künstlernamens, den Shakespeare gebraucht haben könnte. Noch das französische Dix-huitème wusste es besser. Damals konnte es, wie Mariette berichtet, etwa zu einem Streitgespräch unter Connaisseurs kommen: wer grösser sei, Callot oder Stefano della Bella? Erst 1968/69, anlässlich einer Ausstellung in der Wiener Albertina mit eben dem Zwiegespann Callot und Stefano, ist der Italiener wieder aufgefallen – mehr als nur der Nachfolger und Imitator Callots, dem er übrigens nicht begegnet sein kann. Nun ruft das «Gabinetto Disegni e Stampe» der Uffizien in einer kleinen, konzentrierten Ausstellung seinen Seicento-Florentiner zu den «uomini famosi» zurück.

Stefano ist ausschliesslich Graphiker – im Gegensatz zu der üblichen Universalität der Graphiker-Maler und Maler-Graphiker wie Salvator Rosa, G. B. Castiglione oder, vor allen andern natürlich, Rembrandt –, auch hierin nur Callot vergleichbar. «Si diede tutto all'intaglio», sagt Baldinucci, sein Biograph. Das ist damals noch eine Verwegenheit. Für Stefano bedeutet sie Konzentration auf ein Idiom, das er durch und durch erprobt und beherrscht und dem er neue, chromatisch-malerische Sensibilitäten erschliesst. Sein Œuvre besteht aus über tausend Radierungen, davon 914 in den Uffizien, von denen nun eine Auswahl von 320 Blättern zu sehen ist. Den Zeichnungen, die ein heimlicheres kreatives Hinterland bilden, sollen nächstens eigene Ausstellungen gelten. Der Katalog von Anna Forlani Tempesti, mit 94 Abbildungen, Bibliographie und mehreren Konkordanzen, schliesst an De Vesme an (1906, revidierte Neuausgabe 1971 von Phyllis Massar), leistet aber weitgehend Pionierarbeit. Eine vorläufige Würdigung des Radierers Stefano hat dieselbe Verfasserin in einer Anthologie kürzlich vorgelegt (Florenz 1972). Die Aufarbeitung Stefanos innerhalb der hochdifferenzierten modernen Barockforschung ist keine fünf Jahre alt; viele Fragen, die seine Eigenart und seine Stellung im Kontext des Jahrhunderts betreffen, sind noch gar nicht gestellt.

Abseits jedenfalls liegt das kleine Reich seiner Graphik; doch auf eine merkwürdige Art. Denn mitten im Rom des Hochbarocks unter Papst Urban VIII., von 1633 bis 1636, identifiziert er sich weder mit der Rhetorik Berninis und Pietros da Cortona noch mit dem Klassizismus der Gruppe um Cassiano dal Pozzo (welcher Poussin angehört), noch mit den grossen Bolognesen wie Guido Reni oder Guercino, indessen auch nicht recht mit den Naturalismen der niederländischen Kolonie, obgleich Verbindungen mit Holländern wie Breenbergh und später eine Reise nach Holland bezeugt sind. Um so mehr fällt auf, dass das Seicento ihn dennoch nicht in eine Outsiderrolle abschiebt; es erträgt, ja trägt seine Extravaganz. Der Hof der Medici-Grossherzöge in Florenz protegiert und beschäftigt ihn über Jahrzehnte. Seine grössten Erfolge feiert er im Paris der Richelieu und Mazarin, von 1640 bis 1650, kurz nach dem Ableben Callots, so sehr, dass er es sich beispielsweise leisten kann, von Unterricht an den Dauphin abzusehen, der immerhin Louis XIV heissen sollte.

Eine Erklärung für Stefanos Erfolg liegt darin, dass seine Originalität doch in den normalen Aufgabenhaushalt der Graphik in seiner Epoche einsteigt. Er übernimmt es, Dokumentation zu leisten, als Chronist und Reporter: Stadtveduten, Ansichten von französischen Schlössern und von Medici-Villen (wichtig jene von Pratolino, im Zustand voller Erhaltung), höfische Festlichkeiten mit ihren «apparati» von Empfängen, Theaterinszenierungen und Turnieren bis zu Exequien, geographische Karten, Schlachten und Gefechte, Marinen, Bildnisse, auch Idyllen und Landschaften, Tierbilder und Jagden, sogar Antiken, dazu Buchillustrationen, Frontispizien, Bilderrätsel und so fort. Auch die offizielle Sakralthematik fehlt nicht ganz, mit Darstellungen der Madonna, der Flucht nach Ägypten, einzelner Heiliger; ferner, als besondere Kostbarkeit, ein Kartenspiel mit 52 winzigen mythologischen Göttergruppen, ein Auftrag Mazarins «ad usum Delphini».

Schon im Dokumentarischen ist Stefano auf besondere Weise scharfäugig, nicht ohne Skepsis gegenüber bewährten Typen und Formeln, er hat einen raschen Blick für das Seltsame oder Schiefe einer Situation, für das heimlich Verrottete einer Baugruppe, für die Morbositäten eines Porträtierten, für das Grimassieren eines Kostüms. Er zeigt die Natur als «natura naturans», in ihrer Wuchskraft wie in ihrer Unberechenbarkeit, er übersieht nicht, wo ihre Bildungen entgleisen, so wie eine Reitergruppe unversehens zu einer Donquichotterie umschlagen kann. Das Genrebild ist nicht allein pittoresk; es nimmt sich des dritten Standes an, mit Bauern, Hafenarbeitern, Bettlern, voll von asymmetrischen Effekten, besonders im Kleinformat, und ohne zu karikieren; es gewinnt Zonen animalischer Entspanntheit und Anonymität. Im Militärbild herrscht das Husarenhafte und Pfiffige vor, aber auch Öde und Sinnlosigkeit sind da, nur nach Heldentum sucht man vergebens. Die Mythologie lässt Stefano in zauberhaften, unbegangenen Bereichen der Spontaneität und der «sprezzatura» spielen, ungeachtet der offiziellen Verbindlichkeiten. Ähnlich auch im Madonnenbild. Und auf einem Titelblatt zu Paul Scarron (Paris 1649) wagt er es, wie sein satirischer Autor, die Musen zu parodieren. Da verwundert es nicht, dass das Thema des Todes, als Überfall und Entstellung, mehrmals dazwischentritt, weniger in Erinnerung an den «trionfo della morte» oder den nordischen Totentanz als aus Erfahrung der Gegenwart, die jene des Dreissigjährigen Krieges ist.

Darüber hinaus dringt Stefanos Phantasie immer wieder in Neuland vor. Er ist ein Meister jener Gattung, die sich aus allen thematischen und formalen Normalien verabschiedet, um ungestört ein frühes «l'art pour l'art» experimentieren zu können: des «Capriccio». (Über die Entwicklung des «Capriccio» informiert die Zürcher Dissertation von Lukrezia Hartmann, 1973.) Da ergeht er sich in Nichtigkeiten wie kleinen Sitzfiguren, Ziegengruppen, schleichenden Reitern – die aber kühne Formpointen ergeben, eine nach der andern. Es wäre nicht unstatthaft, Stefanos gesamtes Schaffen in der Perspektive des «Capriccios» zu sehen und zu würdigen. Sein Interesse an neuen graphischen Ausdrucksmitteln hängt seinerseits damit zusammen. Nicht anders als die «Capricci» selbst sind Reihen wie «Agréable diversité de figures» oder «Varie figure» Freipässe für eine Imagination, die am liebsten mit sich selber spielt.

Einzigartig ist Stefano schliesslich in seinen ornamentalen Neuschöpfungen: der «Raccolta di varii capricci», den «Nouvelles inventions de cartouches», den «Ornamenti di fregi e fogliami», den «Ornamenti e grottesche». Es sind Ornamente – doch mehr als Ornamente, indem sie allem Lebendigen Unterschlupf bieten. Da hat seine Erfinderlust freie Zügel, und er nützt dies, um, in Kartuschen, Friesen und Zierstreifen, Figürliches, Vegetabiles, Tierisches und Ornamentales in phantastischen Synkretismen zu kombinieren. Zwischen den beiden Höhepunkten der neueren Ornamentik, dem Manierismus (mit dem Stützpunkt Florenz) und dem Rokoko, steht dieser Wildwuchs Stefanos an erster Stelle. Das Ornament wird unter seinen Händen eigenständiges, vollwertiges Kunstwerk. Was sich da an Einfällen durcheinanderflicht, hat mit der geregelten Semantik des Ornaments wenig mehr zu tun, doch wahrt Stefano gerade hier, wo Lebenskraft zu wuchern droht, eine unfehlbare Dezenz. Und eben hier gewinnt seine Technik auch jene Velaturen und Geschmeidigkeiten, die bis ins 18. Jahrhundert, bis in die Tage Tiepolos und Goyas, bewundert werden. In ihr brauchen Wirklichkeitsfrische und Phantastik keine Gegensätze zu sein. Es ist eine Graphik der atmosphärischen Schwebungen, der Transparenzen und Umschläge, rasch dosierend und akzentuierend und immer frei von den Automatismen der landläufigen Druckkunst.

An vielen solchen Erstaunlichkeiten wird die Forschung der nächsten Jahre anzusetzen haben, soweit sie es nicht schon tut (in Florenz, im römischen Gabinetto Nazionale della Stampa, im Louvre), um diesem Zauber-Künstler gerecht zu werden – diesem Prospero in seiner winzigen Provinz des Hochbarocks.

Mostra di incisioni di Stefano della Bella, Ausstellungskatalog Florenz (Uffizien), Florenz 1973. – Seit 1973 sind besonders die Zeichnungen aufgearbeitet worden. F. Viatte, Inventaire général des dessins italiens II. Musée du Louvre. Dessins de Stefano Della Bella, Paris 1974. – M. Catelli Isola, Disegni di Stefano Della Bella (1610-1664) dalle collezioni del Gabinetto Nazionale delle Stampe, Ausstellungskatalog, Rom 1976. – A. Forlani Tempesti, in Il Seicento Fiorentino. Arte a Firenze da Ferdinando I a Cosimo III, Ausstellungskatalog, Firenze 1986. – Stefano innerhalb der Seicento-Kunst: La pittura in Italia, Il Seicento, Milano 1988, S. 71, 718.

Ekstasen und Ohnmachten

Zur Ausstellung «Francesco Cairo, 1607-1665» in Varese, 1983

Aufgefallen war er längst, der Maler der schwarzen Agonien im Barock der lombardischen Gegenreformation, spätestens an der grossen Übersichtsausstellung «Il Seicento lombardo» in Mailand 1973, als seine «Herodias» von Vicenza zur Werbefigur erklärt wurde und er mit 21 Werken den vertrauteren Morazzone egalisierte. Zu seinen Lebzeiten war sein Ruhm in erstaunliche Höhen gestiegen. Mit 26 Jahren Hofmaler und Kammerdiener des Herzogs Vittorio Amedeo I. in Turin, mit 36 Jahren Inhaber einer Jahrespension von 4000 Silberlire, kurz darauf mit den Titeln eines Grafen von Peglia und eines «cavaliere dei SS. Maurizio e Lazzaro» ausgezeichnet, war er eine Autorität am Savoyer Hof. Und früh fanden seine Bilder Einlass in renommierte Privatsammlungen Mailands, Turins, Messinas wie auch in den fürstlichen Galerien von Parma und Mantua. 1674 wird er «il Tiziano lombardo» genannt. Bei seinem Ableben war in seinem Hause eine Sammlung von etwa vierhundert Bildern zu inventarisieren, darunter angeblich Originale von Perugino, Giorgione, Luini, Correggio, Parmigianino, Tizian, Tintoretto, Veronese, Reni, Rubens, van Dyck, mitten unter 150 eigenen Werken und Entwürfen. Dieses Inventar, ein einzigartiger Einblick in die Werkstatt des Malers und des Sammlers Cairo, ein denkwürdiges Repertorium, ist erst vor wenigen Wochen aufgefunden worden und nun im Katalog der Ausstellung abgedruckt.

Alle diese Ehren verhinderten freilich nicht, dass Cairo der allgemeinen Barockverachtung seit dem Klassizismus verfiel, so dass es, seit den 1920er Jahren, grosser Anstrengungen der modernen Kritik bedurfte, um seine Biographie, sein Œuvre und seine kunstgeschichtliche Stellung zu rekonstruieren. Dabei haben sich Stella Matalon und Mina Gregori, auch Giovanni Testori (mit den literarischen Invokationen der «poesia nera e tragica di Francesco») besondere Verdienste erworben. Als Fazit nun – und als neues Bündel von Hypothesen: die «Mostra Cairo» in der Villa Mirabello, Sitz der Musei Civici von Varese, am Rand des Parks vor dem Palazzo Estense.

Die Veranstaltung hat nicht den Ehrgeiz, das gesamte Werk Cairos zu versammeln. Mit 58 Gemälden und sieben Zeichnungen ist nur ein

Bruchteil seines Schaffens gegenwärtig, nicht mehr als eine Anthologie. Doch schon darin macht sich ein Qualitätsgefälle bemerkbar, und ein gutes Dutzend Bilder ist nicht einwandfrei zugeschrieben. Eine Arbeitsausstellung also, für Spezialisten und «Attribuzler» – aber zugleich ein Geisterweg durch eine besonders dornige Finsternis der nachtridentinischen und nachborromeischen Ideenwelt, ebenso faszinierend wie beklemmend.

Bietet der Katalog den entsprechenden Rückhalt? Ein Grossaufgebot von Kennern bemüht sich, Erklärungen und Zugänge von vielen Seiten her zu verschaffen, aus der Biographie, den kirchengeschichtlichen Zuständen, dem Klima am Turiner Hof, der Dichtung und dem Theater, nicht zu reden von dem kunstgeschichtlichen Beziehungsnetz im Dreieck Mailand-Turin-Genua. Und doch entschlüpft der Maler immer wieder dem gelehrten Zugriff, nicht zuletzt weil zwei wichtige Aspekte fehlen: eine ikonographische Untersuchung seiner Thematik und eine Übersicht der Auftraggeber und der Bildfunktionen. Um so mehr grassiert nun die Sucht der Aktualisierung: Cairo «piaciuto a Freud» (Alberico Sala), «Il Gran Perverso» (Giuliano Briganti), «tra il sadico e il masochista» (Mina Gregori), mit Pointen, als hätte es den Maler der Gegenreformation in einen Wiener Psychiatriesalon verschlagen. Dazu kommt, dass die sehr unklare Kunde von einem frühen «crimine da lui commesso» das Stichwort abgibt, um einen pseudomodernen «pittore maledetto» zu proklamieren – eine Ansicht, die bis in die Interpretation seines – so souverän verdunkelten – Selbstbildnisses (Uffizien) hineinwirkt.

Die lombardische Malerei der Spätrenaissance und des Barocks steht lange im Banne des hl. Carlo Borromeo, Erzbischof von Mailand bis 1584, mit seiner Kunstlehre von strengster, spanisch-sakraler Observanz. Sein Nachfolger und Neffe, Federigo Borromeo, hielt die Künste nicht weniger an der Kandare der Dogmen, obschon er der Gründer der Pinacoteca Ambrosiana und einer Akademie, zudem der Verfasser des Traktats «De pictura sacra» war. Sowohl Cerano und Daniele Crespi wie auch Morazzone und Tanzio da Varallo pflegten einen finsteren, moralisch rigorosen Realismus, in dem Askese, Reue und Zerknirschung dominieren. Es ist eine Schwarzmalerei, aufsässig und unentrinnbar; künstlerisch abgesegnet durch den grossen Lombarden Caravaggio. Tanzio hat man 1959 in Turin, Morazzone 1962 in Varese und Cerano 1964 in Novara an grossen Einzelausstellungen kennenlernen können. Und nun Cairo?

Es ist üblich geworden, die borromeischen Maler als «pestanti» zu bezeichnen, infolge ihrer Tätigkeit zwischen den beiden Pestepidemien von 1576 (der Pest des hl. Carlo Borromeo) und von 1630 (der Pest Manzonis). Cairo unter diesem Titel zu sehen, wie es noch und noch geschieht, wäre aber eine Täuschung. Gewiss, sein Frühwerk steht unter dem Eindruck Morazzones und Ceranos, und er hat damals, wie sie, grosse Altarwerke mit Visionen (so die hl. Therese) und mit Ohnmachten (so den seligen Andrea Avellino) gemalt, schon früh in Verbindung mit den religiösen Orden der Theatiner und Karmeliter. Aber er ist deutlich eine Generation jünger – 1630 erst 23jährig, damals waren Morazzone und Crespi schon tot – und wächst aus den borromeischen Zwängen und der spätmanieristischen Artistik hinaus. Schon die Verpflichtung an den Savoyer Hof in Turin 1634 und die enge Bindung an ihn führten zu anderen Voraussetzungen.

Seine Themen sind nicht neu. Doch insistiert Cairo, im Einvernehmen mit den Kennern von Turin und Mailand, auf den grossen Heroinen des biblischen und des antiken Zeitalters: auf Herodias, auf Judith, auf Kleopatra, auf Lucretia, ferner auf den Motiven des abgeschlagenen Täuferkopfs, des Gethsemane-Christus und des hl. Franziskus in der Ekstase – ein Monomane des zur Ohnmacht führenden Gefühlsexzesses und des prekären Todes. Jedes dieser Themen ist vom Maler in zahlreichen Versionen und Varianten behandelt, es sind seine Obsessionen. Schon in der Frühzeit hatten sich solche Darstellungen von Torturen und spirituell-fleischlichen Gewalttaten angekündigt, so in dem Altarblatt mit dem seligen Andrea Avellino (Mailand, S. Antonio Abate), den die Erscheinung Christi und Mariä hintenüber in die Ohnmacht kippt.

Indessen wird nun die Öffentlichkeit der Altarpropaganda verlassen zugunsten einer modernen privaten Kabinettmalerei in höfischem Gebrauch, für Connaisseurs von internationaler Kultur – Malerei kleineren Formats, mit wenigen Personen oder Einzelhelden, meist in Halbfiguren, in unvermittelter Nahsicht, distanzlos und penetrant. Die Heroinen und Märtyrer bieten sich an für Explorationen äusserster Affekte und Emotionen, am Rande des Bewusstseins.

Nicht dass Cairo als klinischer Beobachter oder als sakral-mythologischer Voyeur vorginge. Seine Aufmerksamkeit ist subtiler und eindringlicher. Ihn interessieren die paradoxen Seelenzustände im Ausser-sich-Sein: die Vermischung von Schmerz und Seligkeit in der christlichen Marter, die Einheit von Tod und Eros in den sterbenden Heldinnen, die Schauer der Selbstbestrafung in den reuigen Sündern und Sünderinnen, das Schwanken zwischen Brutalität und Sinnlichkeit bei den Schergen, der Wechsel von Anziehung und Abscheu angesichts der nächtlichen Morde. Dabei wirken sich Bildtypen und Helldunkeleffekte der Caravaggio-Schule aus. Doch geht die morbide Poesie Cairos oft eigene Wege.

Ikonographische Erlesenheit zeigt sich zum Beispiel in den Herodias-Darstellungen. (Die Fassung von Boston, die schönste, wurde leider verweigert.) Die Sünderin hat die Zunge des toten Täuferhauptes mit einem kleinen Dolch durchbohrt – die Zunge, die sie angeklagt und verflucht hatte; insofern ist die Hieronymus-Tradition befolgt. Doch nun «blies ihr das Haupt aus Gottes Kraft ins Gesicht, dass sie alsbald ihren Geist aufgab» (dies nach der «Legenda Aurea», wiederum nicht einfach nach Matthäus); deshalb die Hand der Frau über dem abgetrennten Johanneskopf, deshalb ihr Wegsinken in die tödliche Agonie. Diese Hand: halb verletzend, halb liebkosend. Dieser halboffene Mund: ein Todesseufzer, zugleich ein Hauch der Lust. Herodias, strafend bestraft. Dem Maler entgeht nicht die Entfärbung der Epidermis, nicht der Übergang von der Lebenskraft in die Schlaffheit und die Starre der Ohnmacht, nicht die grimassierende Wirkung der Untersicht, in welcher der kippende Kopf sich darbietet. Ferner: in der Magdalena wie in der Lucretia und der Kleopatra mischen sich die Gefühle hoher Not mit den Zaubern der Nacktheit. Selbst manieristische Effekte halten sich gelegentlich in Cairos Regie: etwa Geschmeide auf der Haut neben Blut auf der Haut.

Eindeutiger, auch hemmungsloser, bietet der Maler die Ekstasen der Heiligen dar. Dem berühmten «hl. Franziskus» des Castello Sforzesco in Mailand zerreisst die Verzückung die Züge des Gesichts, die Vision macht ihn zum Opfer. Dabei löst sich auch die Bildhaut in Licht- und Schattenfetzen auf, und die Farbigkeit weicht einer nächtlichen Monochromie. Auch den Christus von Gethsemane, stets mit rauschendem Engel, sieht Cairo entstellt, wie schuldbewusst und schon mit dem Tode ringend.

Exerzitien eines Malers – mit ihnen nimmt Cairo teil an der systematischen Erkundung der Leidenschaften und Affekte, einem grossen Thema seiner Generation (der ja auch Bernini angehört), in vielen Bereichen der Kunst und der Literatur. Man darf annehmen, dass die grauenvollen Tragödien des Federigo della Valle am Hof von Turin dem Maler vertraut waren.

Aus seiner Tätigkeit an diesem Hof fehlt heute ein wichtiger Teil: die Bildnisse. Dürfte das Selbstporträt der Uffizien als Massstab genommen werden und sollte das lebhafte Bildnis eines Literaten (Mailand, Brera) den Standard Cairos anzeigen, so hätte die lombardische Barockmalerei ein As der Porträtistik verloren. Eine respektable Gruppe bilden auch die Allegorien («Malerei und Zeichnung») und die weiblichen Einzelfiguren («Pandora», «hl. Christine»).

1637/38 geht Cairo nach Rom, wo er im Kreis der Barberini, mit Verbindungen zu Cassiano dal Pozzo und Poussin, zu finden ist. Welch ein Umstieg, aus der überhitzten Gegenreformation in den festlichen, schon ein wenig klassizistischen Hochbarock! Bernini und Pietro da Cortona, Guido Reni und Lanfranco geben den Ton an, die Spuren der grossen Flamen, Rubens und van Dyck, auch des Genuesen G. B. Castiglione sind allgegenwärtig.

Tatsächlich verwandelt sich hier die Malerei Cairos rasch und gründlich, für immer, auch nach der Rückkehr nach Mailand und den erneuten Beziehungen mit dem Savoyer Hof (nun mit der Madama Reale, Cristina di Francia). Das Kolorit hellt sich auf und gelangt da und dort zu effektvoller Brillanz. Da die Aufträge für grosse Altarbilder nun dominieren, verändert sich auch die Thematik, im Sinne der Ecclesia triumphans. Eine allgemeine Entspannung ist die Folge.

Es gehört zu den Verdiensten der Vareser Ausstellung, dass sie sich nicht, wie bisher üblich, auf den frühen, frappanten Cairo beschränkt, sondern auch die breite nachrömische Produktion vorstellt, immerhin das Ergebnis von fast dreissig Arbeitsjahren. Das ist nicht ohne Risiko, handelt es sich doch grösstenteils um mächtige Altarblätter, die zum erstenmal von ihren originalen Bestimmungsorten in den Bewährungsstand einer Ausstellung geholt wurden. Einige von ihnen, so der grosse «Hl. Nikolaus von Tolentino» (Nr. 53), stellen sich überhaupt zum erstenmal der kritischen Aufmerksamkeit.

Das Ergebnis ist zwiespältig. Cairo lenkt seine weitere Malerei auf den internationalen Barock der Jahrhundertmitte hin und gelangt dabei zu schönen, brauchbaren Lösungen von respektablem Durchschnitt, jedoch auf Kosten seiner Erfindungskraft und Originalität. Seine Kompositionen – grosse Altarwerke für ein grosses Publikum, mit Visionen, gnadenvollen Auftritten, Wundern und Heiligen – verzichten nun auf die Kontraste und die intellektuellen Pointen der Frühwerke, auch auf deren naturalistische Schärfe. Sie breiten sich vielmehr in feierlich heiteren Rhythmen und in vielfarbiger Helle aus. Der spätere Cairo kennt sich aus: in den Bildprägungen der Bolognesen, in der Vitalität der Flamen (besonders van Dyck), im Farbenzauber der Venezianer, in den Regiekünsten der Genuesen. Und seine Malerintelligenz weiss genau, welche Formel für welche Aufgabe zu wählen ist, sei es für feierliche Sakralität oder für fürstliche Kennerschaft oder für anspruchslose Volksfrömmigkeit. Aber nicht selten gelangt er dabei auf hochbarocke Gemeinplätze.

Von Cairos frühen Spezialitäten halten sich einige auch in der Spätzeit. So begegnen die Selbstmorde der Lucretia und der Kleopatra in weiteren Versionen, nun aber eher theatralisch inszeniert, nach Rezepten, wie sie etwa bei Guido Reni zu finden waren, gepflegt und rhetorisch ausdrucksvoll, ohne Skepsis und «stupore»-Effekte. Es verwundert nicht, dass sie früher der bolognesischen Schule zugeschrieben wurden.

Francesco del Cairo, 1607-1665, Ausstellungskatalog Varese (Musei Civici) 1983, Varese 1983. – *Seit 1983* sind folgende nennenswerte Arbeiten erschienen. – L. Basso, Aggiunte al catalogo di Francesco Cairo, in: Arte Lombarda, 1985, S. 81-87. – M. Bona Castellotti, La pittura lombarda del'600, Milano 1985, S. 660. – M. di Macco, G. Galante Garrone, in: Diana Trionfatrice. Arte di corte nel Piemonte del Seicento, Ausstellungskatalog, Torino 1989. – La pittura in Italia, Il Seicento, Milano 1988, S. 91, 661.

Seiltänzer zwischen Barock und Rokoko

Zu Sebastiano Ricci (1659-1734)

Wie gross ist Sebastiano Ricci? Die Urteile über den venezianischen Spätbarockmaler gehen weit auseinander: Erfinder des europäischen Rokoko und Wegbereiter Tiepolos oder nur ein pfiffiger Virtuose, ein Metastasio der Malerei? Solchen Widersprüchen stellt sich nun, 1989, erstmals sein Œuvre, in einer Auswahl von 73 Gemälden – der Werkkatalog zählt deren 523 –, dargeboten in der Villa Manin, der Sommerresidenz des letzten Dogen in Passariano bei Udine.

Eine Ausstellung des Zeichnungswerks (mit Katalog) und eine internationale Tagung (mit Aktenpublikation) sind schon 1975 vorangegangen, die grosse «Mostra» war für 1976 vorgesehen. Dann kam das Erdbeben im Friaul. Unteressen sind die Ricci-Spezialisten und -Fürsprecher gestorben: Jeffery Daniels und unlängst Rodolfo Pallucchini. Ihre Autorität ist bei den Nachfolgern, Aldo Rizzi und Giuseppe Bergamini, deutlich zu spüren; das gilt auch für die jüngsten Ricci-Monographien von Pilo und Rizzi. «Una mostra annunciata» demnach.

Einer Präsentation des Gesamtwerks steht die Tatsache entgegen, dass Riccis Schaffen in Wand- und Deckenmalereien, also in ortsgebundenen dekorativen Zyklen, kulminiert. Man muss den Organisatoren der Ausstellung zugute halten, dass sie keine Mühe gescheut haben, aus diesen Ensembles wenigstens transportable Einzelstücke oder Entwürfe und «modelli» beizubringen. Gerade sie gehören zu den Glanzstücken der «Mostra», besonders die Deckenpanneaux, die als solche aufgehängt sind, «di sotto in sù».

Ricci, in Belluno geboren, kein Stadtvenezianer also, kommt zwar früh in die Serenissima, jedoch in eine Windstille der Entwicklung, zur Zeit der «tenebrosi», der verspäteten Helldunkelmaler (Loth, Langetti, Zanchi). Eine solide Elementarlehre scheint ihm zu mangeln; entsprechend lange und mühsam ist seine Anlaufzeit. So ist es ein Glücksfall, dass er, nach einer argen Liebesaffäre, 20jährig nach Bologna kommt, wo er, mit Cignani, die Carracci-Tradition aufnimmt. Ein weiteres Glück, dass der Herzog Ranuccio Farnese ihn nach Parma, der Stadt Correggios und Parmigianinos ruft und ihn in der Folge nach Rom schickt, mit einer schönen Pension und einem «patente di famiglia». Nicht venezianisch, sondern bolognesisch, parmensisch und römisch sind demnach seine Fundamente, mit Carracci, Correggio, Pietro da Cortona, auch Baciccio und Luca Giordano als Fixpunkten – daher die barocke Kühnheit, die Vitalität und Warmblütigkeit seiner Malerei.

Mit diesem Rüstzeug versehen, schon «celebre pittore», kehrt er um 1697 via Mailand nach Venedig zurück, und hier entstehen, Zug um Zug, Meisterwerke für Kirchen in Padua und Venedig. Sein steigender Ruhm bestätigt sich darauf in internationalen höfischen Aufträgen: 1702 die grosse Decke in Schönbrunn in Wien, um 1705 der Ruf an den grossherzoglichen Hof in Florenz, mit kapitalen Grosswerken für den Palazzo Pitti und den Palazzo Marucelli, 1712 bis 1716 der Aufenthalt in London, auf Wunsch der englischen Königin, mit Dekorationen für Lord Burlington und den Duke of Portland. Auf der Rückreise kommt es in Paris zu einer denkwürdigen Konstellation von Ereignissen: einem Treffen mit Watteau, der Aufnahme in die Académie (eine seltene Ehre für einen Ausländer) und der Wegbereitung für die venezianischen Kollegen Rosalba Carriera und Pellegrini. In Venedig selber muss sich, schon wesentlich früher, die entscheidende künstlerische Begegnung seines Lebens ereignet haben: mit dem Werk Paolo Veroneses.

Für seine letzten Jahrzehnte, ab 1716, ist die Serenissima dann sein Dauersitz. Nicht irgendwo, sondern in den Alten Prokuratien am Markusplatz lebt er «à la grande». Von hier breitet sich sein Schaffen in unzähligen grossen Altarwerken und mythologischen Serien aus, für eine Kundschaft, der das Haus Savoyen, der kaiserliche Hof in Wien, der Marschall von der Schulenburg, der Konsul Smith und andere Kenner angehören.

Man sieht: Ricci mobilisiert noch einmal die klassischen Aufgaben der Malerei und den gesamten Themenkreis narrativer Art, dazu (wenige) Bildnisse, auch Landschaften, für die er seinen Neffen Marco Ricci beizieht. Und sein Itinerar ist europäisch, mit den besten kirchlichen, höfischen und privaten Adressen.

Ebenso generös sind seine Rückgriffe auf die malerische Tradition, jedoch sehr kalkuliert und präzis. Ihm entsprechen die grossen Farbpoeten, Paolo Veronese vor allen, die Bologneser und die Römer der barocken, antiklassizistischen Richtung. Wie ihnen, steht ihm das «delectare» näher als das «docere», oft in ironischen Anspielungen. Ein genialer Kompilator, ein «virtuoso» von zielsicherer Brillanz, gebietet er über dieses Repertoire wie über ein Kartenspiel, das immer neu gemischt wird, nicht zuletzt nach dem Wunsch (und der Börse) seiner Mäzene. Man weiss, dass er für Louis XIV Raffael kopierte, dass er Paolo Veronese restaurierte und sich an Kontrafakturen «nella maniera» ergötzte, die nichts anderes waren als Fälschungen für den Markt. Das alles sind Taschenspielereien, die einen Überfluss an Geschick und Schlitzohrigkeit voraussetzen – und einen robusten Geschäftssinn.

Riccics lange Entwicklung, über mehr als fünfzig Jahre, verläuft nicht gerade, nicht einmal einspurig und nicht ohne Rückfälle, wie auch die Qualität seiner «pittura» beträchtlichen Schwankungen unterliegt. Aber nach der Jahrhundertwende lassen sich zwei überaus folgenreiche Tendenzen feststellen – Jahrhundertfunde, wie sich zeigen wird. Ricci beginnt die Barockrhetorik zu drosseln: mehr Eleganz statt Pathos, mehr Anmut statt Kraft und Würde. Ihm liegt daran, seine Palette aufzuhellen und die zähe Helldunkeldialektik zu überwinden. Das ist ein Kampf, aber bei Veronese und Giordano war Ermunterung zu finden. Nun lässt sich verfolgen, wie die Deckenhimmel sich auflichten, wie die Schatten verschwinden und die Helle den Farben eine sprühende Kraft gibt. Die Figuren bewegen sich mühelos, und die Farben ordnen sich zu Wirkungen, die zugleich dekorativ sein dürfen. Ein Zug ins Spektakuläre, Theatralische fehlt selten, oft auf Kosten der moralischen Verbindlichkeit. Kurz: der Barock wandelt sich zum «barocchetto» – das ist unübersetzbar, und es ist auch nicht dasselbe wie Rokoko. Von Riccis Ariadne, Bathseba und Venus führt gewiss eine gerade Spur auf Boucher zu; aber das Raffinement und die Abkühlung, die Frivolität und die Naturferne des Rokoko sind dem Italiener fremd, wie überhaupt das Rokoko in Italien nie recht Fuss gefasst hat (hierzu, mit verschiedenen Ergebnissen, Rodolfo Pallucchini 1975 und Thomas Wessel 1984).

Das bestätigt sich auf der zweiten Bahn von Riccis Erfolg. In der herrlichen Madonna von S. Giorgio Maggiore (1708), einem wahren Programmbild für das Settecento Venedigs, nimmt er Paolo Veroneses lebhafte asymmetrische Zickzackregie und die Reinheit der Farben (in dessen Pala von S. Zaccaria) auf, verfeinert und pointiert sie auf seine Weise und hält sie unmittelbar für Tiepolo bereit – ein Dreischritt von seltener Präzision über zwei Jahrhunderte hinweg. Auch in anderen Bildern dieser Zeit, so im Palazzo Pitti in Florenz, scheint Tiepolo «ante portas» zu stehen. Ricci, der grosse Mittler, macht Paolo Veronese Settecento-fähig. Eine besonders direkte Transfusion vom Manierismus ins Settecento.

Aber eine erneute Wendung zeichnet sich im Spätwerk ab. Die Brillanz weicht einer meditierten Innigkeit; das Kolorit versilbert sich; das Pinselwerk erlangt eine eigenartige Frische und Offenheit, wohl nicht ohne Anregung Magnascos. Hier eröffnen sich Möglichkeiten, die bis zu Guardi reichen. In der Tat, das gibt selbst der scharfe Ricci-Kritiker Michael Levey zu: fast alles im Settecento hat seinen Ursprung in Sebastiano. Über seine enorme (europäische) Nachwirkung, auf Grund des Paradigmenwechsels von Raffael zu Veronese, wäre weiter nachzudenken.

Diesen beweglichen Maler dächte man sich gerne als einen «galantuomo». Der Neffe Marco Ricci karikierte ihn mehrmals: als einen jovialen Dickwanst, einen Bonvivant, einen Schwerenöter. Die Biographen verschweigen nie seine Liebesabenteuer, samt Vergiftung und Todesurteil, und notorisch ist seine Verschwendungssucht (denn er liess sich hoch bezahlen). Noch mit siebzig beichtet er dem Conte Tassis: «Ich bekenne meine Sünde. Ich bin scharf auf Bergamasker Käse.»

Sebastiano Ricci. Ausstellungskatalog Passariano, Villa Manin (Udine), Milano 1989. – Vgl. die Ausstellungskritiken in: Burlington Magazine, 1989, S. 736 (J. Colton). – Francesco Maria Ricci, 1989, H. 75, S. 67 (V. Sgarbi). – Kunstchronik, 1990, S. 496 (P. O. Krückmann).

Aufbruch im Hinterhof der Malerei

Zu Giuseppe Maria Crespi (1665-1747)

Die Genremalerei hatte es in Italien nicht leicht, ihren Platz zu finden. Auf der Skala der Gattungshierarchie rangierte sie in der unteren Hälfte: zwar Darstellung menschlicher Figuren, aber ohne literarische und historische Basis, nicht mit exemplarischen Handlungen, vielmehr Banalitäten des anonymen alltäglichen Daseins. Dieser neuentdeckten niedrigen Zone der Menschlichkeit traten die Klassizisten Italiens samt ihren mächtigen Akademien mit Verachtung entgegen. Gerade in Bologna, der Hochburg des akademischen Trainings, hatte sie das Stigma der Vulgarität zu ertragen, als krude, ungereinigte Darstellung der Natur. Noch im 17. Jahrhundert überliess man sie den Flamen in Rom, den sogenannten «Bamboccianti», die «wie Zwerge am Fuss eines Giganten pissen». Und doch hatten ein paar Grosse die Gattung im späten 16. Jahrhundert auch in Italien salonfähig zu machen begonnen, so Bassano mit seinen Bauernbildern, dann sogar Annibale Carraccci und Caravaggio, während in den Niederlanden längst ein breiter Erfolg eingesetzt hatte.

Selbst im Italien des 18. Jahrhunderts wird man kaum mehr als vier Spezialisten von Rang ausfindig machen: die Venezianer Giovanni Battista Piazzetta und Pietro Longhi, den Brescianer Giacomo Ceruti und den Bolognesen Giuseppe Maria Crespi. Unter ihnen ist Crespi der älteste, eine Generation vor den übrigen geboren, tätig von etwa 1690 bis zu seinem Tode 1747. Sein Ruf war derart, dass er sogar junge Venezianer anzog; sowohl Piazzetta wie auch Longhi weilten einige Jahre in seiner Nähe in Bologna. Alle vier sind erst kürzlich zu der Ehre einer eigenen «Mostra» gekommen: Piazzetta 1983 in Venedig, Ceruti 1987 in Brescia, Crespi 1990/91 in Bologna und Stuttgart, Longhi mehrmals in Settecento-Auswahlen. Entsprechend ist die Forschung über sie zur Zeit auf dem neuesten Stand.

Es gibt zu denken, dass ihre Genrebilder, oft mit dem Bodensatz der Gesellschaft (Ceruti und Crespi), nicht für den offenen Markt, sondern für hochrangige Kenner geschaffen wurden. *Crespis* Hauptpatron war kein geringerer als der Grossherzog Ferdinand von Medici in Florenz, damals der informierteste und brillanteste Sammler Italiens, extravagant und «modern», ganz auf der antirömischen, pro-venezianischen Linie. Den Fürsten verband alsbald eine Freundschaft mit dem Maler; er führte ihn in die Medici-Sammlung ein (in der auch Holländer und «Bamboccianti» zu sehen waren); er liess ihn mit seiner Familie in der Villa von Pratolino wohnen; die beiden wechselten Briefe. In der Tat sind damals ein paar Hauptwerke Crespis an die hohe Adresse entstanden, darunter mehrere Genrebilder wie «Der Jahrmarkt in Poggio a Cajano» und das entwaffnende Selbstporträt mit der Familie, auch zwei eigenwillige Stilleben. Es ist Ferdinand, der seinen Maler von der konventionellen Seicento-Historienkunst wegbrachte und ihn eine freie «pittura» mit freien Themen wagen liess. Man begreift, dass sich Crespi nach dem Tode seines Gönners ganz in sein bolognesisches Atelier zurückzog. Um so weniger scheint Zanotti, einer der Biographen Crespis, das Einvernehmen erkannt zu haben, wenn er berichtet, Ferdinand habe die Genrebilder einfach komisch und vergnüglich gefunden, blosse Anlässe zum Lachen. Das entspricht einem Topos der (klassizistischen) Kunsttheorie. Den Fürsten muss aber, gemäss seiner Bilderwahl, auch Crespis Melancholie und sein Mitgefühl für die Benachteiligten beeindruckt haben.

Zu Crespis Auftraggebern gehörten, schon vor 1700, auch Wiener Fürstlichkeiten, so der Prinz von Liechtenstein (dem er erstaunliche Bedingungen zu stellen wagte) und Prinz Eugen (in dessen Diensten er während fünf Jahren stand). Doch nicht Genrebilder, sondern vornehmlich dekorative Werke waren hier gefragt.

Auch *Cerutis* Genrefiguren – Bettler, Vagabunden, Pilger, Krüppel, Zwerge, Armeleute des Hinterhofs, Lumpenkinder, eine Galerie des Existenzminimums, ohne den geringsten Glanz von Arkadien – sind nicht für ein öffentliches Publikum gemalt. Die Mehrzahl dieser Darstellungen ging an die Aristokratie von Brescia, die Familien der Avogadro, Lechi, Barbisoni, wo sie verblieben sind, weshalb Ceruti in den grossen Galerien der Welt kaum vertreten ist. Im Frühlicht der Aufklärung wurden sie dort – wenn die Indizien stimmen – bereits als Memento der sozialen Verantwortung und als Dokumente der «condition humaine» gehalten, zugleich als Spitzenwerke einer völlig unabhängigen «pittura diretta».

In Venedig, das ist bezeichnend, kam Ceruti nicht an (oder nur mit seinem spätesten, harmloseren Œuvre). Allein beim Marschall von Schulenburg, dem grossen Connaisseur, war er zu sehen, doch selbst hier galt der venezianische Genre-Kollege *Piazzetta* als Favorit. Dessen geheimnisvolle, undeutlich amouröse Pastoralen und suggestiven «teste di carattere» passten besser in die Salons der Serenissima. Dass *Pietro Longhis* zahlreiche kleinfigurige Darstellungen der venezianischen Gesellschaft – gewiss keine «grosse» Malerei – als ein sozialer Spiegel den venezianischen Sammlern entgegenkamen, war vom Maler genau kalkuliert.

Crespis Genrebilder sind in seinem Gesamtwerk nur eine Minderheit, aber sie zählt doppelt, da sie sich der Schematik der spätbarocken Altarbilderproduktion entzieht. Zunächst fällt ihre Thematik auf – durch ihre Unauffälligkeit. Ein Küchenmädchen an der Arbeit am Trog, von hinten gesehen, still und «ewig», fast wie ein Vermeer. Ein Hinterhof: rechts einer, der eben ein menschliches Geschäft verrichtet, links eine Wäscherin, die ihn bemerkt und schimpfend mit einem Stein bewirft. Eine junge Frau auf ihrem Armeleutebett, nach einem Floh suchend, der sich in ihrem Busen verkrochen hat, ein hygienisches Impromptu, ein wenig komisch, aber kaum eine mittlere Frivolität. «Cose vulgari, bassi mestieri», spottet Zanotti. Aber der Maler beobachtet seine Wäscherinnen, Verkäuferinnen und Handwerker mit grossem Respekt und einer natürlichen Sympathie. Die Satire liegt ihm fern, ebenso die «nostalgie de boue», nicht aber die Burleske, nicht Scherzo und Kurzweil. Die Szenen sind alle durch sein Mitgefühl und seinen phantasievoll zärtlichen Pinsel nobilitiert.

Diese Themen – Unthemen im Urteil der Kunstrichter – fordern die exakte Beobachtung heraus, die Respektierung der Einmaligkeiten, den Verzicht auf die barocken Formeln. Die Gewänder der Ärmsten sind abgetragen, ohne eigentlichen Schnitt. Und das Bauwerk der Mauern ist im Verfall; Zufallsarchitektur in wunderlichen, unvordenklichen Formen und Farben. Gerade da aber schwelgt die «pittura» in einem Duett von hellgrauen und hellroten Tonstufen – der Hinterhof als Festplatz einer emanzipierten Malerei, die Graurotskala als das Gold der Genremalerei. Das «patchwork» der Unförmigkeit hat keinen Kanon, wohl aber eine eigene Poesie – die Poesie der Hinfälligkeit.

In der Tat wusste sich Crespi einig mit Philosophen, Wissenschaftern und Schriftstellern seiner Generation, in einer Phalanx gegen die Rhetorik und den Regelzwang der herrschenden Akademie. Die grossen modernen Ideen von 1760 waren schon achtzig Jahre vorher bereit. Bologna kannte im Hintergrund auch eine Akademie der «Inquieti». Crespis Genremalerei ist nicht zuletzt ein Stück früher Aufklärung, durchaus mit sozialen Akzenten. In einem Pendant von Ovalbildern ist das erotische Verhalten der hohen und der niederen Klasse polarisiert: einerseits der Galan, der das Mädchen mit seinem Angriff in Schrecken versetzt, andererseits das ländliche Paar in schönster Natürlichkeit und Unschuld. Der Hinterhof, das ist zugleich der Ort, wo sich die reinste Menschlichkeit zu bewähren hat: Mutterliebe, Erbarmen, Tapferkeit, alles im Halbdunkel, ganz ohne Pathos. Crespi weiss, dass es vor allem Frauen sind, die mit ihrer Liebe trotz allem standhalten. Er ist ein Frauenlob in der Düsternis, mit den rührendsten Müttern, Madonnen Grau in Grau.

Den glücklichsten Griff tut der Genrekünstler indessen mit den «Sieben Sakramenten», einer Serie, die um 1712 für den Kardinal Ottoboni geschaffen wurde (seit 1747 in Dresden). Auch dieses Thema, obgleich ein kirchliches, hat wenig Vorgeschichte in der Malerei (Poussin ist der prominenteste Vorgänger, mit fundamental anderer Auffassung). Gewiss hätte Crespi beim «Matrimonio» an die zahlreichen Darstellungen der «Vermählung von Maria und Joseph» denken können; oder bei der «Comunione» hätte ihm die berühmte «Kommunion des hl. Hieronymus» von Domenichino einfallen können; oder bei der «Estrema Unzione» der «Marientod». Aber gerade da demonstriert er seinen neuen, direkten Zugang zum Thema. Die liturgischen Zeremonien erscheinen als Alltagsereignisse: Frömmigkeit «von unten», im Erlebnis und in der selbstvergessenen Hingabe einzelner Gläubiger, ganz ohne Heilige, ohne Engel und ohne Schaugepränge. Man sieht die Kirche dienend, in der Verneigung vor den Dürstenden. In aller Stille und mit allem Takt, dennoch ganz aus der Nähe, gewährt der Maler Einblicke in religiöse Intimitäten. Demut ist angezeigt, hienieden, das ist eine Grunderfahrung Crespis – und dahinter ein wenig Demokritisches Lachen, etwa im «Matrimonio», wo ein junges Ding einem Betagten angetraut wird, in einer offenkundigen Mésalliance. (Dass aber der ganze Zyklus als Satire angelegt sei, wie die Klassizisten meinten, ist durch die Bilder selber widerlegt.) Das malerische Element dieser Einsicht ist Crespis Helldunkel, die tiefe Dämmerung des Kirchenraums, das die Figuren aufschimmern und verlöschen lässt. Zanotti berichtet – ein seltener Fall – wie der Maler zu seinem Motiv kam: nicht durch Auftrag oder ikonographisches Rezept, sondern frappiert von einem besonderen Sonnenstrahl, der in S. Benedetto auf eine Beichtszene fiel, «il più bello chiaroscuro del mondo». Der Fund eines geistreichen Malerauges.

Crespi war ein gläubiger und frommer Mann, deshalb auch ein fügsamer Kirchenmaler. Dennoch gerieten ihm zahlreiche Sakralthemen in den Sog der Genre-Optik. Aus der «Anbetung der Hirten» ergibt sich ein Stallidyll; die heilige Familie auf der Flucht muss sich mit Strassengesindel und Räubern herumschlagen. Sogar der «Bethlehemitische Kindermord» verwandelt sich von einem dramatischen Schauerstück in ein Gewimmel von zuckenden Gliedern, ohne Höhepunkte und fassliche Gruppen, ein Notturno – welch ein Gegensatz zu Guido Reni, zu Poussin und Testa! –, von weitem ein wenig dem gleichzeitig entstandenen «Jahrmarkt in Poggio a Cajano» ähnlich.

Auch die Mythologie Crespis widerstrebt nicht immer der Transposition ins Genre, auf fröhlichste Weise in den Deckenbildern des Palazzo Pepoli Campogrande, einem Jugendwerk von etwa 1700. Der Olymp in der Mitte ist da eher blass und konventionell; um so mehr Verve und «disinvoltura» entwickelt die Randzone: zwar Allegorien der Jahreszeiten, in Wirklichkeit junge Bäuerinnen, lachend, prall von Vitalität, wie auch die herumtollenden Kinder – ein Divertimento, als wäre man in einer ländlichen Villa. Das alles ist keck von unten her gesehen, «di sotto in sù»; «entstellt», wie die Klassizisten meinten; aber diese Sicht ist eine Würze mehr; «bizzarro», nicht «aulico». Crespis Kühnheit ist an der Distanz zum anliegenden barocken Deckenfresko von Canuti (1669) direkt zu ermessen. Immerhin, unter den frühen Mythologica (kurz vor 1700) gibt es eine Gruppe hochdramatischer Kompositionen, mit lebensgrossen Figuren, die ganz vorne ins Bildgeviert eingespannt sind, heroisiert mit Gold- und Silbertönen vor dunklem Grund, ein wenig in der Art des späten Tizian.

Es verwundert nicht, dass der Genremaler, wenn er porträtierte, sich kaum auf die Forderungen der Individualisierung einliess. Die Porträtköpfe bleiben vag, die Augen im Schatten. Der grosse sitzende Edelmann (Bologna) ist mehr «ein Jäger» als eine bestimmte Persönlichkeit. Und die Familie Troni gibt sich glücklich rings um die Mutterfigur, mit Gesten der Herzlichkeit, nicht anders als jede glückliche Familie. Nicht einmal aus den Selbstbildnissen – mindestens sechs an der Zahl – ist Genaueres zu erfahren. Was man über Crespi als Privatmann weiss, stammt aus den zwei Biographien von Zanotti und Luigi Crespi, dem älteren Sohn des Malers, nicht aus den Selbstdarstellungen.

Hingegen prägen sich mindestens zwei Stilleben ein: die Wunderblume Aloe, ein strenges achsiales «Denkmal», wohl eine Allegorie auf den Freund Benacci (die Pflanze blühte unvermutet nach 40 Jahren und starb dann gleich ab); und die Schrankflügel mit musikhistorischen Folianten (des Civico Museo Bibliografico Musicale), ein Trompe-l'oeil von raffinierter Bildhaftigkeit. Mehr als sonst wagt Crespi im Stilleben eine rein malerische Anlage, mit Farben und Rhythmen, die sich, ohne auf die Gegenständlichkeit zu pochen, verschränken und gegenseitig vexieren.

Unter Crespis Zeitgenossen gibt es viele «tenebrosi», Helldunkelmaler, alle immer noch (oder wieder) unter dem Eindruck Caravaggios und seiner Nachfolge. Crespi selber macht aus dem barocken Regiemittel eine Poesie der Dämpfung. Sein Chiaroscuro ist weicher, ist überall verbreitet, auch als Lichtart des Tages, auch in der offenen Landschaft; nicht eine Scheinwerfertechnik, vielmehr für seine Genremalerei ein Medium des Existenzminimums, des Daseins in der Dämmerung und in der Anonymität. Und in der «grossen» Thematik, besonders den Altarbildern, erweist es sich als eine Kondition der Gnade und der Barmherzigkeit. Crespis Welt ist eine Welt nach Sonnenuntergang. Über das Helldunkel verfügt der Maler mit einer einzigartigen Kunst der Milderung, der Verhüllung und der kleinen, wunderbaren Lichtpointen. Sein Interesse an den Effekten des Lichts – so Zanotti – sei oft grösser als das am nominellen Thema. Die Überraschungen und die Wunder des Lichts verwandeln sich ihm selber zum Thema.

In diesem Helldunkel büsst die Farbe Zug um Zug ihre Eigenkraft ein. Crespi neigt zur Monochromie, doch herrscht er über ein Grau in allen Farben, zwischen Schwarz und vielfarbigem Glanz. Es ist, als arbeite er mit dem Schmelz offener Pasten, mit lebendig feuchten Nuancen, die ein wenig Silber oder ein wenig Gold enthalten. Daraus ergibt sich die sonderbare Kostbarkeit seiner «pittura» – seiner Tonigkeit, die zwischen Velazquez und Manet ihren eigenen Platz hat. Crespis Genialität – Wittkower nennt ihn «das einzige wirkliche Genie der späten Bologneser Schule» – reicht bis in den einzelnen Pinselstrich, ja dort lebt sie sich besonders aus: kein Fleck (etwa in den «Sakramenten»), der nicht erfühlt und phantasievoll wäre, abseits aller Routine und aller Formeln und Rezepte.

Die Ausstellungen in Bologna und Stuttgart haben das Verdienst, neben dem grossen Genrekünstler auch den Produzenten von Altarwerken und Mythologica vorzustellen – und diese machen zwei Drittel des Bestandes aus! Nur: auf diesem weiten Feld ist Crespi genau so stark wie seine Helldunkelkunst und genau so schwach, wie es sich aus dem Konformismus seiner Generation ergibt. Man hat dem Auftrag Genüge zu tun, oft in Riesenformaten, die nicht Crespis Sache sind; man hat den Erwartungen (den traditionalistischen) der Prälaten zu entsprechen. Gerade dies fiel dem Altarmaler Crespi lange Zeit nicht schwer: er blickte immer wieder auf die grossen Barockmeister Bolognas zurück, auf die Carracci und auf Guercino besonders (die er kopierte). Zeitlebens folgte er ihren gegenreformatorischen Strategien, in mehreren Staffeln von «revivals», so noch in einem späten Zyklus für die Benediktiner von S. Paolo d'Argon (Bergamo), mit heroischen neobarocken Martyrien, Ekstasen und Mirakeln. Von Rom hielt er freilich nichts; er begab sich auch nie dorthin.

Immerhin lohnt es sich, Crespis Weg von diesem Barock zum «barocchetto» des Settecento zu verfolgen: wie er die Emphasen und die melodramatischen Effekte zurücknimmt, wie er feinere Töne und leichtfüssige Bewegungen einführt, neben populistischen Motiven und – immer wieder – hinreissenden einzelnen Einfällen; wie sein Helldunkel eine Sphäre der mystischen Geheimnisse schafft. Und in den mythologischen Themen: wie die Inszenierung in der Art der Oper einer solchen in der Art des Singspiels und des Balletts weicht, wie sich Arkadien als Chance zur Natürlichkeit auswirkt, gemäss einem Motto Antonio Muratoris: im Gleichgewicht zwischen «verosimile» und «meraviglioso».

Giuseppe Maria Crespi, 1665-1747, Ausstellungskatalog Bologna (Pinacoteca Nazionale und Palazzo Pepoli Campogrande) 1990, Bologna 1990. Anschliessend in Stuttgart (Staatsgalerie) und Moskau (Puschkin-Museum). – Vorangegangen war eine Crespi-Ausstellung in Fort Worth USA: Giuseppe Maria Crespi and the Emergence of Genre Painting in Italy, Ausstellungskatalog Fort Worth (Kimbell Art Museum) 1986, Florence 1986. – Vgl. die Ausstellungsrezension im Burlington Magazine, 1990, S. 897 (H. Brigstocke). – I Bamboccianti. Niederländische Malerrebellen im Rom des Barock. Ausstellungskatalog Köln (Wallraf-Richartz-Museum) 1991.

Lumpenmaler, Menschenmaler

Zur Ausstellung «Giacomo Ceruti, il Pitocchetto» in Brescia, 1987

Mit dem Spitznamen «il pitocchetto» versehen (gemeint ist der Bettlermaler), als Sonderling und Spezialist realistischer Bildnisse und Genrebilder geschätzt, ist Giacomo Ceruti (1698 bis 1767) endlich, zum erstenmal, in einer Gesamtschau von fast hundert Gemälden zu beurteilen. Das Ergebnis ist auf merkwürdige Weise dreiteilig: ein provinzieller Kirchenmaler, ein respektabler Porträtist in lombardisch-venezianischen Perspektiven – und ein Genremaler von Weltrang.

Einer Entdeckung bedarf er allerdings nicht. Wer nur ein einziges Mal die «Wäscherin» oder die «Zwei Bettler» der Pinacoteca von Brescia oder das «Mädchen mit Fächer» in der Accademia Carrara in Bergamo gesehen hat, wird, frappiert, den Maler zu den Grossen seines Zeitalters zählen. Den Zugang hat Roberto Longhi 1953 in der Ausstellung «I pittori della realtà in Lombardia» in Mailand (mit 46 Nummern von Ceruti) eröffnet; hierauf war dem kaum Bekannten an der Pariser Gesamtschau der italienischen Settecentomalerei 1960 ein ganzer Saal gewidmet. Dennoch gab es monographische Ausstellungen – mit je etwa 30 Bildern – seither nur in Mailand 1967 und in Turin 1968, beide von Giovanni Testori betreut. Das Kimbell Art Museum in Fort Worth USA zeigte ihn 1986 innerhalb der zeitgenössischen Genremalerei. Die Pionierleistung der Erschliessung liegt erst seit 1982 vor: Mina Gregoris grosse Monographie «Giacomo Ceruti». Von ihr geht denn auch die gegenwärtige, von derselben Spezialistin geleitete «Mostra» in Brescia aus.

Zürich, übrigens, hat schon früh mit Ceruti Bekanntschaft geschlossen: 1948/49 in der Ausstellung «Kunstschätze der Lombardei», mit einer hervorragenden Fünferkollektion, 1956 in «Unbekannte Schönheit» und 1965 in «La natura morta italiana», alle drei im Kunsthaus Zürich.

Die «Mostra» von Brescia ist in seltenem Ausmass begründet. Unter den 94 ausgestellten Gemälden sind nicht weniger als 42 Erstdarbietungen zu verzeichnen; die meisten anderen waren vorher nur zwei- oder dreimal zu sehen. Der Hauptgrund für die ungewöhnliche Verborgenheit liegt darin, dass sich Cerutis Œuvre noch heute weitgehend in Privatbesitz befindet, besonders innerhalb der Lombardei. Das gilt nicht nur für die Bildnisse aus den betreffenden Familien, sondern auch für die Genrebilder und die Stilleben. Dieselbe Verschwiegenheit herrscht in der Quellenliteratur: kein Biograph, kein Kritiker seiner Epoche erwähnt sein Werk, nicht einmal Luigi Lanzi (1789), der doch so aufmerksam ist gegenüber der «pittura inferiore». Im Klassizismus war er rasch vergessen.

Zwischen der Bedeutung Cerutis und seiner öffentlichen Präsenz besteht ein Widerspruch, wie er kaum seinesgleichen hat. Von den grossen Galerien der Welt – die sich rühmen, gültige Übersichten zu bieten – kann keine einzige von Ceruti eine Vorstellung geben; nur die Brera in Mailand besitzt Vertretungen aus drei Gattungen. Aber: im Louvre nichts, in St. Petersburg nichts, in Washington nichts, in Florenz nichts; in Deutschland ein Stilleben (Kassel); vereinzelte Porträts in New York, London, Wien; vier Spätwerke in Turin. Die Altarbilder – es sind wenige, problematische – verstecken sich im Hinterland von Bergamo und Brescia. (In der Schweiz? Ein atypisches spätes Familienbild in Basel und – wen wundert's – ein Hauptwerk und zwei Bildnisse in der Sammlung Thyssen.) Um so mehr leistet die Veranstaltung von Brescia nun eine «mise en valeur» von grosser Dringlichkeit.

Von den insgesamt von Gregori verzeichneten 259 Nummern (jeglicher Qualität) sind 94 ausgewählte zugegen, darunter fast 20 grossformatige «pitocchi», eine vorzüglich bestückte, typologisch fast vollständige Porträtgalerie, vier repräsentative Stilleben und eine Auswahl von vier Kirchenbildern. Sie sind in dem suggestiven Komplex des ehemaligen Klosters von S. Giulia und S. Salvatore, hinter dem Kapitol, angenehm dargeboten.

Erst in den letzten Jahren hat man dank intensiven Quellenstudiums dem Maler eine Biographie zurückgewonnen. Bisher waren weder Geburts- noch Todesjahr und -ort bekannt; er galt als Brescianer auf der direkten Linie der «pittori della realtà» von Moretto, Romanino, Moroni bis Caravaggio, Baschenis und Ghislandi. Nun ergibt sich, dass Ceruti 1698 in Mailand geboren und ebendort 1767 gestorben ist. Aber schon früh, spätestens 1721, lebte er in Brescia, bis 1736, Jahre der glücklichsten Produktion, mit Kontakten zu zahlreichen Patrizierfamilien und zu kirchlichen, besonders benediktinischen Kreisen. Auf dem letzten Porträt nennt sich Ceruti ausdrücklich «Brixsensis».

Es war offenbar der venezianische Podestà von Brescia, Andrea Memmo – Auftraggeber eines leider zerstörten Zyklus von Repräsentationsbildnissen im Broletto –, der den Maler 1736 nach Venedig wies. Dort fand dieser im Marschall Matthias von Schulenburg, Befehlshaber der venezianischen Streitkräfte, leidenschaftlicher Sammler und Auftraggeber, einen Patron ersten Ranges. Die Begegnung mit ihm war in Cerutis Karriere ein Drehpunkt. Seine Wendigkeit kommt erst hierauf zum Zug; die grossen

Venezianer, einschliesslich Pittoni und Tiepolo, blieben ihm nicht fremd. Es entstanden zahlreiche Patrizierbildnisse, weitere Genrebilder, Jagdstücke und Stilleben. Auch für Padua, Tortona und Piacenza war Ceruti tätig.

Die mailändischen Voraussetzungen seines Frühwerks sind allerdings bis heute nicht recht deutlich geworden. Auch zu dem wohlinformierten Kollegen Cifrondi, der 1730 in Brescia starb, sind engere Beziehungen nicht ersichtlich. Ceruti scheint eine korrekte akademische Ausbildung ermangelt oder verachtet zu haben – ein Aussenseiter und «selfmade»-Maler. Gerade aus seinen Hauptwerken ist abzulesen, was ihm abgeht – und was er womöglich gemieden hat.

Er kann in der Tat nicht komponieren, es fehlt ihm an Erfindungskraft, an rhetorisch artikulierter «storia», an Idealisierungsvermögen. Er verfügt nicht über sichere Grundlagen in Anatomie, in Proportions- und Bewegungslehre, in Faltenwurf und Perspektive, kurz in allem, was weiter südlich «disegno» heisst. Er zeichnet nicht (nur ganz wenige Blätter können ihm zugewiesen werden, ähnlich wie bei Moroni), er legt keine Entwürfe vor, seine Bilder sind auf der Leinwand selber entwickelt. Der gesamte literarische, linguistische, «aulische» Spätbarock ist ihm fremd. Die genaue Antithese zum internationalen höfischen Rokoko.

Und trotzdem ein grosser Maler? Gewiss, durch die Unverführbarkeit und die Präzision seiner Beobachtung, durch die Kraft seines Mitgefühls, durch die entsprechende «pittura diretta», d. h. eine Notationsart, die von Eindruck zu Eindruck vorgeht, von Figur zu Figur, sehr rasch, ohne viel Vorzeichnung und Überblick und ganz ohne Schema.

Mitten im Zeitalter höfischer Eleganz steigt Ceruti in die Unterwelt der Ärmsten und Elendesten hinab, wo es nur noch das Licht der Anteilnahme gibt. Bettler, Vagabunden, Zwerge, Verwachsene, Idioten, Arbeiter bei ihrem niedrigen Tun, Strassenkinder, Pilger: das sind seine Helden. Lumpenproletariat, der Bodensatz der Gesellschaft. Eine Galerie der Ärmsten der Armen, auf dem Untergrund der nackten Existenz.

Ceruti lässt seine Figuren einzeln oder zu zweit auftreten, unverbunden, je in Lebensgrösse, ganz nah, oft in direktem Kontakt mit dem Betrachter. Das ergibt Monumente; «gefährlicherweise», meint Longhi, denn es ist der Massstab von Altarbildern und Mythologien, nicht von herkömmlichem Genre. Abstieg des Interesses – Aufstieg und Nobilitierung der Gattung.

Auch dominieren die Gestalten gänzlich über ihre Umgebung. Dunkles Gemäuer hinterfängt sie oder eine vage Gassenarchitektur, distanziert, lose hingemalt, von ungewisser Realität (mehr als einmal von Stichen Callots abgeleitet), selten mit einem Stück Himmel. Man sieht: kein «Milieu» umgibt und bedingt sie (im Gegensatz zum niederländischen Genre und den «Bamboccianti»), kein Raumkasten gibt ihnen Halt. Jeder hat sich als Persönlichkeit zu behaupten.

Um so mehr wirkt sich das stille, dosierte Licht aus, das auf sie fällt, fast frontal – kein Scheinwerfer à la Caravaggio, kein Pathos des Erschreckens und Enthüllens, weder Tages- noch Kellerlicht, vielmehr das Licht der Sympathie und der Milde; eine inständige halbe Helle, um zu zeigen, was ist, in den Tiefen der Düsternis.

Vielfigurig, aber nicht zur Unterhaltung, sind nur die zwei Bilder von Näh- und Klöppelstuben, mit Mädchen und jungen Frauen; auch sie wirken zusammengestellt, raum- und kunstlos. Den spätesten Jahren Cerutis gehören andere, venezianische Vielfigurenstücke an. In den Bannkreis der internationalen arkadischen Pastorale geraten, sind sie eher dekorativ und anmutig, von ihren Motiven stammen viele aus Stichen nach Holländern und Flamen.

In den Brescianer Genrebildern lässt Ceruti seine Modelle ganz einfach dastehen und dasitzen. In diesem Dastehen ist jegliche Repräsentation, jeglicher Fassadenstolz abwesend, und das Sitzen, auf ungefügen Steinblöcken, hat nichts vom Pathos des Thronens. Innerhalb so naher und intensiver Wirklichkeit können akademische Formeln gar nicht aufkommen. «Osservare», nicht «inventare» ist Cerutis Devise.

Einer der sitzenden Bettler hat das (ungewaschene) Gesicht eines Königs. Der Zwerg von Brescia trägt das Haupt eines Philosophen. Es gibt Handwerkerköpfe, die, gegerbt und gekerbt vom Leben, der Würde von Notabeln in nichts nachstehen. Sorgenvoll, aber nicht kraft- und mutlos, bezeugen sie eine unerschütterliche Tapferkeit. Keiner, der nicht zu seinem Schicksal stünde. Es sind Denkmäler stoischer Unanfechtbarkeit unter dem Existenzminimum, Monumente des Gleichmuts und der Demut, nicht ohne eigene Feierlichkeit. Pittoreske Züge fehlen ebenso wie anekdotische, komische oder moralisierend belehrende. Vom Divertimento sind sie ebenso entfernt wie von der Absicht, Ärgernis zu erregen. Sie haben ihren Platz in der Sozial- und der Philosophiegeschichte des 18. Jahrhunderts, in der spätbarocken, voraufklärerischen Weltordnung, in der es, «natürlicherweise», ein Oben und ein Unten gibt.

Cerutis Identifikation mit den Benachteiligten ist nicht komplizenhaft, vielmehr offen, als ein Bekenntnis. Ihm entspricht, dass die Dargestellten ihrerseits ihrer Lage durchaus bewusst sind, in stoischer Würde. Da hat die Satire keinen Platz, da vergeht das Lachen, es gibt keine offenen Münder mit bleckenden Zähnen (wie es bei den Flamen zu sehen ist, verpönt in der akademischen Malerei), die karnevalesken Züge des Komödien-Genre sind abwesend.

Darf und soll man sich diese Bilder in den Settecento-Salons von Brescia und Venedig vorstellen, mitten in dem eleganten Spiel der Boiserien, Tapeten und Spiegel, mitten in der mythologischen Ikonologie der Privatsammlungen? Als Kuriositäten? Als Beschwichtigungen, als Ermunterungen zur Fürsorge? Als unerkannte Sprengsätze? Die Frage nach der Funktion und der Auftraggeberschaft ist merkwürdigerweise erst kürzlich – und nicht von Soziokunsthistorikern – gestellt worden.

Antworten, vorläufige, haben sich aus Privatarchiven in Brescia, zumal aus alten Inventaren, ergeben. Demnach hat Ceruti um 1727/33 ganze Serien von Genrebildern für die Familien Avogadro und Barbisoni, ihre Stadtpaläste und ihre Villen, gemalt, Bilder ungleichen Formats, die besonders für «soprafinestre» und «sopraporte» verwendet wurden. Patriziat und Klerus waren sich des sozialen Gefälles bewusst – nicht zuletzt durch solche Abbildungen, die durch ihre Demonstration der Wirklichkeit eine moralisch-philosophische Rolle innehatten – und suchten ihm zu begegnen, nicht bloss durch Mitleid und gute Werke, sondern, modernerweise, durch Erfüllung von Rechten der Armen. Es scheint, dass in den «pitocchi»-Bildern auch eine Art von Travestie, von «commedia umana» stattfindet, indem die Nobilität sich selber in Lumpen dargestellt denkt, als Memento, als Verpflichtung, auch als Dank («ringraziate Dio che non siete pitocchi»). In der Fürsorge, in der Literatur und der Ethik hatte sich längst eine Art «cultura della povertà», ein «pauperismo» mit intensiver charitativer Tätigkeit entwickelt. Ob Ceruti Kontakt mit jansenistischen Kreisen hatte, ist bisher nicht erwiesen. Seine persönliche Solidarität bestätigt sich noch in seinem Testament von 1762: er wolle selber begraben werden «da povero (sento veramente tale)». Sein eigenes Leben hatte sich, mit den zahlreichen Todesfällen in der Familie, mit schwierigen Bindungen und Karrierekrisen, sehr oft in der Düsternis bewegt.

Auch in der Malerei selber ist Cerutis Thematik nicht isoliert. Besonders durch die niederländische Kolonie in Rom, die sogenannten «Bamboccianti», wurde sie in Italien heimisch. Ceruti hat sich immer auch an Callots «I mendicanti» von 1622 und Bloemaerts «Scene pastorali» wie auch an andere nordische Graphik gehalten. Und in der Literatur, besonders in der spanisch-lombardischen und der pikaresken, waren Figuren wie Bettler, Bauern, Trägerjungen und Pilger längst geläufig. Im näheren lombardischen Umkreis hatte Ceruti Vorläufer wie Domenico Fetti, Pietro Bellotti, Genovesino, Todeschini, Cifrondi. Von ihnen allen aber hebt er sich durch den Ernst seiner Identifikation ab, fern von Burleske, Karikatur und Kuriosität, vergleichbar nur den grossen Kollegen G. M. Crespi, Piazetta und, früher, den Brüdern LeNain, LaTour und einigen Niederländern.

Zuerst ist es Neugier, dann Verwunderung, was den Maler auf die Gewänder seiner Figuren hinlenkt. Abgetragene, zerschlissene, zerlöcherte, verflickte Kleidung mit zerfransten Rändern, Lappen über Lappen, ohne eigentlichen Schnitt, ganz formlos geworden; wie die verbeulten, schlappigen Hüte; ja wie die verrunzelten Köpfe. Frauen sind oft ganz vermummt mit solchen Tüchern, von oben bis unten; einmal begegnet ein solches Lumpengespenst unversehens im Wald. Aber gerade dieses Feld der Unförmigkeiten erweist sich als Festplatz der «pittura diretta».

Hier gerät ein grosses Kapitel akademischer Gesetzlichkeit ausser Kurs: die geregelte Grammatik des Faltenwurfs, Spiegel korrekter Anatomie und Gestik, zudem das Spielfeld stilistischer Phantasie, erarbeitet in generationenlangen Bemühungen. Nun aber: weiche Rundungen und Wülste, banale Strähnen, Fetzensäume, Löcher und Flicken; Körperbedeckungen, die nach dumpfen Regungen funktionieren, unrhetorisch, unartikuliert, eigensinnig. Da, abseits aller Schematik der Knitterungen, schärft und vergnügt sich die Beobachtung des Malers, da macht sie ihre Entdeckungen: Nähte und Risse bilden die wunderlichsten Formennester; in ihnen spielt und wühlt das Licht; die Farben des Zerfalls sind unberechenbar. Das «patchwork» des Zufalls hat seine eigenen Formeln; eine Lumpengrammatik; eine Poesie der untersten Metamorphose.

Grau in grau dämmert es in diesen Hinterhöfen. Verbleichte, fast erloschene Farbtöne; Staubfarben, Erdfarben, «colori poveri», ohne Kontraste und Fanfaren. Allein, was für Grau! Der ganze Farbenreichtum des Barockkolorits hat sich in die Dämpfungen des Halbdunkels zurückgezogen: Braungrau, Rotgrau, Grüngrau, Gelbgrau, Blaugrau; diffus und unstabil, aber weit davon entfernt, monochrom zu werden, und niemals trist oder schmutzig.

Unter ihnen ergeben sich sanfte Akkorde: auch wenn, zum Beispiel, gelbliches und bläuliches Grau nebeneinander zu liegen kommen. Die Düsternis tilgt ihre prinzipiellen Unterschiede und verbindet sie leicht; sie scheinen aus einer Materie zu bestehen. So kommt es zwischen dem Helldunkel und der Farbigkeit – diesen alten Erzfeinden – nie zu Konflikten. Auch bei Tag, in den Gassen und Winkeln, lösen sich die Grauschleier nicht auf. Neben Schwarz und Weiss hat Ceruti auf seiner Palette nur wenig Farbe gebraucht, indessen fehlt diese nie. Es ist im ganzen ein Kolorit der Resignation, doch selbstgenügsam und selbstsicher.

Ceruti: einer der grossen Graumaler der Kunstgeschichte – auf der Spur von Velazquez (von dem er in Mailand einiges gesehen haben mag), im Gleichschritt mit G. M. Crespi, ein Bahnbrecher vor Manet und Courbet.

Einmal mehr, nach den Niederländern und den Spaniern, nach den Carracci und den Neapolitanern, ist es offensichtlich: es sind die Schlupfwinkel der Genremalerei, die Hinterhöfe und Küchen, in denen die Revolutionen der «peinture» einsetzen. Kein anderer nützt die «licenza» der Gattung so aus wie Ceruti.

Nach Aufträgen gerechnet, war Ceruti aber vor allem Porträtist, lebenslänglich. Schon früh nahm die Nobilität Brescias seine Dienste in Anspruch – die Lechi, Fenaroli, Cattaneo, Ronchi, Bonometti, dazu die Geistlichkeit –, nach 1736 auch Venedigs höhere Gesellschaft. In diesem Fach (das den Maler ernährt) kommt freilich weniger seine Originalität als sein Sinn für die natürliche Würde der Persönlichkeit zum Tragen. Der grosse Auftrag für das Broletto ist die öffentliche Bestätigung seines Rufs.

Auch hier hält Ceruti nicht viel vom Ambiente. Die Individualität muss sich exponieren, unter Verzicht auf Säulen, Vorhänge, Galakostüme und ähnliche Attribute, am extremsten in den kargen Bildnissen des Brescianer Klerus. Seine Modelle nimmt der Maler mit Sympathie auf, ohne jede Überhöhung oder Zudringlichkeit. Bonhomie ist sein Rezept, nicht Skepsis oder Kritik. Für die Präsentierung ist auffällig oft das Ovalformat gewählt, harmonisierend und dekorativ.

Und auch hier bewährt sich Cerutis Sensorium für Stofflichkeiten: für die Qualitäten der Haut, die barocke Fleischlichkeit von Nasen und Lippen, die sanguinische Rötung der Wangen, während der Blick nicht viel verrät. Besonders farbig, innerhalb der Schwarz- und Grauanlagen, wirken die Köpfe der Geistlichen. Manet hätte ihren «nassen» Schwarz-Rosa-Klängen applaudiert.

Eine besondere Zuneigung verbindet den Maler mit Kindern und Halbwüchsigen. Ihre Naivität, ihre Scheu, auch ihre Zutraulichkeit sind mit Entzücken vermerkt; vor Versüssungen aber ist Ceruti gefeit.

Diese Natürlichkeit verliert sich nach und nach in den venezianischen Bildnissen. Mit der Brillanz des Kostüms, mit erotischen oder mondänen Akzenten, rhetorischer Gestik oder gar Anhäufung von Adelsprädikaten wollen die Besteller den Formeln der höfischen internationalen Porträtistik entsprechen.

Alle Vorzüge Cerutis kommen schliesslich seinen Stilleben zugute. Die bedeutendsten sind zwar in Brescia nicht zugegen, aber vier Nummern, zwei davon aus der Sammlung Schulenburg, erst kürzlich entdeckt, stehen ihnen sehr nahe. Ein wunderliches, appetitliches Beieinander von toten Hummern, Fischen, Vögeln, Hasen, von Flaschen und Töpfen – eher ausgebreitet als gebaut, nicht Trophäen, nicht Memento mori – gibt dem Maler Gelegenheit, die höhere Erlesenheit seines Farbensinns auszuspielen und die Vielfalt kreatürlicher Gebilde zu preisen. In den beiden späten Stücken der Brera ist dieser Zauber freilich verschwunden; was bleibt, ist ein irrealer Schimmer.

Zum erstenmal bekommt man auch den Sakralmaler Ceruti zu sehen, mit vier ausgewählten Altarbildern, die zwischen 1734 und 1745 entstanden sind. Auf die frühen, in der Umgebung Brescias verbliebenen Arbeiten (leider auch auf die in Bione) ist verzichtet worden. Aber selbst in seinen besten Jahren verrät Ceruti, dass er in dieser Aufgabe nicht standfest ist, dass sich gerade hier alle seine Ausbildungsmängel bemerkbar machen, ab und zu fast peinlich (Gandino). Entweder kommt es dabei zu Kompensationen, mit wildem Impetus von Gebärden (Piacenza), oder zu Anlehnungen an verehrte Vorbilder wie Paolo Veronese, Sebastiano Ricci, Pittoni und Tiepolo, wenigstens einmal (Padua, Santo) mit blankem Erfolg.

Eine grosse Absenz in der «Mostra» lässt allerdings Fragen zurück: die (brillanten) Diana-Friese aus dem Palazzo Arconati in Mailand, um 1740/45. Vielleicht hält die späte mailändische Phase Cerutis, bisher unklar geblieben, noch Überraschungen bereit.

Giacomo Ceruti, il Pitocchetto. Ausstellungskatalog Brescia (Monastero di S. Giulia) 1987, Milano 1987. – *Seit 1987* sind zu beachten: – U. Terraroli, Giacomo Ceruti e i rapporti con la cultura veneta, in: Art Veneta, 1987, S. 230. – La società bresciana e l'opera di Giacomo Ceruti, Atti del convegno, Brescia 25. -26. settembre 1987, Brescia 1988. – A. Morandotti, in: La natura morta in Italia, Milano 1989, S. 196, 292. – F. Porzio, La pittura di genere e la cultura popolare, in: La pittura in Italia, Il Settecento, Milano 1990, S. 531. – F. Frangi, La pittura a Bergamo e a Brescia nel Settecento, ebendort, S. 86. – Settecento lombardo, Ausstellungskatalog, Mailand 1991, S. 133.

«Cartons d'artistes»

Anlässlich einer Ausstellung im Louvre (1974)

Zum erstenmal in unserem Jahrhundert bringt das Cabinet des Dessins im Louvre die Gattung der Kartons wieder an den Tag, das heisst jene schwarzweissen Monumentalzeichnungen auf Karton im Massstab 1:1, die im Arbeitsprozess dem Wand- und auch dem Tafelbild unmittelbar vorausgingen. Man hat sie tief aus den Depots holen müssen, und viele bedurften erst der Restaurierung.

Eine ruhmvolle Gattung – seinerzeit! Vasari berichtet, wie die beiden Schlachtenkartons von Leonardo und Michelangelo für das Florentiner Rathaus als riesige Grisaillen nach 1506 öffentlich ausgestellt und ein Wallfahrtsziel der Künstler aus allen Himmelsrichtungen wurden; Cellini nennt sie die «Schule der Welt». Raffaels Kartons zu den Sixtinischen Teppichen und zur Schule von Athen sind allen Widerwärtigkeiten zum Trotz bewahrt und bewundert geblieben. In Frankreich war es die königliche Sammlung Ludwigs XIV., die, nach dem Tode des Premier Peintre du Roi, Charles Le Brun, dessen Kartons zu Hunderten aufnahm. Das 19. Jahrhundert sah die Hauptbestände der königlichen Kartonkollektion an den erlauchtesten Stellen des Louvre, einige sogar in der Galerie d'Apollon. Wie sie auf die Kunst des Klassizismus ausstrahlten, welches ihre Bedeutung für den Lehrbetrieb war, liesse sich unschwer zeigen: eine Akademie, ähnlich wie die Gipsabgüsse. Hierauf die Versenkung.

Was nun im Louvre (Pavillon de Flore) gezeigt wird, ist eine Auswahl von fünfzig Kartons aus den Beständen des eigenen Hauses. Der erste Teil, aus dem italienischen Cinquecento, ist freilich bekannt und vertraut, wenn auch unter dem allzu generösen Titel der Handzeichnung; Leonardos Bildnis der Isabella d'Este, von Raffael die heilige Katharina, die kleine Verkündigung, drei einzelne Köpfe zu den Stanzen, von Bacchiacca zwei Friese für die Camera des Pier-Francesco Borgherini, Einzelfiguren und -köpfe von Giulio Romano, Correggio und Bronzino; durchwegs Kleinformate. Allein, es gilt, sie als Kartons zu würdigen, in ihrer besonderen Funktion als Vorlage für exponierte Tagewerke, in ihrer besonderen Art von Vollendung, zudem meist auch als Fragmente aus viel grösseren Zusammenhängen. Denn oft handelt es sich um ausgeschnittene Einzelfiguren oder Köpfe.

Erstmals seit mehr als hundert Jahren stehen die drei Kartons zum Cäcilienzyklus in S. Luigi dei Francesi in Rom (1611-14) von Domenichino wieder vor Betrachteraugen – ein Ereignis für sich, denn man wird einem Wort Mariettes von 1741 zustimmen, der Meister sei hier «tout ce qu'il est». Der erstaunlichste Fall ist freilich der Auftritt des Kartons mit der «Flucht des Aeneas» von Federico Barocci, zu dem bekannten Gemälde von 1589 in der Galleria Borghese in Rom. Dieses furiose Blatt figuriert zwar in Inventaren des frühen 19. Jahrhunderts und war auch 1838 bis 1845 im Louvre ausgestellt, doch ist es der Forschung entgangen. Sie wird es nun als ein Hauptwerk der Kartonkunst überhaupt (wenn auch «outlaw») und als einen Fund in das Œuvre Baroccis aufnehmen, dieses Vorläufers der Barockmalerei, der noch nicht gebührend gewürdigt ist.

Den Schwerpunkt der Ausstellung, wenigstens quantitativ, bildet hierauf die Folge der Kartons, die Charles Le Brun für die Dekoration des Escalier des Ambassadeurs und der Galerie des Glaces in Versailles in den Jahren um 1680 schuf – kostbare Dokumente, nachdem der Escalier 1752 zerstört worden ist. Ähnliches gilt für die Kartons von Andrea Appiani zur Ausstattung des Thronsaals im Palazzo Reale in Mailand, 1808. Dieses berühmte Gesamtkunstwerk des napoleonischen Klassizismus ist im Krieg 1943 weitgehend verlorengegangen; nun haben die Kartons als einziges originales Memento einzustehen. Die Reihe führt hinauf über Pierre-Paul Prudhon bis zu Puvis de Chavannes. Dessen Kartons zum «Repos» in Amiens (1863) zeigen den ungemein weiten und kalkulierten Weg des Künstlers vom Anatomiestudium bis an die Grenze der Abstraktion.

In diese monumentale, grauschimmernd fahle Figurenwelt kann der Betrachter von heute gewiss nicht geradewegs hineinfinden. Zu sehr sind Kartons ein sprödes, humanistisch-klassizistisches, entrücktes Reich von Relikten. Doch im Zeichen der modernen Neugier auf das Technische des Werkvorgangs und auf die Vorgestaltungen lässt sich ein Kontakt herstellen: «Prozesse» sind ja zurzeit gefragt, mehr als Ergebnisse. Für Raffael wie für Correggio und Barocci – alle drei «malerische» Maler – ist auch der Karton noch Durchgangsland, mit Spuren des Suchens und Verbesserns. Man kann verfolgen, wie die einzelnen Fährten der Vorstudien zusammenlaufen, wie Figurengruppen mit Szenerie und Perspektive übereinkommen, wie sich Einzel-, Ausdrucks- und Gewandstudien einfügen; all das auf dem grossen strategischen Kompositionsfeld des Kartons, der schliesslich die Erprobung und Bewährung der letzten Stunde ausmacht, eine Art Neunerprobe für den Maler wie für den Besteller, unmittelbar vor der Ausführung des Freskos auf der Wand. Durchwegs handelt es sich um Figurenbilder (Landschaft, Stilleben und dergleichen bedürfen nicht solcher Vorbereitung). Da nimmt der Karton leicht den Charakter eines Dispositionsschemas, ja eines Diagramms an, so bei Domenichino, so in der Apotheose Napoleons von Appiani.

Naturalismus und Gesetzmässigkeit der Quattrocentokunst machten zuerst ein so systematisches Vorgehen nötig. Dadurch wird das frühere, grosszügig improvisatorische Entwerfen auf der Wand selbst (mittels «Sinopia») überholt. Mehrmals ist der Quadratraster zu erkennen, der für die Übertragung vom Karton auf das Bild dient; mehrmals sind es genadelte Umrisse oder Griffelgravuren, in derselben Funktion. Aus der Frühzeit der Praxis, dem Quattrocento Pieros, Castagnos und Gozzolis, kann die Ausstellung freiliche keine Proben zeigen. Man hätte sich dort erinnert, dass die Kartontechnik aus der Glasmalerei und wohl auch aus dem Mosaik stammt. Ein paar Texte aus den historischen Traktaten (Cennini, Vasari) hätten der Information gutgetan.

Kartons werden bei der Verarbeitung gebraucht, verbraucht, meist zerschnitten, Stück um Stück, wobei nur in ausserordentlichen Fällen die «schönen» Teile wie einzelne Köpfe überleben konnten. Dafür bietet der Raffael-Bestand die interessantesten Einblicke. Normalerweise sind Kartons blosse Zwischenprodukte – Kunstwerke, die sich selbst verzehren –, deshalb so selten. Als bewahrter Gesamtkarton mit dem vollen Bildfeld hat deshalb Domenichinos «Glorifikation der heiligen Cäcilie» innerhalb des Ausstellungsgutes einen besondern Rang.

Wie zahlreiche Verträge mit grossen Meistern festhalten, sollen die Kartons jeweils eigenhändig gearbeitet sein. Bei der Ausführung des Gemäldes sind jedoch Gehilfen zulässig! In diesem Zusammenhang kann sich ein weiterer moderner Zugang auftun: der Karton als monumentale Handzeichnung, mit dem ganzen Appell der genialen Handschrift. Besonders trifft das für die Kleinformate zu: die Kartons zu Tafelbildern und die Kartonfragmente aus dem 16. Jahrhundert. Raffaels Gottvaterkopf – das einzige Relikt zur «Disputa» im Vatikan – ist hingewühlt mehr als gezeichnet, wie ein Wachsbozzetto anmutend, mit grossen tiefliegenden Augen, im Typus schon viel näher bei Michelangelo als bei Perugino. Dies alles muss dann auf dem Fresko aber einer offiziellen Bonhomie weichen. Die Engelköpfe zum Heliodor-Fresko haben den heissen dramatischen Atem, wie ihn nur der offenliegende Duktus einer Meisterhand mitteilen kann. In dem berühmten Karton zur heiligen Katharina der National Gallery in London darf man miterleben, wie sich in der Gestalt mit Liniensträhnen ein unwiderstehlicher Drehrhythmus bildet. Nicht zu reden von Leonardos Bildnis der Isabella d'Este – wo mit Spur und Hauch, mit blossen Schwarzweissmitteln also, der Zauber dieser Persönlichkeit weniger vergegenwärtigt als beschworen ist.

In der weiteren Entwicklung, zum 17. Jahrhundert, bildet die Gattung neue Möglichkeiten aus, zu verfolgen in den erwähnten Grosskartons von Barocci und Domenichino. Baroccis «Flucht», mit Aeneas und Anchises, scheint aus Helldunkelgewölken zu bestehen, die sich zu Figurenmassen ballen, schon hoch barock – ein aussergewöhnliches Stück und ein Einzelgänger innerhalb der Gattung. Dagegen Domenichino, in Schwarzweiss vollends ein Klassizist strenger Observanz: seine Grosszeichnungen muten wie Reliefs an, sie sind zarter, subtiler, empfundener in ihrer Menschlichkeit, doch auch entrückter als die Fresken in S. Luigi. Den Helden der Ausstellung allerdings – den Premier Peintre du Roi Charles Le Brun – entlarvt die Nahsicht der Kartons: als einen vitalen Routinier und Alleskönner von unpersönlicher akademischer Bravour. Manches davon mag, wie bei Appiani, auf Rechnung des grossen Massstabs gehen; denn dieser neutralisiert und verallgemeinert die Ausdrucksmittel.

So ist der Karton fast immer die letzte Station, die dem Künstler noch ganz gehört – bevor das Grosswerk durch seine Realisierung in ein offizielles Medium übertritt, das Medium der Besteller, des Publikums, der Kritik, mit allen ihren zeitschematischen Vorstellungen und Forderungen.

Am meisten irritiert den Blick von heute, dass der Karton trotz seiner Grösse im Schwarzweissbereich verbleibt. Nur Blätter für Bildteppiche, Glasmalereien und Mosaiken sind farbig angelegt; von ihnen wäre eine besondere Ausstellung erwünscht. Der Malereikarton ist eine Domäne des «disegno», der Zeichnung im höchsten Sinne, deshalb intellektuell mehr als sinnenhaft, deshalb zu abstrakter und zeichenhafter Einheit neigend, von einer silbernen Abgeschiedenheit. Vorherrschend sind *dispositio, definitio*, Rhythmik der Gesamtstruktur, Plastizität – alles Qualitäten, die in der Kunsttheorie der Renaissance zuoberst stehen. Die Beschränkung auf diese Elemente macht aus, dass die Grundvorstellung des Reliefs immer wieder durchschlägt. Bacchiaccas Josephsgeschichten sind Relief-Friese «all'antica». Hierin liegt tatsächlich manchenorts die heimliche Ambition, damit hängt auch die allgemeine Klassizität der Kartons zusammen. Solche Gegebenheiten wirken sich als Gattungsgesetze aus – so sehr, dass etwa die zwei Jahrhunderte, die Domenichino und Appiani trennen, aufgehoben erscheinen. In anderen Zusammenhängen wäre zu bedenken, inwiefern die Poetik des Kartons mit der Poetik der Grisaille (der Graumalerei, mit ihrem eigenen Stammbaum) zu tun habe. Der Katalog der Ausstellung, von Roseline Bacou, lässt sich auf Probleme dieser Art nicht ein und beschränkt sich auf Sachauskünfte, auch in der Einleitung.

Eine – für viele gewiss überraschende – Einsicht tut sich somit vor den Kartons auf: die Einsicht in die grundsätzliche Zweistufigkeit der Bildentwicklung in dieser Grossmalerei: erst Form, dann Farbe. Das Bild wird schwarzweiss vorgestellt, als Relief, bis zur vorletzten Station, im Karton. Farbe ist da sekundär, ist Zusatz und Akzidens, ist blosse Kolorierung, ist Dekoration, Gefühlswert, krude Vergegenwärtigung, deshalb zweitrangig. Es genügt hier, an Leonardos Verachtung der Farbe zu erinnern; oder Ingres zu zitieren, für den die Farbe «la partie animale de l'art» ist.

Kein Wunder, dass von den Venezianern und andern «pittorissimi» kaum Kartons bekannt sind. Kein Wunder, dass Rubens auf die farbige Ölskizze als Hauptphase der Vorbereitung griff. Mit Tizian ist die Gegenposition zur Welt der Kartons bezogen: die Gestaltung aus der Farbe.

Im 19. Jahrhundert findet Puvis de Chavannes für das Verhältnis Karton – Gemälde die zeitgemässe Metapher der Oper: «Le carton, c'est le livret; la couleur, c'est la musique.»

Wie soll man heute Kartons präsentieren? In Paris hat man sich der Problematik elegant entzogen, indem die – schon historischen – schwarzen Rahmen des 19. Jahrhunderts beibehalten sind. Das lässt sich vertreten. Dennoch hätte es den Kontakt erleichtert, wenn man statt dieser Inszenierung zu Kostbarkeiten eine neutrale Formel gewählt hätte, die dem Charakter der Kartons als Arbeitsmaterial, als schöpferischen Abfalls, als zufälliger Fragmente aus grösseren Kompositionen eher gerecht geworden wäre. Willkommen ist die Beifügung kleiner Photos, die jeweils das vollendete Gemälde zeigen und den Stellenwert des Kartons erkennen lassen.

Literatur

«Cartons d'aristes», Ausstellungskatalog Paris (Louvre) 1974. – Grundlegend nach wie vor: J. Meder, Die Handzeichnung, Wien 1919, S. 521-534 (Kartons als «Hilfszeichnungen»). – Das Interesse an den Kartons ist seit den grossen Wandmalereirestaurierungen in Italien neu erwacht: E. Borsook, The Mural Painters of Tuscany (2nd ed.), Oxford 1980. – E. Borsook, Technical Innovation and the Development of Raphael's Style in Rome, in: Racar, 1985, S. 127 (darin eine aktuelle Frühgeschichte des Kartons). – Le pitture murali: tecniche, problemi, conservazione, Firenze 1990. – A. Knoepfli, O. Emmenegger, M. Koller, A. Meyer, Wandmalerei, Mosaik, Reclams Handbuch der künstlerischen Techniken, Bd. 2, Stuttgart 1990.

Pastelle

Notizen aus einer Ausstellung in Paris (1986)

Was veranlasst einen Maler, nach Pastellstiften zu greifen? Liegen besondere Möglichkeiten in diesem Material, in dieser Technik, abseits von Ölmalerei, Aquarelle, Gouache und Zeichnung? Gibt es so etwas wie eine «poétique» des Pastells? Solche Fragen sind in der Fachliteratur zur Technik des Pastells kaum gestellt. Aber die Pastelle stellen sie selber.

Es ist bezeichnend, dass staatliche Ankäufe von Pastellen in Frankreich erst 1864, in der Vente Delacroix, einsetzten. Auf öffentlichen Wegen sind weitere Hauptwerke erst kürzlich in den Louvre gekommen, so Millets «Bouquet», Manets «Tub» und Redons «Buddha». Die Mehrzahl – und das Schwergewicht an Qualität – stammt aber aus Vermächtnissen und Schenkungen: 16 der schönsten Degas aus dem Legs Caillebotte (1894) und dem Legs Camondo (1908) und die meisten Delacroix aus der Donation Moreau-Nélaton (1907 und 1927). Es sind private Sammler, die den besonderen Zauber der Pastelle erkannten und sie in den heimlicheren Winkeln ihrer Kollektionen bewahrten. Das spricht für sie, und es spricht für den sonderbaren Charakter der Gattung.

Problematisch ist die in Paris immer wieder vertretene These, das Pastell sei eine eminent französische Kunst. Das mag für die Anfänge, die «Erfindung», zutreffen. Leonardo gibt an, das «colorire a secco» von dem Pariser Kollegen Jean Perréal gelernt zu haben. Am französischen Hof wird im 16. Jahrhundert die mit «trois crayons» und Pastellkreiden farbig belebte Porträtzeichnung kultiviert. Dieser Bildnistypus findet sich damals aber auch in Oberitalien (Boltraffio, Luini), auch die Deutschen und Schweizer kennen ihn (Holbein, Cranach, Beham, Niklaus Manuel). Im Frankreich des 17. Jahrhunderts bleibt die Pastelltechnik dann fast ausschliesslich an das Porträt gebunden. In Italien dagegen wurde die rasche und effektvolle Manier auch für grosse Kompositionsskizzen und für Detailstudien eingesetzt. Barocci, Bassano, Mazzoni entwickelten dabei eine Souveränität, die selbst in Paris Beachtung fand, und die grossen Bolognesen des Seicento – Carracci, Reni, Domenichino – verwendeten das Pastell häufig, um ihre Inventionen gleich in Farbe zu beglaubigen. Schliesslich ist die Venezianerin Rosalba Carriera um 1720 der internationale Star der Pastellporträtistik; «tout Paris» lag ihr zu Füssen. Das sanfte, puderige Kolorit und die genaue Grazie ihrer Damenbildnisse waren Voraussetzungen für den hohen Standard der französischen Produktion im Dix-huitième, bei Nattier und Perronneau, bei La Tour und Liotard, bei Boucher und Greuze.

Unbestreitbar ist immerhin, dass nur Frankreich eine kontinuierliche Entwicklung über Jahrhunderte aufzuweisen hat und nur hier, dank Degas und Redon, die geheimsten Möglichkeiten des Pastells erschlossen wurden. Übrigens hält diese Hausse im 20. Jahrhundert an; es muss genügen, Picasso, Masson und Michaux zu nennen. Ausserdem sind die Leistungen von Deutschen nicht zu unterschätzen, von Menzel, Lenbach, Liebermann bis zu den Expressionisten, zu Klee und zu Baselitz, alle in Frankreich kaum zur Kenntnis genommen.

Im Überblick ist leicht zu erkennen, dass nur wenige Maler des 19. Jahrhunderts sich des Pastells regelmässig bedient haben. Von den Franzosen: Delacroix und einige Orientalisten, Millet (merkwürdigerweise), Manet (für ein paar pointierte späte Bildnisse), Boudin, Degas vor allem, nur gelegentlich aber Renoir, Pissarro, Fantin-Latour, Gauguin, häufiger dagegen Redon, Toulouse-Lautrec, Cappiello (für Plakatentwürfe), auch zahlreiche Salonmaler. Man bemerkt dabei, dass nicht alle grossen Zeichner des Jahrhunderts auch Pastellisten waren.

Es fehlen, je aus triftigen Gründen, die Klassizisten, die Realisten (ausser Millet), die Impressionisten, grosse «moderne» Einzelgänger wie van Gogh und Cézanne. Wenn klassizistische Idealität und Präzision, wenn die Illusion realer Räumlichkeit und Stofflichkeit, wenn das flüchtige Spiel des Lichts zu bewältigen sind, wird das Pastell als Medium gemieden. Offenbar befördert es andere Qualitäten – welche?

Ein merkwürdiges Material: reine Farbpigmente, pulverförmig, mit weissem Ton vermengt, dann mit Fischleim, Gummi arabicum oder Molke zu einer «pasta» verarbeitet, aus der sich zylindrische Farbstifte pressen lassen. Also reiner Farbkörper – nicht flüssig malbar gemacht, nicht verdünnt, nicht auf der Palette vermischt –, vielmehr mittels Stiften wiederum als reiner Farbkörper auf Papier gebracht. Das Verfahren ergibt eine Farbschicht von trockener Leuchtkraft. Ihre Intensität ist matt und dicht, im Gegensatz zur Öl- und Aquarellmalerei, wo ein heller Bildgrund als Reflektor für die transluziden Farben wirkt.

Der Farbauftrag – auf Papier oder Karton, die ihrerseits farbig getönt sind – kann präzis, linear, zeichnerisch oder aber mürbe und diffus sein. Es stehen harte und weiche Stifte zur Verfügung. Durch Wischen und Verreiben, durch Überarbeiten und Entfernen lassen sich vielerlei Übergänge und Erstaunlichkeiten erzielen. Ob gezeichnet oder gemalt – das Pastell lässt beides zu; die Schwebelage gehört zu seinen Attraktionen.

Das Material erlaubt rasches Arbeiten, es gilt als «aimable et facile». Ein Hauch, ein Duft von Malerei; nur ein wenig Farbenpuder, wie Blütenstaub. Daher fehlt es an Konsistenz und Festigkeit. Die Fixierung auf dem Papier ist nach wie vor problematisch. Fixative, die keinerlei Veränderungen verursachen, waren (und sind) so gesucht wie Gold. Die entsprechende Geheimniskrämerei füllt ganze Traktate.

Anfangs wurden nur wenige Töne hergestellt: Rot, Schwarz, Gelb, zum flüchtigen Kolorieren von Schwarzweiss-Zeichnungen, dann auch Blau, Rosa, Grün. Seit dem 19. Jahrhundert zählt das industrielle Angebot über tausend Nuancen, angeblich 1650, darunter alle jene zarten Zwischentöne, die als «Pastelltöne» längst in die Fachsprache der Mode gelangt sind.

Immer hat man die Sanftheit und die puderige Leichtigkeit, das Raffinement und den Seidenglanz des Materials geschätzt. «C'est Flore, c'est Aurore. » Der Genfer Jean-Etienne Liotard, einer der Grössten in dem Métier, hat die Wirkungen selber beschrieben: «Die Glätte einer schönen Haut, das Schimmernde, Transparente der Körper, das Farbige der Blumen, der Flaum, das Samtige der Früchte. . .»

Aber gerade Liotard wurde nicht mehr in die Pariser Akademie aufgenommen. Die Pastellmalerei, modisch geworden, war bereits als eine leichtfertige und süsse, als eine Dilettanten- und Damenkunst in Verruf gekommen. Diderot fand sie «der Aufmerksamkeit eines grossen Malers unwürdig». An La Tour schrieb er – Ironie des Pastells: «Bedenke, Mensch, dass du nur Staub bist. »

Die «fortuna critica» des Pastells ist noch nicht geschrieben. Sie würde – nur ein paar Stationen – von den frühen Traktaten, den Akademieprotokollen und Enzyklopädien über Diderot, Wieland und Klopstock bis zu Valéry und Ernst Jünger führen.

Das 19. Jahrhundert ist für die Pastellmalerei, nach ihrer Abdankung, das zweite Zeitalter, ein ganz neues. Mit Delacroix, Degas und Redon wächst sie in ihre elementaren, modernen Möglichkeiten hinein. Und Degas' experimentierende Intelligenz erschliesst die Tiefendimension der Gattung.

Das heisst nicht, dass nicht auch Dix-huitième-Traditionen weiterleben, besonders im Porträtfach (mit P. P. Duppuis, L. Riesener und vielen Salonmalern). Diese Konjunktur hält an, bis die Photographie ein Ende setzt. Aber Manet und Renoir vermögen dem Pastell neue Bildniskategorien jenseits der Ablichtung abzugewinnen.

Delacroix, er zuerst, auch er ein Denker-Maler, fordert das Pastell heraus, wenn er für seine glühenden Kompositionen die Hauptfiguren von vornherein farbig ins Leben ruft: ein Frauenakt «in extremis» («Tod des Sardanapal»), voll vielfarbiger Schatten; ein Fuss auf leuchtendem Orangerot; nicht als «disegno», sondern im Eilmedium Pastell als Teil des grossen Farbendramas hingeworfen. Oder seine Kompositionsentwürfe für die Deckenbilder im Palais Bourbon, in konzentriertem, wandhaftem Kolorit. Eine Nachtlandschaft, deren Tintenblau die Finsternis zum Leuchten bringt – Pastellblau.

Wolkenstudien sind, wieder bei ihm zuerst, ein Vorzugsthema des Dixneuvième-Pastells. Nicht herkömmliche Studien von Wolkenformen, von Transparenzen und atmosphärischen Verwandlungen, vielmehr spektrale Intensitäten, Phantasmagorien in Blau und Rosa, in Gelb und dichtem Grau, immer als reine Farbphänomene.

Hierin folgt ihm Eugène Boudin, den man als Schrittmacher Monets kennt. Auch ihn fasziniert, an den Stränden der Normandie und der Bretagne, der besondere Farbenzauber des Gewölks (Corot: «le roi des ciels»). Doch sind diese «beautés météorologiques» (Baudelaire, schon 1859) nicht allein Augenblicks-«Impressionen», sondern vor allem Farb-Studien, Farb-Kompositionen, Reflexionen über Farb-Akkorde. Solche Interessen sind dem Pastell gemäss, mehr als die Lust an flüchtigen Lichterscheinungen. Aus solchen Gründen sind die Impressionisten keine Pastell-Enthusiasten, auch Monet nicht.

Es mag überraschen, dass J. F. Millet, der grosse Realist, ein grosser Pastellist war. Aus besonderem Grund: nämlich um in diesem Medium die Kompositionsprojekte von Gemälden zu erproben. Das Gerüst der Entwürfe ist da zuerst in schwarzer Kreide angelegt, nachdrücklich und dicht. Nur wenige, rare Pastelltöne deuten auf ein latentes Leben in Farben: ein scheues Blau, ein blasser Ocker, ohne jede Süssigkeit, auf fahlblauem oder braunem Papier. Gerade in dieser Dämpfung und in dieser Mattheit sind aber farbige Verflechtungen möglich, ohne die Dominanz des Helldunkels in Frage zu stellen.

Millets Bauernwelt ist grau und dumpf. Die Gebrochenheit der Pastelltöne, der staubigen und erdigen Materien, entspricht dieser ewigen Dämmerung, ohne zu beschönigen, aber auch ohne einen heimlichen Einklang auszuschliessen. Das grossartige Blatt zu dem «Repas des moissonneurs» in Boston (in seitenverkehrter Anlage) klingt heller, auch kunstvoller als das Gemälde selber und gibt sich offener für eine biblische Konnotation (als Ruth und Boas). Es sagt viel, dass Degas nach 1875 mehrere Pastelle von Millet erwarb.

Degas erfindet die Pastellmalerei noch einmal neu. Nicht dass er die herkömmliche Technik und ihre Einschätzung als «art mineur» für Prestissimo-Porträts und Skizzen nicht gekannt hätte. Ja, er benützt das Pastell bis etwa 1875 wie einer, der das Dix-huitième auswendig weiss, und damit ist er nicht allein. Den allgemeinen Pastell-Revival bestätigt um 1880 die Gründung der «Société des pastellistes» in Paris.

Aber dann fordert er eine andere Art von Pastellmalerei heraus: eine, die auch einer hohen Thematik gewachsen und wie die Ölmalerei zu «chefs-d'œuvre» fähig wäre, ein ausgewachsenes und vollwertiges Métier. Zug um Zug nobilitiert er die Gattung, indem er sie zwingt, das Höchste und Letzte herzugeben, was in ihr steckt, und auch mehr. Fortan sind etwa vier Fünftel seiner Produktion Pastelle, auf Kosten der Ölmalerei, die ihn immer wieder enttäuschte. Erst im Pastell ist Degas ganz Degas.

Ein Perfektionist, umgetrieben wie kein zweiter, experimentiert er lange kreuz und quer durch die Techniken, nicht wissenschaftlich systematisch, eher alchemistisch, abenteuerlich, auf die Gunst von Zufällen vertrauend, und immer mit wachem Spürsinn, niemals routiniert. Dabei wird das Pastell die Grundlage einer höheren, sozusagen totalen Technik, einer Mischtechnik, die nicht ihresgleichen hat. Monotypien werden mit Pastell überarbeitet, Pastelle mit Gouache, Aquarell, Terpentinmalerei kombiniert. Degas wird nicht müde, Schicht auf Schicht, je nach entsprechender Fixierung, aufzutragen, ohne den untern Lagen ihre Wirkungen zu nehmen – ein Vielschichtenpastell, das nach Mass auf seine hohen Ansprüche passt. Sogar Dampf oder siedendes Wasser werden auf die Paste gesprüht, um sie weich und (gelegentlich mit Pinsel!) weiter bearbeitbar zu machen. In seinem Notizbuch findet sich der Eintrag: «Mischung aus wasserlöslichen Farben mit Glyzerin und Soda; man könnte eine Pastell-Seife machen.»

Das Ergebnis, von nah besehen, ist ein Arbeitsschlachtfeld, freilich ein strategisch angelegtes: angereichert mit den verschiedensten Farbpigmenten; aufgebrochen; Farbtiefe, Farbabgründe suggerierend (nicht Raumtiefe); schimmernde Pigmentteppiche; sehr «travaillé» durch Wischen, Reiben, Schaben, Kratzen, Schraffieren, durch Auftragen und Glutinieren – abseits aller Eindeutigkeit, im Grunde voller Rätsel und Wunder.

Auf einem einzigen Blatt können die Texturen überaus verschieden und vielfältig sein, auch widersprüchlich. Gleich nebeneinander kann man tiefe, zähe Glut und einen Farbenzauber wie von Schmetterlingsflügeln und Märchenvögeln finden.

Das Pastell hört auf, eine Technik der raschen und leichten Effekte zu sein. In Degas' Händen wird es ein komplexes, vielfach reflektiertes Verfahren, beweglich und je mehrere Phasen durchlaufend, nach dem Urteil des Malers eigentlich nicht vollendbar. Kein Métier der spontanen Notiz, «sur le motif» oder gar «plein-air», sondern ganz und gar Atelierarbeit. Und insofern ganz und gar unimpressionistisch.

Solche Forcierungen der Technik folgen Degas' Vorstellungen einer matten, trockenen Bilderscheinung von grosser Künstlichkeit. Dahinter stehen Erinnerungen an italienische Fresken der Frühzeit. Ebenso dicht und flach geschlossen wie im Trecento soll sein Bildfeld sein, ebenso ohne illusionistische Brillanz. Und doch hat sie die kühnsten Ansichten der modernen Zeitgenossenschaft zu bewältigen: Tiefblicke auf Ballettbühnen, Tänzerinnen, Modistinnen, Frauen bei der Toilette, in Schlüssellochperspektive. Es sind Zumutungen an das Pastell.

Degas ist gewiss der unnaivste Maler seines Jahrhunderts. Ihm ist das Pastell, das angeblich so zärtliche, so süsse, so billige, gerade recht, um hochkalkulierte Bildrechnungen, mit intellektuellen Pointen, mit Fallen für den Betrachter, zu schaffen, um das Kunsthafte und Künstliche seiner «poétique» zu deklarieren. Balletteusen und Baigneusen: Artefakte im Kunstraum.

Zum Beispiel Degas' Bildlicht. Es ist meistens Kunstlicht, in Übereinstimmung mit seinen Motiven auf der Bühne, im Café, im Boudoir. Selbst in seinen Landschaften herrscht kein natürliches Licht. Die Tänzerinnen sind geschminkt, das Nackte gepudert; so artifiziell wie die Tanzfiguren, die sie vollführen. Und das Bühnenlicht, von unten her, verkehrt die gewohnten Helldunkelverhältnisse in ihr Gegenteil: Licht unter dem Kinn, Schatten auf der Stirn. Regie, eher frappierend als grotesk. Die mehlige, puderige Eigenart des Pastells kommt da an prekärer Stelle erneut zum Vorschein.

Wie kein anderer seit dem Dix-huitième nimmt Degas die Pastelltöne selber bei ihrer Künstlichkeit: bei ihren tausend Nuancen, bei ihrer trokkenen Intensität, die stets in sich selber bleibt, ohne «Haut» oder «Boden» durch stoffliche Insistenz nahebringen zu wollen; bei ihrem märchenhaften Reichtum, in der so listigen Verarbeitung. Kunsthaft ist gerade auch, dass im Bilde die Spuren des Gemachtseins offenliegen. Ohne das Pastell wäre Degas' hohe Kunst der Dämpfung nie an ihr Ziel gekommen. «Eine verteufelte Arbeit», nennt er es, «den Pastellfarben das Bunte zu nehmen, ich wasche sie einmal und noch einmal. » In der Tat: unbunt, verwaschen, so legen sie sich in die Fläche des Bildgevierts, alle gleicherweise «vorne».

Vor allem ist das Pastell geeignet, allen banalen Illusionstechniken abzusagen. Die Pastellfarbe Degas' ist nicht primär sachbezeichnend, nicht imitativ, sie will nicht Raumerlebnisse, stoffliche Reize, Nacktheitszauber und ähnliches «trompe-l'œil» vermitteln. Indem sie solche traditionellen Dienstbarkeiten verweigert, weist sie um so mehr auf die Bedeutung der Bildgesetze.

Besonders fällt der Widerruf der Nacktheit (in der Darstellung der Nacktheit selber) auf. Haut ist für Degas reine Farbigkeit, Pastellfarbigkeit, in sich selber gerechtfertigt, nicht als Abbild. Ihre Sinnlichkeit beschränkt sich auf das zarte matte Leuchten der Fleischtöne. Oft sind es ausgerechnet Schattentöne, kühl, gelöscht. Und ihnen stehen herausfordernde Umgebungsfarben entgegen: leuchtende Kissen, frech gestreifte Paravents. Die Epidermis ist da matt-gesetzt, das blosse Voyeurvergnügen überlistet vom Vergnügen am Kalkül. Nur im Pastell konnte es Degas derart gelingen, den Zauber der «féminité» in den Zauber des Bildes zu überführen: in das Fascinosum des Farbenspiels und die Kühnheit der Komposition.

Die Balletteuse sit für Degas nicht ein Sujet wie andere Sujets. In ihr – ihrer Equilibristik, ihrer Akrobatik – hat seine Kunstarbeit ihr Pendant. Das Pastell ist das entsprechende kunstvolle Medium dafür.

Ähnlich wie Degas (und wie schon Chardin), gelangt Odilon Redon erst spät zum Pastell. Vorangegangen war die Phase der «Noirs», Kohleblätter in dichtem Schwarzweiss. Ebenso symbolgeladen wie Schwarz und Weiss, kommen nach 1895 plötzlich die Pastellfarben zum Ausbruch, in einer wahren schöpferischen Eruption.

Redon treibt im Pastell die immaterielle, irreale Wirkkraft der reinen Farbe hervor. Traumfarben, Farbenträume, unmittelbar aus seiner Imagination emporsteigend: Apollos spektraler Olymp, Buddhas Märchengarten, Sacré-Cœur, Le Vitrail, Vision sousmarine, auch Blumensträusse und Muscheln. Da kommen starke Töne zum Zug, glühendes Rot, Blau vom Olymp, Glitzerfarben, wie in gotischen Glasmalereien. Ihr trockenes Leuchten ist nicht von dieser Welt.

Es überrascht nicht, dass Redon in späten Blättern, um 1910, bereits zu informellen Farbphantasien gelangt. Das Pastell offenbart sich aufs neue, nun als ein Medium der absoluten Farbigkeit.

Die Folgen reichen bis tief in unser Jahrhundert. Es sind die deutschen Expressionisten und die französischen Fauves, später die Maler des «Informel», die sich der Frenesie der offenen Farbe überlassen – Farbe von der trockenen Intensität des Pastells. Die Expressiven, von Kirchner bis Baselitz, können sie zum Knattern bringen. Dagegen benützen die Maler des «Informel» – hierin die Erben Redons – ihre symphonische Fülle in grenzenlosen, kosmischen Verwandlungen. «Ein verrücktes Medium, ohne Regeln, ohne Plan», sagt Jean Fautrier vom Pastell.

Literatur

W. Koschatzky, Die Kunst der Zeichnung, Salzburg 1977, S. 119. – G. Monnier, Das Pastell, Genf 1984 (mit Literaturverzeichnis S. 125-129). – Pastels du XIXe siècle. Ausstellungskatalog Louvre, Paris 1986 (mit Literaturverzeichnis S. 9-23). – R. Thomson, Degas, The Nudes, London 1988, S. 125 (The pastel medium). – A. F. Maheux, Degas Pastels, Ottawa 1988. – D. Bolger (ed.) American Pastels in the Metropolitan Museum of Art, New York 1989. – Siehe unten: «Der ganze (der ganze?) Degas», S. 224.

Courbet: «Die Forelle»

Bemerkungen zu einem Bild im Kunsthaus Zürich

Da liegt ein toter Fisch. Bin ich erschrocken, in kreatürlicher Solidarität, wenigstens für einen Augenblick? Aber der kleine Tod ist ja in einen Goldrahmen gefasst und abgegrenzt, wir sind im Museum. Dies ist nur ein gemalter Fisch, von der Angelrute des Malers ins Trockene der ästhetischen Existenz gezogen.

Und doch, wie kommt es, dass der tote Fisch im Bild intensiver da ist als je ein realer? Der Maler hat, zunächst, alles getan, um die Rahmung als Fokussierung zu benützen. Der Fisch ist etwa im Massstab 1:1 präsentiert, in natürlicher Grösse, weder monumentalisiert noch verniedlicht noch entrückt, vielmehr ganz deutlich gemacht als er selber. Er nimmt das gesamte Blickfeld ein, ausschliesslich, unverstellt, unvermittelt. Nur ein wenig Bachlandschaft umgibt ihn, sein natürlicher Lebensgrund; den Tierleib steigert diese dunkle Umgebung. Isolierung: die Disposition ist ebenso simpel wie krass und frappant.

Ein gleichmässiges, düster diffuses Licht liegt auf dem Fisch – Licht ohne Eigenwert und Eigenzauber; Licht, um zu zeigen, was da ist, an Dinglichkeit, an Leibhaftigkeit: eine gefangene Riesenforelle, am Ufer, die Angel im offenen Maul, ein wenig Blut an den Kiemen, das Auge noch glänzend, die Schuppen nass und dumpfschimmernd; Anzeichen eines noch nicht ganz ausgestandenen Kampfes; eine brutal hingeworfene «tranche de vie».

Das heisst, die Bildregie, die keine sein will – die Kunst besteht darin, die Kunst zu verbergen, ein alter Topos, neu eingesetzt –, die Bildregie ist derart, dass mit ästhetischen Massnahmen die ästhetische Distanz aufgehoben erscheint, dass der Schrecken durch das Bild wiederhergestellt ist – und mit ihm das Staunen vor der unfasslich gegenwärtigen, befremdlichen toten Kreatur. Das ist zu überprüfen.

Irgendein Fisch? Courbet erwähnt in seinem Brief vom 20. Februar 1873 an Louis Pasteur in Paris, den ersten Besitzer des Bildes, das Gemälde einer «truite monstrueuse». Ein Königsexemplar einer Forelle, in der Tat; ein Riese, wie man ihn nur ausnahmsweise fängt; zum Helden des Bildes gemacht. Von solchem Anglerglück berichtet der Maler in Briefen vom

Sommer 1872, als er nach seiner Gefangenschaft (in der Affäre der Vendôme-Säule) bei der befreundeten Familie Ordinaire in Maisières bei Ornans weilte: «des poissons de la Loue d'une taille démesurée» (nachdem schon früher «d'un superbe poisson, un des rois de la Loue» die Rede gewesen war). Der Verkauf unseres Bildes an Pasteur wird in dem genannten Brief 1873 verbürgt, ebenso die damals erfolgte Signierung.

Diese einfache Entstehungsgeschichte des Bildes ist von Courbet selber verschleiert worden. Die 1873 in Rot aufgetragene Signatur «71 G. Courbet. In Vinculis faciebat» will glauben machen, das Bild des qualvollen Forellentodes sei als ein Gleichnis des Leidens im Gefängnis von Ste-Pélagie 1871 entstanden – eine gezielte Irreführung. Wären die Fakten nicht überliefert, so würden allein die ungemeine Frische und die Differenziertheit des Bildes darauf hinweisen, dass es unmittelbar «sur le motif» entstanden ist, nicht aus der Erinnerung oder als Stilleben in der Gefangenschaft in Paris.

Bei dem folgenden Besitzer, dem Courbet-Biographen Charles Léger, war das Gemälde als dekoratives Panneau im Getäfer des Esszimmers eingelassen. Dabei wurde das Format oben und rechts um 2 bis 3 Zentimeter reduziert – ein Eingriff, der inzwischen im Kunsthaus Zürich so gut wie möglich rückgängig gemacht worden ist. Die Leinwand misst nun 87 x 52,5 Zentimeter.

Courbet wird von seinen Freunden und Zeitgenossen als ein gewaltiger Jäger und Fischer geschildert. Er kannte die Tierwelt der Franche-Comté, ihr Leben und Sterben, von ungezählten Streifzügen her, bei Tag und bei Nacht, im Sommer wie im Winter. Seine Weidtiere – Rehe und Hirsche, Füchse und Hasen – sind mitten in ihrem heimlichen, menschenfernen Dasein aufgesucht, nicht bloss beobachtet, sondern verstanden, in einer Art von Mitgefühl, das bis zur Identifikation reichen konnte. Aber auch an organisierten Jagden hat der Maler teilgenommen, so um 1858/59 bei Frankfurt. Selbst in der Rolle eines höfischen Jagdherrn hat er sich dargestellt.

Jagen ist ihm ein alltägliches, sachliches Geschäft. Den Jäger und den Fischer hat der Maler mehrmals in eigenen Bildern zum Thema gemacht, und eine seiner Skulpturen, «Le Pêcheur de Chavots», schmückt noch heute einen Brunnen in Ornans. «Le chasseur est un homme d'un caractère indépendent qui a l'esprit libre... C'est une âme blessée, un cœur qui va encourager sa langueur dans le vague et la mélancolie des bois.» Dabei brauchte der Tod der Tiere kein ausserordentliches Ereignis zu sein. Dem Jäger-Maler sind verendende und tote Rehe und Hirsche vertraut, nicht als Jagdtrophäen, sondern als Stationen elementarer Naturgesetze. Man kann sicher sein, dass die Prachtforelle hernach verspeist wurde, mit dem gargantuelischen Appetit, der dem Maler eigen war.

«La truite» ist denn auch das Werk eines malenden Fischers, nicht eines Fischmalers, nicht eines Spezialisten, wie es sie im Holland des 17. Jahrhunderts gegeben hat, auch nicht ein Fisch auf dem Tisch eines Städters oder eines Vanitas-Philosophen.

Fischer und Schwimmer: Courbet ist auch ein leidenschaftlicher Wasser-Mann. An Quellen und Flüssen, an stillen, steinigen Buchten, schliesslich am Meer nährt sich seine Landschaftskunst. Er ist ja in Ornans, am Ufer der Loue, geboren und dort ansässig, also dem Element des Ursprungs und der Fruchtbarkeit zeitlebens verbunden. In der Normandie soll er in wenigen Wochen neunzigmal gebadet haben. Und vom Sterbenden überliefert der Arzt Paul Collin den Seufzer: «Ach, wenn ich mich nur im Wasser des Sees ausstrecken könnte, ich würde gesund! Ich bin wie ein Fisch im Wasser.»

Viele, die ihn gut kannten, besonders Castagnary, meinten, der Maler habe selber tierhafte Eigenschaften. Er bewege sich langsam, wie Bauern und Ochsen, und er habe einen Ochsenblick. Den Frauen, die er malte – so sehen es Interpreten wie René Huyghe und Werner Hofmann –, gab er seinerseits tierhafte Züge. Als vegetative, oft halbbewusste Existenzen, träge, schlafend oder dämmernd, bezaubern sie vor allem mit ihren Haaren und dem Glanz ihrer Epidermis; letztlich rätselhafte Naturwesen.

Die Zürcher «Forelle» ist nicht die einzige Fassung des Themas, das den Maler eine Zeitlang offensichtlich faszinierte. Im Musée d'Orsay, Paris, befindet sich eine ähnliche Version, signiert «G. Courbet 73», jedoch seitenverkehrt, etwas grösser und mit mehr Umraum; in der Malweise eher routiniert und abgeleitet; der Fisch weniger prächtig, mit einem fast lemurenhaften Kopf. Mit demselben Datum versehen und signiert ist eine selbständige Variante, die dem Kunstmuseum Bern gehört: hochrechteckig, abermals grösser, nun mit drei toten Forellen, die an einem Ast in offener Flusslandschaft aufgehängt sind; am ehesten ein Anblick aus dem Fischermétier. Von den drei Variationen des Themas ist das Zürcher Bild die konzentrierteste, die prägnanteste und frischeste.

Ein toter Fisch: natürlich ein Stilleben. Als solches wird das Zürcher Bild denn auch in der kunstgeschichtlichen Gattungssystematik geführt. Die Geschichte des Fischstillebens kulminiert als Spezialität im holländischen, flämischen und neapolitanischen 17. Jahrhundert, bei van Beyeren, Heda, Snyders, Recco und anderen. Tote Fische: Trophäen der beherrschten Weltmeere, kunstvoll auf Tischen ausgelegt; oder als Vanitas-Symbole, als «Memento mori», mit Tieren in der Schlaffheit des Todes; oder zu dekorativen Gehängen gruppiert. Das alles entspricht nicht der Betroffenheit Courbets. Vollends sind die noch älteren Bedeutungen abwesend: der Fisch als Sinnbild Christi und der Eucharistie; der gefangene Fisch, der den

Angelhaken des Todes verschlingt, als Verweis auf Adam; der Fisch als Bezeichnung des Elements Wasser und der Temperantia. Die ganze gelehrte «Piscologie» versinkt vor der Gegenwart des Tiers.

Courbets Forelle ist noch nicht still-gelegt, weder auf dem Präsentiertisch der Gourmandise oder des Fischmarktes noch in der Intellektualität literarisch metaphorischer Bedeutungen. Dem Betrachter wird «a sensation of dying rather than the meaning of death» mitgeteilt (L. Nochlin). Das Tier lebt eben noch, «in extremis», herausgefischt aus dem blinden Kreislauf der Natur. Nichts ist welk, nichts tot an ihrem Liegen; eher ist es ein letztes Aufbäumen im Todeskampf.

Unbestechlich, ungerührt – wie es scheint – konstatiert das Auge des Malers das Sterben des Fischs. Aber die «peinture», in ihrem düsteren Reichtum, verrät mehr: «je suis ému».

Anlässlich der Versendung des Bildes an Pasteur im Februar 1873 – also nicht gleich mit der Fertigstellung der Arbeit im Sommer 1872 – setzte Courbet die merkwürdige Signatur an den unteren Bildrand, in einem anderen Rot und kalligraphisch gefälliger als sonst, «en mettant sur la truite l'epitaf [sic], on verra qu'il fait bon en prison» (so in dem erwähnten Brief an Pasteur).

Damit bezieht der Maler, wie erwähnt, die Forellenqual auf seine eigene Qual während der Gefangenschaft; damit deutet er das Bild um, zu einem «Sinnbild für den zu Tode gejagten Menschen» (Klaus Herding), zu einer versteckten Version des «Homme blessé», zu einer «Allégorie réelle» auf der Linie «Triumph und Tod des Helden» (wie es das Kunsthaus Zürich kürzlich einzublenden gewagt hat), zu einem latenten Selbstbildnis. Das ist eine bewusste Täuschung der Nachwelt, eine buchstäblich «aufgesetzte» Interpretation, eine sekundäre Ausweitung des Bildsinns in eine politisch persönliche Dramatik. Die Faszination vor dem sterbenden Fischleib hat einzustehen für Courbets Ceterum censeo ab 1871: seht diese Ungerechtigkeit!

Der Fall ist interessant für seine Metaphorierungstechnik. Einem abgeschlossenen, in sich kohärenten und sinnvollen Werk wird nachträglich durch Deklaration eine spezielle «höhere» Tendenz zugeschlagen. Todeskämpfe von Jagdtieren hat Courbet ja längst vor seinem Unglück von 1871 dargestellt.

Gewiss ist das Bild des sterbenden Fischs ohne besondere Denotation auch ein Bild allgemeiner Existenznot. Der persönliche Bezug muss aber beigeschrieben werden, um sich als solcher bemerkbar zu machen. Denn keinerlei symbolistisch zeichenhafte Züge lassen das Dargestellte selbst auf einen Hintersinn hin transparent werden. Erst hinterher schieben sich Erinnerungen, Albträume, Obsessionen ein. Nur einmal wird ein gejagtes

Reh ausdrücklich auf einen gejagten Menschen bezogen: in einem Bild für den Emigranten Clusseret – 1876 vom Emigranten Courbet gemalt und mit einer Widmungsinschrift als Gleichnis deklariert. Möglicherweise (so nimmt Christian Beutler an) hat der Maler den Text des –auch in Frankreich beliebten – «Forellen»-Liedes von Schubert gekannt, mit den Schlussversen «Et la truite était prise, hélas, pauvre poisson». Hingegen ist kaum anzunehmen, dass ihm die Schicksale des Dichters Ch. F. Schubart (1739 bis 1791) vertraut waren; dieser, ein beherzter Freiheitskämpfer, hatte das Gedicht im Gefängnis geschrieben, wohin er vom Herzog von Württemberg durch eine List gebracht worden war, sozusagen im Trüben aufgefischt.

Seine Gefangenschaft im Winter 1871/72 hat Courbet übrigens widersprüchlich beurteilt. Wilden Ausbrüchen der Qual stehen Zugeständnisse, es sei gar nicht so schlimm gewesen, gegenüber, und das (wohl seinerseits nachträglich entstandene) «Selbstbildnis im Gefängnis» – der Künstler im Strassenanzug, Pfeife rauchend – hat mehr Züge der Gelassenheit und der Melancholie als der Verzweiflung.

Allein, es gilt, genauer hinzusehen, mit der Aufmerksamkeit auf das, «was das Bild als es selbst hervorbringt» (Oskar Bätschmann), kraft seiner bildnerischen Mittel. Das Titelmotiv, die Forelle, ist ja überaus einfach und wirksam angelegt, durch seine Isolierung. Ausser ihm gibt es (fast) nichts, es regiert den Anblick uneingeschränkt. Kein Himmel, keine Perspektive, kaum eine Andeutung von Wasser und Ufergrün. Der Betrachter kann dem Fisch nicht ausweichen, er muss sich stellen.

Da räumliche Anweisungen fehlen, ist jegliche Distanz aufgehoben; es herrscht unverstellte Nahsicht. Durch die Verweigerung von Raumtiefe nimmt das Bild Eigenschaften einer Tafel, einer Vorzeigetafel, an. Die Dunkelheiten um den Fisch bilden einen Verschluss, ohne Ausgang, eine zähe Fläche. «Davor» präsentiert sich das Tier, greifbar (wie man meinen könnte), aufdringlich. Die Art dieser Konfrontation steht im Gegensatz zu der – auch im Stilleben – üblichen Vorstellung der Dinge auf einer Bild-Bühne. Mit der krassen Vergegenwärtigung des Gegenstands forciert Courbet den Betrachter: sieh da, die Forelle, sterbend!

Indessen ist die «mise en page», mit dem flachen S-Schwung der Körperachse von Bildecke zu Bildecke, ein Kunstgriff. Innerhalb des Bildgevierts installieren sich hiermit Kraft und Geschmeidigkeit, beide gleichwertig, beide den Bildgegenstand und die Bildkomposition gleichermassen bestimmend. In der dinglichen Präsenz ist, ununterscheidbar, kunstvolle Disposition anwesend; eine Disposition übrigens, die einem japanischen Holzschnitt mit demselben Motiv, von Hiroshige, 1832, merkwürdig nahekommt.

Vor allem spricht Courbet mit seiner ganzen unbändigen Sinnlichkeit auf die Materialität der Forelle an. Es ist ihre Stofflichkeit, die ihn fasziniert. Ohne irgendwelchen Formeln zu folgen, antworten Pinsel und Spachtel auf die Kühle, die Feuchtigkeit, die Glätte, den Glanz, die Weichheit, die Spannung der Schuppenhaut. Dabei stellen sich ganz direkte Notationsformen ein, vom Auge zur Hand, in spontanem Duktus, wie ihn zuvor nur Velazquez, Frans Hals und der junge Manet gekannt hatten. Doch löst sich die «touche» nicht vom Gegenstand, sie will nicht selber geistvoll sein. Allerdings wird zwischen dem Tier und seiner Umgebung unterschieden: die Bachlandschaft hat weniger gegenständliche Präzision, dafür mehr Strukturkraft, im Spachtelwerk.

Den Gegenstandssubstanzen sollen die Farbsubstanzen unvermittelt entsprechen. Braun, zum Beispiel, hat nicht als *Farbe* Braun aufzutreten. Courbets «peinture» sucht die Identität mit dem Objekt, sie erzeugt es neu, nicht als Abbild, nicht imitiert, sondern «réalisé» in Farbstoffen. «Sont-ce là des chairs? Est-ce de la couleur?» fragt der Maler vor seiner «Femme au perroquet». Die «Seele» der Dinge teilt sich durch deren Materie mit. Courbets Empathie gelangt bis zur Kommunion mit der Materie seiner Bilddinge.

Es verwundert nicht, dass der Maler darauf verzichtet, das Licht, bzw. das Helldunkel mit seinen Aktivitäten, einzusetzen. Das Licht ist ja eines der mächtigsten Deutungsmittel der Malerei. Courbets Fisch liegt aber in einem neutralen, gedämpften Bildlicht, ausserhalb jeder Lichtregie; nicht einmal Beleuchtung ist auszumachen. In der Bachufer-Dämmerung scheint der matte Schimmer den Dingen selber anzugehören, nicht von aussen erzeugt zu sein. Er ist unbeweglich, ausserhalb der Zeit, ohne dass Kräfte des Lichts pointierend oder verklärend, dramatisierend oder als Stimmungsträger aufträten. Der Fisch bleibt ohne Trophäenglanz, ohne symbolistische Weihe, ohne aufgesetzte Effekte.

Man kennt Courbets Vorstellung, er gehe malend vor wie die Sonne, die aus dem «noir et obscur» die Dinge «illuminierend» hervorbringe. «Je fais comme la lumière... et le tableau est fait. » In der Tat ist das Fischbild, wie üblich bei Courbet, dunkel grundiert, freilich nicht schwarz, sondern in drei Schichten erdrot/grau/erdrot. Aus diesem Dämmergrund holt der Pinsel Strich um Strich den Fisch herbei, ohne sich auf irgendein Vorwissen zu berufen, in einer Realisierung, die etwas von einem Schöpfungsakt hat.

Ein graues Bild, demnach? Grau ist in der Tat Courbets Grundfarbe, der Ursprung aller Farbigkeit, eine Art Urschlamm (René Huyghe). Im Museum von Ornans hat sich die Palette des Malers erhalten; darauf sind die reinen Tubenfarben alle ins Grau verschmiert, in trüben, stumpfen, auch schmutzigen Mischungen. Keine Eigenfarben mit ihrer Leuchtkraft, keine Farbenkontraste, keine Buntheit. Aber Grau in allen Farben, Grau von heimlicher Vielfalt. Darin dominieren die Erdfarben, besonders braun-rot-graue Nuancen; aber auch Grauskalen, von Silber bis zu glänzendem Schwarz. Blau hingegen ist bezeichnenderweise nicht zugelassen. Und vollends fehlen symbolisch oder semantisch bestimmte Akkorde.

Gewiss geht das Kolorit von den Sachfarben aus, dennoch lässt es sich nie auf ein banales Lokalkolorit reduzieren. Das gestockte Rot am Kopf der Forelle bezeichnet Blut, doch kommt es fast ebenso im Gestein vor. Farbige Sprenkelungen finden sich gleicherweise am Fischleib wie auch vorne im Kies. Damit ist einerseits der Eindruck der Einbettung des Tieres in seine Umgebung erreicht, anderseits befreit sich das farbige Pinsel- und Spachtelwerk zu eigenen, rhythmisch fleckigen Strukturen, die das Bildganze eigenständig durchwirken. (Deshalb ist die Forelle halt doch nicht greifbar.) So kommen sachbezeichnende und farbbezeichnende Intensitäten zur Übereinstimmung. Allerdings ist nicht ausser acht zu lassen, dass Courbet billige Farben benützte und unsolide Malverfahren anwandte. Von Veränderungen, Verdunkelungen und Trübungen sind seine Bilder denn auch nicht verschont geblieben.

In seinem Malverfahren bevorzugt Courbet ein pastos direktes Pinsel- und Spachtelwerk, ohne graphische Formeln, im Gegensatz zu dem üblichen sorgfältigen Schichtenaufbau. Es dominieren satte Farbtupfen und offene materialreiche Spachtelzüge; auch glatte «glacis» und wuchtige schwarze Striche (am Fischkopf) kommen vor; alles Nass in Nass verarbeitet, sehr energisch und kraftvoll. Daraus ergibt sich eine konsistente, fette Dichte der Malhaut; d. h. , die Dinge bieten sich in opaken Oberflächen dar. Das Licht haftet auf ihnen, ohne in sie einzudringen und ohne von ihnen reflektiert zu werden. Man sieht sie befangen und versunken in stofflicher Schwere und Trägheit. Alle Materien – ob Fischhaut oder Jurakalk, in anderen Fällen sogar Wasser und Wolken – erweisen sich als zäh, dumpf, substantiell. Trotz der offenen Darstellungstechnik sind sie undurchdringlich. Deshalb auch undurchschaubar und unvergleichlich (Alpatow, Sklovskij).

Man muss Cézanne sprechen lassen: «C'est un bâtisseur. Un rude gâcheur de plâtre. Un broyeur de tons. Il maçonnait comme un romain. . . »

Courbet will den Fisch ganz «concret» und «réel» machen (das sind seine eigenen Begriffe). Es geht um die Authentität der Erscheinung im Bild. Da würde jegliche Steigerung oder Metaphorierung durch den Maler gleich zur Verfälschung führen. «L'artifice n'a pas le droit d'amplifier cette expression. » – «Le beau donné par la nature est supérieur à toutes les conventions de l'artiste. » Der Maler soll sich hüten, sich selber einzumischen, mit seiner Subjektivität und seinen Kunstformeln. Nur metonymisch, in unbewussten Materien, ist er anwesend (M. Fried). «Je fais penser les pierres.»

«Concret» und «réel»: diese Verpflichtung auf realistische Prinzipien ist aber nicht zu verwechseln mit blosser «trompe-l'œil» - Mimesis. Mit der «mise en page», der Regelung des Bildlichts, der Farbwahl, dem Pinselwerk wendet Courbet sehr viel Kunst auf, um die Kunst vergessen zu machen und dem Gegenstand eine Verbindlichkeit zu sichern, die er in den Zerstreuungen der Wirklichkeit nicht hat. Seine Darstellungen sind Feststellungen, Verfestigungen, oft geradezu Versteinerungen. Das ist seine Art, durch Malerei Dauerhaftigkeit und Gültigkeit zu schaffen.

Mit steinernem Gleichmut, weder trauernd noch protestierend, setzt er die Dinge in ihre archaische, «wilde Ursprünglichkeit» (Herding) ein.

Da, hartnäckig da; unverrückbar und unauflösbar; ungedeutet und undeutbar; nicht ins Denken eingebracht und in ihm aufgehoben; nicht ins Symbol transponiert. Der Fisch ist der Fisch (ist der Fisch...). Courbets Malerei steht da ein, wo es dem Denken die Wörter verschlägt. Sie gibt, was an der Sache nicht philosophierbar ist – den unerklärlichen, unbegründbaren, unvordenklichen Schrecken im Staunen. Ein «Ideenmaler» ist er erst in dieser Tiefe der archaisch chthonischen Erfahrungen. Das allein hebt seinen – seit Baudelaire gerügten – Mangel an Phantasie auf.

Ecce piscis. Ich zeige den Fisch, meint Courbet malend. Seht den Fisch, bedrohlich in seiner bedrohten Schönheit. Voilà, ich verstehe das nicht, wer soll das verstehen, deshalb male ich es. Ich zeige, was ihr sonst nicht wahrnehmt, was ihr denkend verkennt und auflöst und verliert. Malen, das ist das schwere, aktive Eingeständnis der Undenkbarkeit. Das Dasein ist beklemmend und unbegreiflich. Dies zu zeigen ist die Sache (nicht die «Botschaft») meiner Malerei.

Literatur

Fakten zum Bild: Dossier im Archiv des Kunsthauses Zürich. Ferner: Œuvrekatalog von R. Fernier (La vie et l'œuvre de Gustave Courbet, Lausanne-Paris 1977, Nr. 786 und in den jüngeren Ausstellungskatalogen zu Courbet (Paris 1977, Nr. 123; Hamburg-Frankfurt a. M. 1978/79, Nr. 293; The Brooklyn Museum 1988, Nr. 85). – Die Referenzen im Text: vgl. die Bibliographien in den genannten Courbet-Katalogen. Zudem: Ausstellungskatalog «Triumph und Tod des Helden», Zürich (Kunsthaus) 1988, Zusatzheft, Nr. 170. – Courbet in Perspective (P. Ten-Doesschate Chu ed.), Englewood Cliffs N. J. 1977. – Courbet raconté par lui-même et par ses amis, Genève 1948. – K. Herding, Zu Courbets Spätwerk, in: Pantheon 1986, S. 77. – W. Hofmann, Courbets Wirklichkeiten, in: Ausstellungskatalog Courbet Hamburg-Frankfurt 1978/79, S. 589. – Ferner: Vorwort zu M. W. Alpatow, Studien zur Geschichte der westeuropäischen Kunst, Köln 1954. – R. Huyghe, La relève de l'imaginaire, Paris 1976, S. 397. – Zu beachten ferner: M. Fried, Courbet's Realism. Chicago 1990. – K. Herding, Courbet Reconsidered, in: Burlington Magazine, 1989, S. 244. – L. Nochlin, Realism, Harmondsworth 1971, S. 72. – Realismus als Widerspruch, Die Wirklichkeit in Courbets Malerei (ed. K. Herding), Frankfurt a. M. 1978. – R. Shiff, Art History and the Nineteenth Century: Realism and Resistance, in: Art Bulletin, 1988, S. 25.

Ein Platz für Fantin-Latour

Anlässlich der Ausstellung im Grand-Palais in Paris, 1982

Wenig beachtet von seinen Zeitgenossen, ist Henri Fantin-Latour (1836 bis 1904) dem Gedächtnis unseres eigenen Jahrhunderts beinah entschwunden. Was sich gehalten hat, fest verankert in der Literatur- und der Musikgeschichte mehr als in der Kunstgeschichte, sind seine grossen Gruppenbildnisse: Ikonographien der Berühmtheiten wie Baudelaire, Verlaine, Rimbaud, Zola, Chabrier, Manet, Renoir, Monet. Aber diese Porträtgalerien haben sich vor den Maler gestellt; angesichts ihrer dokumentarischen Qualität ist die Frage nach dem Künstler in den Hintergrund geraten. Der Kunstgeschichte selber liegt der Schwierige nicht: sein Schaffen lässt sich in dem Einmaleins der «grossen», «logischen» Entwicklung der zweiten Jahrhunderthälfte nicht recht unterbringen. Die massgebende, freundschaftliche Biographie stammt von einem Musikhistoriker, Adolphe Jullien (1909). Eine fachgerechte Monographie liegt bis heute nicht vor, und eine Ausstellung repräsentativen Anspruchs hat seit der Retrospektive von 1906, nach seinem Tode, nicht wieder stattgefunden.

Aber die Anerkennung Fantins durch Baudelaire, Manet, Huysmans, Proust und Claudel? Und die Betroffenheit, das Entzücken der Kenner, von gestern und heute, vor Fantins Blumenstilleben, die sich in privaten Retraiten immer behauptet haben? Ein klassischer Fall von Unterschätzung und Verkennung, von kritischer Blindheit? Solche Fragen wirken als die Unruhe der Pariser Ausstellung: nicht eine Glorifikation, vielmehr eine Erprobung und zugleich ein Beitrag zur Erschliessung des «andern» 19. Jahrhunderts.

Dass der Fall Fantin nach hundert Jahren wieder aufgenommen wird, ein Tribunal in völlig veränderten Perspektiven, ist dem Zusammenwirken der Réunion des musées nationaux de France mit zwei überseeischen Instituten – der Galerie nationale du Canada und dem Fine Arts Museum in San Francisco – zu verdanken. Diese Orientierung ist kein Zufall, hat doch Fantin bis in seine letzten Jahre durch die Verkäufe via London, nicht in Frankreich, sein Auskommen gehabt. Und das ist auch der Grund, weshalb sich heute ein wesentlicher Teil seines Œuvre in angelsächsischem Besitz befindet.

Die beiden Kommissäre, Michel Hoog (Paris) und Douglas Druick (Ottawa), haben die Gelegenheit benützt, den Ausstellungskatalog zu einem möglichst vollständigen Dossier Fantin auszubauen. Die Texte des 350 Seiten starken, zweispaltig gesetzten Buches beruhen auf den umfangreichen, weitgehend unpublizierten Materialien, die Mme Fantin anlegte – von den Briefen und den «Albums de presse» bis zu ihrem «Catalogue raisonné» von 1911 –, ferner auf den Dokumenten des Kunsthändlers Tempelaere und den reichlichen Korrespondenzen des Malers mit den Eltern und den Freunden Edwards, Whistler, Jullien und anderen. Das zahlt sich aus: man erhält detaillierte Einblicke in die Entstehungsgeschichte der Werke, die Motivationen und die Schwierigkeiten. Man lernt die ästhetischen Überzeugungen Fantins im Wortlaut kennen, samt ihren Wandlungen und den Stellungnahmen zur Zeitgenossenschaft, die ja von Delacroix bis zu Cézanne und den Symbolisten reicht. Und in aller Breite, von Fall zu Fall, werden die Reaktionen der Kritik, die Karikaturen inbegriffen, verfolgt, gewiss zur Freude der zurzeit grassierenden Rezeptionswissenschaft. Aber es ist ein Katalog mit Scheuklappen, streng monographisch. Die entwicklungsgeschichtlichen Verbindungen bleiben, soweit sie nicht biographisch beglaubigt sind, ausser Sicht, ebenso die theoretischen und die «Salon»-Horizonte wie auch die sozialgeschichtliche Problematik. Und die erste und letzte Frage, nach der Leistung Fantins, nach seinem Platz innerhalb seiner so komplexen Epoche und innerhalb der einzelnen Aufgaben und Gattungen, ist mit Sorgfalt zurückgehalten. Gerne vernimmt man indessen, dass der neue Catalogue raisonné, von Ph. Brame und B. Lorenceau, bald erwartet werden darf.

Dagegen beschränkt sich die Ausstellung selber in glücklicher Strenge auf 151 Nummern: Gemälde, Zeichnungen, Pastelle, Lithographien, durchwegs auserlesene und repräsentative Arbeiten. Die Lücken aufzuzeigen wäre unfair angesichts der (verständlichen) Leihmüdigkeit der Besitzer. So genügen auf zwei Stockwerken je drei grosse Säle, um die Übersicht aufzunehmen, in chronologischer Ordnung, darin aber nach Sachgruppen aufgeteilt, mit begründeten Akzenten.

Die Regie ist so zurückhaltend, als hätte Fantin sie selber geführt: sachlich, nobel, dennoch straff, mit Symmetrien grosser und kleiner Ordnung, sehr luftig und mit viel Tageslicht. Erklärende Schrifttafeln sind nur im Treppenhaus geduldet.

Fantin, geboren 1836 (als Sohn eines Malervaters und einer russischen Mutter), ist ein genauer Zeitgenosse der Impressionisten. Das hätte vielerlei Chancen eröffnen können. Aber seine Schule sind die alten Meister im Louvre – er kopiert wiederholt Veronese, Tizian, Rembrandt –, und sein Idol heisst Delacroix, der Erzromantiker, dem er 1863/64 ein grosses

Masaccio. Die Vertreibung aus dem Paradies.
Florenz, S. Maria del Carmine, Brancacci-Kapelle.

I

Michelangelo. Ausschnitt der Lünetten unter der Sibylla Persica,
vor (rechts) und nach der Restaurierung.
Rom, Vatikan, Sixtinische Kapelle.

Andrea del Sarto. Madonna mit dem Kind und Heiligen, «Pala di Gambassi». Florenz, Palazzo Pitti.

J.D. Ingres. Der Schwur Ludwigs XIII.
Montauban, Kathedrale.

J.D. Ingres. Raffael und die Fornarina.
New York, Privatbesitz.

Gerolamo Savoldo. Der Evangelist Matthäus und der Engel.
New York, Metropolitan Museum of Art.

Moretto (Alessandro Bonvicino).
Madonna mit dem Kind und Heiligen, Ausschnitt.
Brescia, Pinacoteca Tosio Martinengo.

Tizian. Pietà. Venedig, Galleria dell'Accademia.

VIII

Lodovico Carracci. Medea (Ausschnitt aus dem «Incanto di Medea»).
Bologna, Palazzo Fava.

Guido Reni. Atalante und Hippomenes.
Neapel, Museo di Capodimonte.

Stefano della Bella. Bettlerin mit Kindern.
Aus «Diversi Capricci».

Francesco Cairo. Ekstase des hl. Franziskus.
Mailand, Castello Sforzesco, Pinacoteca.

Sebastiano Ricci. Ekstase der hl. Teresa.
Vicenza, S. Girolamo degli Scalzi.

Giuseppe Maria Crespi. Die Firmung. Aus dem Zyklus der Sakramente. Dresden, Staatliche Kunstsammlungen.

Giacomo Ceruti. Zwei Bettler (pitocchi).
Brescia, Pinacoteca Tosio Martinengo.

Federigo Barocci. Flucht aus Troja (Karton).
Paris, Louvre.

XVI

Edgar Degas. Ballettszene (Pastell).
Philadelphia, The Philadelphia Museum of Art.

Gustave Courbet. Die Forelle.
Zürich, Kunsthaus.

XVIII

Henri Fantin Latour. Un atelier aux Batignolles.
Paris, Musée d'Orsay.

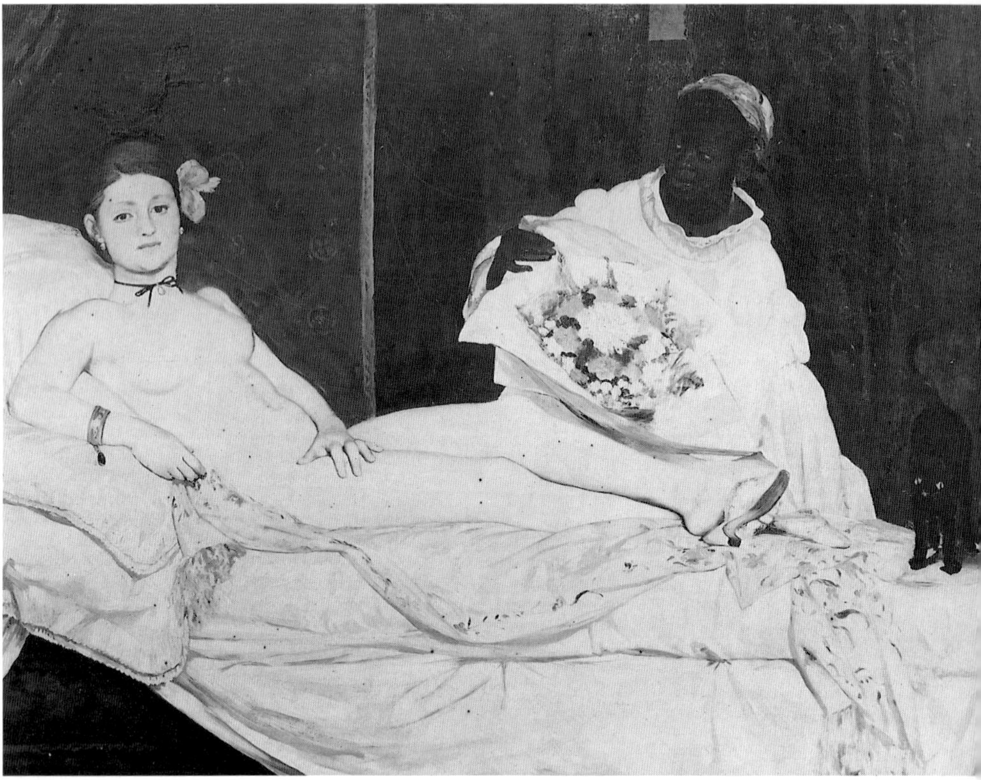

Edouard Manet. Olympia.
Paris, Musée d'Orsay.

Edouard Manet. Un Bar aux Folies-Bergère.
London, Courtauld Institute Galleries.

XXI

Claude Monet. Bäume am Wasser im Frühling.
Philadelphia, The Philadelphia Museum of Art.

Claude Monet. Camille Monet auf dem Totenbett.
Paris, Musée d'Orsay.

Claude Monet. Die zwei Weiden, am Morgen (Ausschnitt).
Paris, Musée d'Orsay.

Auguste Renoir. Studie zu den «Grandes Baigneuses».
Paris, Louvre.

XXV

Auguste Renoir. Bildnis Victor Chocquet.
Winterthur, Sammlung Oskar Reinhart am Römerholz.

Edgar Degas. Schauspielerinnen in ihren Umkleidekabinen.
Radierung und Aquatinta.
Washington, National Gallery of Art.

Paul Cézanne. Bildnis Achille Emperaire.
Paris, Musée d'Orsay.

Paul Cézanne. Le déjeuner sur l'herbe.
Privatbesitz.

Paul Gauguin. Jakob ringt mit dem Engel.
Edinburgh, National Gallery.

Georges Seurat. Die drei Modelle (kleine Version).
Sammlung Berggruen (London, National Gallery).

Pierre Bonnard. Signac und seine Freunde im Segelboot.
Zürich, Kunsthaus.

«Hommage»-Bild widmet. Obgleich Impressionisten wie Monet und Renoir zu seinem frühen Freundeskreis gehören, distanziert er sich mehr und mehr von ihrer «skizzenhaften» und «unfertigen» Plein-air-Malerei. Und dem Anführer der Realisten, Courbet, auch eine persönliche Bekanntschaft, wirft er Mangel «de goût et de science artistique» vor. Das Äusserste an Modernität, so meint er, begegnet ihm in Manet – seinerseits das Zentrum eines repräsentativen Bekenntnisbildes («Un atelier aux Batignolles», 1868/70).

Aber nach solchen Auseinandersetzungen zieht sich schon der junge Fantin auf seine Insel einer «absoluten», «ewigen» Malerei zurück, «en dehors de tout le monde». Seine hohe Kunst «n'a de rapport avec rien de la vie», und er ist bereit, ihr jedes Opfer zu bringen. Tatsächlich verschliesst er sich allen Ausblicken in die Realität der Zeitgenossenschaft, ja im Gegensatz zu seinen Impressionisten-Kollegen dringt nicht einmal Landschaft in sein hermetisches Atelier. In diesem sind, unter asketischen Ambitionen, nur Bildnisse, Stilleben und Träumereien zugelassen.

Auf allen drei Gebieten stellen sich dabei Konsequenzen ein, die, nicht nur innerhalb des 19. Jahrhunderts, Beachtung fordern.

Fantin hat das glühende Bedürfnis, sich zu seinen künstlerischen Idolen zu bekennen: zu Delacroix, zu Manet, zu Richard Wagner, nämlich in grossen Gruppenbildnissen, die den Gedanken der Nachfolge zelebrieren. Es sind personifizierte Manifeste; Altarbilder seiner Kunstreligion mit ihren Aposteln; mehr als blosse «hommages».

Delacroix, damals eben gestorben, erscheint in einem entrückten Bildnis (lange Zeit experimentierte Fantin mit einer denkmalhaften Skulptur) über seinen Getreuen. Manet setzt sich malend an der Staffelei mitten unter seine Jünger. Der Geist Richard Wagners schwebt allerdings unsichtbar über seinem Gefolge, das sich am Flügel Chabriers versammelt hat. Eher undurchsichtig scheint – mit langer Entstehungsgeschichte – die vierte dieser «professions de foi» zu sein, die literaturkritische: zuerst mit Baudelaire im Zentrum geplant, schliesslich als eine lockere Vereinigung von Schriftstellern an einem halb abgeräumten Mittagstisch ausgeführt («Un coin de table»), mit Verlaine und Rimbaud als Aussenseitern (übrigens das einzige authentische Porträt Rimbauds, wie ein Cherub, aus einer andern Welt).

Denkwürdigkeiten sind sie alle, diese vier Deklarationen. Agenda für die Kulturgeschichte: nämlich Dokumente für die Wirksamkeit des «Gloire»- und «Immortalité»-Denkens (Goncourt: «Fantin, le distributeur de gloire aux génies de brasserie»); Einsichten in das Funktionieren von Bewunderung, Treue, Verschwörung; Varianten der Denkmälermanie. Der Maler leistet dabei nicht nur zeitgenössische Kulturkritik *in effigie,* sondern erstaunlicherweise auch – im Falle von Rimbaud, Renoir, Monet, d'Indy – Prophetie künftiger Grösse.

So haben sie also ausgesehen, Porträt für Porträt. Aber künstlerisch ist ihre Vereinigung eine Collage. Man weiss, dass Fantin die Komposition je einmal durch ein Aufgebot an alle Modelle überprüfte, die Bildnisse aber je einzeln schuf. In Wirklichkeit sind es Geisterversammlungen, hergestellte Fiktionen, ohne das Stichwort einer situationsgemässen, unmittelbaren Gemeinsamkeit, wie man es beispielsweise bei Frans Hals oder Rembrandt und andern holländischen Gruppenporträtisten des 17. Jahrhunderts findet. Stellungen und Blicke divergieren, die Mimik ist reglos, versteinert, das Bildlicht neutral, das Kolorit fast monochrom, grau in grau. Weder das Klavierspiel Chabriers noch das Malen Manets wirken konzentrierend. Möglicherweise hat die (damals noch junge) Photographie eingewirkt. Aber gerade daraus ergibt sich der stärkste, ja erschreckende Bildeindruck: die Gemeinschaft verrät jeden Einzelnen als einen tief Einsamen. Kommemoration als Enthüllung der Kommunikationslosigkeit. Der junge Fantin, im «Delacroix», überspielt dies noch mit malerischem Zauber, der ältere schreckt selbst vor surrealen Härten nicht zurück.

Auch in den weiteren Gruppenbildnissen und vollends in den Einzelporträts sind es die Fragwürdigkeiten, die das grösste Interesse erwecken. Gibt es einen treffenderen Bericht über das Selbstverständnis der bürgerlichen Familie um 1880 als das Gruppenporträt Dubourg (Louvre)? Schwarz in schwarz, alle in neutralisiertem Ernst, jedoch die eine Tochter aufbrechend, ein Dokument der *gravité* und der *austérité*, gemalt von einem ebenso strengen, indifferenten und verschwiegenen Beobachter.

Bildnisaufträge empfand Fantin als eine Fron, als eine «Prostitution» seiner Kunst, aber er war auf sie angewiesen. Die Formel hält sich zuerst an Manet, verzichtet dann aber auf spontanen Ausdruck und alle Anzeichen einer modernen offenen Pinselschrift. Fantin, der Porträtist, ist ein Maler der hintergründig nüchternen Registratur, der «sobriété», auch des Respekts und einer fast jansenistischen Noblesse, ohne den Pomp der «Salon»-Porträtistik, aber auch ohne analytische Schärfe. Den Horizont gesellschaftlicher Verbindlichkeit überschreitet er nie, deshalb sind seine Bildnisse so genaue Urkunden zum Befinden des bürgerlichen Individuums in der Gründerzeit. Selbst das Bildnis Manets von 1867 bemerkt nur den feinen Herrn, mit Zylinder und Stock, ein Bild der *bonhomie* und der Rechtschaffenheit, wie auch in den Gruppenbildnissen der Künstler und Literaten die Abgründe und Dämonien, die Defekte und Exzesse nicht durchscheinen. Chabrier, am Flügel, könnte auch ein Bankdirektor sein. Die Bildhintergründe sind meist neutral, kühl und leer. Den Modellen ist die feine Pose zur zweiten Natur geworden. Um so mehr gelingen dem Maler Porträttreffer, wo es darauf ankommt, das Individuum festzulegen in seinem Auftritt «comme il faut» (Ehepaar Edwards, Jullien, Louise Riesener, M. und Mme Maître).

Fantin selber: «On peint les gens comme des pots de fleurs... l'extérieur tel qu'il est, mais l'intérieur? L'âme est une musique qui se joue derrière le rideau de chair, on ne peut pas la peindre.»

Auch die Stillebenmalerei war für Fantin nicht mehr als ein Brotberuf mit einem florierenden Exportmarkt in Grossbritannien. Die Erniedrigung quälte ihn: «Je pense à Michel-Ange, devant les pivoines et les roses.» Aber just von seinen Päonien und Rosen ist sein heimlicher Ruhm ausgegangen. Proust und Claudel bemerkten es auf Anhieb: «un carré de silence». Und der Kritiker Astruc schwärmte schon 1863 von den «merveilles de goût, d'art, de coloris» mehr als von allen andern Werken Fantins. Heute haben sie ihren festen Platz in der Geschichte ihrer Gattung (obgleich die grosse Stillebenausstellung in Münster und Baden-Baden 1980 den Namen Fantins nicht einmal erwähnte).

Er hat nur Blumen gemalt, oft mit ein paar Früchten, Tassen, Gläsern; nur Blumen des Alltags, nichts Exotisches, kein Blütenrausch, keine Trophäen, keine Symbolismen; auch hier bürgerliche Kleinwelt, reinlich und gediegen. Wieder gibt Manet die Grundlage, mit dem sprühenden, prangenden Pinselwerk, auch Courbets dichte Stillebensubstanzen tun ihre Wirkung. Aber Zug um Zug beschränkt sich Fantin auf präzise, akkurate Wiedergabe, auf Sachtreue und liebevolle Gewissenhaftigkeit. Wie in den Bildnissen gelingt es ihm, seine Arrangements zu isolieren und damit zu intensivieren, meist vor grauem Grund, ohne Beleuchtungs- und Stofflichkeitseffekte, dauerhaft und aufgehoben wie für alle Ewigkeit. Sein Geheimnis ist, ein genaues Gleichgewicht von Objekt, Form und Farbe herzustellen. Nur die Farbe darf sich, in den späten Buketts, offener und dekorativer hervorwagen. Man spürt nicht, dass seine Teerosen in dem kleinen Garten von Buré gewachsen sind. Aus Gartenrosen sind Salonrosen, aus Naturrosen Kunstrosen geworden – winzige Denkmäler der Gründerzeit.

Das alles zählt aber nicht für Fantin. Er ist ein verhinderter Maler – insofern als die Umstände ihm verwehrten, seine grossen Träume zu verwirklichen. Mit Baudelaire glaubt er zutiefst, «l'imagination» sei «la reine des facultés». Während er Bildnisse und Blumen malt, «d'après nature», denkt er das Gegenteil (und dementiert damit Courbet): Gegenstand des Malers sei «non pas ce qu'il voit, mais ce qu'il rêve». Unter dem Realisten des Alltags seufzt ein mächtiger Romantiker, ein später Nachfahre Delacroix'.

Den entscheidenden Anstoss gab die Musik: vor allem Richard Wagner, auch Schumann, Brahms, Berlioz (dem ein monumentales Gedenkbild gewidmet ist, 1876). Der Kampf um Wagners Musikdrama in Paris seit 1848 ergriff auch den Maler; die Verehrung kulminierte in einer Wallfahrt nach Bayreuth. Die Pariser Ausstellung zeigt Ausschnitte aus Fantins Phantasien zum «Tannhäuser», zum «Rheingold», zum «Lohengrin», zum «Parsifal», ebenso zu Werken von Berlioz, jeweils ganze Sequenzen und Serien. Denn nicht öffentliche Monumentalwände, nicht einmal grosse Leinwände standen zu seiner Verfügung. Sein Medium musste die Lithographie sein, der er freilich erstaunliche Wirkungen abgewann. Hier entwikkeln sich Phantasien über die Phantasien anderer; Imaginationen über die Imaginationen der Oper.

Gelegentlich verlässt Fantin allerdings die exakte Thematik der Bühne und des Konzerts und schafft eigene Choreographien: Nymphen und Genien in elysischen Lüften; Aufschwünge und Evasionen («j'étais emporté»). Die präzisen literarischen Bildtitel danken ab zugunsten von «Féérie», «Songe», «Danse» und «Souvenir», wo namenlose Helden und Schönheiten in mysteriösen Idyllen auftreten. In den «Salons» der neunziger Jahre trugen sie dem Maler schliesslich einige Erfolge ein.

Es ist zu bedauern, dass solche Melomanien nicht öfter als Gemälde vollendet wurden. In den wenigen Ölbildern dieser Art gelangt Fantin unversehens auf die Wege des jungen Symbolismus: zu eigenartigen, poetisch verwunschenen Urbildlichkeiten, jedoch jenseits von Literatur und fixierter Metaphorik. Seine «Helena» zum Beispiel, in mondhaftem, irisierend rieselndem Licht, ist eine unfassliche, dämonische Weiblichkeit, halb Fee, halb Undine, echsenhaft gelagert mitten im fassungslosen Staunen der Männerrunde, eine ganz eigenständige Prägung der *beauté fatale*, die auch neben Moreau und Redon bestehen kann.

An Fantin bestätigt sich, dass das gängige Epochenmodell «hie Avantgarde – dort Salon, Akademie, Ecole des Beaux-Arts» eine unzulässige Polarisierung und überhaupt eine *terrible simplification* ist. Was dazwischen und daneben geschaffen wurde, hat nicht geringere Bedeutung. Indem Fantin den Konflikt zwischen «vérité» und «féérie» austrägt, als Künstler wie als Mensch, indem er Bildnisse, Stilleben wie auch Träumereien herstellt – «les songes d'une époque de chefs de bureau» (Jean Cassou) –, ist er mit seiner Epoche viel tiefer verbunden, als ihm selber bewusst war, ja in sie verstrickt als Zeuge und als Opfer.

Fantin-Latour, Ausstellungskatalog Paris (Grand Palais) 1982/83, Paris 1982. – Vgl. die Ausstellungsrezensionen in: Apollo, 1984, S. 30 (D. Sutton). – Art History, 1984, S. 258 (R. Thomson). – Burlington Magazine, 1983, S. 115 (R. Pickvance). – Pantheon, 1983, S. 73 (E. Mai). – *Seither* sind zu beachten (Auswahl): M. Hoog, A propos de l'exposition Fantin-Latour: les fleurs et les poètes, in: L'Oeil, 1982, Nr. 329, S. 54. – Henri Fantin-Latour, Ausstellungskatalog London (Wildenstein) 1984, London 1984. – Fantin-Latour, «Coin de table», Ausstellungskatalog Paris (Musée d'Orsay) 1987/88, Paris 1987. – G. Weisberg, Fantin-Latour's «Coin de table»: the painting in context, in: Arts Magazine, LXII, 1988, S. 49. – E. Hardouin-Fugier, Fantin-Latour, peintre de fleurs, in: Gazette des Beaux-Arts, 1989, S. 135.

Olympias Bouquet

Bemerkungen zu Manets Modernité

Der Anlass ist banal und anrüchig. Ein Blumenbouquet ist angekommen, zweifellos von einem Verehrer, für Olympia, die blutjunge Kokotte, die nackt auf ihrem Lager ruht. Eine Negerdienerin streift eben das Seidenpapier zurück, um das weiss-rot-grüne Blütengebinde zu zeigen. Das ist die Situation, die Manet in der «Olympia» (gemalt 1863, heute im Musée d'Orsay in Paris) vor Augen stellt.

Die Szene ist offen und unverstellt, nach hinten aber sogleich abgeschlossen. Es gibt keine Perspektive, keine seitlichen Kulissen, die distanzieren oder einengen oder verheimlichen würden. Kein Interieur bietet sich als Umraum an. Vielmehr ist das Ruhebett mit der Schönen ganz nah und ganz hell an den Betrachter herangerückt. Kein Blick durch ein Schlüsselloch des «Second Empire». Kein Wunschbild eines Voyeurs. Der Massstab der Darstellung ist beinah 1:1 – der Massstab der Identifikation des Betrachters mit dem Bild. Manet stellt Gegenwart her, unausweichlich, in krasser Direktheit, zugleich monumental.

Und doch – das ist längst bekannt, aber Manets Zeitgenossen hatten es nicht wahrgenommen – wird dabei ein eminenter traditioneller Bildtypus verwendet: Tizians «Venus von Urbino» (damals für Giorgione gehalten). Manet hatte das Gemälde in den Uffizien schon 1853 kopiert. Auch Velazquez' «Venus und Cupido» und Goyas «Maja desnuda» waren ihm als Vorerfahrungen und Vorbilder vertraut, ebenso die «Venus» von Lambert Sustris (Rom, Villa Borghese), ein Tizian-Ableger. Allerdings, die mythologische Göttlichkeit war dem Thema längst abhanden gekommen, obwohl ihm die Salonmaler und Akademiker, auch Ingres und Delacroix, mit vielerlei Orientalismen, historischen Einkleidungen und moralischer Metaphorik eine höhere Würde zu wahren suchten. Und die Institutionen hielten ja darauf, dass die Nacktheit das Inbild einer überirdischen Perfektion bleiben sollte. An jedem «Salon» waren Phryne, Lais, Nyssia, Nymphen und Odalisken als Varianten des hohen Ideals zu finden.

Manet aber macht kein Hehl daraus: dies ist das Bild einer Kurtisane von 1863, ein Bild aus der aktuellen Szene der «vie moderne» (wie Baudelaire sie eben damals, 1863, proklamierte). Nicht *demi-dieux*, sondern *demi-monde.* Von der Venus zum *pin-up girl.* «Elle attend et regarde..., sans curiosité, sans joie, sans mystère.» Eingeweihte erkannten sofort Victorine Meurent, das Berufsmodell Manets in diesen Jahren.

Weshalb denn das mythologische Renaissance-Schema, weshalb Manets Programm des «refaire Giorgione moderne»? Ein Archetypus? Ein *pattern* aus der übermächtigen Tradition? Ein pathetisches Zitat (in unpathetischer Lage)? Ein Rückgriff, ein *revival* – oder wie immer die Fachliteratur sich auszudrücken liebt? Modewörter, keine Erklärung. Den Kritikern Manets verschlug es (angeblich) die Sprache (über die sie doch so wohl verfügten), oder sie zeigten sich schockiert von der unverfrorenen Präsenz der Demoiselle von 1863 auf dem Ruhebett der Renaissance.

Tatsächlich verschärft sich diese Gegenwärtigkeit gerade innerhalb des geheiligten Schemas, das sie verletzt. Die arglose Erwartung des Betrachters, der mit Giorgione – Tizian vertraut ist, wird getäuscht – Mlle Victorine statt Venus, ja Victorine wie Venus, in einer Rolle, die sie erst recht entlarvt. Die Usurpation der Renaissance-Formel durch die Kokotte ergibt einen tückischen Widerspruch; er wurde seinerzeit als Provokation empfunden. In der Anmassung ist Victorine mit ihrem viereckigen Gesicht, ihren kleinen, präzisen Brüsten, ihren etwas kurzen Beinen und dem selbstbewussten, gleichgültigen Blick, weder einladend noch abweisend, um so deutlicher zu erkennen – als die «vestale bestiale» (Valéry), die ihre Individualität nicht aufgibt und keinerlei allegorisches oder mythologisches Alibi in Anspruch nimmt. Durch den Zwiespalt spricht sich die Pervertierung der göttlichen Liebe auf sarkastische, auf moderne Weise aus. Andererseits bestätigt Manet (gerade in der Markierung der Distanz) das Bewusstsein einer Erfahrungstiefe, die schon im Cinquecento ihren Topos ausgebildet hatte.

Heute wie damals wird der Betrachter hin und her gerissen zwischen der Hoheit des Schemas und der Trivialität seiner Besetzung; zwischen der Ironisierung der Venus-Formel und der Heroisierung der Demoiselle; zwischen vermeintlichem Glück und Ernüchterung – all das als ein Doppelspiel, als (eine vorder- und eine hintergründige) Zweideutigkeit; als ein Wechselbad, das zu den Erfahrungen der *modernité* gehört.

Wie im «Déjeuner sur l'herbe» aus demselben Jahr 1863 verwendet Manet das Prinzip der Parodie. Das geschieht nicht um komischer Effekte willen, wie es in der Literatur von jeher gebräuchlich war, vielmehr eher im Sinne der Musiktheorie. Einer vertrauten «Komposition» wird ein anderer, aktuell profaner «Text» unterlegt. Was sich dabei ergibt, ist vieldeutig: Überraschung, Verfremdung, Widerspruch, Beunruhigung, Skepsis. Ein Realist oder ein Impressionist – als welchen man Manet noch immer ausgibt, zu Unrecht – wäre nie auf solche Strategien der Diskrepanz gekommen. Hingegen sind sie in der zeitgenössischen Operette, besonders bei Offenbach, und in der (damals noch jungen) Photographie und der Lithographik anzutreffen, sowohl in den kunstvollen wie auch in den pornographischen Spielarten. Die Ikonographie dieser populären Medien – «underground imagery» – kennt auch die Motive der Toilette, der wartenden Verführerin, samt Dienerin und Szenerie aus Draperien (so dass Beatrice Farwell den Bezug zu Tizian für sekundär halten kann).

Es gibt einen zweiten Grund für die Berufung auf Giorgione – Tizian. Manet proklamiert damit, nicht ohne riskantes Selbstgefühl: Dies ist ein Kunst-Werk, vom Rang der grossen Venezianer, nicht ein Sittenbild, nicht eine Lüsternheit, nicht eine schwüle Boudoir-Nudität, wie sie eben damals von den Triumphatoren des «Salons», von Bouguereau, von Cabanel, von Baudry und Amaury-Duval, ausgestellt wurden. Manet, kein blosser Motivjäger, erhebt den Anspruch, ein Bild zu schaffen, ein Werk von eigener Bildschönheit und -würde. Die Schönheit des Bildes erschöpft sich nicht in der Schönheit der abgebildeten Beauté. Olympia fasziniert durch die blanke, zarte Helle innerhalb des komponierten Bildlichts, durch das kühle Orange-Rosa ihrer Haut innerhalb des komponierten Bildkolorits, durch die kühne, kaum modellierte Flachheit ihrer Erscheinung innerhalb der komponierten Bildfläche (Zola und Courbet fühlten sich an *images d'Epinal* erinnert, andere wiesen auf japanische Farbdrucke, wie sie eben damals in Mode kamen). Manet beginnt hier, die Elemente der Peinture als solche zu befreien: das Licht, die Farbe, die Bildfläche, die Pinselschrift. Dank seiner Peinture verwandelt sich das Hetärenbild in lautere Farbenreinheit und -frische. Die Paradoxie des Bildkonzepts geht über in eine triumphale malerische «puritas impuritatis».

Im Stammbaum der Venus-Darstellungen gibt es geheimnisvollere, bezauberndere, verruchtere Versionen als diese, aber keine frühere und keine zeitgenössische kommt ihr an moderner Hintergründigkeit und Vieldeutigkeit gleich. (Nur Cézanne ist radikaler, schon 1870, unter dem ironisch pointierten Titel «Une moderne Olympia»). Dem widerspricht nicht die Beschwichtigung durch den Maler selbst: «L'Olympia, quoi de plus naïf? J'ai fait ce que j'ai vu.» Immer wieder hat es Manet, der Revolutionär im Gewande des Bourgeois, darauf abgesehen, sich den Anschein der Harmlosigkeit zu geben, während sein Pinsel das Gegenteil beweist.

Die *beauté allongée* ist für die Bildkomposition keine besonders günstige Gegebenheit. Schon Tizian stellte dem Kopf der Liebesgöttin, zur Linken, ein Gegengewicht gegenüber, in der Form einer abgerückten häuslichen Genreszene mit Dienerinnen und Interieur auf der rechten Seite. Zahlreiche Akademiker des Venus-Themas, bis zu Ingres, Jalabert, Benoueville, folgten ihm mit einer ähnlichen Auswägung der Bildakzente.

Manet geht aber einen Schritt weiter. Dass die Dienerin dicht am Lager steht, so gross und fast so nah am Betrachter wie Olympia selbst, dass sie, im Gegensatz zu dieser, eine Negerin ist, so dass sich ein lebhaftes Spiel von Kontrasten entwickelt, hatte man schon bei Benoueville und andern zu sehen bekommen. Dazu tritt nun aber Manets Einfall, ein Blumenbouquet durch die Dienerin übermitteln zu lassen. Dieses Motiv hat mehr Folgen, als der rasche Anblick ahnen lässt.

«Où vont toutes ces fleurs?» fragt Paul de Kock (in seinem Sammelwerk «La grande ville, nouveau tableau de Paris», 1842) mit gespielter Ahnungslosigkeit. Ob man auf der Strasse kaufte, wie die Studenten und die kleinen Leute, oder bei den «bouquetiers en boutique», den eleganten winzigen Blumenläden, die von Dandies verschiedener Klubs patronisiert wurden – schliesslich gelangte der Blütensegen ans gleiche Ziel: ein galanter Tribut an die Pariser Weiblichkeit jeglichen Standes. Dank den modernen Eilverbindungen erobert sich das Bouquet einen Favoritenplatz in der Liebesikonographie des späteren 19. Jahrhunderts. Das Boudoir erblüht. Aber das Reich der Flora, das mythische, stellt sich dabei nicht wieder her. Auf dem Niveau der Blumensprache – es gab dafür Handbücher wie «Ce que disent les roses» – wurden Botschaften mit Ober- und Untertönen übermittelt. Der Name der «femme aux camélias» (Dumas 1852) verbreitete sich rasch in der «haute bicherie parisienne», vom Hinterhof bis ins Kaiserhaus.

Manets Bouquet ist kein Stilleben, das der Genreszene emblematisch beigegeben wäre. Das Präsent wird präsentiert. Eine kleine anekdotische Handlung, jedoch ohne erzählerischen Antrieb, belebt das Wartezimmer und verwandelt die Situation in ein dialogisches Spiel, das vom Verhalten der beiden Frauen bis zur Anordnung der Farbakzente reicht. Um das Gesetz der Kontraste zu markieren, wird der Hintergrund in zwei Hälften geteilt, schärfer als bei Tizian; die Trennvertikale trifft genau auf Olympias Mitte.

Schon die Verschränkung von Schwarz und Weiss hebt nicht ohne Pointe an: einerseits die «Vénus blanche», ebenso entkleidet wie unkreatürlich; andererseits die «Vénus noire», ebenso bekleidet wie kreatürlich. Der passiven, abwartenden Paradestellung Olympias steht die diskrete Aktivität der Dienerin gegenüber; dem leeren, glanz- und ziellosen Blick Olympias das Augenpaar der Negerin, das sich auf die Herrin richtet, Weiss aus Schwarz, fragend und neugierig, doch ebenso scheu wie ergeben (dazu der Blick der Katze, ein kleines dämonisches Feuer aus dem Finstern); den ruhenden Händen Olympias (in der *pudica*-Gestik!) die ausdrucksvolle, ausmodellierte, geschmeidige Rechte der Dienerin. Aber in allem hält sich die Schwarze zurück: sie steht dunkel vor dunklem Hintergrund (wie die Katze, das alte Symbol animalisch-diabolischer, unverantworteter Liebe); ihr rosa Gewand gleicht sich der Hautfarbe und dem weissen Bettzeug der Herrin an; und ihrem Körper ist es verwehrt, sich zur Geltung zu bringen.

Denn die künstlerische Attraktion des Bildes ist das Bouquet. Ein Ausbund an Farbigkeit innerhalb des Hell/Dunkel-Musters: ein weisses Teerosenherz, umringt von blassblauen, rostroten, kühlweissen Blüten und ein wenig fiedrigem Farngrün, mitten in das Schimmerweiss des Seidenpapiers gebettet. Eine kleine Koloritexplosion, sprühend, kleinteilig bunt wie sonst nichts anderes im Bilde. Nur in den *fleurettes* des spanischen Schals unter den Beinen Olympias kommen dieselben Farben vor, jedoch lose, dekorativ gestreut und beruhigt. Rosen, Botschafter der Liebe und der Schönheit – aber Zola muss auch gehört werden, wenn er Manets Symbolsprache und Kryptographik nicht überschätzt: «il vous fallait des taches claires et lumineuses, et vous avez mis un bouquet».

Hat Manet in dieser sanften Dialektik des Bildes den *ennui* Olympias hervorheben wollen? Nur die rosa Masche an ihrer linken Schläfe – oder ist es eine Orchidee, tropisch, aphrodisisch, luxuriös? – vermag ein wenig auf das Blumenereignis gegenüber zu antworten. Dessen Frische, dessen Zauber entwertet ihr Gesicht, das, trotz seiner Jugend, gerade diese Eigenschaften nicht mehr hat und eher müde und starr von Routine erscheint; «amante d'un jour avec sa face d'enfant vicieuse» (Geffroy). Die romantische Metapher «Du bist wie eine Blume» ist nicht allein von Baudelaires «Fleurs du mal» (1857) so direkt denunziert worden.

Wenn das Bouquet dem Gesicht der Frau an Interesse gleichkommt oder es gar übertrifft, beginnt die Hierarchie der Sujets, während Jahrhunderten unantastbar geblieben, ihren Kurswert einzubüssen. Burger-Thoré scheint 1868 an Olympia gedacht zu haben: das Laster «d'une sorte de panthéisme» breite sich in der Malerei aus, «qui parfois accorde même plus d'importance à un bouquet de fleurs qu'à la physiognomie d'une femme». Die Herrschaft des «l'art pour l'art» kündigt sich an. Aber in der modernen Autonomie des Anblicks verliert Manet niemals das Interesse am Sujet. Auch in dieser Hinsicht ist er eine Janus-Figur, zugleich rückwärts und vorwärts blickend.

Blumen spielen in dem – so sehr auf den Menschen bezogenen – Schaffen Manets sonst keine besondere Rolle. Nur in zwei kleineren Schüben treten sie in Erscheinung, als selbständige Stilleben: um 1864 die Pfingstrosensträusse, deren prangende, rosa fleischige Blütenblätter mit vollem Brio gemalt sind, Erblühtes neben Verwelkendem, ohne dass Vanitas-Gedanken aufkämen; und in den letzten Lebensmonaten die Serie der kleinen Sträusse mit Rosen, Flieder und Tulpen, unprätentiös in der

Anlage, aber voll erlesenster Farbklänge, Antworten des Todkranken auf Besuche. Um so mehr fällt die Inszenierung des Bouquets in der «Olympia», seine Hauptrolle, auf.

Wiederum unterscheidet sich Manet, der Skeptiker, von seinen Impressionisten-Freunden, von Monet wie von Renoir. Sie beide waren, man weiss es, zeitlebens Maler des Blütenrausches, und Blüten gehören in müheloser Gleichung zu ihren Frauen.

Olympia *zeigt* sich: in der klassischen Venus-Position, jedoch mit fast frontalem Gesicht, das nach vorne auswärts gerichtet ist, und die Kissen sind so geschichtet, dass sich die Achsen des Oberkörpers und des Kopfes Zug um Zug der Vertikalen annähern, in der Absicht auf Darbietung. Ihr Körper, «ce monstre d'amour banal» (Valéry), plakatiert sich. Die gesamte Szene ist als Front aufgebaut und von vorne hell ausgeleuchtet. Daraus ergibt sich: Olympias Partner ist der Betrachter, ausserhalb des Bildes, auch wenn sie ihn keines persönlichen Blickes würdigt. (In der kleinen Wiederholung des Bildes über dem Porträt Zolas [1868] richten sich Olympias Augen, anders als im Originalgemälde, schräg auf den Dichter, wie um für die galante Verteidigung durch ihn zu danken.)

Gezeigt wird auch das Bouquet. Die Negerin schält es eben aus dem Papier – auch dies eine Enthüllung. Indessen wendet sie es nicht an die Adressatin – die bemerkt es nicht –, sondern seinerseits nach vorn, an das Publikum des Bildes.

Sich zeigen, demonstrativ, über die Schranke des Bildes hinaus: das ist das Thema. Das Bild ist nicht in sich gekehrt, nicht eine Welt für sich, die nach eigenen Gesetzen geordnet wäre, wie es seit Jahrhunderten in der erzählenden Malerei gebräuchlich war (etwa in Rembrandts «Danae» und «Bathseba» oder noch in Ingres' «Odalisque à l'esclave» von 1858). Manet rechnet von vornherein mit einem Adressaten. Innerhalb der Bildkonstellation ist dieser ein unsichtbarer Mitspieler, eine Hauptperson. Er findet sich angesprochen, herausgefordert, er muss Stellung nehmen, sei es entrüstet oder ironisch oder zustimmend (oder wie immer). So erklärt sich der Affront vor der «Olympia» im «Salon» von 1865: der Betrachter ertappt sich da selber am Bettrand der Schönen, in der Rolle des Klienten.

Auch das fast gleichzeitig geschaffene «Déjeuner sur l'herbe» richtet sich, mit dem Blick der nackten jungen Frau, unmittelbar an den Beschauer. Die «Lola de Valence» (1862) verständigt sich lächend mit ihm und macht ihn zum Mitwisser. Selbst der «Christ mort» (1864) ist ganz zur Schau gestellt, nämlich herwärts in natürlicher Grösse eben in grelles Licht gerückt. Da ist der Anruf des «Ecce homo» ganz Bild geworden. Es ist, mit Manet, nicht blasphemisch, diesen Christus als eine Art Gegenstück zur Olympia zu sehen: als den ungeschönten männlichen Akt, seinerseits auf blankweissem Linnen ruhend, seinerseits betreut (von Engeln). Ähnlich, drei Jahre später, die frontale Exposition dreier Figuren auf dem «Balcon», eine Darbietung, die ohne Publikum ebenso sinnlos wäre wie eine Theaterloge ohne Parkett, ein unerhörtes Hervorstülpen des Bildortes *her*-wärts, mit verkehrter Bildachse, zum Betrachter, der seinerseits betrachtet wird. Ähnlich, aus der Spätzeit, auch die «Nana», die andere «grande cocotte», und vollends «Un bar aux Folies-Bergère». Alle diese Präsenzen stehen offen, schrankenlos – aber zugänglich? Manets Schaustellungen sind immer radikal. Und immer sendet das Bild scharfe Signale aus, an einen Empfänger, den sich Manet als modernen Zeitgenossen denkt. Erst in diesem Hin und Her, einer realen Konfrontation, erfüllt sich der Bildsinn.

Eine solche Aktivität, ja Aggressivität des Bildes nach aussen sucht man vergeblich beim Mit-Realisten Courbet wie auch bei den Impressionisten. Hingegen experimentiert Degas gleichzeitig mit vergleichbaren, jedoch umgekehrt gerichteten Offensiven. Manets Kritiker lassen keinen Zweifel, dass solche Ausfälle der Regie unannehmbar seien.

Was die Zeitgenossen am meisten irritierte, ist Manets «peinture à taches», seine offene, pastose Fleckentechnik, ohne Übergänge zwischen Hell und Dunkel, ohne «modelé» und «finissage». Die herrschende Kunstlehre liess eine solche Malweise nur für vorbereitende Skizzen kleinen Formats zu. Das Gemälde jedoch habe «vollendet» zu sein, d. h. eine gleichmässige Haut illusionistischer Detaillierung aufzuweisen. Dieses Credo war selbst durch das «Musée Espagnol», die Präsenz der grossen Spanier des 17. Jahrhunderts im Paris von Louis-Philippe, nicht erschüttert worden. Manet hingegen orientierte sich früh an dem malerischen Feuer von Velazquez.

So malt er Olympias Bouquet mit spontanen, reinfarbig offenen, unverriebenen Tupfen, «tache» neben «tache». Das ergibt ein Leuchten und Prangen, ein Jubilieren in Helle und Frische. Das sprüht und knistert. Indessen, es ist nicht allein das Bouquet, es ist die Peinture, die so blüht. In dem Strichgefüge teilt sich die Emotion des Malers ohne Umwege mit, ohne auf Rezepte und Konventionen zurückzufallen. Die unmittelbare Notation macht den Eindruck des Beweglichen, Vorläufigen, augenblicklich Entstehenden; die Dinge sind nicht «auf der Leinwand gefroren» (Manet). Ausgemalte, botanisch detaillierte Blumen hätten nicht diese knatternde Kraft des Erscheinens. Man braucht nur entsprechende Stilleben von Courbet oder Fantin-Latour in Vergleich zu nehmen: sie erscheinen in perfekter Oberflächenillusion, in sich selber verschlossen und undurchdringlich, trotz ihrer Nähe.

Manet zeigt das Bouquet nicht in Analogie zu einem ausserhalb des Bildes existierenden Vorbild-Bouquet, nicht als dessen Wieder-Gabe nach dem Verfahren der Mimesis, sondern als ein von der Malerei eben hervorgebrachtes. Die «peinture à taches» ist Malerei «in actu». Sie lässt die Dinge mitten in ihrer Erschaffung sehen, sie zeigt sie als Geschöpfe der Malerhand: erzeugt, erfunden, *gemalt.*

Den Betrachter lässt sie ihre Vollmacht spüren, in der Wirkung der befreiten Farbe, des befreiten Lichts, des befreiten Pinselwerks. Er hat an ihr teil, das heisst nicht nur am Sujet, sondern zugleich an dessen Erzeugung. Er ist auf diese Weise in der Betrachtung ganz aktiviert und in den Prozess der schaffenden Peinture einbezogen.

Nicht anders als das Bouquet wird vom Maler die Olympia selber zur Erscheinung gebracht: als eine Epiphanie durch die Kraft der Malerei. Olympia wird gezeigt, dabei zeigt die Malerei sich selber. Nicht Illusion ist ihr Ziel, trotz der Unmittelbarkeit Olympias, sondern Beteiligung – des Sujets und zugleich des Betrachters – an der Erstaunlichkeit der schaffenden Imagination. Daher beglaubigt sich schliesslich die arti-fizielle Distanz der – doch so gegenwärtigen – Beauté, daher sogar die Unberührbarkeit der *Kunst*figur. Denn die Aggressivität der Inszenierung wird aufgefangen, ja aufgehoben durch die Souveränität der produktiven Peinture. Olympia bezaubert schliesslich als das Geschöpf der Peinture. Es hat seinen Grund, dass – ausser Baudelaire – zwei Dichter, in ihrer ganzen Verschiedenheit, sich zu Manet bekannten, als Freunde und als Mitstreiter: einerseits Zola, andererseits Mallarmé.

Manets *trouvaille,* das Bouquet, ist insofern weit mehr als eine galante Anekdote. Die Provokation des Sittenbildes hat lange die andere, die eigentliche, die moderne Provokation verdeckt: die Epiphanie der Peinture. Die Konsequenzen von Manets Eröffnung, man weiss es, reichen weit und tief in unser Jahrhundert hinein.

Literatur

T. Reff: Manet – Olympia. New York und London 1976. – B. Farwell, Manet and the Nude, A Study in Iconography in the Second Empire. Diss. 1973, New York and London 1981. – Manet 1832-1883. Ausstellungskatalog Grand Palais, Paris, und New York 1983. – Seither sind ferner beizuziehen: T. J. Clark, Painting of Modern Life. Paris in the Art of Manet and his Followers, New York 1985. – S. Flescher, More on a Name: Manet's «Olympia» and the Defiant Heroine in Mid-Nineteenth-Century France, in: Art Journal, 1985, S. 27. – R. Gordon and A. Forge, The last flowers of Manet, New York 1986. – S. Howard, «Olympia» says «No»?, in: Source, 1987, S. 21. – I. J. Reist, «Olympia» déjà vue, in: Gazette des Beaux-Arts, 1988, S. 265.

Manet, ein Triumph

Zur Gesamtausstellung von 1983 in Paris

Man hat ausnahmsweise das Hauptportal zum Grand Palais in der Kolonnade grosser Ordnung an der Avenue Churchill zu benützen. Dem Maler der Skandale (wider Willen) ist hundert Jahre nach seinem Tod nicht bloss die obligate *hommage*, sondern der Triumph bereitet – nachdem zu seinen Lebzeiten vom französischen Staat kein einziges Werk erworben worden war. Das Publikum hat denn auch den berühmten Unbekannten vom ersten Tag an förmlich gestürmt. «Triomphe de Manet»: die Fanfare stammt freilich von 1932, von Valéry. Sie hat in der Postmoderne von 1983 einen ganz anderen Klang.

Seit 1932 hat das Lebenswerk Manets (1832 bis 1883) nie mehr in einer Gesamtansicht vor Augen gestanden. Veranstaltungen in London (1954), Philadelphia (1966), Hamburg (1973), Washington (1982) mussten sich mit geringeren Ambitionen oder Teilaspekten zufrieden geben. Unsere Generation kennt ihn tatsächlich nicht, wie sie Cézanne, van Gogh, Monet, Toulouse-Lautrec kennt – ihn, der in den 1860er Jahren als Pionier allen voranging und unter den Augen Baudelaires die «modernité» der Malerei ins Werk setzte. Auch in der Kunstliteratur, der wissenschaftlichen wie der populären, ist er nicht so sehr ein Favorit wie die nachfolgenden Kollegen oder (zurzeit) Courbet. Der massgebende Œuvrekatalog von Rouart-Wildenstein und die Kontroversen um die Interpretationsschlüssel und die Stellung Manets in seiner Epoche – etwa 1860 bis 1883 – sind noch keine zehn Jahre alt. Die grosse Synopsis im Grand Palais ist deshalb nicht bloss eine Gelegenheit für kennerschaftliche Überprüfungen und Revisionen, sondern die Chance zu einer gründlichen Neubegegnung, für die Spezialisten nicht anders als für die Kunstfreunde, zweifellos ohne Wiederholung in den nächsten fünfzig Jahren.

Nur dank einer generösen französisch-amerikanischen Zusammenarbeit – mit dem Metropolitan Museum in New York – hat sich der Glücksfall einer Vereinigung von über zweihundert Hauptwerken Manets eingestellt, je etwa zur Hälfte Gemälde und graphische Blätter. Von den Gemälden stammt nahezu die Hälfte aus amerikanischen Provenienzen – so sehr hat man sich in Übersee, besonders im Metropolitan Museum, immer wieder für Manet eingesetzt, mehr als in Frankreich selbst. Auch die deutschen Museen haben mit Leihgaben ein halbes Dutzend Akzente gesetzt; dort war Manet seit Liebermanns Fürsprache geschätzt. (Dagegen sind die Schweizer Manets, vor allem in Zürich und Winterthur, zum grössten Teil nicht ausleihbar.) Diese Dichte macht es möglich, den Entwicklungsgang des Malers in allen Phasen und Spielarten zu verfolgen, einem eigenen Wunsch Manets entsprechend: «Il me faut voir tout entier..., ne me laisse pas entrer dans les collections publiques par morceau» (an Antonin Proust).

Die prominentesten Absenzen – Absenzen aus konservatorischen Gründen – sind rasch aufgezählt, samt ihren Folgen. Aus der Frühzeit wird von den zahlreichen Kopien nach alten Meistern nur eine einzige, nach Delacroix, gezeigt, so dass sich Manets Tribut an die Spanier, die Venezianer und die Niederländer nur indirekt zu bemerken gibt, um so mehr als zwei Hauptwerke des Hispanisierens fehlen, «Le buveur d'absinthe» (Kopenhagen) und «Le vieux musicien» (Washington). Dafür treten so markante «espagnolades» wie «Guitarero» von 1860 (der erste Erfolg im «Salon»), «Victorine en espada», «Jeune homme en costume de majo», «Le torero mort» (alle aus den USA), ferner die «Lola de Valence» (Louvre) ein. Im weiteren steht «Die Erschiessung Maximilians» von 1867 (Mannheim) aus, so dass man auf Manets grösstes und engagiertestes Historienbild verzichten muss. Einigen Ersatz bietet die erste Fassung aus Boston: lapidarer komponiert und leidenschaftlicher gemalt als die ausgewogene und abgekühlte Schlussredaktion von Mannheim. Eine Gegenüberstellung der beiden Versionen hätte einen einzigartigen Einblick in Manets Methode gewährt. Aus den späteren Jahren vermisst man mehrere repräsentative Bildnisse und Hafenbilder und besonders «Chez le Père Lathuille» (Tournai), «Le bon bock» (Philadelphia) und «Le linge» (Merion), also jenes moderne bürgerliche Alltagsgenre, das durch Manet zu eigener Monumentalität avancierte.

Sonst aber ist an Hauptwerken mehr zugegen, als man heimlich zu wünschen wagte: ein Panorama von der «Olympia» bis zur «Nana», vom «Déjeuner sur l'herbe» zur «Bar aux Folies-Bergère».

Die Ausstellungsregie des Grand Palais hat diesen Reichtum auf zwei Stockwerken in einen ruhigen chronologischen Ablauf gebracht, zwar mit wirksamen Blickfängen und Fermaten, aber ohne eigentliche Kammerungen, auch ohne Lichteffekte – etwa der bedächtigen Entwicklung Manets entsprechend. Zugehörige Entwürfe, Studien und Skizzen wie auch entsprechende Radierungen und Lithos sind mit den Gemälden zusammengeordnet, jedoch taktvoll in Winkeln und Ecken, ohne didaktische Aufdringlichkeit. Was dem Besucher an Fakten biographischer und zeitgeschichtlicher Art willkommen sein mag, wird eingangs in einem separaten Flügel, einer «Salle de documentation», mit Schrifttafeln und Audiovision mitgeteilt.

Gerne bemerkt man, dass eine Vielzahl von Gemälden eigens gereinigt worden ist. Somit sind die fatalen graubräunlichen Galerietöne weitgehend verschwunden. Manet wäre ja nicht Manet, wenn sein Weiss nicht blankweiss, sein Schwarz nicht pechschwarz («le noir absolu», so Valéry) und seine Farben nicht von brillanter Frische sein dürften.

Zweieinhalb Kilo Information auf 544 Katalogseiten – wer hätte sich nicht längst zähneknirschend damit abgefunden, dass Ausstellungskataloge in den Ausstellungen nicht mehr benützbar sind? Gelehrsamkeit und Dokumentationseifer haben sich selber ins Abseits manövriert.

Das Pariser Handbuch zu Manet will ein kompletter «catalogue raisonné» sein (kompletter als Rouart-Wildenstein), zu jedem einzelnen Werk: mit detaillierter Entstehungsgeschichte, ausgiebigen Zitaten aus der zeitgenössischen Kritik und sorgfältigem Pedigree, während die Argumente der jüngeren Forschung eher knapp nutzbar gemacht sind (besonders jene zu den ikonographischen und motivgeschichtlichen wie auch den stilistischen Bezügen). Der Einleitungsessay von Françoise Cachin, souverän und elegant, deutet die jüngsten Kontroversen um Manet und den gegenwärtigen Stand der An- und Einsichten zwar an, ohne aber den Leser daran teilnehmen zu lassen. Vor allem ist die Krise des traditionellen Wert- und Wahrnehmungssystems innerhalb der «»nouvelles couches sociales» zur Zeit Manets kaum wahrgenommen. Der «Schrecken», den Manets Malerei mit ihrem Widerspruch auslöste, wäre hierfür ein ergiebiges Signal. Einmal mehr ist die Verbindung zur deutschsprachigen Forschung nur dünn; die Beiträge Gotthard Jedlickas und Werner Hofmanns sind genannt, doch nicht einbezogen; die Werkmonographien zum «Maximilian» (von Kurt Martin) und zur «Bar» (von Günter Busch) und vollends das Passagen-Werk von Walter Benjamin bleiben ausserhalb des anglofranzösischen Horizonts.

Eine unerwartete Beigabe besteht in der Erstpublikation von fünfzig Briefen und Billets, die der Maler von 1866 bis 1882 an Zola richtete: spontane Mitteilungen, die Einblick geben in den Alltag der Kollegen und Schriftsteller um den Meister von Batignolles.

Die Ausstellung artikuliert viele Widersprüche, sie bemüht sich zugleich um deren Auflösung. *«Bourgeois»/Revolutionär.* Liebenswürdig, umgänglich, bestens verheiratet, ein Causeur von eleganter Erscheinung (wie Fantin-Latour ihn porträtiert hat: mit Zylinder, Veston und Spazierstock) – den Zeitgenossen erschien Manet als ein «grand bourgeois parisien». Man traf ihn auf den Boulevards, flanierend, oder im Café, zusammen mit Baudelaire, Zola, Mallarmé und den Malerfreunden, von allen geschätzt und geliebt. Kein Bohémien, kein Aussenseiter. Derselbe Mensch, als Maler, erzeugt öffentliche Skandale, besonders mit dem «Déjeuner sur l'herbe», der «Olympia» (1863) und der «Nana» (1877). «Manet a fait un trou dans l'opinion publique» (Champfleury); mit den beiden Bildern von 1863 habe er «Revolverschüsse abgefeuert» (Clarétie). Nicht nur das Sujet, die zwei unverschämten Akte, auch die Malweise gilt als Provokation. Korrupt, vulgär, monströs, animalisch, blasphemisch, unfertig und skizzenhaft: auf dieser Linie bewegen sich die Proteste.

In den Zusammenhängen der Ausstellung findet dieser Widerspruch nur noch das Interesse einer historischen Situationsbestimmung. Wenn der Bürger Manet das Venus-Thema von der Würde der Mythologie auf die Ebene der Libertinage und der Prostitution herabsetzt, wenn er die Entblösstheit einer Banalnudität zur Schau stellt, ist damit eine souveräne Analyse der Doppelmoral im Second Empire gegeben, im Gegensatz zu den lüsternen «Salon»-Akten der Cabanel, Bouguereau oder Baudry. In Manets Entwicklung fügen sich die «Skandal»-Bilder fugenlos ein, als parodistisch pfiffige, doch tiefbegründete *modernités.*

Ein Manifestant oder ein progressiver Theoretiker ist Manet ohnehin nie gewesen, ebenso wenig wie ein Frondeur oder ein Bohémien. Sein Bürgertum erlaubt ihm, die *Vie moderne* kühlen Auges zu beobachten, ohne anzuklagen oder verbessern zu wollen. Weshalb etwa kommt in seiner «modernité» von Paris kein einziger von Haussmanns Boulevards vor?

Was er zu alldem selber meinte? Wir wissen es nur aus seiner Malerei. Aus seinem Denken über Malerei sind lediglich Fragmente überliefert, so von Antonin Proust, nicht von ihm selber. Und seine Briefe sind rar.

Letzter Klassiker/erster Moderner. Wie verträgt sich das: Einerseits kennt Manet wie kein zweiter die Tradition, die Museumskunst, die «alten Meister»; er kopiert und variiert sie, sie erscheinen offen und versteckt in seinem Œuvre. Er brennt darauf, sich im «Salon» durchzusetzen und zu konventionellem Ruhm zu kommen. Jahr für Jahr reicht er dort ein, im ganzen 21mal. Anderseits eröffnet er Zug um Zug die «peinture pure», indem er sich über Heiligkeiten wie Perspektive, geschlossene Komposition, Modellierung und Vollendung hinwegsetzt und eine Malerei der Flecken und Farbfelder proklamiert.

Auch die «alten Meister», besonders Velazquez, Goya, Frans Hals – so meint Manet – sind «Moderne», wenn man sie bei ihrer realistischen Gesinnung und bei ihrer Pinselschrift nimmt. Er hält sich an Werke, in denen Alltagsrealität und offene Malweise bereits vermittelt sind. Anders als für die Kollegen im Second Empire, die Konservativen und Eklektiker, ist die Tradition für ihn ein Hort von Kühnheiten und Glückstreffern und somit eine Ermunterung und eine Herausforderung zur Tapferkeit. Auch für emblematische Anspielungen dienen die Klassiker. Nicht die Schwäche seiner Empfindungskraft liegt da zugrunde, vielmehr die Chance, doppelzüngig zu reden; die Möglichkeit, vielerlei Signale zu kombinieren. Manet tut seine grossen Schritte nicht gegen die Tradition, sondern mit ihr und aus ihr. Das «refaire Giorgione moderne», im Falle der «Olympia», darf an das «refaire Poussin» erinnern, die Devise eines andern Pioniers der Moderne, Cézannes.

Leere Virtuosität/«peintre-philosophe». Ein Maler von unvergleichlicher Brillanz – aber ein Maler, der mit solcher Brillanz nichts zu sagen habe. Mit diesem Odium – ohne Idee, ohne Einbildungskraft, ohne Gefühl zu sein – hat Manet zu leben gehabt, und sein Nachruhm ist damit belastet bis (fast) heute. Ja es waren Freunde wie Zola und Antonin Proust, die das gefährliche Wort prägten, für Manet sei das Sujet nichts anderes als ein Vorwand für das Feuerwerk des «jeu de taches». Ein Mädchen male er nicht anders als Früchte und Flaschen. Und Zola spricht von der Unabhängigkeitserklärung der *peinture*, wodurch sie sich von moralischen und sozialen ebenso wie von literarischen Verpflichtungen losmache.

Dagegen hat sich erst in jünster Zeit eine gründliche Opposition erhoben, seitens der (amerikanisch bestimmten) Ikonologenschule, die in Manet einen sehr ernsthaften Sujetmaler, ja einen Motivhistoriker und einen «peintre-philosophe» sehen will, tief verbunden mit den Nöten und den Paradoxien seiner Zeit, die jene des Secound Empire ist (Bowness, Meyer Schapiro, Fried, Sandblad und besonders Georges Mauner, auf seine Weise auch Werner Hofmann [dazu in der Folge T. J. Clark mit seinen soziopolitischen Implikationen]). Im übrigen: sollte Baudelaire, für den die Imagination alles bedeutete, einen Fleckenmaler so sehr geschätzt haben – wenn auch Manet ihm kein zweiter Delacroix sein konnte? Sollte Manet mehrere Publikationen von Mallarmé, Poe, Champfleury illustriert haben, ohne deren Inhalt ernst zu nehmen? Und weshalb seine Vielseitigkeit, die allen Malereigattungen galt, sogar der Historienmalerei?

Im Ausstellungskatalog ist Mauners Argumentation als «ein Exzess» abgetan und nur einmal, wo die Kritik leichtes Spiel hat, im Text zum Porträt Durets, beigezogen. Man wird aber nicht darum herumkommen, aufmerksamer auf die Hinweise der Ikonologen zu achten, gerade bei der Deutung der Hauptwerke, die den Maler tatsächlich als einen kenntnisreichen Sophisten ausweisen. Selbst in den Bildern der *vie contemporaine* – die übrigens oft nicht nach direkter Begegnung, sondern kombinatorisch nach Illustrationen aus Zeitschriften gemalt sind – spart Manet nicht mit verdeckten Anspielungen, etwa im Spiegelmotiv oder mit Emblemen. Dabei entsteht eine eigene Ikonographie des modernen Individuums: des Einsamen in der Menge, ebenso unfähig zu handeln wie zu kommunizieren. Raffinierter als seine Kritiker, hat Manet den Ernst und den Witz seiner Sujets hinter der Gourmandise der *peinture* versteckt.

Banalität/«hohe» Kunst. Manet ist nicht der Pinsel Baudelaires. Immerhin hat er, im Anschluss an seinen Freund, als der erste «peintre de la vie moderne» zu gelten (er, nicht Constantin Guys, wie der Dichter meinte). Die Genremalerei, die ländliche, war damals eine neue Favoritin des «Salons»; Manet macht indessen das Genre der Grossstadt bildwürdig. Dabei sind Banalitäten sein Thema, nicht Dramen, nicht Motive des sozialen Elends, nicht Moralitäten. Er hätte «den Bauch von Paris» darstellen wollen, in einem öffentlichen Zyklus (im Pariser Rathaus), der leider ungemalt geblieben ist.

Wenn just dafür Hoheitsmotive aus der Renaissance und dem Barock benützt werden, geschieht eine (keineswegs naive) Nobilitierung und Monumentalisierung der Gewöhnlichkeit. Aber die Beziehungen sind nicht einseitig: Victorine Meurent, seine Olympia, in der Pose der Venus von Urbino (Tizian): da spielt der Bedeutungswechsel hin und her, heroisierend und ironisierend, schmeichelhaft und verletzend; eine Schönheit der «vie moderne».

Mehr und mehr wendet sich Manet in der Folge von solchen Repräsentationssituationen ab, zugunsten passiver Müssiggänger, mit Vorzug in der Situation gelangweilten Beobachtens. Beobachtete Beobachter – auch sie profitieren von seiner Malernoblesse.

Denn weder spät noch früh ist Manet ein simpler Ab-maler. In Bezug auf die «Wirklichkeit» leistet seine Kunst gewiss Referenz, ja Dokumentation, aber zugleich (und mehr noch) Signifikanz. In der Überspitzung Zolas: es geht darum, «de mentir juste assez», «de mentir vrai».

Impression/Komposition. Manet besticht mit der Unmittelbarkeit seiner Notation: mit der impulsiven Pinselführung, mit der Leuchtkraft der Farben, der Illusion von Bewegung und den «zufälligen» Überschneidungen am Bildrand. Es scheint, er habe, zum Beispiel, den ersten Eindruck im Gewimmel des Tuileriengartens (*plein-air*, erstmals) oder im Café-concert festgehalten, entzückt von der Einmaligkeit der Umstände. Auch kannte er sehr wohl die frühe Lithographie mit ihrer Ästhetik der Unmittelbarkeit.

Anderseits sind seine Bilder, nicht nur jene für den «Salon», nachweislich das Ergebnis langer, mühevoller Ausarbeitung. Untersuchungen der Maltechnik – Anne Coffin Hanson berichtet darüber im Katalog – zeigen deutlich, dass unter dem spontanen Pinselwerk mehrere frühere Schichten liegen. Manet gibt nicht vorgefundene, sondern gestellte, kalkulierte Situationen. Es kann nicht überraschen, dass er gelegentlich auskomponierte

Leinwände zerschnitt und zwei oder mehrere Bilder daraus entwickelte. Die berühmtesten Fälle sind der «Torero mort» (Washington) und die «Nymphe surprise» (Buenos Aires), übrigens ein grossartiges Frühwerk, das aus einer grösseren «Auffindung Mosis» hervorgegangen ist. Man weiss, dass Manet nur ausnahmsweise *plein-air* malte, nämlich mit seinen Impressionistenfreunden. Sonst aber war er ein Arbeiter im Atelier, wochenlang mit einem einzigen Bild beschäftigt. Signac: «Quel peintre! Il a tout, la cervelle intelligente, l'œil impeccable, et quelle patte!»

Was die Zeitgenossen am meisten irritierte, ist Manets «skizzenhafte», «unvollendete» Malweise, die «peinture à taches», in geöffneter, pastoser Fleckentechnik – natürlich eine Provokation im Blickfeld des «Salons» (wo der Impressionismus nicht stattfand). In dieser Malweise liegt eines seiner Geheimnisse, noch heute. Tatsächlich geht es nicht um das Wiedergeben des gegebenen Sujets, es geht um das Hervorbringen, um das Zeigen des Hervorgebrachten, mittels der Malerei. Dafür gibt es eine Art von Emblem: den Blumenstrauss in der «Olympia». Auch die Olympia, die «beauté», wird *gezeigt*. Ihre Darbietung, in Glanz und Ebenmass, verdankt sich der Macht der Malerei. Dass sie die Schönheit einer Kurtisane ist, kann heute den Betrachter nicht mehr zum Voyeur degradieren. Mit der offenkundigen Einsetzung der *peinture* in ihre Vollmacht vermag Manet vielmehr das Sehen des Betrachters ganz zu aktivieren. Das Sujet spricht so nicht nur als solches, sondern auch als ein erzeugtes, erfundenes, als ein gemaltes. Welch ein Missverständnis, dabei von «l'art pour l'art» zu sprechen.

In der Ausstellung sind die «Olympia» und der «Christ mort» (New York) Wand an Wand, Rücken an Rücken gehängt, ähnlich wie seinerzeit von Manet selber. Der «Ecce homo» ist in der Tat eine Art Gegenstück: auch er eine Schaustellung, frontal und ausgeleuchtet, eine Produktion für den Betrachter. Da ist das «Ecce!» wörtlich genommen, kraft eines Pinselwerks, das die Präsentation «in actu» zeigt und damit zugleich eine Betrachtung «in actu» herausfordert.

Wie Manet hierfür die Elemente der Malerei befreit – aus der Dienstbarkeit an der Imitation und aus den akademischen Normen befreit, als erster –, das ist an der Pariser Ausstellung wie noch nie zu verfolgen. Es genügt, dazu einige Stichworte zu nennen, so sehr springt dieser Ansatz der *modernité* ins Auge.

Befreiung der Farbe: Sie erlangt ihre Eigenkraft und Reinheit (ohne lediglich Sachbezeichnung sein zu müssen), jedoch innerhalb der Polarität von Schwarz und Weiss – Schwarz und Weiss als Farben (schwärzestes Schwarz und weissestes Weiss), als Eckwerte eines ganzen Farbsystems, nicht mehr in der Bedeutung von Finsternis und Helle, und nicht mehr als Skala für Modellierung. (Dazu hat sich Gisela Hopp geäussert.)

Befreiung des Bildes als Fläche: Manet lässt das Bild nicht mehr als Raumzelle gelten, weder von perspektivischer noch von atmosphärischer Art. Er konstituiert es als Flächenordnung, mit allen Konsequenzen in Richtung auf das 20. Jahrhundert. Kein Zufall, dass der japanische Farbholzschnitt ihn so faszinierte, wiederum als einen der ersten.

Befreiung des Bildlichts: Kein Regielicht (seitlich oder schräg einfallend, zugunsten einer modellierenden plastischen Wirkung; keine rhetorischen Effekte). Indessen Studiolicht, künstlich (zur Zeit der Impressionisten!). Manet lässt das Bildlicht voll von vorne einfallen, frontal, so dass sich nur an den Figurenrändern Schatten bilden, konturenhaft. Weisses, zeigendes Licht, ohne Einfärbungen; seinerseits Flächen erzeugend.

Solche Entwicklungen heben den Maler sowohl von Courbet, dem Erzrealisten, wie auch von den Impressionisten ab. Manet und Courbet haben sich nie gefunden, weder persönlich noch in ihren Prinzipien, obgleich beide der gesellschaftlichen Wirklichkeit ihrer Gegenwart auf den Leib rückten. Aber Manets Realität ist eine andere, die der grossstädtischen *modernité* im Anblick des Flaneurs, während Courbet vom Jura nicht losgekommen ist. Und der «bourgeois parisien» hat seine Waffen nie für politische Ziele eingesetzt.

Hingegen gilt Manet in weiten Kreisen nach wie vor als ein grosser Impressionist. In seinem Katalogbeitrag wendet sich Ch. S. Moffet gegen eine solche Klassierung, mit vollem Recht, jedoch mit der dünnen Begründung, Manet habe an den Gruppenausstellungen der Impressionisten nie teilgenommen. Anhand einiger Vergleiche wird deutlich, wie Manet, mit Monet und Renoir befreundet, in den Jahren um 1873/75 durch den Impressionismus hindurchgeht und sich dabei verwandelt, ähnlich wie, vor und nach ihm, je auf eigene Weise, Cézanne und van Gogh. Ein halbes Dutzend Meisterwerke, so die Nummern 139, 140, 141, 147 und 158 des Katalogs, stehen im Banne der *plein-air*-Malerei; sie sind in einer prinzipiellen Weise heller und lockerer gemalt. Das glücklichste Dokument der Begegnung ist Manets Bild «Monet peignant dans son atelier» – das «Atelier» ist Manets Boot, schwimmend im Wasser der Seine, schwimmend im Glück der Licht- und Farbenerfahrungen. Aber sowohl vorher wie nachher unterscheidet sich Manet kategorisch von den Lichtmalern: nicht an der Landschaft, sondern an den Figuren der Grossstadt interessiert; nicht draussen, sondern im Atelier arbeitend; nicht der Allmacht von Licht und Farbe, nicht der Auflösung aller Dinge in der Atmosphäre unterworfen; nicht der systematischen Farbzerlegung und der Tupfentechnik gehorchend, vielmehr komponierend, kombinierend und bauend.

Ein grosser Unabhängiger also, ein grosser Einzelgänger, mitten in Paris. Im Jahr des «Déjeuner» und der «Olympia» stirbt Delacroix, im Jahr des

«Maximilian» stirbt Ingres. Das Weltreich der «grossen» Kunst löst sich auf, in unzählige Kleinstaaten. Da behauptet sich Manet, ganz auf sich selber gestellt. Nur von ferne, kühl und selbstgewiss, grüsst ein anderer, gleichaltriger Solitär: Degas. Und bald ein weiterer, noch abgeschiedenerer: Cézanne.

Mit fünfzig Jahren, nach einer Schaffenszeit von nur knapp fünfundzwanzig Jahren, musste Manet abtreten, mitten aus einer offenen Entwicklung. Was, wenn ihm die 78 Jahre Renoirs oder gar die 86 Jahre Monets vergönnt gewesen wären?

Die Forschung, auch die jüngste, hat sich dieser «Spät»-Zeit noch kaum angenommen. Das ist der unbekannte, der geheimnisvolle Manet. Das Selbstbildnis mit der Palette von etwa 1879 (New York) ist von ihm weniger gemalt, um sich zu definieren, als um sich zu entziehen. Die Gewandung ist die eines Dandy im Sinne Baudelaires, nur Palette und Pinsel (in der Haltung wie bei Velazquez) deuten auf den Beruf. Aber die Gestalt zersetzt sich, in lose schiefe hellbraune Flächen, ungreifbar und durchlässig, der Kopf präzisiert sich nicht zum Bildnis – das Dokument einer brüchig gewordenen Existenz; malerisch eine höchst moderne Erscheinung, wie sie eher im frühen 20. Jahrhundert zu erwarten wäre.

Tatsächlich sind ihm nun die Sicherheiten und Brillanzen der sechziger Jahre nicht mehr selbstverständlich. Das Paris der Cafés-concerts, der Boudoirs und der Salons wird zwar mit kühlem Beobachterblick registriert, ohne Rhetorik und ohne Sentimentalität, auch ohne Hohn und Zynismus, ohne Sozialkritik und Anklage. Manet weiss mit seinen Indiskretionen diskret umzugehen (W. Hofmann). Indessen: blosse Gesellschaftschronik ist das nicht. Vor den Originalen kann niemand die Verlorenheit oder die Absenz oder die leere Trauer in dieser Halbwelt übersehen, und mit Spiegelungen, mit Bildern im Bilde und verwirrenden Ausschnitten lässt der Maler den Betrachter an den modernen Irritationen seiner Personen teilnehmen.

Am Aufbruch der achtziger Jahre ist Manet noch wesentlich beteiligt. In vielen Richtungen rückt er zugleich vor, verschiedene Ansätze und überraschende Hypothesen werden erprobt. Behelfen wir uns mit Vergleichen: es gibt Würfe, die motivisch und stilistisch den reifen Toulouse-Lautrec vorausnehmen; ja mehrmals scheinen Matisse und der junge Picasso sich anzukündigen; in Einzelfiguren und Bildnissen sind Typen vorgeschlagen, die sich erst zwanzig, dreissig Jahre später durchsetzen. Daneben fehlen allerdings auch nicht «Salon»-Reprisen von perfekter Verbindlichkeit. Den Schlusssaal dominiert die «Bar aux Folies-Bergère» (London) mit dem abwesenden, hoffnungslos träumenden, übermüdeten und unerreichbaren Blick des Barmädchens, dem «modernen» Blick, mitten im Trubel des Zirkusvergnügens; der Logik der Spiegelungen enthoben; isoliert und frontal – die Ikone einer modernen verlorenen Göttin – zugleich die Summa von Manets Malerei und gewiss eines der Jahrhundertbilder.

Da bricht sein Schaffen ab, nicht abgeschlossen und erfüllt, sondern offen, auf eine weite, chaotische Zukunft hin. Vor diesem Blick fällt ein Wort von Degas ein, als wäre es vom Betrachter von 1983 ausgesprochen, Bilanz der Ausstellung: «Il était plus grand que nous le pensions.»

Manet, 1832-1883. Ausstellungskatalog Paris (Grand Palais) 1983, Paris 1983. – *Seit der Ausstellung von 1983* und ihrem Katalog (mit Bibliographie) hat in der Manet-Forschung die Rückbindung des Malers an die sozialen und politischen Zustände, d. h. an die historische Konditionierung seiner Kunst zugenommen. Die entsprechenden Beiträge (in Auswahl): – N. Ross, Manet's Bar at the Folies-Bergère and the Mythos of Popular Illustrations. Ann Arbor 1982. – «Bonjour Monsieur Manet». Ausstellungskatalog Paris (Beaubourg, Musée National d'Art Moderne), 1983, mit einem Essay von Jean Clay, Paris 1983. – M. Fried, Painting memories: on the containment of the past in Baudelaire and Manet, in: Critical Inquiry 1984, S. 510. – T. J. Clark, The Painting of Modern Life – Paris in the Art of Manet and his Followers, London 1985. (Rezension von K. Herding in: Kritische Berichte 1986, H. 2, S. 69). – W. Hofmann, Edouard Manet, Das Frühstück im Atelier, Frankfurt a. M. 1985. – S. Howard, Manet's men's women, in: Arts Magazine, LIX/5, 1985, S. 78. – Zum Status der Manet-Forschung (um 1985) vgl. B. Farwell im Editorial zur Manet-Nummer des Art Journal, 1985, S. 7. – R. Baldwin, «Condemned to see – without knowing»: mirrors, women, and the lust of the eye in Manet's Paris, in: Arts Magazine, LX/6, 1986, S. 28. – D. Farr, Edouard Manet's «La Rue Mosnier aux Drapeaux», in: Essays in Honor of Paul Mellon, Washington 1986, S. 97. – P. Florence, Mallarmé, Manet and Redon. Visual and Aural Signs and the Generation of Meaning. Cambridge 1986. – M. Imdahl, Edouard Manets «Un Bar aux Folies-Bergère – Das Falsche als das Richtige, in: Wie eindeutig ist ein Kunstwerk? Köln 1986, S. 75. – W. Sauerländer, Manet et Manebit? Eindrücke aus der Manet-Ausstellung Paris 1983, in: Spiegelungen, Festschrift für Hermann J. Abs, Mainz 1986, S. 125. – A. M. Fine, Portraits of Berthe Morisot, Manet's modern images of Melancholy, in: Gazette des Beaux-Arts, 1987, S. 17. – A. B. Fonsmark, «The absinthe drinker» and Manet's picture-making, in: Hafnia, 1987, S. 76. – J. Isaacson, Manet's empathy, in: Psychoanalytic Perspectives on Art, II, 1987, S. 99. – L. Ligo, Manet's «Le vieux musicien», an artistic Manifesto acknowledging the influences of Baudelaire and photography upon his work, in: Gazette des Beaux-Arts, 1987, S. 232. – H. Rand, Manet's Contemplation at the Gare Saint-Lazare, Berkeley-Los Angeles-London 1987. – R. Wollheim, Le spectateur-dans-le-tableau: les peintures à un seul parsonnage de Manet, in: Cahiers du Musée National d'Art Moderne, 1987, S. 27. – J. Gilbert-Rolfe, Edouard Manet and the pleasure problematic, in: Arts Magazine, LXII/8, 1988, S. 40. – Th. Reff, Manet and the Paris of his Time, in: Kunst um 1800 und die Folgen, Werner Hofmann zu Ehren, München 1988, S. 247. – E. Darragon, Manet (Biographie), Paris 1989. – E. Zola, Pour Manet, ed. S. P. Leduc-Nadine, Paris 1989. – Manet by himself (ed. J. Wilson-Bareau), London 1991. – The Hidden Face of Manet, An Investigation of the Artist's Working Processes. Ausstellungskatalog London (Courtauld Institute), London 1991.

Der französische Impressionismus

Eine Einleitung

Die folgende Einleitung zum französischen Impressionismus – für die Ausstellung «Landschaft im Licht» in Köln und Zürich 1990 – beschränkt sich auf die «grossen» Jahre der Entwicklung von etwa 1865 bis zu den Krisen in den frühen 1880-er Jahren und auf das Schaffen der «reinen» Impressionisten Monet, Renoir (in seiner Frühzeit), Pissarro und Sisley. Die lange Vorgeschichte, von Turner über Corot und die Maler von Barbizon bis zu Jongkind und Boudin wie auch die späten Verwandlungen und Vorstösse – Monet bis 1926 – müssen am Rand bleiben, dem Programm der Ausstellung entsprechend.

1874, erste Gruppenausstellung der «Impressionisten» in Paris: das Ereignis glänzt in der neueren Kunstgeschichte als ein Initialdatum zur Moderne. Fasst man aber die Umstände von 1874 näher ins Auge, vermindert sich die Prominenz des Jahres. Wer waren die Gründer, wer die Mitglieder der Gruppe bis zur letzten Manifestation 1886? Welches waren ihre Motive, ihr Programm, ihre Strategien, welches die Arten ihres Zusammenhangs? Und in welchem Umfeld, mit welcher Vor- und Nachgeschichte? Lässt sich der Impressionismus aus der Mitgliederliste der Gruppe und aus deren Existenzdauer von 1874 bis 1886 definieren? Jedenfalls empfiehlt sich ein kritischer Blick auf die «Société anonyme coopérative» der Impressionisten.

Nicht ein Manifest, nicht eine Theorie oder ein Dogma, nicht intellektuelle Fanfaren – wie es seit den Avantgarden der Moderne üblich ist – stehen am Anfang der impressionistischen Bewegung. Ihre Gründung erfolgte ohne explizite Proteste und Anklagen, der Lärm war gering. Ihre Mitglieder sind keine subversiven Revolutionäre, sie sahen sich nicht als Märtyrer oder unverstandene Propheten, wohl aber als Frustierte und Enttäuschte. Ihre Stosskraft hatten sie als Neuerer mit sicherer Intuition und unbeirrbarer Konsequenz.

Mehr als es bisher geschehen ist, muss «1874» im System der französischen Kunstinstitution gesehen werden. Nach wie vor entschied der jährliche offizielle «Salon» über das Schicksal der Künstler. Von dieser Monopoleinrichtung, mit ihrer Jury-Inzucht und ihren Obligationen einer historischen Ikonographie und einer klassizistischen Doktrin, hingen Ansehen und Zukunft, Aufträge und Verkäufe ab. Andere Wege ins Licht der Öffentlichkeit gab es noch fast keine. Und die Machthaber – Académie, Ecole des Beaux-Arts und die Oberschicht der Gesellschaft, die «Medici de la Madeleine» – wachten eifersüchtig über ihre Kompetenzen und ihr Prestige. Für die Künstler war ihr Entscheid – ob «accepté» oder «refusé» – eine Lebensfrage. Manet, 1867: «Montrer est la question vitale». Wie schon David d'Angers und Delacroix, hielt Pissarro die Möglichkeit zum öffentlichen Auftritt – vor über 400 000 Besuchern – für «notre droît». Es versteht sich von selbst, dass auch die Impressionisten immer wieder versuchten, die etablierte Karriere des Salonkünstlers einzuschlagen, allzu oft mit geringem oder gar keinem Erfolg. Besonders hartnäckig setzte Manet auf den Salon; auch Renoir und Monet gaben nicht auf. Die Notschreie und Wutausbrüche der Unglücklichen – und der Sarkasmus Cézannes – begleiteten jahrzehntelang die Bemühungen, das Ausstellungssystem zu reformieren.

Einen ersten Erfolg konnte man 1863 feiern (im Jahr von Manets Déjeuner und Olympia): die Einrichtung des «Salon des Refusés», nachdem im Salon 4 000 Werke zurückgewiesen worden waren. Napoleon III. selber konzedierte, dass Arbeiten jeglicher Richtung ohne Jury und offizielle Klassifikation dem Urteil der Öffentlichkeit vorgestellt wurden. Den Konformisten konnten die Progressiven entgegentreten, den Anerkannten die junge Generation, den «finisseurs» die «esquissateurs» – der Tradition die Originalität. Neben Manet nahmen Pissarro, Cézanne, Jongkind, Fantin-Latour und Whistler die Chancen wahr.

Aber die neue Einrichtung konnte sich gegen den Zorn der Académie nicht halten. Nur 1864 und 1873 kam es zu Wiederholungen. An den Institutionen änderte sich nichts. Gegen ihre Macht kamen auch Individualausstellungen wie die von Théodore Rousseau, Courbet, Manet, Monet und (seit 1882 häufiger) bei Durand-Ruel und Georges Petit nicht auf. Ebenso liess sich das immer wieder diskutierte System regelmässiger Doppelausstellungen oder Triennalen nicht realisieren. Auch die Weltausstellungen von 1855, 1878 und 1889 boten mit ihren Kunstabteilungen keinen Ersatz; in der internationalen Repräsentation der «Grande Nation» hatten die Akademiker ohnehin den Vorrang. Eine gewisse Möglichkeit zum Verkauf boten die «Ventes» des Hôtel Drouot und ein paar hellsichtige Kunsthändler.

Die sture Verteidigung der Barrieren musste die Gegenkräfte geradezu mobilisieren. «1874» ist in diesem Überdruck eines der Ventile. Ein anderes ergab sich 1884, als andere, besonders die Neoimpressionisten, die «Société des Artistes Indépendants» gründeten. Wäre 1874 ein Salon des

Refusés bewilligt worden, die Initiative der Impressionisten – sozusagen ein privat veranstalteter Salon des Refusés – wäre gewiss unterblieben.

In «Le Gaulois» war im April 1875 zu lesen: «Manet zum Direktor der Beaux-Arts berufen! Monet, Berthe Morisot und Eva Gonzalès als Professoren an die Ecole des Beaux-Arts gewählt!» Ein Wunder? Ein Aprilscherz! Und nur als solcher denkbar.

Der Zusammenschluss der Unzufriedenen war demnach eine Notgründung – um überhaupt ausstellen zu können. Formell erfolgte er am 27. Dezember 1873, als «Société anonyme des artistes peintres, sculpteurs, graveurs etc. », gemäss den Statuten der Bäckerzunft von Pontoise, ohne Programm und Prinzipien, mit den Gründungsmitgliedern Monet, Renoir, Sisley, Pissarro, Degas, Berthe Morisot, Guillaumin und vielen anderen, insgesamt 30 Künstlern. Durch Solidarität hoffte man stark zu werden.

Allein, die Société war ein überaus heterogenes und prekäres Gebilde, ohne echte Kohärenz, auch ohne Chef, ein Unterschlupf für Oppositionelle und Unabhängige aller Art, daher voller Spannungen und mehrmals nahe der Auflösung. Duranty bemerkte «exzentrische und harmlose Charaktere, Visionäre und scharfe Beobachter, naive Ignoranten und Wissende». In der Liste der Mitglieder herrschte steter Wechsel. «Die meisten ... waren keine Impressionisten», so Monet; «aus der ‹Kleinen Kirche› ist eine banale Schule geworden, die ihre Türen dem nächstbesten Farbenkleckser öffnet». Die Beteiligung an den acht Ausstellungen von 1874 bis 1886 war überaus unregelmässig und kontrovers; nur Pissarro beschickte alle Anlässe der Gruppe, Monet fehlte dreimal. Sogar die Titel der Gesellschaft und der Ausstellungen wechselten.

Man hat immer betont, dass Manet nie dazu gehörte. Am Salon beteiligt, wünschte er sich nicht zu kompromittieren; aber enge Freundschaften verbanden ihn mit mehreren Mitgliedern. Pissarro, der «kolossale» (Cézanne), war die Vaterfigur und die moralische Autorität der Gruppe, von entscheidendem Einfluss auf Cézanne, Gauguin und van Gogh; Monet gewiss ihre Seele, mit seiner kühnen künstlerischen Konsequenz. Eine eigene Richtung, im Gegensatz zu den Pleinairisten, vertrat Degas; er verabscheute die Bezeichnung «Impressionist». Die Zugluft sei ihm zuwider, er würde gerne die Gendarmerie einsetzen gegen «Leute, die Landschaften nach der Natur malen». Das führte wiederholt zu Krisen, ja zu einer Teilung in zwei Fraktionen. Er war der aktive Organisator, doch wusste er gut genug, dass er im Grunde einen anderen Weg zu gehen hatte. Cézanne, von der Kritik am meisten angefeindet, zog sich schon 1877 von den Ausstellungen zurück. Renoir, wie auch Monet, suchte nach 1880 neue Orientierungen. Ob man als Mitglied der Gruppe auch im Salon ausstellen dürfe, blieb umstritten.

Dennoch: über mehr als zehn Jahre war der Zusammenhalt stärker als alle Krisen. Seit ihrer Lehrzeit, in der Académie Suisse und im Atelier von Gleyre, waren Monet, Pissarro, Cézanne, Guillaumin, Renoir, Bazille und Sisley miteinander befreundet, und im Café Guerbois wie auch später im «Nouvelles Athènes» schlossen sich Manet, Degas und Schriftsteller wie Zola, Huysmans, Duranty und Duret an, in lebhaften Streitgesprächen. Fantin-Latour und Bazille haben solche Vereinigungen in Gruppenbildnissen festgehalten. Oft arbeitete man zu zweit, Seite an Seite vor demselben Motiv, so Pissarro und Cézanne, so Monet und Renoir. In Paris fanden gemeinsame «diners» statt, und in Gasthöfen auf dem Lande wohnte man zeitweise zusammen. Gauguin bestätigt noch 1885: «die Stärke liegt in der Gemeinsamkeit».

Die Kritik machte sich mehrheitlich lustig über die «révoltés», nicht bloss 1874. Ihr böser Blick ergäbe aus der Negation viele treffende Stichworte: «kein Oben und kein Unten, kein Vorn und kein Hinten», «das Fleckige», «nicht eine Landschaft wiedergeben, sondern den von ihr hervorgerufenen Eindruck» usw. «Aber die Impression ist da!» Aus dieser Feststellung – bestätigt an Monets «Impression, soleil levant» – ergab sich der Name der Gruppe durch Leroy und Castagnary, zugleich «der neue Begriff Impressionisten».

Es versteht sich, dass der – noch junge – Kunsthandel wenig Lust hatte, sich zu engagieren, mit der einen denkwürdigen Ausnahme von Durand-Ruel. Nach Kräften unterstützte dieser seit etwa 1872 die neuen Talente, die zumeist in elenden wirtschaftlichen Verhältnissen arbeiteten, und machte sie auch in London, in Brüssel und in Amerika bekannt. Aber noch 1875 ergab eine Auktion bei Drouot in Paris einen Durchschnittspreis von nur 163 Francs pro Bild. Die Firmen Boussod & Valadon, Petit und Vollard folgten in den 80er Jahren. Das Interesse privater Sammler war in der Tat sehr spärlich. Renoir klagte 1878, es gebe «in Paris kaum 15 Kunstfreunde» zugunsten der Impressionisten. Zu den ersten gehörten der Bankier Hoschedé, der Sänger Faure, der Zollinspektor Victor Chocquet, die Ärzte Gachet und de Bellio, der Konditor Eugène Murer, die Brüder Arosa, der Graf Armand Doria, abgesehen von den besser gestellten Kollegen und Freunden wie Manet, dem jungen Gauguin, Zola und besonders Gustave Caillebotte, dessen Nachlass von 75 impressionistischen Werken der französische Staat noch 1897 nur teilweise und mit Bedenken akzeptierte.

Die impressionistische Malerei im strengen Sinne bildete sich längst vor der Konstituierung der Société aus, in einer langen Vorgeschichte in den 60er Jahren, und erreichte ihren Höhepunkt gegen 1877, in der dritten Gruppenausstellung, während sich kurz darauf, um 1880, erste Krisen-

und Auflösungserscheinungen bemerkbar machten. Der Kritiker Félix Fénéon spricht schon 1886 rückblickend von einer «heroischen Zeit des Impressionismus», mit Manet als «Herold», mit Monet, Pissarro und Renoir als den «Anführern der Revolution» (während Degas «die Bezeichnung Impressionist verabscheute»), gefolgt von einem Schub von «Neuerungen» gegen 1886, mit den «Neoimpressionisten» Seurat und Signac, dem Symbolisten Redon und dem Antritt Gauguins und van Goghs, die alle in der Tat bereits der langen Nachgeschichte im Postimpressionismus angehören.

Die Begriffe der «impression» und der «impressionistischen» Malweise sind oft unbedenklich und leichtfertig gebraucht worden, im Sinne eines offenen, skizzenhaften, «unfertigen» Pinselwerks als malgraphologische Antiklassik (so für die spätrömischen Odyssee-Landschaften, den Utrechter Psalter, für Frans Hals und Velazquez, für Barockmeister von Carracci bis Guardi und besonders für Delacroix). Dieser misslichen Vagheit ist eine präzisere, engere Definition aus dem geschichtlichen Phänomen des «Impressionismus» entgegenzusetzen.

«Es ist sehr einfach», meinte Georges Rivière 1877, «sie hängten das Wort ‹Impressionisten› an die Türe ihrer Ausstellung. » Gerade die – über 30 – Ausstellungsteilnehmer mit ihren 165 Bildern (1874) geben aber kein Profil her, denn unter ihnen fanden sich Corot-Schüler, Arrivierte wie Boudin, unbekannte «Wilde» wie Cézanne und (um 1886) auch Pointillisten und Neoimpressionisten wie Seurat und Symbolisten wie Redon, einstimmig nur in ihrem Protest gegen die offizielle Kunstpolitik, einig nur als «indépendants».

Wie erwähnt, fehlt eine Theorie des Impressionismus aus dem Impressionismus selbst. Gewiss gibt Duret (1878) Meinungen seiner Impressionisten-Freunde wieder. Doch erst Signac hat 1899 –«ex post» und aus kritischer Distanz – eine volle Definition geleistet (wozu das kurze Leben der Zeitschrift «L'Impressionniste» 1877 nicht ausgereicht hatte). Frédéric Bazille, der einzige Denker unter den impressionistischen Malern, fiel 1870 im Deutsch-Französischen Krieg, erst 29 Jahre alt.

Um so eher wäre es nötig, die überlieferten Äusserungen der Maler zu würdigen, die spontanen, anekdotischen wie auch die reflektierteren in Briefen und Gesprächen. Manet war schon vor 1860 der Überzeugung, man müsse sich «begnügen, seine Impression wiederzugeben». Redon sagte von Daubigny: «Er ist ein Maler eines Augenblicks, einer Impression»; den «Anführer der Schule der Impression» nannte ihn 1865 ein Kritiker. Corot beruft sich auf die «Wahrheit der Impression»; entscheidend sei der erste Eindruck. Als für die Ausstellung von 1874 die Bildtitel diskutiert wurden, meinte Monet: «Warum schreiben Sie nicht einfach ‹impression›?» Und so geschah es, zumal für das berühmte Titelbild «Impression, soleil levant» von 1872. Zahlreich sind die Meldungen mitten aus dem impressionistischen Schaffen, so von Sisley über «seine Ästhetik» («eine heikle Sache», 1892), so Monets Ratschläge an die Malerin Cabot Perry (1889, «Ein Blinder, der plötzlich sieht: reine Farbe, ohne die Dinge zu erkennen»), so Monet vor der toten Gattin Camille (1879, «im Schrecken, nichts anderes als eine farbige Impression wahrzunehmen»), so Cézanne mit dem volltreffenden Ausruf: «Monet n'est qu' un œil!», verschärft durch Gauguin: «un œil sans cerveau». Pissarro unterscheidet 1885 zwischen «romantischen» (seinen alten Freunden) und «wissenschaftlichen» Impressionisten (Seurat und Signac). Aber Degas' und Cézannes zahlreiche Äusserungen stehen in Widerspruch zu diesem Verständnis des impressionistischen Schaffens. Und Gauguin und van Gogh sprechen vollends aus der Phase postimpressionistischer Neuorientierung.

Unter den zeitgenössischen Schriftstellern und Kritikern sind viele um eine genauere Bestimmung der impressionistischen Neuerungen bemüht. Zola und Castagnary verfolgten sie seit ihren Anfängen, aus Positionen des Realismus, von Courbet und Manet her. Ähnlich Philippe Burty, auch Edmond Duranty (1876) mit seinem Applaus für zeitgenössische Darstellungen auf der Linie Degas', während er aber zugleich die Bedeutung des Sonnenlichts und seiner Helle und der Farbzerlegung, der «Harmonie der Spektralfarben» hervorhebt. Dem Kritiker, Politiker und Sammler Théodore Duret ist die erste Streitschrift zugunsten der «Peintres impressionnistes» (1878) zu verdanken, mit treffenden Charakterisierungen: Verbindungen mit der Tradition und der japanischen Malerei, kühnes Ergreifen des augenblicklichen Effekts und der atmosphärischen Lichtfarben. Philosophisch begründet, aus der Theorie des Unbewussten, ist der brillante Essay des frühverstorbenen Jules Laforgue (1883), mit gültigen Einsichten: alles durch die vibrierende Farbe (statt durch Linie, Relief, Beleuchtung, Perspektive) bestimmen; einzigartige Sensibilität für einen unwiederholbaren Augenblick; Subjekt und Objekt in Bewegung; das «kühne Auge». Schon aus den Kreisen des Neoimpressionismus und des Symbolismus, mit der Skepsis der Erben, äussern sich Fénéon und – noch einmal – Signac. Dabei weist Fénéon (1886) besonders auf die instinktive, informelle Produktionsweise der «heroischen» Vorgänger hin. Signacs berühmtes Manifest des Neoimpressionismus (1899), ein Maler-Denker-Traktat, bietet die erste kritisch-systematische Analyse des Impressionismus, eine Darstellung, die, samt ihren Vorbehalten, bis heute nachwirkt.

Den zeitgenössischen Kritikern entging nicht, dass zum Impressionismus in einem strengen Sinn nur eine Kerngruppe von Malern gehört.

Streng: insofern Plein-air-Methode, Landschaftsmotive, Farbzerteilung und Tupfentechnik als konstitutiv gelten. Duret zuerst lässt nur Monet, Sisley, Pissarro, Renoir und Berthe Morisot zu. Manet: der bedeutendste Vorläufer (aber natürlich mehr und anderes als das). Renoir: impressionistisch nur bis etwa 1880. Cézanne: zugehörig um 1872 für wenige, freilich entscheidende Jahre, mit dem Impressionismus als Ferment, wie später Gauguin und van Gogh. Degas, wie gesagt, verbat sich selber, als Impressionist zu gelten. Als Überwinder des Impressionismus zählen die letzteren Vier zu den Gründern der klassischen Moderne.

Silvestre hatte schon 1873 ein Triumvirat ausgezeichnet: Monet («der klügste und kühnste»), Sisley («der harmonischste und scheueste»), Pissarro («der realste und naivste»).

Die kunstgeschichtliche Aufarbeitung des Impressionismus ist vor allem auf biographischen Wegen erfolgt, chronikalisch und anekdotisch, mit Blick auf die Impressionisten mehr als auf den Impressionismus, so noch bei Lionello Venturi und John Rewald, bei Leymarie, Blunden und der «Encyclopédie de l'Impressionnisme». Für zusammenfassende, strukturelle und problemorientierte Darstellungen muss man sich an Novotny, Francastel, Venturi (in seinen späteren Schriften), an Fischel, Schmalenbach und amerikanische Ausstellungskataloge der letzten Jahre wenden (siehe Bibliographie). Mit unserer Exklusivformel – nur Monet, Pissarro, Sisley, der frühere Renoir, hingegen Cézanne, Gauguin und van Gogh nur vorübergehend – folgen wir der Linie Durets. Dagegen leitet sich von Duranty die generöse Inklusiv-Definition ab, einschliesslich Degas', der Neoimpressionisten/Pointillisten und sogar der Symbolisten (so S. Isaacson 1980 und R. Shiff 1986). Daraus ergäbe sich ein Allerweltsstil, der von 1874 bis zur «art nouveau» der Jahrhundertwende alle antiakademischen Strömungen, d. h. enorme Widersprüche, enthielte. Die Akzente dieser Ausstellung auf der Landschaftsmalerei erleichtern es, das engere, präzisere und widerspruchsfreiere Impressionismus-Verständnis gelten zu lassen.

In der akademischen Malerei wird ein (normalerweise gegebenes) Thema mittels Illustration ins Bild gesetzt. Für den «Prix de Rome» von 1884 z. B. wurde folgende Aufgabe gestellt: «Lucrèce s'étant donnée la mort, Brutus retire le poignard, dont elle s'est frappée et, le tenant, jure de poursuivre Tarquin et sa race et de ne plus souffrire de rois dans Rome» etc. Um dies darzustellen, verfügte man über Rezepte. Zweistufig – nämlich erstens Thema, zweitens visuelle Realisierung, Illustrierung – war das Vorgehen in jedem Fall.

Das Verhältnis zwischen dem Was und dem Wie ist in der impressionistischen Malerei grundsätzlich anders. Das Erlebnis des farbigen Lichts –

fundamental, wie Monet, Pissarro, Sisley und andere versichern – steuert sowohl die Motivwahl wie auch die «peinture» in einem unteilbaren Prozess. In der Landschaftsmalerei, dem Vorzugsthema der Impressionisten, geht es nicht länger darum, Natur abzubilden, vielmehr wird diese durch das Bild evoziert, zur Erscheinung gebracht als Phänomen des farbigen Lichts. In dieser neuartigen «poètique» kommt das Farblicht derart zur Dominanz, dass es den Bildgegenstand oft nahezu aufzehrt.

Die impressionistische Malerei ist – radikaler noch als die realistische – unliterarisch, unakademisch, unintellektuell. Sie wendet sich von der gesamten traditionellen Thematik ab,von der sakralen und der mythologischen Historie ebenso wie vom Genrebild und vom Porträt. Sie verzichtet demgemäss auch auf Vorbilder und überlieferte Modelle. Zudem gilt für sie nicht mehr das Produktionssystem der Aufträge; der Maler allein, lange ohne Markt, bestimmt sein Sujet. Dabei geht selbst das Engagement Courbets, Daumiers und Millets für die Schattenseiten der Gesellschaft verloren.

Bezeichnend ist der Weg, den Monet von 1865 bis etwa 1890 zurücklegt: von der monumentalen Figurenkomposition bis zur menschenlosen Landschaft. Seine Malerei verlandschaftet. Schliesslich, in den Sequenzen von Giverny, kommt sie (fast) ohne erkennbare Gegenstände aus. Nur Pissarro, voll sozialen Mitgefühls, hält an einem diskreten, bäuerlichen Figurengenre fest, in den 80er Jahren mehr als früher (fast zu zwei Dritteln), in der Graphik mehr als in der Malerei. Aber die politische Sprengkraft ist viel geringer als etwa bei Courbet. Im «Haushalt» der Gattungen erweist sich die Porträtmalerei als ein besonderes Krisenkapitel. Den Forderungen nach steckbrieflicher Identifizierung einer Individualität kann der «effet éphémère» eines Licht-Bildes nicht entsprechen. Ein freierer Umgang ist im Stilleben möglich, das bei Monet – nicht aber bei Pissarro und Sisley, doch gelegentlich beim jungen Renoir – eine Rolle spielt: in einer sehr frühen Gruppe als Übungsfeld für brillanten Realismus, in den Jahren 1878 bis 1882 für opulente Farbenfeste, zuweilen auch einfach als Schlechtwettersujet und stets als sicheres Verkaufsthema.

Monet findet das «motif» «une chose insignifiante», ohne sich weiter den Kopf zu zerbrechen. Seine Erfahrungen, nicht seine Reflexionen sind fundamental. So am Totenbett seiner Gattin Camille, wo er nichts anderes als die «dégradations du coloris que la mort venait d'imposer» wahrnimmt; «des tons de bleu, de jaune, de gris, que sais-je? Voilà où j'en étais venu.» Noch 30 Jahre später plagt ihn der Schock, in dieser Situation nur mit dem Auge reagiert zu haben, dem in unmenschlicher Konsequenz absolut gesetzten Organ seiner Malerei. An die amerikanische Malerkollegin Lilla Cabot Perry richtet er 1889 folgenden Rat: «When you go out to paint, try to forget what objects you have before you... Merely think, here is a little square of blue, here an oblong of pink... He said he wished he had been born blind ant then had suddenly gained his sight, so that he could have begun to paint in this way without knowing what the objects were that he saw before him... Monet's philosophy of painting was to paint what you really see, not what you think you ought so see.» Kandinsky, als Betrachter, vermochte 1895 vor Monets «Heuhaufen» allein «die märchenhafte Kraft und Pracht» der Farben zu erkennen, nicht aber das Sujet. Da liegt schon die Erfahrung des «sehenden Sehens» zugrunde, im Gegensatz zum «wiedererkennenden Sehen».

Am intensivsten hat sich Signac mit dem «discrédit du sujet» auseinandergesetzt. Zunächst geht er aus vom Unterschied zwischen dem «sujet pittoresque» und dem «sujet pictural». Allgemein werde nur das «sujet pittoresque» wahrgenommen; das führe zum «esclavage du sujet». Aber «pour le peintre, seul importe le sujet pictural: c'est par lui qu'il exprime sa volonté d'art». Für Literaten könne es wohl ein gutes Sujet geben, doch «il n'y a pas de bon sujet pour un peintre». Die Maler wüssten genau, dass «il peut y avoir de belle peinture sans sujet, et qu'un bon sujet, mal traité, ne signifie rien». «C'est par l'œil que le peintre doit émouvoir, et non par la littérature des sujets et des titres.»

Diese Tendenz – eine Fährte zum «l'art pour l'art» – liesse sich schon in der Wahl der Bildtitel verfolgen. Monet hatte längst Bezeichnungen wie *Impression, soleil levant, Effet de soleil, Nocturne en bleu* oder *Nymphéas, harmonie rose* gebraucht. Ein Titel wie *La Cathédrale de Rouen, le portail; effet du matin; harmonie blanche* könnte als Anleitung zu einem Dreischritt im Sehprozess gelesen werden, vom lokalisierten Gegenstand zur reinen Farbensymphonie. Signac schlägt wie in der Musik statt Titel einfach *Op. Nr....* vor.

Welch ein Verlust! Ein Aderlass, wie ihn die neuere Malereigeschichte seit der Reformation nie mehr in Kauf genommen hatte. Aber: welch eine Befreiung vom Übergewicht der universellen Gedankenfracht! Freisetzung der «peinture», Aktivierung der Farbe und des Pinselwerks. Vor allem: absolutes Vertrauen in die Kraft des Auges. Der Gewinn liegt in der Reinheit der Wahrnehmung, in der Ungestörtheit der optischen «impression», in der Steigerung der Sensibilität. Cézannes Urteil über Monet ist ein Schlüsselwort: «Monet n' est qu'un œil, mais parbleu: quel œil!» Vorbehalt und Bewunderung zugleich. Und Cézanne nimmt sich selber nicht aus mit der impressionistischen Feststellung: «L'artiste n'est qu'un réceptacle de sensations... un appareil enrégistrateur... Parbleu, un bon appareil, fragile, compliqué... » Auch hier: subtilste Wahrnehmung, aber nicht als bloss passiver Akt. Den Übergang von der «impression» zur «émotion» (und zur «expression»!) bezeichnet Monet mit der Formel: «exprimer ce que j'éprouve devant la nature».

Das impressionistische Sujet: ein Leichtgewicht, ein «petit rien». Wenn es nicht informieren und belehren, nicht eine Botschaft vermitteln, nicht protestieren noch erschüttern will – was will es? Monet wie auch Pissarro und Renoir lassen keinen Zweifel, in Bildern und Worten: es sind Mitteilungen aus dem Glückszustand, mitten im Licht stehen zu dürfen. Lichtereignisse, die farbige Helle des Lichts in seinen erstaunlichen Verwandlungen – sie bestimmen die Motivwahl im einzelnen. Die Impressionisten sind Lichtanbeter, Lichtmystiker, Lichthymniker (besonders der alte Monet). Es hat in der gesamten Malereigeschichte zuvor keine so hellen, so lichthaltigen Bilder gegeben, weder beim späten Rubens (der direkt in die Sonne blickt) noch bei den Romantikern, die das Dunkel als Gegenpart bewahren und an der Gegenständlichkeit festhalten.

Das Licht: wie es sich in die Farben des Spektrums bricht, wie es sich in der Atmosphäre verfängt und verfärbt, von Augenblick zu Augenblick – das fasziniert die Impressionisten, mehr als jede gegenständliche Potenz. Die Kathedralfassade von Rouen spricht Monet nicht als Kathedrale an, nicht als architektonisches, religiöses und historisches Monument ersten Ranges. Ihn interessiert vielmehr, wie das Licht des Morgens, des Mittags, des Abends am Steinfiligran zur Erscheinung kommt, in immer anderen farbigen Harmonien. Und die Nymphéas von Giverny sind weniger Seerosen als Spiegelungen atmosphärischer Ereignisse – Phantasmagorien, die schliesslich in die Autonomie der Farbigkeit münden.

Tatsächlich ereignet sich eine fortschreitende Verdünnung der Gegenständlichkeit, bis schliesslich nur noch ein Aspekt übrig bleibt: der farbige Schein. Das impressionistische Bild ist nichts anderes als die Schnittebene durch die Atmosphäre, ein «écran», auf welchem sich lichtfarbige Erscheinungen niederschlagen.

Es ist zugleich eine Schnittebene im Ablauf der Zeit. Unter den Veränderungen des Sonnenstandes wird je ein Augenblick herausgegriffen, mit seinen je besonderen Konditionen von Licht und Farbe. Diese Division der Zeit führt zu einer Multiplikation der Bilder vor demselben Motiv – und schliesslich, ab 1889, zur Serientechnik Monets.

Wenn dieses Scheinen des farbigen Lichts die Impressionisten interessiert wie nichts anderes, ist ihre Bevorzugung der Natur, der Landschaft, eine notwendige Folge. (Ein Figurenbild oder ein Porträt könnten sich einer solchen Übermacht des Lichts nicht aussetzen, ohne sich selber aufzugeben. Renoir geht diesem Spannungsverhältnis in den mittleren 70er Jahren auf den Grund). Zahlenmässig dominiert die Landschaftsmalerei bei weitem. Sisleys Œuvre besteht fast ausschliesslich aus Landschaften.

Das gilt auch für Pissarro, jedenfalls bevor sich die «paysannerie» einmischt; die späten Städtebilder können ihrerseits als eine Art Landschaft gelten. Von Monets Weg in die Landschaft, die im Licht verdampft, war bereits die Rede. Für die internationale Ausbreitung des Impressionismus war denn auch, wie unsere Ausstellung zeigt, die Landschaftsmalerei das geeignete Medium. Allein, welche Art von Landschaft? Es fehlte nicht an Kontakten mit Corot, den Malern von Barbizon, mit Courbet, Jongkind, Boudin. Aber nicht ihre Formeln noch gar die «paysage composé» oder die pittoresken oder symbolistisch beladenen Varietäten setzten sich schliesslich durch. Die Farblichtlandschaft der Impressionisten ist in der Tat Neuland. Von Turner wurden Monet und Pissarro in London 1871 «zweifellos beeinflusst», aber man fand ihn «wegen der überschwenglichen Romantik seiner Phantasie unsympathisch», und «die Analyse der Schatten» habe er «nicht verstanden». (Das ist freilich eine Verwischung seiner Bedeutung.) Ihre Geographie hat ihre Schwerpunkte am Unterlauf der Seine und an der anliegenden Küste, in der Normandie und der Bretagne, in der Gegend von Fontainebleau, ferner an der Riviera, dazu Aussenstationen in Nordafrika und in Norwegen.

Ein systematischer Gesamtkatalog der Sujets würde hinter der Topographie sogleich die künstlerischen Anziehungspunkte bemerkbar machen. Lichtphänomene zeigen sich ja am intensivsten am Himmel und, gespiegelt, im Wasser – Himmel und Wasser sind denn auch die Hauptmotive. Ein Brief von Sisley von 1892 über Landschaftsmalerei ist vor allem ein Hymnus auf den Himmel, den so «wunderbaren und bewegten». «Ich beginne ein Bild immer mit dem Himmel». Die Impressionisten sind auch Wassermaler ohnegleichen, mit ihren Flüssen, Seen, Stränden, Küsten. Wasser seinerseits als bewegtes Element: im Glitzern der Wellen, im Spiegelbild ziehenden Lichts, im Gischt der Küste. «Monet braucht Wasser, je mehr desto besser», meinte sein Bootsmann. Auch das Land – Wiesen, Felder, Bäume – unterliegt den Zuständen der Atmosphäre, dem Zauber einer besonderen Stunde. Neben den vielen Sommersonnenlandschaften fehlen nicht Ansichten des Winters – Schnee ist seinerseits vielfarbig, alles andere als weiss und monoton; Ansichten des Regens, des Nebels (ein «skandalöses» gegenständliches «Nichts»); Ansichten der Dämmerung und der Nacht. Mit Vorzug sind in den Landschaften feine Bewegungen gewählt, ohne Dramatik und Dynamik: das Blinken des Wassers, das Flimmern der Luft, das Zittern des Laubs – Natur in unablässiger, sanfter Lebendigkeit. «Capter l'instant et le mouvement», gilt für den Landschaftsmaler ebenso wie für den Beobachter der wimmelnden Stadt Paris.

Diese Unmittelbarkeit zum Sujet, in seinen subtilsten Konditionen, setzt die neue Methode der «plein-air»-Malerei voraus. Das impressionistische Bild wird nicht nachträglich im Atelier aus Naturstudien und «pochades» hergestellt (kom-poniert) wie noch beim jungen Corot und anderen. Es entsteht «sur le motif», in direktem Kontakt. Ja, der Maler mit seiner Staffelei befindet sich mitten in seinem Sujet, nicht gegenüber, nämlich rings umgeben von der besonderen Farb-Licht-Atmosphäre. Es ist bezeichnend, dass Monet, wie vor ihm Daubigny, oft in seinem Boots-Atelier arbeitete, eingetaucht in sein Sujet. Einmal – in Etretat – wurde er von der Flut weggespült, die er eben malte. Daher auch öfters der Eindruck, das Bild sei fortsetzbar, über den Rahmen hinaus.

Auch die Grossstadt ist von den Impressionisten als atmosphärische «Landschaft» gesehen, von Manet über Renoir und Monet zu Pissarro. Das Paris Haussmanns präsentiert sich mit seinen neuen, baumbestandenen Boulevards voll von Menschengewimmel, hell und heiter auch sie. Kein Stadtprospekt mehr, nichts Pittoreskes oder Monumentales, «fugitif» und «instantané» sind die Stichworte des modernen Lebens in der Stadt. Ein einziger Pinselstrich für einen Menschen – darüber regte sich der Kritiker L. Leroy 1874 unmässig auf. Nicht die Hölle, nicht Sodom und Gomorrha bedeutet Paris, wie auch London, den Impressionisten. Monet sieht den Bahnhof von Saint-Lazare 1877 als eine Festhalle der «modernité, erfüllt vom farbigen Rauch der Lokomotiven» – «la poésie des gares» (Zola). Diese Bilder waren rasch und zu hohen Preisen verkauft, sie entsprachen dem Pathos der trotzigen Prosperität Frankreichs nach 1871. Auch in modernen Brücken, Seehäfen und Eisenbahnen meldet sich ein wenig patriotischer Fortschrittsglaube. Aber ein paar Fabrikkamine am Horizont machen noch keine soziopolitische Strategie aus. Und die Rue Montorgueil ist am schönsten in ihrem knatternden Fahnenschmuck vom 30. Juni 1878.

Auch die Landschaften am Unterlauf der Seine sind von Städtern gesehen, als Orte der Erholung und des kleinbürgerlichen Vergnügens. Ihre Gärten, Ufer und Wiesen zeigen sich sonntäglich, wie die Grenouillère, das kleine Vorstadtglück. Argenteuil, Vétheuil, schliesslich Giverny sind für Monet die Stützpunkte glücklicher Seine-Malereien am Rande der Grossstadt. Selbst Überschwemmungen und Eisgänge, auch Schnee und Frost geben zauberhafte Effekte her. Dagegen sucht Monet, unterwegs nach neuen Horizonten in den mittleren 80er Jahren, die wilden, schäumenden Felsküsten von Etretat und Belle-Ile auf. Auch die Riviera und Norwegen kommen in Sicht. Weniger ein Wasser- als ein Landmann ist Pissarro. Lange Zeit sesshaft in Pontoise, ist er ein Liebhaber der in Laubmassen eingebetteten Dörfer. Diese Landschaft bildet weiter den Lebensgrund, wenn, nach 1880, junge Bäuerinnen Gärten und Felder beleben, «travaux des champs» ohne Arbeiterpathos.

Aber die Malerei der «vie moderne», wie Baudelaire sie postuliert hatte? Die berühmten Einblicke in die «modernité» und die «intimité» von Paris? Die Malerei Manets, Degas' und Renoirs? Manet identifizierte sich selber nie mit den Impressionisten, weder persönlich noch künstlerisch. Er präludiert sie in mancher Hinsicht, und allgemein sah man in ihm den heimlichen Chef der Gruppe. Aber es genügt, festzustellen, dass er die «plein-air»-Malerei für verwerflich hielt. Zwar: «La vie parisienne est féconde en sujets poétiques et merveilleux», doch gibt er sie als «genre noble» aus, gestellt und voller altmeisterlicher Reflexe. Degas (noch einmal) geriet in Wut, wenn er als Impressionist tituliert wurde. In der Tat sind seine Entdeckungen in der Welt der Ballettmädchen, des Theaters, des Café-Concerts, der Toilette, des «demi-monde», des Rennplatzes weit entfernt von der Spontaneität und der Heiterkeit der «reinen» Impressionisten. Seine «modernité» liegt ja viel eher in der höchst geistreichen (unimpressionistischen) Kunst der Inszenierung. Er sieht anderes ganz anders; und alles realisiert in strenger Atelierarbeit, artifiziell, ohne Farbzerlegung und Tupfentechnik.

Weder Monet noch Pissarro und Renoir haben an der «vie moderne» die «fleurs du mal» wahrgenommen. Auch die düsteren Ansichten des Existenzminimus – von Daumier, Millet, Courbet – sind in ihrem Schaffen nicht fortgeführt, obgleich Pissarro wie auch Monet weit «links» standen und obgleich sie hungerten, als sie den Sommerglanz wie ein einziges Fest an den Ufern der Seine malten.

Renoir versichert, beim Malen «weder Regeln noch Methoden», auch keine Geheimnisse zu haben. Ähnlich Monet: es gelte, einfach «seine Eindrücke von den flüchtigsten Stimmungen wiederzugeben», «Theorien waren mir stets zuwider». Genauer äussert sich Pissarro, mehrmals. «Meiden Sie Regeln und Prinzipien, malen Sie, was Sie sehen und fühlen, und zwar grosszügig und ohne zu zögern», damit die «première impression» nicht verloren gehe. Umrisse und Linien beeinträchtigen das Ganze; dieses sei sogleich auf dem gesamten Bildfeld anzulegen, in Farben, mit kleinen Pinselstrichen. Für Signac ist, einmal mehr, die «Abwesenheit einer (präzisen und wissenschaftlichen) Methode» bei den Impressionisten Anlass zur Kritik. «Malen, wie der Vogel singt», soll sich Monet gewünscht haben. Immerhin konzediert Signac den Impressionisten die Urheberschaft folgender «Fortschritte»: «observation des lois de couleur, usage exclusif des teintes pures, renonciation à tout mélange rabattu, équilibre méthodique des éléments». Das «impressionistische Auge», stellt Laforgue in seiner Analyse fest, sei das am höchsten entwickelte in der menschlichen Evolution, im Gegensatz zum «akademischen Auge». Es nehme die Welt als «Vibration von Licht und Farbe» auf, «ohne Linien, Beleuchtung, Relief, Perspektive, Helldunkel und andere dieser kindischen Klassifikationen», in hoher «prismatischer Sensibilität», unbewusst, spontan und rasch, in vollem «plein-air».

Diesen (und anderen) Zeugnissen ist seither einiges beizufügen. Entscheidend für das impressionistische Schaffen ist die «*sensation directe*» im Freilicht. Damit entfällt die Zweistufigkeit des Vorgehens, wonach erstens ein Sujet zu finden sei, das in Entwürfen und Skizzen erprobt würde und das zweitens in einer «bedeutenden Form» zu komponieren und zu realisieren sei, wie es in der akademischen Doktrin üblich war und blieb. Daraus erklärt sich der häufigste Vorwurf der Zeitgenossen, dass ja das impressionistische Bild nur eine Skizze, ein unvollendeter Versuch sei. Anstelle einer gebauten und gedankenvollen Komposition hält die impressionistische Landschaft den «effet éphémère» eines bestimmten Augenblicks in seiner ganzen Frische und Unwiederholbarkeit fest. Die «instantanéité» lässt eine Ausrichtung auf traditionelle Formeln nicht zu. Auch wird die bedächtige, schrittweise Annäherung an das «chef-d'œuvre» ausser Kurs gesetzt. (Noch Baudelaire hatte an dem «dummen Kult ungeläuterter, nicht von der Phantasie gedeuteter Natur» Anstoss genommen.) Entweder gelingt das Bild auf der Stelle – oder es misslingt.

Dennoch trifft Monets Behauptung «Ich habe nie ein Atelier gehabt» natürlich nicht zu (in Giverny schon gar nicht). Gewiss, «plein-air» war die Devise, selbst in sehr harschen Umständen, auch in Frost und Sturm. Aber Verbesserungen und Schlussarbeiten im Atelier waren üblich, besonders nach 1880. Man pflegte angefangene Bilder zu stapeln, um sie nachträglich für Ausstellungen zu überarbeiten. Da galt es, Retuschen, Anreicherungen, besondere Effekte und Harmonisierungen anzubringen.

Schon Gleyre hatte seine Schüler, unter ihnen Renoir, Monet, Bazille und Sisley, zur Freilichtmalerei hingeführt. Für Corot und Daubigny war es selbstverständlich, im Freien rasche Skizzen zu bestimmter Tageszeit anzulegen, freilich nicht für den Markt. Und Boudin stürzte sich «mit Leib und Seele ins plein-air».

«*Instantanéité*»: um so mehr kommt es auf den ersten Akt, auf die Wahl des Motivs an. Das Aufpflanzen der Staffelei, an einem bestimmten Ort, in einem bestimmten Licht, ist für den Impressionisten schon der entscheidende schöpferische Moment. Vom ersten Blick – so Monet und Pissarro – hängt der Erfolg ab; deshalb die Sorgfalt bei der Wahl des Standorts. Die impressionistische Landschaft ist ein Augenblicksbild, eine «presto»-Notation, ein Wurf, darin liegt ihre Originalität, ihre Reinheit, ihre Authentizität. In der «ersten Ergriffenheit» (Pissarro), im spontanen Entzücken des Malers vor dem Motiv wird über die «mise en page» und über den Farbakkord entschieden, endgültig. Für Monet schränkt sich in den 90er Jahren dieser Moment so sehr ein, dass er zur selben Stunde an denselben Orten mehrmals zurückkehren muss. «Der angstvolle Beobachter von Minuten» (so Geffroy), «der Jäger» beim Schuss auf den richtigen Moment (Maupassant), er braucht bis zu 14 Leinwände für je eine halbe Stunde pro Tag. Für ein einziges Bild sind 20 bis 60 solche Kurzsitzungen nachgewiesen.

Indessen, der Maler wählt den Bildausschnitt so, dass er durchaus einer bestimmten *Komposition* entspricht. Dass die Impressionisten «ohne Sinn für Organisation und Kombination» seien, ist eine der Übertreibungen Signacs. Die Bildstruktur hat freilich weniger starke Akzente, weniger Spannungen und Kontraste als noch bei Corot, Courbet und den Barbizon-Malern. In der Bildfläche wird mit Vorzug Ausgleich und Nivellierung gesucht; auch die Bildränder belasten sich nicht mit Form- oder Farbgewichten; ja, das Bild scheint allseits ohne Schranken zu sein. Die Harmonie liegt schliesslich in einer «overall»-Textur.

In den 70er Jahren setzte sich mehr und mehr die Vorliebe für bildplane, frontale Motive und Strukturen durch. Da der Maler rings umfangen ist von seiner Landschaft und ihrem Licht, verschwinden all die Schwellen und Barrieren, die Repoussoirs und Kulissen der traditionellen Komposition. Besonders häufig bildet Wasser die «Basis», blinkend und unfest, ein heller Himmelsspiegel, so dass sich Ausgleichung und Ruhe, Schwebung und Leichtigkeit im ganzen Bildfeld ausbreiten. Horizontale Streifungen und Zonen nehmen überhand, oft gereiht und rhythmisiert, bis – schliesslich in Monets Seerosenbildern – reine, gegenstandsfreie Farbnebel die Struktur ausmachen.

Seltener als die (kritische) Figurenkomposition lässt die Landschaftsmalerei ausgesprochene moderne Häresien zu. Dezentrierungen, Asymmetrien, freche Randschnitte, schiefe Bildachsen, von der Japanmode herkommend, sind Spezialitäten Degas' und seiner Anhänger. Immerhin, Monet, selber Sammler japanischer Drucke, nimmt sie in den 80er Jahren auch in Landschaften hin und wieder auf; seither melden sich auch dekorative Tendenzen. Als Bildformate – eine folgenschwere Konditionierung bei der Motivwahl – wurden die französischen Standardtypen benützt. Monet freilich dehnte sie, für seine Seerosen-Serien, horizontal bis zum Rundum-Zusammenschluss aus.

Das Raumgefühl der Impressionisten wandelt sich von den frühen, noch perspektivischen Prospekten bis zu den atmosphärischen, gleichmässig von Farblicht erfüllten «écrans» von Monets Serien, in welchen auf eigene Weise das «Ende der wissenschaftlichen Perspektive» eintritt. Bis gegen 1875 sind Raumbilder mit diagonalen Fluchtlinien häufig: Wege und Strassen, die in die Tiefe führen, Eisenbahnen, Brücken, Uferlinien in perspektivischer Schrägsicht. Später nimmt die Dichte der Atmosphäre zu, sie verhängt den Raum, frontal wie eine Fata morgana. Da bleiben diagonale Erschliessungen aus; ein handgreiflicher Vordergrund fehlt ebenso wie eine tiefe Ferne. Nie gibt der Impressionist Berichte aus der Nähe, nie rückt er den Dingen auf den Leib. Gleichmässig ausgebreitet, (fast) gleichmässig hell, (fast) ohne Volumen, weder nah noch fern, erscheinen farbig vibrierende «plans». Die alte Dialektik von Nähe und Ferne verschwindet. Einen zentrierenden Blickpunkt und eine entsprechende Fixierung des Betrachters vor dem Bild würde man vergeblich suchen. Oft vergittert oder verschleiert sich der Anblick von vorne. Wieder ist es Monet, der die Konsequenzen zieht: in der dekorativen Flächenrhythmik der Pappelbilder – Vorboten der «art nouveau» – und in den Farbenfluten der Nymphéas, die den Tachismus und die «Abstraction lyrique» präludieren. Auf die (japanisierenden) Raum-Irritationen und -Schocks à la Degas haben sich die Landschafts-Impressionisten nicht eingelassen. Das Äusserste in dieser Richtung sind die – sehr kontrollierten – «vues plongeantes» in den Küsten- und Boulevardbildern von Monet, Renoir und Pissarro. Am treffendsten, in seiner divinatorischen Naivität, hat Monet das impressionistische Bild und seinen Raumgehalt definiert: als das, was sich *zwischen* dem Maler und dem Motiv befindet – die Bildfläche als Schnitt durch die Atmosphäre (die «enveloppe»), wie er sich auf der Netzhaut des Malers darstellt. Immer wieder spricht Monet von seinen «recherches»: Malen ist Erforschung der «sensation».

Von allen Realitäten ist *das Licht* die mächtigste, so sehr, dass es, besonders in Monets Spätwerk, allein herrscht: das Licht in seiner elementaren Kraft, seiner Lebendigkeit und seinem zyklischen Wechsel. Die Maler bekennen alle, Lichtanbeter zu sein, die einen «als Visionäre», die anderen «als scharfe Beobachter» (Duranty). Als Freilichtmaler finden sie sich überschwemmt vom Licht. Demnach verbreitet es sich überall im Bild, gleichmässig, gleicherweise getönt. «Elle enveloppe, caresse, irradie les formes, pénètre partout, même dans les ombres» (Signac). Der Maler ist nicht mehr der Regisseur eines szenischen Beleuchtungslichts; das dramatische Prinzip des Helldunkels löst sich auf. Auch in die Schatten dringt die Helle ein und lässt sie in eigenen Farben leuchten. Sogar der Nebel wird bildwürdig, unter dem Protest des Publikums, das «nichts» zu sehen glaubt, während doch die reine dichte Weisse des gedämpften Lichts erscheint. Das sind allerdings extreme Fälle.

Wenn Monet nach 1890 dazu gelangt, die «Taten des Lichts» in einer Vielzahl von Bildern nach demselben Motiv zu verfolgen, im Wandel der Tages- und der Jahreszeiten, so macht er, bewusst oder unbewusst, die Zyklen des Gestirns sichtbar. Dazu benötigt er den neuen Modus der Serie. In den «Meules» ist das «petit rien» der Heuhaufen dazu da, die Verwandlungen des Lichts in je besonderen Farbakkorden so darzustellen, dass die Vielzahl der Augenblicksbilder sich zusammenschliesst zu einem Abbild des Zeitenlaufs. Die scharfen Zeitschnitte der Einzelbilder sind da zusammengeführt und aufgehoben im Zyklus. Zusammen ergeben sie eine neue, «runde» Zeitdauer. In der Tat wählte Monet zuletzt einen Rundbau, um die Seerosenbilder als einen kleinen Licht-Kosmos zu präsentieren (Paris, Orangerie).

Unter der Dominanz des Lichtes in der Atmosphäre muss die Sachfarbigkeit der Dinge mehr und mehr zurücktreten. Die deskriptive Funktion der Farbe – noch im Realismus überaus wichtig – gilt nicht mehr; sie wird von der Herrschaft der *Erscheinungsfarbe* abgelöst. Es ist bezeichnend, dass die Impressionisten jenen «Dingen», die keine eigene Dingfarbe haben, besonders zugetan sind: dem Himmel, dem Wasser, dem Schnee, dem Dunst – «Dingen» also, die leicht die Farbigkeit der Atmosphäre annehmen. Zu ihnen rechnet Monet auch Kathedral- und Palastfassaden, Heuhaufen und Felsenriffe.

Schon in den 60er Jahren wird beobachtet, dass die Intensität der Farbe von ihrer Reinheit abhängt. Ohne Beihilfe der Farbentheorie und -physik, naiv und empirisch, beginnen die «plein-air»-Maler auf die dumpfen Mischungen, die gebräuchlichen «Schokoladen»-Töne und das Schwarz zu verzichten und die reinen Komponenten des Spektrums einzusetzen. Es sind vor allem die Refraktionen im leicht gewellten Wasser, die auf das Gesetz der Farbzerlegung aufmerksam machen. Mit Jubel werden hierauf die kühnsten und rarsten Farbakkorde entdeckt, je wieder anders, aber immer als Kombinationen von hoher Leuchtkraft. Monet denkt an eine Palette «von Diamanten und Edelsteinen». An die Stelle des «mélange chimique» auf der Palette tritt hiermit das *«mélange optique»* im Auge des Betrachters. Auffällig ist die Verschiebung der Farbklaviatur in die hellsten Bereiche. Nicht mehr kommt der gesamte Farbkreis zur Geltung, mit seinen Kontrasten und Spannungen (wie noch bei Delacroix). Neben den hohen, lichten Tönen fehlen sozusagen die Bässe. Selbst die Schattenzonen sprühen in Lichtfarben. Nie zuvor gab es so helle Bilder wie etwa Monets Impressionen von Pourville, nie so helle Porträts wie etwa Renoirs Chocquet. Besonders in der Höhe sind ja die Farbintervalle klein; ein helles Rosa und ein helles Blau z. B. rücken nah zueinander. Im Aufsprühen solcher Skalen der «peinture claire» wetteifern Monet und Sisley, mit Trouvaillen, die bis ins Süsse reichen können, ohne süsslich zu sein, an der Grenze zu einer «peinture gourmande». Seit den 90er Jahren experimentiert Monet auch mit dekorativen Farbwirkungen, nicht ohne auf die Japaner zu blicken, schliesslich gelangt er in die Nähe einer modernen Autonomie der Farbe.

Die Brillanz des impressionistischen Kolorits hat auch eine technische Voraussetzung: die Erfindung zahlreicher synthetischer, malfertiger Farben durch die Chemie.

In ihrer Praxis der *Farbzerlegung* – die reinen Farben des Spektrums – fanden sich die Impressionisten bestätigt durch Chevreul («Die Prinzipien der Farbenharmonien und Farbkontraste und ihre Anwendung in der Kunst», 1839). Zugrunde liegen die naturwissenschaftlichen Einsichten in die Struktur des Lichts mittels Spektralanalyse (Maxwell, N. O. Rood, Ch. Blanc). Seurat will schon 1876 «die Reinheit des Spektrums als Schlüssel der Maltechnik» betrachtet haben. Aber erst Signac systematisiert die Entdeckungen seiner älteren Kollegen, erst er bringt die Malerei mit den wissenschaftlichen Gesetzen der Optik in Einklang, durch Reduktion der Palette auf die vier Grundfarben und ihre Zwischentöne – nicht ohne Dogmatik und Schulmeisterei.

Die Farbzerlegung hat ihr Korrelat in der – «typisch impressionistischen» – *Tupfentechnik*, d. h. der Aufbringung der Farben in unzähligen feinen «touches», wie es dem ersten Eindruck vor dem Motiv entspricht (Pissarro: «je ne vois que de touches»). Diese Methode der «touches divisées» in Punkten von gleicher Grösse und gleichen Farben («d'innombrables virgules multicolores, juxtaposées, croisées et enchevêtrées», so Signac) führt zu einer gleichmässigen Rasterung und Vereinheitlichung des Bildfeldes, in einer «over-all»-Harmonie. Sie erzeugt dabei eine Flimmerung, d. h. jene feine Beweglichkeit der Bildfläche, die als «vibration colorée» dem Scheinen der Wirklichkeit entspricht. Ohne diese Technik der «division» wäre die optische Mischung der Farben nicht möglich geworden. Aber nichts anderes hat die Zeitgenossen so sehr erschreckt wie das Nahbild dieses offenen Pinselwerks; Umrisse, Modellierungen, Proportionen und dergleichen sind ja darin ganz aufgelöst. Carl Justi spricht von «Amorphismus».

In der Praxis der 60er und 70er Jahre ist die Tupfentechnik, ähnlich wie die Farbzerlegung, ein Ergebnis sensibilisierter Wahrnehmung – nicht Theorie, sondern Empirie. Monets Tupfenstruktur ist da überaus flexibel und vielfältig, bald punkt-, bald kommaförmig, bald stockend, bald strömend, bald lose, bald dicht, je der «impression» folgend. Auch hier ist es den Neoimpressionisten (Pointillisten!) vorbehalten, aus der Technik ein System zu machen, mit strenger Uniformität.

Nach der 7. Gruppenausstellung, 1882 – dem letzten Triumph der «reinen» Impressionisten – macht sich just bei diesen Skepsis breit. Drei Stimmen wenigstens seien angeführt. Renoir findet, er habe nun, gegen 1883, «die Möglichkeiten des Impressionismus voll ausgeschöpft» und sei «in eine Sackgasse» geraten; er könne ja «weder malen noch zeichnen». Das ist unter dem Eindruck von Raffael, Pompeji und Ingres gesagt, mit Bewunderung der «Grösse und Einfachheit der alten Meister» und ihrer «grossen Harmonien». Seine Antwort ist der «style aigre» und der «Ingrisme». Cézanne möchte «aus dem Impressionismus etwas Solides und Dauerhaftes machen, wie die Kunst der Museen». Und Monet, schon 1879 über die Einseitigkeit seiner Malerei erschrocken, «découragé» und «dégoûté», rettet sich, indem er fortan «de l'art sérieux» produzieren will. Figurenbilder im Freilicht und prägnantere Landschaftsmotive kommen in Sicht, und die Serien sollen das Manko der Augenblicksbilder überwinden.

Aus solchen Erfahrungen im Atelier – Erfahrungen des «non plus ultra», ja des Scheiterns – liesse sich die Gewinn- und Verlustrechnung, die Bilanz des Impressionismus neu erstellen, beglaubigt durch die Protagonisten.

Zu den einzelnen Künstlern: siehe die Bibliographien der jüngsten Kataloge und Enzyklopädien (u. a. «The New Painting», Katalog San Francisco/Washington 1986). – H. Adhémar, Musée du Jeu de Paume, Paris 1973. – K. Berger, Japonismus in der westlichen Malerei 1860-1920, München 1980. – R. R. Bernier, The Subject and Painting: Monet's «Language of the Sketch», in: Art History, 1989, S. 298. – M. u. G. Blunden, Journal de l'Impressionnisme, Genf 1977. – K. S. Champa, Studies in early Impressionism, New Haven 1973. – T. C. Clark, The Painting of Modern Life. Paris in the Art of Manet and his Followers. London 1985. – B. Denvir, Thames and Hudson Encyclopedia of Impressionism. London 1990. – A. Distel, Les collectionneurs des Impressionnistes, Paris 1989. – J. Dufwa, Winds from the East, Stockholm 1981. – B. Dunstan, Painting Methods of the Impressionists, New York 1976. – L. Fischel, Von der Bildform der französischen Impressionisten, in: Jahrbuch der Berliner Museen, 1973, S. 58. – P. Francastel, L'impressionnisme, Paris 1974. – R. L. Herbert, Impressionism: art, leisure and Parisian society, New Haven-London 1988. – E. G. Holt (ed.), The Expanding World of Art, 1874-1902, New Haven 1988. – R. Huyghe, La relève du réel, la peinture francaise du XIXe siècle: impressionnisme, symbolisme, Paris 1974. – Cent ans d'Impressionnisme, Hommage à Paul Durand-Ruel, Ausstellungskatalog Paris 1974. – Centenaire de l'Impressionnisme, Ausstellungskatalog Paris (Grand Palais) 1974. – The New Painting: Impressionism 1874-1886, Ausstellungskatalog San Francisco-Washington 1986 (mit guter Bibliographie von 1973 bis 1985, im Anschluss an J. Rewald). – Impressionism, Art in the Making, Ausstellungskatalog National Gallery London 1991. – J. Isaacson, The crisis of Impressionism 1878-1882, Ausstellungskatalog Michigan Museum of Art 1979/80. – H. Keller, Aquarelle und Zeichnungen der französischen Impressionisten und ihrer Pariser Zeitgenossen. Köln 1980. – Y. Le Pichon, The Real World of the Impressionists, Painting and Photographs 1848-1918, New York 1984. – P. Lurie, A Guide of the Impressionist Landscape, Seattle 1990. – J. Milner, The Studios of Paris, New Haven 1988. – S. Monneret, L'Impressionnisme et son époque. 4 Bde. , Paris 1978-81. – Musée d'Orsay: Meisterwerke der Impressionisten und Postimpressionisten. Stuttgart 1986. – L. Nochlin, Impressionism and Post-Impressionism, 1874-1904, Sources and Documents, Englewood Cliffs 1966. – Ph. Pool, Die Kunst des Impressionismus, München-Zürich 1970. – J. Rewald, Histoire de l'Impressionnisme, Paris 1955 (deutsch: Zürich-Stuttgart 1957). – J. Rewald, Studies in Impressionism. London 1985. – R. Shiff, The End of Impressionism. A Study in Theories of Artistic Expression, in: The Art Quarterly, 1977/78, S. 338. – F. Schmalenbach, Impressionismus – Versuch einer Systematisierung, in: Wallraf-Richartz-Jahrbuch, 1966, S. 145. Ferner in: Studien über Malerei und Malereigeschichte, Berlin 1972. – J. C. Taylor, Nineteenth Century Theories of Art, Berkeley-Los Angeles-London 1987. – P. Vaisse, Salons, expositions et sociétés d'artistes en France 1871-1914, in: CIHA, Atti del XXIV Congresso Internazionale di Storia dell'Arte, Bd. 7, S. 141. – P. Vaisse, La Troisième République et les peintres, Recherches sur les rapports des pouvoirs publiques et de la peinture en France de 1870 à 1914, Thèse Paris 1980 (unpubliziert). – L. Venturi, N. Ponente, Impressionism, in: Encyclopedia of World Art, Bd. VII, London 1958, S. 825. – L. Venturi, Les Archives de l'Impressionnisme, 2 Bde, Paris-New York 1939.

Zur Krise des Bildnisses im Impressionismus

Skizzen und Beiträge zu Monet

Die impressionistische Porträtmalerei hat ihre Aporie in dem Bildnis der toten Camille Monet, gemalt von ihrem Gatten Claude Monet nach dem 5. September 1879, und in dem Bekenntnis, das der Maler mehr als dreissig Jahre später zu diesem Bild an den Freund Georges Clemenceau richtete: «Un jour, me trouvant au chevet d'une morte qui m'avait été et m'était toujours très chère, je me surpris, les yeux fixés sur la tempe tragique, dans l'acte de chercher machinalement la succession, l'appropriation des dégradations de coloris que la mort venait d'imposer à l'immobile visage. Des tons de bleu, de jaune, de gris, que sais-je? Voilà où j'en étais venu... Voilà que l'automatisme organique frémit d'abord aux chocs de la couleur, et que les réflexes m'engagent, en dépit de moi-même, dans une opération d'inconsience où se reprend le cours quotidien de ma vie. Ainsi de la bête qui tourne sa meule. Plaignez-moi, mon ami[1]. »

Hier erschrickt die impressionistische Malerei über sich selbst, aus Anlass der Herausforderung durch die Ansprüche der Bildniskunst. Der Schock – «voilà où j'en étais venu» – bezieht sich auf die Erkenntnis Monets, in dieser äussersten Situation seines Privatlebens ausschliesslich als Maler reagiert zu haben – nur mit dem Auge, dem in unmenschlicher Konsequenz absolut gesetzten Organ seiner Malerei. Monet erschrickt über den Verlust – nicht seiner Gattin, sondern der Kategorie des Sujets in seiner Malerei: der Tod als farbige «impression», die tote Gattin als «effet éphémère» im Malerblick. Eine treffendere Parabel zur Situation des Impressionismus innerhalb der gegenständlichen Bezugssysteme liesse sich nicht erfinden. An Monet vollzieht sich die unerbittliche Verrechnung von Gewinn und Verlust beim Bezug einer neuen extremen Position.

Monets Schuldgefühle mögen auch mit der Erinnerung an das nicht immer ungetrübte Verhältnis zu Camille und die frühe Verbindung mit Alice Hoschedé zusammenhängen. Am Totenbett Camilles, am 31. August 1879, hatte die kirchliche Eheschliessung «in extremis» stattgefunden[2]. Es fällt auf, dass in dem Text Clemenceaus der Name der Toten nicht genannt ist.

Das Porträt (Paris, Musée d'Orsay)[3] zeigt die Verstorbene vom Fussende des Totenbettes her, schräg von oben, im Ausschnitt etwa als Halbfigur, also in ungewöhnlicher Ansicht, einer spontanen Betroffenheit des Malers entsprechend. Jedenfalls ist der – sonst oft gewählte, den Tod markierende – Profiltypus ebenso vermieden wie eine Konnotation der Totenmaske[4]. Das Gesicht, eingefasst mit einem Kopftuch, liegt flach in den Kissen; auf der Brust der Toten ein Blumenstrauss, schräg überlagert von einer schleierartigen Decke. Die Züge Camilles, mit halboffenem Mund, sind nur mit durchsichtigem Hellgrau in das gelblich-hellblau durchwirkte Rosa des Gesichtsdreiecks eingetragen, präzis, aber mit Zartheit und Scheu, so unplastisch wie auch der Körper, der sich kaum durch die Decken abzeichnet[5]. Ein gedämpftes, diffuses Farblicht beherrscht den Anblick. Weissliche, nach Kobalt und Lila spielende Hellblautöne schweben über einem goldbraunen, mit Rosa, Orange, Mauve und Rot durchsetzten Bildgrund, als ein lockeres, doch richtungsbetontes Strichgefüge von grosser Transparenz. Das Kolorit hat trotz seiner Dämpfung einen spektralen Reichtum.

Der Maler verbirgt nicht seine Erregung. Sie äussert sich aber eher in der – für Monet ungewöhnlich heftigen – Pinselschrift als in der Nachbildung des Gesichts. In der «harmonie mauve» bekundet sich nicht nur ein neutraler Sinneseindruck, sondern unbewusst auch die Betrübnis des Malers[6]. Das schwebende, durchsichtige Strichgeflecht ergibt ein Bild der Hinfälligkeit und des «caractère éphémère des choses et des êtres»[7]. Insofern ist das Porträt doch ein «document humain»: die Tagebuchnotiz des Malers in grosser Not, angesichts der «morte très chère» – Camille, wie sie in den Dämmer und die Allgemeinheit des Todes zurückgesunken ist, wie auf den Grund eines Sees. Dagegen spricht nicht, dass Monet im folgenden, harten Winter ähnliche Farbharmonien innerhalb der Schnee- und Eislandschaften von Vétheuil vorfand.

Eine Theorie des impressionistischen Bildnisses aus der Epoche selbst liegt nicht vor. Sie könnte aus den Aussagen der Maler, Kritiker und Schriftsteller annäherungsweise erstellt werden. (Wir verstehen hier den Impressionismus in einem strengen Sinne, d. h. als die Kunst Monets, Pissarros und Sisleys und als die entsprechenden frühen Entwicklungsphasen Renoirs, Cézannes und van Goghs, unter Ausschluss Degas', Toulouse-Lautrecs, Gauguins und anderer Nachimpressionisten.)

Das Porträt – seit je durch die Verpflichtung auf Ähnlichkeit eine besonders gegenstandsbezogene Gattung – gehört nicht zum Bereich der impressionistischen Lieblingsmotive. Die Zahl der Bildnisse ist denn auch im gesamten Schaffen der Impressionisten auffällig gering. Auf eine Hierarchie der Gattungen wird nicht mehr Bezug genommen.

Als lichtfarbener Schein der Dinge, als deren «effet éphémère» ist das impressionistische Bild nicht geeignet, den Forderungen nach steckbrieflicher Identifizierung einer Individualität zu entsprechen. Das Porträtmodell hat, wie jedes andere Sujet der Impressionisten, «ins Licht getaucht» (Sisley) zu erscheinen und sich dessen Verwandlungen zu unterwerfen. Nie rückt der Impressionist den Dingen auf den Leib, nie gibt er Berichte aus der Nähe. Ihn interessiert, was als Atmosphäre zwischen den Dingen und dem Beobachter ist, nicht die intellektuell protokollierende Bestandesaufnahme, nicht der deskriptive oder analytische Sachbefund, nicht Zugriff und Definition.

Wie sehr der impressionistische Maler die Identität seines Sujets ausschaltet, kann ein Ausspruch Monets an die amerikanische Kollegin Lilla Cabot Perry bezeugen (1889). Er möchte malen in einem Zustand, wie ihn ein Blinder habe, der plötzlich sehend werde, «without knowing what the objects were that he saw before him». Es gelte «to paint what you really see, not what you think you ought so see». «When you go out to paint, try to forget what objects you have before you – a tree, a house, a field, or whatever. Merely think, here is a little square of blue, here an oblong of pink ... and paint it just as it looks to you....»[8] In solcher Sicht wären die Sujets völlig unkenntlich und unerheblich – reine farbige Erscheinungen ohne Sachreferenz.

Dazu der alte Monet, kurz und bündig: «Qu'importe le sujet!» Oder Bazille: sich auf das Sujet einzulassen könne nur schaden, es lenke von der «peinture» ab.

Am radikalsten, aus der Position des «wissenschaftlichen» Neoimpressionismus, äussert sich Signac. Seit dem Impressionismus habe sich die Malerei vom «esclavage du sujet» befreit, damit sei der Durchbruch vom «sujet pittoresque» zum «pictural» gelungen. «Les peintres savent qu'il peut y avoir de belle peinture sans sujet et qu'un bon sujet mal traité ne signifie rien... » Und als Konsequenz: «Comme la peinture à sujet, le portrait pictural est mort.»[9]

Es gebe nun aber – fährt Signac fort – andere Mittel, um die «ressemblance des effigies contemporaines» sicherzustellen. Tatsächlich hatte sich ja seit der Jahrhundertmitte die Aufgabe des Porträts in komplizierten Prozessen funktional und sozial aufgegliedert.

Mit der Erfindung der Daguerreotypie und der Calotypie verfügte das Bürgertum des «Second Empire» und der neuen Republik über sein geeignetes Porträtmedium. Als montierte Einzelaufnahme, als «carte de visite» und als Album erlangte die demokratisierte Porträtistik rasch einen Riesenerfolg. Paris war das Zentrum der Porträtphotographie. Dennoch übertreibt Flaubert: «Die Daguerreotypie ersetzt die Malerei». In Wahrheit herrscht seither ein Hin und Her zwischen gemalter und photographierter Porträtistik, in gegenseitigem Geben und Nehmen[10]. In den Bildnisaufnahmen von Nadar, Carjat und anderen – die gesamte Pariser Prominenz zieht durch ihre Ateliers – ist festgehalten, wie man aussieht, in «objektiver» Reproduktion, zugleich ist aber auch statuiert, wie man auszusehen habe. Dieses Doppelspiel ist von Kierkegaard schon 1854 durchschaut: «Mit Hilfe der Daguerreotypie wird sich leicht erreichen lassen, dass jeder porträtiert wird – früher nur die Ausgezeichneten; und zur gleichen Zeit arbeitet man mit aller Macht darauf hin, dass wir alle das gleiche Aussehen haben – so dass nur ein einziges Porträt nötig wäre.»

Daneben hält sich die offizielle Bildnismalerei des «Salon» nach wie vor im höchsten Rang. Repräsentativ im Anspruch, traditionell in der Typenwahl, illusionistisch in der Ausführung, entspricht sie den Anforderungen der Aristokratie wie auch des Grossbürgertums und der «nouveaux riches». Als Idole wirken die Porträts des Kaiserhauses, auch noch nach 1870. Die Jury des «Salon» sorgt ihrerseits für die Respektierung der akademischen Normen. Der Bedarf ist derart, dass sich Spezialisten wie Winterhalter, Bonnat, Carolus-Duran neben Ingres, Baudry, Cabanel, Couture und anderen etablieren können[11].

Innerhalb dieser Auseinandersetzung gerät das Kunstporträt – mit seinem Anspruch, zuerst ein Kunstwerk und dann erst ein Konterfei zu sein – als eine Spezialität ins Abseits. Genauer zu bedenken wäre das Paradoxon, dass sich die grossen Persönlichkeiten der Epoche nicht den grossen Malern anvertraut haben (abgesehen von einigen Literaten und Künstlern). Die Impressionisten als «peintres-peintres» machen ihrerseits kein Hehl daraus, an der Individualität, ihrer Grösse und ihrem Elend weniger interessiert zu sein als an der «peinture». Signac ist auch in dieser Hinsicht ein genauer Beobachter, in seiner Todesanzeige des Porträts: «Il est certain que les meilleures portraits de ces cinquantes dernières années, qui sont d'excellents morceaux de peinture, répondent peu à la définition du portrait. Comme dans les meilleures œuvres d'art, le pittoresque y a été sacrifié au pictural[12].» Oder Monet, vor dem Porträt Vollards von Renoir: «Quel Renoir, mais quel dommage que ce soit Vollard!»

Dennoch haben die Impressionisten Bildnisse gemalt: Renoir sehr viele, gerade in seiner impressionistischen Phase; Monet mehrere, namentlich in den frühen Jahren bis etwa 1868, vereinzelte in den siebziger Jahren und nochmals um 1885/88; Pissarro wenige; Sisley ist als Porträtist nicht hervorgetreten. In der ersten Gruppenausstellung, 1874, waren unter den 150 Werken zwölf Bildnisse zu finden[13].

Was die Porträtmodelle angeht, fällt die Einschränkung auf die eigenen Kreise der Maler auf: die Familie, der engere Freundes- und Bekanntenkreis, gelegentlich Schriftsteller, einige Selbstbildnisse. Aufträge sind – sieht man von Renoir ab – an den Fingern abzuzählen. Man hatte kaum Verbindungen mit der entsprechenden Gesellschaftsschicht, und es fehlte das Interesse an Rang und Stellung, an Pose und Typus. Selten sind auch die Gelegenheitsporträts (Malerkollegen, ein Arzt, ein Koch, ein Porteur Monets). Dabei bleibt der Porträtbegriff diffus. Meistens haben Angehörige als Studienobjekte für bestimmte malerische Zwecke einzustehen, mit Vorzug Frauen[14].

Die Auseinandersetzung der Impressionisten mit der Aufgabe des Porträts lässt sich seit dem Vorliegen der Œuvreverzeichnisse von Monet (D. Wildenstein, 1974-1970), Renoir (F. Daulte, 1971), Pissarro (L. R. Pissarro und L. Venturi, 1939) und Sisley (F. Daulte, 1959) materiell überblicken. Ihre Problematik kann hier einstweilen nur an Monet dargelegt werden, und auch dies mit Einschränkungen, nämlich mehr skizzenhaft als im Diskurs und mit dem Schwerpunkt der Bildnisse nach Camille. Auf Renoirs impressionistische Porträts soll andernorts eingegangen werden. Auch muss auf einen Vergleich mit den Bildnissen Camilles von Monet und Renoir verzichtet werden.

Monets Lieblingsmodell ist Camille-Léonie Doncieux (geboren 1847), seit 1866 seine Gefährtin, seit 1867 Mutter von Jean Monet, seit 1870 seine Gattin. Camille um ihrer selbst willen hat Monet in den dreizehn Jahren ihres gemeinsamen Lebens nur zweimal porträtiert: in dem «Profilbildnis von 1866» (Zürich, Sammlung Bührle) und dem Porträt der Sitzenden mit einem Veilchenstrauss um 1877 (Privatbesitz USA), dazu kommt eine Zeichnung (siehe unten).

Der *Profilkopf der Halbfigur* (Zürich) – damals eine selten gewählte, definierende Porträtstellung, «quattrocentesk» – hebt sich in seiner Helle streng und kühn von dem schwarzen Grund ab[15]. Er gibt mit der blanken Stirn und der kecken Nase die ganze Wachheit und Frische, auch die Vitalität der Neunzehnjährigen zu erkennen. Dazu steht das Gefühlsmotiv des in ihrem Arm geborgenen Hündchens in einem Gegensatz, der ihre Charakterisierung emotional vertieft. Die Profilhaltung verwehrt aber eine weitere physiognomische Einsicht. Um so mehr wird deutlich, wie der Maler an den Farbkontrasten des gestreifen, rot-weiss-schwarzen Gewandes interessiert ist. In der «facture», ihrer kraftvollen Offenheit und Verve, ist das Bild eine «hommage à Manet» und zugleich eine Selbstbehauptung gegenüber ihm[16].

Als ein Porträt im vollen Sinne kann nur das *«Bildnis der sitzenden Camille mit einem Veilchenstrauss»* (USA) von 1877 gelten[17]. Die Dame stellt sich in natürlicher Grösse, dem Massstab der unmittelbaren Begegnung, dar. Ihr Sitzmotiv ist in auffällig komponiertem Wohlklang als grosse S-Kurve diagonal ins Bildgeviert gebracht. Hier – und nur hier – blickt man der jungen Frau voll ins Gesicht; hier – und nur hier – ist ihre Persönlichkeit ganz ernstgenommen. Der Kopf ist etwas schräg gehalten, zutraulich und anschmiegsam; der Blick offen, gross, ein wenig fragend; Mund und Nase ebenso zart wie kraftvoll; im ganzen eine sanfte, natürlich kluge Weiblichkeit. Eingebettet in einen vagen, hellen Innenraum, erlangt der Kopf um so mehr Deutlichkeit und Präzision. Zu dem Profilbildnis (Zürich) verhält sich dieses «en face»-Porträt elf Jahre später wie eine komplementäre Erfüllung.

Am offensten begegnet das Modell, das seine Geliebte ist, dem Maler in einer Rötelzeichnung von 1866/67 (Privatbesitz USA) – nicht bloss ein Porträt («en face»), sondern ein persönliches Bekenntnis («face à face»), das einzige. Grosse Augen, breite Nase, voller weicher Mund, sie füllen das Oval des Gesichts ganz aus. Unter der Hutkrempe ist das eine Auge beschattet, das andere im Licht, sehr unterschiedlich, in einem Blick, der, mit Glanz von innen, Direktheit mit einer unergründlichen Zutraulichkeit verbindet.

Sonst hat Camille durchwegs als Modell für grössere malerische Unternehmungen zu dienen, seien es vielfigurige *Genrebilder oder Einzelfiguren* mit besonderen künstlerischen Zielsetzungen.

Für das *«Déjeuner sur l'herbe»*[18] – ein «tour de force», der Manet auf seinem eigenen Feld schlagen sollte – legte Monet zahlreiche Figurenstudien an (Zeichnungen und Ölskizzen), in altmeisterlichem Verfahren, wenn auch ohne entsprechende akademische Schulung, wobei Camille – wie auch der Malerkollege Bazille und andere Bekannte – für mehrere Figuren Modell zu stehen hatte. Die Ambition auf ein unerhörtes «plein-air»-Genrestück hat aber zur Folge, dass die Individualität der Person gemindert und ins Allgemeinverbindliche nivelliert werden muss. Trotz allen realistischen Zielen überholt die Vorstellung eines Irdischen Paradieses die Porträtpräzision der Modelle. In derselben Richtung wirkt sich die Örtlichkeit des Waldintérieurs mit seinem fleckigen Bildlicht aus, das selbstherrlich über alle Personen hinwegspielt. Ähnliche Folgen hat auch die – trotz aller Spontaneität – sehr kalkulierte Kompositionsarbeit. Dennoch war Monet auf die Konkretheit seiner Modelle angewiesen, wie seine verzweifelten Briefe an Bazille belegen[19].

Solche Vorbereitungen erforderte auch das – immerhin einfachere – Programm der *«Femmes au jardin»*, 1866 (Paris, Musée d'Orsay)[20]. Dass Camille hier für drei der vier Figuren einstehen konnte, mit wechselnden Kostümen und Frisuren, verrät ihre rein szenisch-kompositionelle Funktion. Vier junge Frauen, mit Blumen beschäftigt: der Anlass ist ein «petit rien» im Garten. Aber es sind Grazien der «vie moderne» in einem Paradiesgarten. Dieser Schönheitsvorstellung, innerhalb einer grossen, «Salon»-würdigen Figurenkomposition, entspricht jede der vier Frauen auf ihre eigene Weise: jede in einer anderen Ansicht dargeboten («en face», verdecktes «face», Profil, verlorenes Profil), jede einen anderen Frauentypus vertretend. Der Kopf der Sitzenden vorn, am deutlichsten zu sehen, bildet ein ebenmässiges Oval. Die Aufmerksamkeit gilt weniger ihrer Physiognomie als dem Spiel des Lichtes auf ihrem Kopf, zwischen dem Schatten des Sonnenschirms und dem Widerschein ihres weissen Rocks. Für alle diese Pointen der «peinture» ist Camille als Mannequin eingesetzt – eine dreifache, sehr brauchbare Grazie.

Selbst in dem Bildnis *«Camille ou La femme à la robe verte»* (Bremen, Kunsthalle), dem grossen Salon-Erfolg Monets von 1866, ist der Porträtcharakter nicht eindeutig[21]. Der Doppeltitel steht am Anfang einer Doppeldeutung, die bis heute anhält: einerseits das Bravourstück des «grünen Rocks», bewundert von Castagnary, Zola, Burger-Thoré, unlängst mit Paolo Veronese verglichen[22], als Motiv aber wohl aus der Modeillustration stammend, andererseits der Porträtkopf, der mehr aus persönlichen als aus künstlerischen Gründen beachtet wurde. Einzig Burger-Thoré ist beiden Aspekten gerecht geworden: «Désormais, Camille est immortelle et se nomme la ‹Femme à la robe verte›.» Das Ganzfigurenbild – angeblich in vier Tagen entstanden, um anstelle des «Déjeuner» im «Salon» zu figurieren – ist ein Wurf, der die aus Manet und Courbet gewonnene Brillanz Monets demonstrieren soll.

In Wirklichkeit liegt eine szenisch-psychologische Studie vor, wie sie im «Déjeuner» erwogen wurde und in den «Femmes au jardin» wie auch im Porträt von Mme Gaudibert wieder Effekt machen sollte: das grosse Wegrauschen einer Dame, mit einer Schleppe hinter sich, nun kompliziert durch das Gegenmotiv eines Innehaltens, in der Umwendung ihres Kopfes zum Betrachter und im Anheben der rechten Hand. Der zwiespältigen Haltung gibt der Maler die volle Realität der «vie moderne», indem er die Dame mit den Zügen Camilles auftreten lässt. Das scharf silhouettierte Profil entspricht dem echten Porträt (Zürich)[23], doch erscheint Camille nun älter, mit den nachdrücklichen Nasen- und Mundfalten und den markierten Brauen, auch melancholisch und illusionslos, jedenfalls situationsbewusst. Ihr Geheimnis belebt und vertieft das Porträt; umgekehrt dient die Konkretheit ihrer Physiognomie samt der mimischen Bewegung als Gegengewicht zum malerischen Prunkstück der «robe verte».

Wie eine Paraphrase in offiziellerer und heiterer Tonart mutet das *«Porträt der Mme Gaudibert»* von 1868 an (Paris, Musée d'Orsay)[24]. Obgleich zweieinhalb Jahre später als die «robe verte» entstanden, bezieht sich das Bild auf das ältere Erfolgsrezept, gewiss auf Wunsch des Auftraggebers:

Vollfigur in Lebensgrösse, elegante und würdevolle Robe, Wendung zur Seite (bis ins verlorene Profil!), offenes, fettes Pinselwerk. Dies ist Monets einziges Auftragsbildnis – deshalb, im Gegensatz zur «Camille», das standesgemässe Intérieur, das malerisch mit der Figur verbunden ist und zugleich zu ihrer Steigerung dient. Im hellen Bildlicht kommt der Effekt von Satin und Salontischpolitur voll zur Geltung, und niemand wird die farbige Gleichung von Frauenteint und Teerose übersehen.

Über die Persönlichkeit ist aber wenig zu erfahren, ausser der Finesse der Nase in dem zierlichen, aber unbedeutenden Profil und der arrangierten Haltung der Hände. Die Robe dominiert über das Antlitz, die «peinture» über die Bildnisverpflichtung. «C'est un tableau, ce n'est pas un portrait[25].»

Der Typus ist monumental und repräsentativ – Mme Gaudibert im Cliché ihres Standes. Nie wieder hat sich Monet derart in die Nähe der offiziellen, mondän realistischen Porträtmalerei des «Second Empire» begeben[26].

In den wenigen vielfigurigen Kompositionen der folgenden Jahre lässt Monet die Prägnanz der Person weiter abnehmen, auch wo nachweisbar bestimmte Modelle eingesetzt sind. Camille geht damals in den Bildern ein und aus: rasch durchs Fenster hineinäugend, im Garten sitzend, nach dem Kind schauend – der sanfte gute Geist des Hauses, im «hortus conclusus» von Argenteuil. In ihrem weissen Sommerkleid weht sie hernach durch die ganze Epoche, namenlos geworden. Das *«Déjeuner» von 1868* (Frankfurt a. M. , Städelsches Kunstinstitut) gibt den Familientisch Monets in Etretat wieder, wo der Maler mit Camille und dem Söhnchen Jean einen sorgenfreien Winter verbrachte[27]. Der Platz des Hausherrn, samt Gedeck und Stuhl, steht nach vorne offen, er ist eben weggetreten[28]. Der Knabe am Tisch ist ein Porträt des kleinen Jean, vergleichbar mit mehreren Einzelbildnissen[29]. Indessen steht nicht fest, ob seine Betreuerin die Züge Camilles oder Mme Sisleys trage; für die Besucherin am Fenster scheint Camille Modell gestanden zu haben[30]. Monet gibt den Personen nicht mehr und nicht weniger Individualität, als es der Verbindlichkeit eines grossen Genrebildes entspricht; jeder Betrachter könnte meinen, an dem offenen Tisch willkommen zu sein. So sehr die Situation eine «tranche de vie» sein mag, biographisch zu bestimmen, mit allen Spuren momentaner Zufälligkeiten – so sehr hält Monet die Besonderheit der Gesichter zurück, um dem Bild den Schwebezustand zwischen Gruppenporträt und zugänglichem anonymem Genre zu sichern.

Auch dieses grosse Figurenbild ist von der Jury des «Salon» (1870) refüsiert worden. Monet, mit den grössten Ambitionen in dieser Gattung angetreten, musste den Weg zum Erfolg endgültig verriegelt finden. Unter dem Schock solcher Ablehnungen wirft sich seine Begabung ganz auf die

Landschaftsmalerei. Nach den Leistungen seit 1865 ist es aber keine Frage, dass er das Zeug zu einem grossen Figuren- und Porträtmaler hatte. Keine Frage andererseits, dass seine Entwicklung von der Figuren- zur Landschaftsmalerei und von dieser bis zur Schwelle der absoluten Malerei mit der strengsten Konsequenz verlaufen ist.

Überraschenderweise rückt Camille in den Sommerbildern des Jahres 1873 noch einmal sehr persönlich in den Vordergrund: in den zwei gleich grossen Gartenszenen *«Camille au jardin»* (Zürich, Sammlung E. Bührle) und *«Le banc»* (Privatbesitz USA)[31]. In beiden Fällen sitzt sie ganz vorne – vom Bildrand überschnitten –, im Baumschatten, inmitten des sonnigen Blütengartens von Argenteuil. Aber die Begleitpersonen bekommen eine Camille in rätselhafter Bekümmernis zu sehen: einerseits versunken in Melancholie und träumerischer Nachdenklichkeit, so dass das Kindermädchen und der Knabe Jean sie aus scheuer Distanz beobachten; andererseits in trauervoller Verwirrung, unfrei auf einer Bank sitzend, während sich hinter ihr ein Herr im Zylinder begütigend über die Rücklehne beugt. Camille in Trauer, während eines Kondolenzbesuches, nach dem Tode ihres Vaters im September 1873[32]? Aber der Herr, in seiner Bonhomie, teilt nicht ihre Unruhe. Ein solches Verhältnis an der Bank – damals ein Sujet «à la mode» – ist nicht denkbar ohne galante Andeutungen.

In beiden Fällen ist Camille fast von vorne zu sehen, jedoch nicht als präzises Porträt, vielmehr erscheint das offene ovale Gesicht als ein momentaner Seelenspiegel. Das zweitgenannte Bild zeigt sie mit traurigem Blick zum Betrachter, mit Augensäcken und vortretendem Mund – Kennzeichen , die ohne Modellierung in die schattige Gesichtsfläche eingetragen sind. Solche fast romanhafte psychologische Akzente im Porträt wie auch in der szenischen Situation hat Monet sonst gemieden. Möglicherweise misst er sich hier mit ähnlichen Szenen, die Manet und Renoir damals im selben Garten malten. In populären Illustrationen war das «tête à tête» dieser Art häufig zu sehen.

Den beiden rätselhaften Bildern geht in mancher Beziehung die *«Méditation – Madame Monet au canapé»* voran, 1870/71 in London gemalt (Paris, Musée d'Orsay). Auf einem Ecksofa sitzend, dunkel gekleidet, hält die junge Frau beim Lesen inne. Der Ausdruck des Profilkopfs ist sinnend; es ist, als ob die unbesetzte rechte Bildhälfte dafür offen stünde. Die Schilderung eines Gemütszustands ist so in ein genrehaftes Intérieur eingebracht, ohne dass das Bildnis sich markieren würde.

Ein Einzelfall in mancher Hinsicht ist *«La japonaise», 1876* (Boston, Museum of Fine Arts) – Camille in der Rolle einer japanischen Fächertänzerin[33]. Für diesen Gewaltstreich – in der Pariser Szene von 1876 «wie ein Pistolenschuss» wirkend (Charles Bigot) – wurden vom Modell viele Entäusserungen gefordert: blonde Perücke, zierliche Pose, puppenhaftes «smiling», Verkleidung in einem pompös gestickten, roten, japanischen Kimono. Ob «eine Laune», «ein Schund» (so Monet selber)[34], ob ein Capriccio «à la japonaise», ob eine freche Antwort auf die fashionablen Figuren von Whistler, J. J. Tissot oder Alfred Stevens, ob ein neues herausforderndes Gegenstück zu Camille in der «robe verte» – jedenfalls ist das Riesenbild nur ein sehr äusserliches Dokument von Monets Japankult und eher ein Dekorationsstück als ein Porträt in seinem Horizont von 1876. Das Gesicht der «poseuse» ist genau nach vorne zum Betrachter gewendet, in schräger Haltung, ganz entpersönlicht in dem schemenhaften Lächeln, dem schmeichlerischen Glanz der Augen und der (Renoir-haften) Porzellanhaut. Die arme Camille, mit dem zornigen japanischen Ungetüm auf dem Rock, versagt auch dieses nicht: eine charmierende exotische Kostümpuppe zu sein.

Die Figurenmalerei Monets – und mit ihr die Porträtmalerei – tritt um 1870 aus dem Bannkreis Manets hinüber in die spezifisch impressionistischen Bedingungen, jedoch, wie schon gezeigt wurde, nicht regelmässig. Immerhin verlegt der Maler nun seine Modelle mehr und mehr in die Offenheit von Luft und Licht. Auch wo die Gesichter aus einiger Nähe zu sehen sind, so in Halbfiguren, zehren die «plein-air»-Verhältnisse an ihrer porträthaften Verbindlichkeit. Wenn am Strand von Trouville und Honfleur, wo Monet mit Familie und Freunden den Sommer 1870 verbrachte, das grelle Licht des Meeres über die Sitzfiguren fällt, sind die Gesichter (unter Hüten und Sonnenschirmen) nicht genauer auszumachen. Was zählt in diesen kühnen Ölskizzen, sind neuartige kompositionelle Strukturen, besonders in «La plage à Trouville» (London, National Gallery)[35], wo einer weissen Dame im Profil eine schwarze «en face» gegenübersitzt, durchwegs mit frechen Randüberschneidungen im Vordergrund, so dass die Spannung der Flächenkontraste einen überraschenden, japanisierend-«modernen» Bildbau ergibt. Darin ist das Gesicht Camilles – sie allein ist zu erkennen – auf der Horizonthöhe farbig zweigeteilt und damit aufs engste in die Flächenordnung einbezogen. Es kommt hinzu, dass Monet an dem mondänen Strand die «vie moderne» zum Thema nimmt, auf der Ebene einer eher unpersönlichen Eleganz.

Vollends sind die sitzenden Damen der Sommergärten von Argenteuil (1872) in dem Licht- und Farbenzauber von Fliederbüschen versunken, mehr als einmal bis zur Unkenntlichkeit[36]. Im gleichen Jahr 1872 ist das Titelbild der Epoche, «Impression, soleil levant» (Paris, Musée Marmottan) entstanden.

Als Programmbild einer entsprechenden Figurenmalerei «sous l'impression première» kann *«La promenade. La Femme à l'ombrelle»* von 1875 (Paul

Mellon Collection, USA) gelten[37]. Bezeichnenderweise ist der Name der Frau nicht genannt. Es sind Camille und der kleine Jean, die auf der Anhöhe des Damms in Giverny auftauchen, von unten und in vollem Gegenlicht gesehen, wie in einer Momentaufnahme: die Dame in rascher Kehrtwendung zum Maler, als hätte dieser sie auf dem Spaziergang überrascht, das Söhnchen als Halbfigur aus den wogenden Gräsern aufragend, wie ein kleiner Faun. Das blendende Himmelslicht herrscht vor. Camille wehrt sich mit dem Sonnenschirm und wirft einen mächtigen Schlagschatten, herwärts zum Betrachter. Der Wind spielt mit ihrem Gesichtsschleier, der «wie eine Wetterfahne» (Seitz) seitwärts flattert und dabei auch das Gesicht undeutlich macht. Licht und Wind, der Zauber einer flüchtigen Begegnung in der freien Natur: das ist das Thema, in das die beiden Personen eingetaucht sind wie Wolken und Gras. Für ihn seien ein Auge oder eine Nase nicht wichtiger als ein Blatt oder ein Baum, sagte Monet zu Lilla Cabot Perry[38].

Monet war von dem Motiv so fasziniert, dass er es 1886 wieder aufnahm, in zwei Pendants, nun mit seinem späteren Lieblingsmodell Suzanne Hoschedé anstelle von Camille[39]. Der originale Titel bezeichnet genau die Entwicklung seit 1875: *«Essai de figure en plein air»* (Paris, Musée d'Orsay)[40]. Die Dame mit dem Sonnenschirm ist nun vollends eine Beute des Lichts. Das Kolorit ist noch heller, durchsichtiger und flüssiger; es lässt die Figur gänzlich mit dem Himmel und dem Sommergras verschmelzen, schwebend, unplastisch, gewichtlos. Die federleichte Pinselschrift beharrt nicht auf dem Gesicht (in welchem Nase, Augen und Mund kaum angedeutet sind). Eine zugehörige Zeichnung lässt den Kopf überhaupt undifferenziert, von zwei hellen Schleierbahnen überweht[41]. Die Favoritin des Malers als Erscheinung in Luft, Licht und Bewegung – ihre Persönlichkeit und ihr Name sind unerheblich geworden. Sie sind eingegangen in die «höhere» Schönheit der Luft und des Lichts. «Je travaille comme jamais, et à des tentatives nouvelles, des figures en plein air comme je les comprends, faites comme des paysages. C'est un rêve ancien... Je veux peindre l'air ... la beauté de l'air..., et ce n'est rien autre que l'impossible.»[42]

Dieses «Unmögliche» ist in der Folge Monets Ziel, über weitere volle vierzig Jahre, bis zu einer Malerei der absoluten Farbigkeit. Das Porträt hat darin, wie die Figurenmalerei überhaupt, keine Bedeutung mehr. Sie werden beide in den frühen neunziger Jahren endgültig von den Landschaftsserien absorbiert. Gattungsgeschichtlich gesehen – sofern diese Ordnung noch besteht –: die Porträtmalerei verliert sich in der Genremalerei, die Genremalerei verliert sich in der Landschaftsmalerei, und diese ist, wie Signac bemerkt, mehr und mehr «prétexte de toute sa sensibilité et de sa science de coloriste»[43].

Immerhin – aber das ist nicht mehr unser Thema –: in den späten achtziger Jahren bemüht sich Monet noch einmal um eine grossangelegte Figurenmalerei, diesmal in der erklärten Absicht, das impressionistische Augenblicksbild zu überwinden und in einer neuen Synthese von «figures» und «plein air» fortan «de l'art sérieux» zu schaffen[44]. Unter diesem Anspruch entstehen an die zwanzig strenge, monumental ausgearbeitete Kompositionen: junge Frauen, im Boot, oder malend im Garten, oder auf einem Spaziergang, stets Personen aus der Familie; nur einmal aber mit Bildnischarakter, in symbolistischer Art[45].

Daneben wären einige *Gelegenheitsporträts aus den mittleren achtziger Jahren* zu würdigen, gemalt «pour faire diversion»: ein Koch («le Père Paul») und seine Frau[48], ein Porteur[47], ein englischer Kollege, ferner das repräsentative Selbstbildnis von 1886[48], alle von einer Lebhaftigkeit und einem physiognomischen Witz, die auf die Anfänge von Monets Porträtistik zurückweisen, auf seine Karikaturen, wenn auch ohne deren groteske Pointen.

1 G. Clemenceau, Claude Monet, Les nymphéas, Paris 1928, S. 19.

2 Die biographischen Dokumente bei: D. Wildenstein, Claude Monet, Biographie et catalogue raisonné, I, Paris 1974, S. 97 und S. 437. – In seinem Roman «L'œuvre» lässt Zola den Maler Claude Lantier sein totes Kind malen, in einer Situation, die, wie manche andere, unmittelbar auf Monet zurückweist.

3 Wildenstein, wie Anm. 2, Nr. 543. – «Hommage à Claude Monet», Ausstellungskatalog Paris, Grand Palais 1980, Nr. 70, mit weiteren Hinweisen. – Das Porträt ist lange im Besitz der Familie Monet geblieben.

4 Zum Thema der Todesdarstellung im Realismus siehe L. Nochlin, Realism, Harmondsworth 1971, S. 57-101 (Death in the Mid Nineteenth Century). – C. E. Wolf, Todesauffassungen und Todesdarstellung im Realismus des 19. Jahrhunderts. Liz. Arbeit Universität Zürich 1981 (unpubl.).

5 J. Isaacson, Claude Monet, Observation et Réflexion, Neuchâtel 1978, findet indessen, die Physiognomie Camilles sei gut zu erkennen.

6 Über das schwierige Verhältnis von «impression» und «expression» siehe R. Shiff, The End of Impressionism: A Study in Theories of Artistic Expression, in: The Art Quarterly, 1977/78, S. 338.

7 R. Huyghe, L'Impressionnisme, Paris 1971, S. 117. – L. Nochlin, wie Anm. 4, S. 63, insistiert dagegen auf dem «overwhelming impulse to record sense impressions»; er bringe «realist veracity to its ultimate conclusion: the scrupulous notation of isolated phenomena».

8 Lilla Cabot Perry, Reminiscences of Claude Monet from 1889 to 1909. Abgedruckt in: Impressionism and Post-Impressionism 1874-1904 (ed. L. Nochlin), Sources and Documents in the History of Art, Prentice Hall 1966, S. 35.

9 Der Passus stammt aus den spätesten Texten Signacs, entspricht aber den Überzeugungen von etwa 1885. Abgedruckt in: P. Signac, D'Eugène Delacroix au néo-impressionnisme (Collection Miroirs de l'art), Paris 1964, S. 165. – Das Problem der «Unmöglichkeit» impressionistischer Porträtistik ist in der neueren, uferlosen Literatur zum Impressionismus kein Thema. E. Waldmann (Das Bildnis im 19. Jahrhundert, Berlin 1921) widmet dem «Bildnis des Impressionismus» immerhin ein eigenes Kapitel, mit dem Ergebnis: «Ein konsequent impressionistisches Bildnis vollends gibt es gar nicht» (S. 159).

10 E. Billeter, Malerei und Photographie im Dialog von 1840 bis heute, Zürich-Bern 1977. – L'art en France sous le Second Empire, Ausstellungskatalog Paris, Grand Palais 1979, S. 461.

11 Den besten Einblick in die Porträtproblematik der offiziellen Malerei bietet sich anhand von Thomas Couture, sowohl in seinen Äusserungen («Du portrait» heisst ein eigenes Kapitel in seinen «Entretiens» von 1867) wie auch in der Monographie von A. Boime, Thomas Couture and the Eclectic Vision, New Haven 1980.

12 P. Signac, wie Anm. 9, S. 165.

13 Bezeichnenderweise ist die Gattungsgrenze zwischen Porträt und Genrefigur nicht immer auszumachen. Auf die Problematik des Porträtbegriffs kann hier nicht weiter eingegangen werden. Vgl. I. Lohmann, Begriff und Interpretation des Porträts in der kunstgeschichtlichen Literatur, Phil. Diss. Hamburg 1972.

14 Die Verpflichtung eines Pariser Berufsmodells nach Giverny (durch Monet, 1888) soll von Mme Hoschedé verhindert worden sein. D. Wildenstein, wie Anm. 2, II, S. 12, hält die Anekdote allerdings für «ragot d'atelier».

15 Wildenstein, wie Anm. 2, Nr. 64. – Sammlung Emil G. Bührle, Zürich (Kunsthaus) 1959, Nr. 178, Farbtafel IX. – Masterpieces of French Painting from The Bührle Collection, Ausstellungskatalog National Gallery London 1961, Nr. 39.

16 Monet/Manet: Die Ähnlichkeit der Namen gab den satirischen Kritikern das Stichwort gegen den Jüngeren, «ce polisson qui pastiche si indignement». Vgl. L'art en France sous le Second Empire, wie Anm. 10, Nr. 257. – Monets Porträtistik hat eine ungewöhnliche Grundlage in den früheren Karikaturen (Wildenstein, wie Anm. 2, S. 4), wendet sich dann aber entschieden der «modernité» Manets zu, so in den Bildnissen Leclanché und Jacquemont (Wildenstein, Nr. 43 und 54, «Hommage...», wie Anm. 3, Nr. 21).

17 Wildenstein, wie Anm. 2, Nr. 436. Lange in Familienbesitz Monet. – Ebenfalls «en face», aber in der Anmut einer momentanen Wendung, zeigt Renoir die Frau seines Freundes (1872, Paris, Musée Marmottan).

18 Wildenstein, wie Anm. 2, Nrn. 61-63, nicht vollendet. – J. Isaacson, Monet, Le déjeuner sur l'herbe, London 1972. – K. S. Champa, Studies in Early Impressionism, New Haven, S. 4. – «Hommage...», wie Anm. 3, Nrn. 5-7.

19 Wildenstein, wie Anm. 2, S. 29.

20 Wildenstein, wie Anm. 2, S. 67. – K. S. Champa, wie Anm. 18, S. 10. – «Hommage...», wie Anm. 3, Nr. 9.

21 Wildenstein, wie Anm. 2, Nr. 65 und S. 32. – E. Waldmann, wie Anm. 9, S. 168. – W. C. Seitz, Claude Monet, Köln 1960, S. 18. – J. Isaacson, wie Anm. 5, Nr. 18. – «Hommage...», wie Anm. 3, Nr. 8. – In einem Brief an Gustav Pauli, vom Museum Bremen (7. Mai 1906), bestätigt Monet die Absicht, eine Pariser Dame der Epoche darzustellen, dennoch von grosser Ähnlichkeit.

22 W. C. Seitz, wie Anm. 21, S. 19. Die zeitgenössische Kritik geht so weit, von einer «Kleiderpuppe» zu sprechen, mit einem Kopf aus Gips und einer kosmetischen Gesichtsmaske. Dem widerspricht Zola: Das Bild sei «une fenêtre ouverte sur la nature. Ici il y a plus qu'un réaliste, il y a un interprète délicat et fort. [La robe] dit tout haut qui est cette femme. Ce n'est pas là une robe de poupée...»

23 Siehe oben, S. 279.

24 Wildenstein, wie Anm. 2, Nr. 121 und S. 40. – W. C. Seitz, wie Anm. 21, S. 23-32. – L'art en France sous le Second Empire, wie Anm. 10, Nr. 259. – Gemalt im Schloss Ardennes-Saint-Louis, einem Familiensitz des Bestellers. Gegenstück zum (verlorenen) Vollporträt des Ehemanns Louis-Joachim Gaudibert, eines reichen Geschäftsmannes in Le Havre, wo Monet sich damals aufhielt. Das Porträt des Herrn missfiel ausserordentlich («vulgaire en diable»).

25 F. Martin an Boudin, 6. Oktober 1868, zum Porträt von Mme Gaudibert (Wildenstein, wie Anm. 2, S. 445).

26 Siehe oben, S. 190.

27 Wildenstein, wie Anm. 2, S. 132. – W. C. Seitz, wie Anm. 21, S. 80. – K. S. Champa, wie Anm. 18, S. 25. – J. House, Monet, London 1981, Nr. 7.

28 Insofern «fast ein Selbstporträt» (W. C. Seitz, wie Anm. 21, S. 80).

29 Wildenstein, wie Anm. 2, Nrn. 108, 131, 142.

30 J. Rewald, in Gazette des Beaux-Arts, 1967, S. 246-248.
31 Wildenstein, wie Anm. 2, Nrn. 280 und 281. – Masterpieces, 1961, wie Anm. 115, Nr. 42.
32 So J. Isaacson, wie Anm. 5, Nr. 50. – «Médidation – Madame Monet au canapé»: Wildenstein (wie Anm. 2) Nr. 163. Zur biographischen und typologischen Stellung (im Verhältnis zu Manet, Degas, Alfred Stevens) vgl. «Hommage. . . », wie Anm. 3, Nr. 27.
33 Wildenstein, wie Anm. 2, Nr. 387. – Bei Durand-Ruel sogleich für 2000 Francs verkauft. – W. C. Seitz, wie Anm. 21, S. 104. – K. Berger, Japonismus in der westlichen Malerei 1860-1920, München 1980, S. 76. – «Hommage. . . », wie Anm. 3, Nr. 53.
34 Der Anlass zur «Japonaise» ist nicht einsehbar. Monet spricht von «einer wunderschönen Robe, auf der zentimeterdicke Goldstickereien» zu sehen waren. Vgl. Monets Brief an Manet (Wildenstein I, lettre 88) mit der Bitte, über das Bild zu schweigen.
35 Wildenstein, wie Anm. 2, Nrn. 158-162. – W. C. Seitz, wie Anm. 21, S. 86. – J. Isaacson, wie Anm. 5, Nr. 26.
36 Vgl. «Lilas au soleil», Wildenstein, wie Anm. 2, Nr. 204; auch Nrn. 202, 203, 205. Dazu «Hommage. . . », wie Anm. 3, Nrn. 31-33.
37 Wildenstein, wie Anm. 2, Nr. 381. – W. C. Seitz, wie Anm. 21, S. 30. – J. Isaacson, wie Anm. 5, Nr. 54.
38 Siehe oben, Anm. 8.
39 «Mais c'est comme Camille à Argenteuil!» J. P. Hoschedé, Claude Monet, ce mal connu, Genève 1960, II, S. 126.
40 Wildenstein, wie Anm. 2, Nrn. 1076 und 1077. – W. C. Seitz, wie Anm. 21, S. 22, 26, 33, 128/129.
41 Abbildung 81 bei W. C. Seitz, wie Anm. 21. Um so mehr fällt die Bemerkung auf, das Modell sei von dem wiederholten Posieren, das der Maler verlangte, erschöpft gewesen.
42 Zitiert in «Hommage. . . » wie Anm. 3, S. 267.
43 P. Signac, wie Anm. 9, S. 157, wo Monets gesamte Entwicklung in einer treffenden Formel dargestellt ist.
44 Vgl. G. Seiberling, Monet's Series, New York-London 1981, S. 40, 71.
45 Wildenstein, wie Anm. 2, Nrn. 1131-1133, 1149-1153, 1203, 1204, 1207, 1249, 1261 («Portrait de Suzanne aux soleils»), 1330.
46 Wildenstein, wie Anm. 2, Nrn. 744, 745, «Le père Paul», 1882, in Pourville. Dazu «Hommage. . . », wie Anm. 3, Nr. 84.
47 Wildenstein, wie Anm. 2, Nr. 112, «une bonne pochade extrêmement ressemblante» (Monet), am 17. November 1886 an einem Tag gemalt.
48 Wildenstein, wie Anm. 2, Nr. 1078.

Vgl. den Aufsatz Renoir: Bildnis Victor Chocquet, S. 217.

Seither: M. McQuillan, Porträtmalerei der französischen Impressionisten, Rosenheim 1986. (Einschliesslich Manet, Bazille, Degas, Cézanne, Gauguin – einem Allerweltsbegriff von Impressionismus entsprechend.)

Giverny in Basel

Zu Monets «Nymphéas» (im Kunstmuseum Basel, 1986)

Dem Kunstmuseum Basel ist es gelungen, aus dem in Giverny entstandenen Spätwerk Monets 64 Nummern aus aller Welt unter dem Titel «Nymphéas» zu versammeln. Eine Seerosenidylle? («Le Raphaël des eaux»!) Eine Nachblüte des Impressionismus? Es geht, in der Klausur des Wassergartens, um die strenge, ganz eigenständige Entwicklung einer modernen absoluten Malerei.

Dreissig Jahre Arbeit am Motiv der Seerosen – nach normalen Massstäben wäre das ein Lebenswerk, ein monomanes. Bei Monet ist es die letzte Phase, die Quintessenz eines von 1860 bis 1926 anhaltenden Schaffens. Sie mündet, man weiss es, in der Installation der «Nymphéas» der Orangerie des Tuileries in Paris: zwei Rotunden, die um und um mit Wasserlandschaften besetzt sind, eine wahre Summa, von André Masson als «die Sixtinische Kapelle des Impressionismus» bezeichnet, Monets Geschenk an das siegreiche Frankreich nach 1918. Zugleich vollendet sich hier die Methode des seriellen Schaffens.

Weshalb denn nun eine Ausstellung mit demselben zentralen Motiv, ausserhalb der Orangerie, ausgerechnet in Basel, das nie ein Monet-Stützpunkt gewesen ist (mit der noblen Ausnahme Ernst Beyelers)? Bilder zweiten Ranges? Ausschuss aus dem überlangen Arbeitsprozess? Und: was kann eine Normalausstellung in einer Folge von Rechtecksälen bieten, während doch Monet selber noch das Rundum-Panorama der gültigen Resultate statuiert hat?

Das Basler Konzept geht davon aus, dass die 22 grossen Panneaux der Orangerie nur den kleinsten und spätesten Teil eines langen Hinwegs ausmachen, der als solcher selber ein Königsweg zum Verständnis sein kann. Tatsächlich hat Monet seit 1897 mehrere eigenständige «Nymphéas»-Suiten und -Gruppen geschaffen, je mit verschiedenen Formaten und verschiedenen zyklischen Nennern. Es sind drei Ausstellungen (bei seinem Kunsthändler Durand-Ruel), die jeweils als Sammelpunkte dienten und jeweils die Vorstellung einer besonderen Ganzheit erkennen liessen: in den Jahren 1900, 1909 und 1924. Und das Programm der beiden Ovalräume in der Orangerie hat sich ja erst nach jahrelangem Ringen, nach unzähligen Verwerfungen und Neuansätzen, so geklärt, wie es heute zu sehen ist.

Der schärfste Kritiker Monets war Monet selber. Niemand weiss, wie viele Leinwände seinen Anfällen von Skepsis und Verzweiflung zum Opfer gefallen sind. Aber vieles, was schliesslich aus Gründen des Motivs, des Formats, des Farbakkords nicht in die Formel der Orangerie passte, hat zum Glück überlebt, darunter Dutzende von Werken höchster Qualität. Mehr als sechzig von ihnen bilden nun in Basel eine andere, eine entwicklungsgeschichtlich orientierte Orangerie.

Besonders ist dem Basler Unternehmen das Erscheinen des vierten und letzten Bandes von Daniel Wildensteins Biographie und Werkkatalog (Genf 1985) zustatten gekommen. Ohne ihn wäre es unmöglich gewesen, sich auf die Äste hinauszuwagen. Nun lassen sich seine Ergebnisse – registriert sind 482 Werke aus den Jahren 1899 bis 1926 – anhand von Originalen nachvollziehen (denn die schwarzweissen Abbildungen reichen höchstens zur Identifikation, nicht aber zu irgendwelcher Beurteilung der künstlerischen Qualitäten aus). Aus öffentlichen und privaten Sammlungen Europas, Japans und der Vereinigten Staaten, aus der heillosesten weltweiten Diaspora zusammengerufen, können nun in Basel 64 Giverny-Leinwände den ersten chronologischen Überblick über die Entwicklung des «Nymphéas»-Themas bieten. Für dreizehn Wochen ist damit Monets grosser Naturtraum, zugleich sein grosser Traum einer absoluten Malerei, in seinem Werden und seinen Wandlungen zu übersehen. Giverny in Basel.

Den Katalog darf der Besucher (ausnahmsweise) als Freund und Helfer, nicht als Belastung und Schulmeisterei, mitführen. Christian Geelhaar, Direktor des Hauses und Leiter des Unternehmens, lässt in den biographischen Einleitungen die Quellen sprechen, genau auf die ausgestellten Werkgruppen ausgerichtet. In komplementärem Ansatz erklärt Gottfried Boehm, der Basler Ordinarius, die kunstgeschichtliche Bedeutung von Monets Wagnissen, eine Studie, die Tiefsinn mit Brillanz verbindet. Weitere Beiträge, von Robert Th. Stoll, Aurel Schmidt und Franz Meyer, gelten dem Zugang zu Monet, dem Landsitz von Giverny und dem Monet-Revival der fünfziger Jahre. Sämtliche ausgestellten Werke sind in Farbabbildungen von überdurchschnittlicher Qualität festgehalten. Die Darbietung der Schätze selber ist unübertreffbar sachlich, sie verzichtet auf jeglichen Regieeffekt.

Dabei wird auch ein Basler Monet-Ruhm nachgeholt, der in der Fachliteratur nicht gebührend vermerkt worden ist. Schon 1949 nämlich stellte die Kunsthalle Basel mit Hilfe von Monets Sohn Michel ein Dutzend Seerosen- und Blumenbilder aus, darunter zwei sechs Meter breite Panneaux

– die Premiere dieses Themas. Entsprechende Ankäufe wurden damals freilich verpasst; Zürich handelte 1952 glücklicher.

Das Unternehmen rechtfertigt sich gleich an seinem Anfang. Im Sommer 1897 bekam Maurice Guillemot in Giverny Seerosenbilder zu sehen, die zusammen eine Dekoration bilden sollten: «Man stelle sich einen runden Raum vor, dessen Wandpartie... vollständig mit einem von diesen Pflanzen übersäten Wasserhorizont besetzt ist. » Und Monet präzisiert: «Alle Wände in seine Einheit hüllend, würde es die Illusion eines endlosen Ganzen vermitteln, eine Welle ohne Horizont und ohne Ufer..., ein Zufluchtsort einer ungestörten Meditation. » Hier meldet sich zum erstenmal, was nach unzähligen «Forschungen» – Monet spricht immer wieder von seinen «recherches» – zur Orangerie führen sollte.

Es ist Wildenstein, der diesen Ansatz kürzlich in acht Bildern dingfest gemacht hat, und es ist das Basler Museum, das drei davon zum erstenmal wieder zusammenbringt (Nr. 4 bis 6): grossblättrige Seerosen, in Nahsicht, schräg von oben, ohne Horizont, zum Teil mit Spiegelungen, so dass sich die Ovale der Blätter und Blüten zu einem präzisen, dekorativen Bildrhythmus auf dunklen Gründen fügen, indessen noch ohne systematisches Formatmass. Diese erste Suite nimmt erstaunlich vieles voraus, sie ist die spontane Exposition einer grossen Trouvaille. Zudem entspricht sie wie keine andere den Bildgesetzen einer «décoration» in der *Belle Epoque* und dem *Art nouveau.* Aber Monet verfolgte sie nicht weiter, das Ensemble zerstreute sich, zum Bedauern der Kritiker, die seine innere Einheit durchaus erkannten.

Auch die nächste Phase – bei Durand-Ruel im Herbst 1900 kulminierend – ist in Basel hervorragend vertreten: sechsmal die «Japanische Brücke» mit dem Seerosenteich (Nr. 7 bis 12), beinahe die Hälfte der damaligen Kollektion. Es sind Variationen über ein präzises Thema, innerhalb fast quadratischer Formate, mit Abwandlungen des Farbakkords gemäss der gewählten Tageszeit, im Prinzip eher von den klassischen Serien der «Meules», der Kathedralen von Rouen, der Pappeln und der Londoner Ansichten als von der Initialgruppe von 1897 ausgehend. Der Ausschnitt, mit der zarten geometrischen Brücke innerhalb der üppigen Teichvegetation, bleibt aber dem Schema einer frontalen, deskriptiven, sorgfältig komponierten Landschaft treu – in der Gesamtentwicklung eher ein Rückschritt (wenn auch ein bezaubernder).

Die Kritik fand das Sujet etwas simpel, doch Julien Leclercq konterte: «gewiss, zehnmal dieselbe Brücke», aber «zehn Melodien» des Kolorits, zehn verschiedene Farbstimmungen im gleichen Anblick. Und de Gourmont ahnte die «force cosmique», die «nature totale» in den tageszeitlichen Verwandlungen des Lichts.

Mit einer grossen Bildergruppe – nicht weniger als 13 Nummern (16 bis 29) – vermag die Basler Schau dann die Ausstellung von 1909 mit der «série de paysages d'eau» (48 Nummern bei Durand-Ruel) zu evozieren. Das ist eine besonders wichtige Etappe, denn hier wendet sich der Blick gänzlich dem Wasser zu, hinabtauchend zu den schwimmenden Blüten und den Spiegelungen, unter Verzicht auf das Ufer und den Horizont, die letzten Koordinaten einer orientierten Landschaftsdarstellung.

Spiegelung: Die Methode der Umkehrung erweist sich als die entscheidende Befreiung: hin zu einer Poetik der Vexierung und des (fast) gegenstandsfreien Farbenrausches. Tatsächlich wagt der Maler – «besessen» von seinen Entdeckungen, hin und her gerissen zwischen Jubel und Kapitulation – nun immer kühnere Farbakkorde, auch abendliche Gluten und befremdliche Dämmerungen, auch dramatische Kontraste. Er sei hier, so meint er selber, «parvenu au dernier degré d'abstraction et d'imagination allié au réel».

Die Schicksalsschritte – von 1903 bis 1908, d. h. mitten in den Schicksalsschritten der modernen Malerei – sind in der Basler Kollektion zu verfolgen wie nie mehr seit 1909, nun aber in voller Kenntnis der Konsequenzen.

Eine weitere Dimension ergab sich, als um 1914 die Versuche von 1897/98 wieder gefunden wurden und der Plan einer «Grande Décoration» den Maler in Besitz nahm, vollends nach 1918, als er der siegreichen Nation ein grosses Ensemble als Schenkung versprochen hatte. Dafür musste ein neues, drittes Atelier, von ungewöhnlichen Ausmassen, erbaut werden. Tatsächlich wuchsen die Bildformate immer mehr an, bis zu sechs Metern; ihr Zusammenschluss kündigt sich an. Von diesem Aufbruch gibt die Basler Ausstellung mit 15 «Nymphéas» und vier Grosspanneaux (aus dem Kunsthaus Zürich, dem Museum of Modern Art in New York und aus Schweizer Privatbesitz) eine bisher nie erreichte Vorstellung. Es zeigt sich, dass unter den etwa zwanzig Grosspanneaux, die nicht in die Orangerie gelangten, Varianten von grösstem Interesse zu finden sind. Allerdings, die verwegensten und geheimnisvollsten (wohl Skizzen) sind doch im Musée Marmottan in Paris, das den Nachlass birgt, verblieben (so Wildenstein Nr. 1862, 1902, 1904).

Mehr und mehr macht sich hier das Farbenleben der Spiegelungen selbständig; die Wasserfläche mit den Pflanzen löst sich auf; die Flutungen des Elements gehen ein in die Flutungen der Farbströme. Die Schwerkraft ist aufgehoben, ohne Halt wogen die Farbräume in sich selber, Grenzen sind nicht abzusehen. Was Impression, was Emotion, was Imagination ist, lässt sich kaum mehr unterscheiden. Monet malte damals meistens im Atelier, nicht mehr nur «sur le motif», und seine Sehkraft begann nachzulassen, so dass auch Erinnerung mitzuwirken begann. Nie aber setzt sein wütender Wille zur Konsequenz aus. Konsequenz durch Experimentierung, nicht durch Theorie.

Mit der Endstation Orangerie – dem Auf und Ab ihrer Vorbereitung, den verschiedenen Konzepten, den Obstruktionen des Malers, der Rolle Clemenceaus – befasst sich die Ausstellung nicht weiter, auch nicht im Katalog; das wäre tatsächlich ein Thema für sich. Dabei ist nicht zu übersehen, dass Monet mehrmals in die Nähe des Symbolismus und des «Art Déco» gelangte.

Hingegen ist eine Gruppe von Gartenbildern aus den letzten Jahren angeschlossen: die Rosenallee, Trauerweiden, wiederum die Brücke; Spätwerke, die erst seit kurzem geschätzt und gewürdigt sind. Durand-Ruel fand sie «abscheulich, ungestüm». Heute geben ihre «wilde» Farbigkeit und der «gestische» Pinselduktus Anlass, sie als Prophezeiungen der informellen Malerei der fünfziger Jahre zu feiern. Es sind Wildnisse der «création» und der «créativité», die Monet in den glühenden Höhlungen, den Strudeln und Gehängen der Vegetation sichtbar macht. Dennoch muss gefragt werden, inwiefern die Verzweiflung und das Aufbegehren eines Erblindenden den Pinsel geführt haben. Von einer «exaltation du bleu et du jaune», von Entstellungen der Farbskala und «grausamen Enttäuschungen» spricht der alte Monet selber noch. Die Tragik führt um so mehr zu einer Kompensation im freien, emotionalen Ausdruck. In der Tat gehören die branstigen Brücken- und Rosenbilder von 1918/24 zu den Inkunabeln einer absoluten, farbig gestischen «peinture».

Seerosen: eine Idylle? Dagegen Monet (1918): «elles n'en sont, à vrai dire, que l'accompagnement; l'essentiel du motif est le miroir d'eau. . . la vie et le mouvement. » Spiegelung, Leben, Bewegung – das ist es, was den Maler im Wassergarten ergreift. Giverny ist ein Pleinair-Atelier, ein Laboratorium des reinen Sehens und der entsprechend reinen «peinture». Ohne nach rechts und nach links zu blicken, ohne sich an das Leitseil der Theorie zu halten, führt Monet anhand der «Nymphéas» die «impression» des Impressionisten zur «émotion» des modernen Malers im ersten Viertel des 20. Jahrhunderts.

Das sind Vorgänge, die sich nur vor Originalen, ihrer Farbigkeit und ihren Strukturen, erkennen lassen. Deshalb ist die Basl'er Schau nun eine Augenweide, wie es sie, zum Thema, noch nicht gegeben hat. Eine Augenweide – und mehr: Die Gebrauchsanweisung, von Monet (auch ins Theorieheft der gegenwärtigen Kunstwissenschaft einzutragen): «Votre faute est de vouloir réduire le monde à votre mesure, tandis que, croissant votre connaissance des choses, accrue se trouvera votre connaissance de vous-même.»

Giverny ist zunächst ein Garten des Sehens. Die vielen Besucher berichten vom Maler, wie er mittendrin sitzt, wie er sieht und sieht, unersättlich; immer dasselbe, aber nie wie je zuvor; wie er sein Sehen bereinigt und reflektiert. Nicht das Längstgesehene, das Vorgesehene, nicht das im Sehen Vorgewusste soll wiedergesehen werden; öffnen soll sich das Unvorhergesehene, Unvordenkliche, immer Neue. Wie einem Blinden, der plötzlich sehend wird (erklärt er einer jungen amerikanischen Malerin), «to paint in this way without knowing what the objects were that he saw before him».

Das ist noch impressionistische Doktrin, aber Giverny lehrt den Alten, dass ein solches Sehen die Emotion des Sehenden anfacht, nicht durch den gesehenen Gegenstand, sondern durch die Intensität der gesehenen Farben und ihrer Bewegungen.

Der Erblindende – welch eine Umkehrung des erwähnten Satzes! – erfährt erst recht, was sein Auge noch einbringt an Farbereignissen: an Auf- und Untergängen der Farben, an Strömungen und Versprühungen, an Eruptionen. «J'en suis ému.»

Farbereignisse: doch Giverny, seine Gärten, seine Gewässer, sie gehen darin nicht unter, sie gehen hinein, in diese Art von Sehen und Malen. Die Üppigkeit und die Wuchskraft der Vegetation, das blühende Leuchten des Gewölks auf dem Wasserspiegel, die Flutungen unter Wasser, das alles lebt auf, ohne «abgebildet» zu sein, in der Dynamik des Kolorits und der Pinselschrift. Und in den Verwandlungen des Lichts – das ist ja der Sinn des Zyklus – teilt sich das Kreisen des Tagesgestirns mit, in erhabener Harmonie. «J'ai pu m'identifier avec la création et m'absorber en elle. » Selbst Clemenceau, der nüchterne Staatsmann, scheut sich nicht, vor Monets Bildern von einer «Welterregung» zu sprechen, «die uns bis zur letzten Vereinigung der Dinge in der aufs höchste gesteigerten Empfindung ergreift». Monets Natur ist schliesslich Aussenwelt und Innenwelt zugleich, eine Metapher dieser Einheit.

Das allmähliche Verschwimmen und Verschwinden der Dinge, ihre Verspiegelung, ihr Untertauchen, ihre Auflösung in Farben und Bewegungen (am längsten halten die Seerosen stand) – das ist nur der eine, negative Aspekt eines langen Prozesses. Der andere, positive, besteht darin, dass die «peinture» dabei zu sich selber findet, zu ihren eigenen Elementen und Potenzen.

Die Fläche der Bildebene – besonders in den Grosspanneaux – beginnt alle Räumlichkeiten der Darstellung aufzufangen. Illusion von Tiefe ist da nicht mehr perspektivisch vermittelt, sie liegt in der «Tiefe» der Farbigkeit selber, ihrer Kälte und Wärme, ihren Aufhellungen und Verfinsterungen, ihren Driften und Verlockungen. Hier kann sich ein Farbgewebe von loser, fliessender Textur ausbreiten, «all-over», ohne heftige Akzente, zudem virtuell unbegrenzt, als «offenes Kunstwerk». Seine Farbigkeit befreit sich zu Harmonien von lichthafter Heiterkeit. Ihre Akkorde und Verwandlungen werden vom Maler in unzähligen Arbeitsgängen zum Stimmen gebracht, oft in mehreren Schichten übereinander, sie sind mehr als der Niederschlag einer blossen Impression.

Auch die Offenheit der impressionistischen Pinselschrift gibt sich ganz den Emotionen des Malers hin. Ihre Strukturen scheinen unmittelbar vom fühlenden Auge gelenkt zu sein: fliessend, vibrierend, bald verdichtend, bald auflösend, der «ozeanischen Bildform» (Boehm) entsprechend. Farbe in Bewegung; Bewegung in Farbe.

Aber auch darin, und bis zuletzt, lassen die Eindrücke von Giverny nicht nach. Nie hat Monet – insofern mit Cézanne zu vergleichen – die wirkende Natur verlassen, nie die Schwelle zur Abstraktion ganz überschritten. Seine Imagination bleibt «allié au réel», seine Emotion verbunden mit dem «peinture»-Paradies von Giverny.

Claude Monet: Nymphéas, Impression, Vision, Kunstmuseum Basel 1986.

Beiträge seit 1985: – J. House, Monet: Nature into Art, New Haven/London 1986. (Rezension von R. Shiff, in: Art Bulletin, 1991, S. 149). – S. Z. Levine, Monet's Series: Repetition, Obsession, in: October XXXVII, 1986, S. 65. – derselbe, Monet, Madness, and Melancholy, in: M. M. Gedo (ed.), Psychoanalytic perspectives on Art, II, Atlantic Highlands, N. J. , 1987, S. 111. – P. Piguet, Monet et Venise, Paris 1986. – B. Küster, Claude Monet, Ein Maler-Leben, Hamburg 1987. – (R. Kendall ed.) Monet by himself, London 1989. – M. Howard, Monet, London 1989. – M. Hoog, Les Nymphéas de Claude Monet au Musée de l'Orangerie, Paris 1989. – Ch. F. Stuckey, Monet, Nymphéas, Paris 1989. – P. H. Tucker, Monet in the 90s: The Series Paintings, Boston 1989. – D. Rouart, Monet, Lausanne 1990. – K. Sagner-Düchting, Claude Monet, Köln 1990. – Ferner die Rezensionen von E. M. : Zweimal Monet, deutsch, in: NZZ 28. /29. 12. 1985; Monet, «peintre», in: NZZ 9. 12. 86. – Vgl. auch: E. M. , Letzte Konsequenzen des Impressionismus, in: 15 Aufsätze zur Geschichte der Malerei, Basel 1982, S. 181.

Renoir ohne Klischees

Anlässlich der Gesamtausstellung in Paris, 1985

Favorit der Liebhaber und Sammler, nicht aber der Theoretiker, der Realismuskämpfer, der Intellektuellen; populär wie kein anderer seiner populären Generation, als «peintre du charme» und der «joie de vivre»; von vielen für naiv und banal, von andern für klassisch gehalten; ein Maler der rosaroten Schwelgerei; ein Mann in der Sackgasse – so ist Renoir (1841-1919) auf ein paar Klischees festgelegt. Eine Begegnung mit seinem Gesamtwerk hat seit 1933 (in Paris) und 1973 (in Chicago) nicht mehr stattgefunden. Die Gesamtschau, die nun, 1985, ausserhalb jedes Gedenkdatums, zwischen London und Boston in Paris Station macht, bietet endlich, nach Manet, Monet, Pissarro, Cézanne, die Gelegenheit, den Schlagworten die Wirklichkeit der Werke entgegenzusetzen.

Renoir hat vielleicht 4000, vielleicht 6000 Werke gemalt, niemand weiss das so genau. Allein in seinem Nachlass, 1919, befanden sich 720 Bilder. Das Œuvre-Verzeichnis, von François Daulte (1971), erfasst erst die vor 1890 geschaffenen figürlichen Sujets, 646 an der Zahl. In den «Classici dell'arte» sind aus der impressionistischen Phase, bis 1883, 770 Gemälde (nur sie) registriert. Die Produktion hält aber bis 1919 ohne Unterlass an. *Renoir inconnu*? Mindestens, noch immer: *mal connu.*

An Renoir-Monographien ist kein Mangel, sie sind aber mit (meist denselben) Anekdoten, Berichten, Zitaten gespickt und mit (fast denselben) Starabbildungen ausgestattet. Was nach wie vor zählt, sind die vielen Memoiren von Freunden und Literaten, manche allerdings erst aus später Erinnerung aufgezeichnet, so dass sich Widersprüche eingestellt und Legenden gebildet haben. Eine Ausgabe von Renoirs Briefen – es sind über tausend erhalten, die wichtigste aller Quellen – steht noch aus. Wenigstens darf man, just auf das Fest der Ausstellungen von 1985, die neue Biographie von Barbara Ehrlich White willkommen heissen (Renoir, His Life, Art and Letters, New York 1984), dank zahlreicher Briefzitaten eine lebensnahe Chronik.

Noch immer gibt es also in Renoirs Leben und Werk ganze Zonen der Unabsehbarkeit, der Unschärfe, der Vernachlässigung. Die zünftige Kunstgeschichte hat sich seiner nicht in dem Masse angenommen, wie sie in den letzten Jahren Courbet, Manet, Monet, Cézanne, van Gogh *à jour* gebracht hat – eine Zurückhaltung, die aus Skepsis, Misstrauen und offener Verachtung stammt. Es gibt ja Hunderte von «schlechten» Renoirs; niemand wusste das besser als Renoir selbst. Der Mädchenmaler, vermarktet bis in die Regionen der Confiserie und der Lingerie, gilt da als leichtfertiger Charmeur und Verführer. Zugrunde liegt der Verdacht, Renoir habe nach seinen impressionistischen Leistungen, seit etwa 1880-85, an die Entwicklung der modernen Malerei nichts mehr beigetragen; bei ihm sei nichts zu finden, was uns heute umtreibt. Er sei reaktionär, er habe ein privates Paradies von Illusionen geschaffen.

Zwiespalt auch bei den Künstlern, schon damals. Cézanne, obgleich befreundet: «Renoir! que voulez-vous? Il a peint la femme de Paris.» Dagegen Monet, Matisse, Bonnard, Moore und besonders Picasso: alle voll Bewunderung.

Dem simplen Bild eines «peintre du charme» stellen sich ohnehin, spätestens auf den zweiten Blick, Widersprüche entgegen, in der Biographie nicht anders als im Werk. Die Ausstellungsregisseure von 1985 suchen, im Gegensatz zu ihren Kollegen von 1933, gerade der problematischen Zweipoligkeit im Schaffen Renoirs gerecht zu werden.

Der Maler stammt aus einer einfachen Schneiderfamilie in Limoges, er ist gelernter Porzellanmaler, ein «ouvrier» zeitlebens, seine Frau kommt vom Lande, ein schlichtes Modell, das er seinen Bekannten lange Zeit verleugnet. Aber seine Kundschaft ist die «haute bourgeoisie» von Paris. Dieses Doppelleben belastet ihn mehr, als die soziale Uninteressiertheit seiner Thematik ahnen lässt.

Im Gegensatz zu seinen Impressionisten-Kollegen ist Renoir ein vielbeschäftigter Porträtist. Bis gegen 1880 hält er Freunde und Verwandte fest, hierauf wendet sich das neureiche Bürgertum an ihn. Damals besteht die Hälfte seiner Figurenbilder aus Bildnissen, und von ihnen sind mehr als die Hälfte Auftragsarbeiten. Darin, wie auch in der Annäherung an die «Salon»-Bildnisse, bestätigt sich Renoirs Bruch mit dem Impressionismus – nicht aber mit den Impressionisten, die weiterhin seine Freunde blieben. Zumindest wünschte er sich vom Vorwurf, ein (impressionistischer) Revolutionär zu sein, zu befreien – «eine simple Frage des Opportunismus» (Zola).

In seinen impressionistischen Jahren ist er der Maler des jungen modernen Paris. Aber nach 1880 dominieren entrückte, klassizistische Akte, ja Evasionen in mythologische Paradiese. Vom glücklichen Abbild zur künstlerischen Kompensation.

Er bewegt sich in seinem «rosecoloured never-never-land» (Denis Sutton), ohne sich mit den Ideen der zeitgenössischen Realismen auseinanderzusetzen. Aber ohne Zweifel: er ist gescheit und witzig, man braucht nur seine Konversation mit Vollard zu verfolgen.

Malen ist ihm, so gesteht er schon dem Lehrer Gleyre, ein reines Vergnügen, unangestrengt, spontan, «oberflächlich», ohne theoretische Begründung, ohne intellektuelle Programme und Normen. Aber in den mittleren und späteren Jahren kommt er ins Zweifeln und Suchen, ins Experimentieren und Kämpfen.

Die impressionistische «modernité» hängt alle Traditionen ab. Aber Renoir orientiert sich mehr und mehr an den Museen, von Raffael bis Ingres, von Tizian bis Delacroix, Courbet und Manet, von Rubens bis Watteau und Boucher. Seine Ambitionen sind heimlicherweise gross- und altmeisterlich.

Renoirs «peinture» hält sich lange an den Glanz der Dinge, ihre schimmernde Haut, ihren flüchtigen Schmelz. Aber zunehmend gerät sie in den Bann einer konventionellen Imagerie.

Eine Auswahl von 110 Werken aus mehreren Tausenden, aus einem Œuvre von sechzig Arbeitsjahren – jeder Kenner hätte sie anders getroffen. Das internationale Team von London, Paris, Boston, mit Anne Distel, John House und John Walsh an der Spitze, hat die Akzente auf Grund einer Insider-Analyse gesetzt und die Abfolge sehr entschieden gegliedert.

Gewiss, zahlreiche Hauptwerke fehlen, allen voran die grosse «Baigneuse» von 1887 (Philadelphia), aus der Frühzeit die «Lise à l'ombrelle» und die «Diane Chasseresse», die Bildnisse der Jeanne Samary und der Mme Henriot, das Familienbild Charpentier und kapitale Werke der National Gallery in London, aus den späten Jahren die Hauptstücke der Barnes Foundation in Merion, die meisten aus konservatorischen Rücksichten, nicht zu reden von den Winterthurer und den Zürcher Absenzen.

Dennoch verfälscht sich der Gesamteindruck kaum, denn jede Schaffensphase, auch die späteren, und jeder Themenbereich ist mit exemplarischen Stücken vertreten. Und mehr als das: selbst für Kenner ist die Vielzahl der Rarissima überraschend – Bilder, die bisher kaum ausgestellt waren oder aus entlegenen Museen und Privatsammlungen stammen, namentlich amerikanischen, auch japanischen, brasilianischen und russischen, etwa das ungewöhnliche Ganzfigurenporträt «Rapha» (Katalog Nr. 18), die «Petite bohémienne» (Nr. 45), die Lesende (Nr. 53), auch mehrere späte Akte, so dass sich die britisch-französisch-amerikanische Zusammenarbeit gelohnt hat. Hingegen ist von vornherein auf Zeichnungen, Druckgraphik, Pastelle, Aquarelle und Skulpturen verzichtet worden.

Im Grand Palais ist die Abfolge der Säle so benützt, dass sich die Entwicklung Renoirs in räumlicher Prägnanz darstellt. Die Krise nach 1880 ist Anlass, den hinreissenden Parcours der impressionistischen Frühzeit abzubrechen und im zweiten Geschoss den neuen Ansatz zu demonstrieren: die Suche nach einer modernen Art klassischer Harmonie, die Auseinandersetzungen mit Ingres, Raffael, Cézanne und andern, aber auch die Unsicherheiten und Erschöpfungen, die Gemeinplätze und die Sackgassen. Dagegen sind in mehreren Rondellen die Sonderleistungen hervorgehoben, am eindrücklichsten die drei monumentalen «Tanz»-Paare von 1882/83. Im ganzen eine souveräne, instruktive, niemals schulmeisterliche Disposition, die schliesslich in der späten «Summa» der Pariser «Baigneuses» mündet.

Renoirs Frühwerk ist in hoher Qualität zur Stelle, so mit einem halben Dutzend Erstaunlichkeiten des etwa 25jährigen, als wäre der Meister vom Himmel gefallen. Sie verraten alle seinen Drang zum «Salon», dem offiziellen Schaufenster und der einzigen gültigen Anerkennungsinstanz. Den Lehrling, vor 1864, bekommt man nicht zu sehen.

1864 und 1865 zugelassen, aber nicht bemerkt, sieht er 1866 und 1867 seine Einsendungen zurückgewiesen (selbst die doch so salonfähige «Diane Chasseresse»). Aber 1868 gelingt mit der «Lise à l'ombrelle» ein erster Durchbruch, vor (1869) dem brillanten Porträt «En été» (Nr. 7) und (1870) dem grossangelegten Akt «La baigneuse au griffon» (Nr. 14), seiner ersten modernen Venus. Courbet und Monet, ein wenig auch Manet, sind hier Renoirs Leitsterne. Gesellschaftsfähig – wie vor dem Photographen posierend und romanhaft gepaart – ist auch das rasch berühmt gewordene und von Picasso nachgezeichnete Kölner Doppelporträt (Nr. 8), das übrigens, laut Katalog, nicht das Brautpaar Sisley darstellt, sondern, Salonmässig inszeniert, den Freund mit dem Modell Lise. Die Ablehnungen von 1873/74 bewirkten dann, dass sich Renoir mit den Impressionisten und ihrer ersten Gruppenveranstaltung solidarisierte.

Die Ausstellung macht deutlich, dass der «Salon» mit seiner Übermacht – und seinen akademischen Normen – auch später den um Erfolg bemühten Maler anzieht und steuert. So lächelt die tiefblaue, *à la mode* aufgeputzte «Parisienne» (Nr. 27) einem grossen Publikum entgegen («un faux sourire», bemerkt ein Kritiker schon, als das Bild debütierte). Und die armen «Demoiselles Cahen d'Anvers» von 1881 (Nr. 52), in steife Hellblau- und Rosaröcklein gesteckt, ebenso verlegen wie geniert, haben nach einem pseudohöfischen Schema des Doppelporträts aufzutreten; ob das Bild gut oder schlecht sei, wisse er (Renoir) selber nicht. Auch heute noch, im Publikum von 1985, bewährt sich die «Jeune fille endormie» mit der Katze auf dem Schoss (Nr. 49), vom «Salon» 1880, als ein wahrer Herzensbrecher.

Nach dem entscheidenden Applaus für das Gruppenbildnis Charpentier am «Salon» von 1878 war Renoir als Porträtist der Pariser «haute bourgeoisie» etabliert. Das war und blieb dann auch seine wirtschaftliche Basis. Auf eine unerschütterliche Oppositionskraft im Prinzipiellen, von der Art seiner Freunde Monet und Cézanne, brauchte er es nie ankommen zu lassen.

Auch Renoirs impressionistische Phase, die siebziger Jahre, ist in Paris trotz allen Absenzen glänzend vertreten. Von der «Grenouillère» (Nr. 11 und 12) im Zeichen Monets und dem «Pont Neuf» (Nr. 20), mit dem festlich wimmelnden Grossstadtleben, bis zu den Segelbildern von Argenteuil (Nr. 28); von der «Loge» (Nr. 25), «chef-d'œuvre des chefs-d'œuvre de Renoir» (Jamot), über den «Bal du Moulin de la Galette» (Nr. 39) zum «Déjeuner des canotiers» (Nr. 51): eine ununterbrochene Augenweide im Zeichen des Impressionismus.

Im Unterschied zu Monet macht Renoir das neue Licht-Farbe-Erlebnis ganz der figürlichen Thematik zunutze: den banalen Vergnügungen junger schöner Durchschnittspariser, in ambitiösen und schwierigen Grossformaten, wie sie bisher nur den «grossen» Sujets zugestanden waren. Gewimmel (nicht Persönlichkeiten), unbekümmerte Impulse der Lebensfreude, schwebende kleine Umarmungen, leichte Flüsse des Einverständnisses: dies alles mit voller Sympathie, ohne Snobismus und Ironie, ins Bild gesetzt – Renoirs eigene Eroberung der «vie moderne», anders als Manet, als Degas, als Monet, als Toulouse-Lautrec. Renoir entdeckte den Zauber der Begegnung von Licht und junger Frauenhaut («Etude; Torse, effet de soleil», Nr. 35, und die berühmte «Balançoire», Nr. 38). Sein Pinsel ist ein Organ der Bewunderung und der Liebkosung. Nicht mehr Schönheit durch Plastizität und Proportionierung, wie die Akademielehre es fordert, sondern Schönheit als lebendiger Schimmer im Spiel des Sommerlichts.

Insofern hat Renoir einen eigenen festen Platz im «hohen» Jahrzehnt der Impressionisten, deutlich zu unterscheiden von den genannten Figurenmalern wie auch von Pissarro, Sisley und (dem damaligen) Cézanne. Die Ausstellung, samt ihrem Katalog, profitiert da von dem Vergleichsnetz, das sich dank den vielen grossen Pariser Retrospektiven in den letzten Jahren gebildet hat.

Spannend wird der Parcours, wo Renoir, «jusqu'au bout de l'impressionnisme» gegangen, in einen «impasse» gerät, wie er es selber nennt, gleich nach 1880. Ähnlich wie seine Impressionismus-Kollegen, jeder aber auf seine Weise, hat er damals eine tiefe Krise durchzustehen. Äusserliche Anzeichen: häufige Reisen, auf romantischen wie auch auf klassischen Routen (Algerien wie auch Italien); mit widersprüchlichen Zielen, nämlich Delacroix wie auch Ingres und Raffael im Blickpunkt («couleur» wie auch «dessin»). Der «Salon» wird von 1883 bis 1890 nicht beschickt; technische und methodische Verlegenheiten verbieten den Auftritt. Wenige Bilder dieser Phase sind signiert. Treue Käufer fehlen nun. Im Gegenzug sucht Renoir eine neue Künstlergruppierung zu gründen, die «Société des Irrégularistes», und umschreibt bei dieser Gelegenheit seine Überzeugungen und sein Malverfahren.

Einerseits, just nach den grossen Erfolgen: «je ne savais ni peindre ni dessiner!» Anderseits: «je suis peintre de figures», im hohen Horizont der «grandeur et simplicité des peintres anciens», ihrer «grandes harmonies» und ihrer «thèmes éternels».

Das Ungenügen an der flüchtigen impressionistischen Form lässt ihn nach stabilen, klassischen Systemen suchen. In Italien setzen Pompeji und Raffael neue Massstäbe, ja Ingres wird Renoirs Idol. Den Übergang demonstriert «Les parapluies» (Nr. 57) mit einer impressionistischen und einer klassizistischen Bildhälfte. Nach radiographischen Untersuchungen in der National Gallery in London ist das Bild tatsächlich in zwei verschiedenen Etappen gemalt, und die (präzis wiedergegebene) Mode der Röcke bestätigt es: 1881 und 1885, das heisst rechts noch offene, suggestive Pinselschrift, links dagegen genau umgrenzte, plastisch modellierte Formen. Am Übergang steht auch das «Tanz»-Triptychon (ein unechtes allerdings) (Nr. 66, 67, 68): drei Tafeln mit je einem tanzenden Paar, sozusagen aus dem «Bal du Moulin de la Galette» herausgeschnitten und monumentalisiert bis zum Massstab 1:1, noch mit dem ganzen Charme der Selbstvergessenheit, aber schon formenstreng und kalkuliert, übrigens eher Denkmäler der Lebensfreude und der Paarigkeit als der sozialen Differenzierung. In der Folge entschwindet dieser ganze Bereich naiver, ephemerer Glückseligkeit, unwiederbringlich.

Für die grosse Absenz – die «Baigneuses» von Philadelphia – hat in Paris die «Baigneuse blonde I» (Nr. 62) einzustehen, ihrerseits ein reines Wesen der «manière aigre»: eine «beauté éternelle», von delikater Idealität, hellhäutig, abgekühlt und doch sehr sinnlich, in rosigen Konturen von der Küstenlandschaft abgehoben, eine moderne Variante der Farnesina-Göttinnen und von Ingres' Odalisken. Das angestrengte Werk entspricht weitgehend dem Credo der «Irrégularistes», das Renoir kurz darauf entwarf, seine einzige theoretische Schrift (ausser einer kurzen Einleitung zu einer Ausgabe von Cennini).

Aber seine Unsicherheit verrät sich in weiteren Erkundungen und Versuchen. Er bringt, in Algerien und in Venedig, eine glühende Farbigkeit ein; er sucht aber auch in Cézannes Bildstrukturen einzudringen, mehrmals Seite an Seite mit dem Meister von Aix, wobei sich die Unvereinbarkeiten erst recht zu bemerken geben (Nr. 63, 76, 77); er folgt sogar den antiken Malern vom Pompeji und dem römischen Raffael. Zwei Werke der puristischen Richtung prägen sich in Paris besonders ein: die «Maternité» von 1886 (Nr. 78), eine helle, wandbildhafte Komposition, die der Gattin mit dem Erstgeborenen die Würde einer Madonna von Raffael verleiht; und das Gruppenporträt der Kinder Bérard (Nr. 73), fast wie von einem modernisierten Präraffaeliten gemalt.

Man hat den Pariser Verantwortlichen hoch anzurechnen, dass sie den Maler in seinen Nöten und Kämpfen ebenso ernst nehmen wie den erfolgreichen Impressionisten. Ganze Säle gelten den problematischen Jahrzehnten um 1890-1910, mit 76 Werken nach 1880, mit einer Imagerie, die sich in Formeln bewegt und dabei auch Banalitäten produziert: niedliche Kinderbildnisse, Mädchenakte mit naiven Köpfen über breit-dumpfen Körpern, Klavierspielerinnen in vielen Versionen (mit Beharrlichkeit für den ersten staatlichen Auftrag entwickelt), süssliche «fêtes champêtres», die an das verehrte Dix-huitième anknüpfen.

Renoir, längst arthritisch und im Süden lebend, schafft sich eine zeitlose, ländliche Retraite von Frauen und Kindern. Seine Kunst will mehr und mehr in der grossen Tradition der französischen Malerei aufgehoben sein. Man kann nicht übersehen, wie er gegen das Schwinden seiner Sensibilität ankämpft; allzu genau weiss er, wie man junge Haut oder Goldhaare wiedergibt oder eine liegende Nackte ins Bild setzt. Das Ungenügen an sich selbst äussert sich häufig in Briefen und Gesprächen.

Es gibt zu denken, dass ihm gerade zu dieser Zeit, im Jahre 1900, die Würde eines Chevaliers der Ehrenlegion zuteil wird und der Erfolg sich in der raschen Zunahme der Verkäufe (durch Durand-Ruel, später auch durch Vollard und Bernheim-Jeune) und in internationaler Anerkennung bestätigt.

Damals mehren sich die Varianten und Doubletten zuhanden des Kunstmarkts, die seinem Namen so sehr schadeten (und schaden). Maurice Denis, ein wenig spöttisch: «Pourquoi n'avez-vous pas un jeune homme qui vous fasse les peintures? Vous n'auriez qu'à signer. »

Um so erstaunlicher die Vitalität, die den Alten trotz seiner schweren Behinderung in den letzten Schaffensjahren überkommt. Das Finale der Ausstellung steht den frühen Höhepunkten kaum nach. Wärme und Glanz, Gelöstheit und ein grosses Vertrauen kehren zurück. Nun fühlt sich Renoir dem späten Tizian und dem späten Rubens nahe.

Die Landschaften, jetzt mediterran, erglühen in exuberanter Farbenvielfalt (Nr. 90, 121). Zugleich entledigen sich die Akte, seit langem sein Hauptthema, ihrer Künstlichkeit und ihres salonhaften Gebarens. Aus den «Baigneuses» werden Nymphen; die stehenden «Nus», Göttinnen gleich, können sich dem Urteil des Paris stellen, freilich ohne den antiken Gehalt der Szene zu evozieren. «Les dieux, pour trouver leur paradis et aimer, descendaient sur la terre. . . Voilà ce que je veux peindre.» Anstelle der versunkenen «vie moderne» erschafft der alte Renoir eine eigene Mythologie, unintellektuell und unarchäologisch; «Vénus ou Nini»; Göttinnen, die ihren Strohhut abgelegt haben (Nr. 123).

In dieser strotzenden Klassik brauchen «plein air» und «Museum», Impressionismus und Klassizismus keine Gegensätze mehr zu sein. Man weiss, wie Picasso, gleich nach 1920, von den wuchtigen Nacktheiten Renoirs beeindruckt war und auf sie reagierte. Aber die Strömungen des Spätkubismus und des Surrealismus haben gleich darauf die utopische Insel überrollt.

Renoirs Malertestament, zugleich die «Summa» seiner widerstrebenden Tendenzen, die Pariser «Baigneuses» von 1918/19 (Nr. 123), im Format und in der Disposition demonstrativ auf die «Baigneuses» von 1887 Bezug nehmend, beschliesst die Ausstellung, wie damals sein Lebenswerk, endlich doch mit einem Triumph.

Renoir, Ausstellungskatalog Paris (Grand Palais) 1985, Paris 1985. – Vgl. die Ausstellungsrezensionen in: Apollo, 1985, S. 243 (D. Sutton); Burlington Magazine, 1985, S. 314 (M. Stevens). – *Seither* hat sich die Auseinandersetzung mit Renoir in folgenden Beiträgen niedergeschlagen (Auswahl): – E. G. Güse, Auguste Renoir, Drawings and Watercolors, New York 1985. – D. Montalent, Une longue amitié: Berthe Morisot et Pierre Auguste Renoir, in: L'Œil, 1985, Nr. 358, S. 42; – D. Rouart, Renoir, Paris 1985. – C. P. Schneider, Renoir: le peintre de figures comme paysagiste, in: Apollo, 1985, S. 49. – Renoir, A Symposium, in: Art in America, 1986, S. 102. – Renoir, un peintre, une vie, une œuvre (M. Hoog ed.), Paris 1989 [mit zeitgenössischen Texten zu Renoir]. – S. Monneret, Renoir, Köln 1990.

Renoir: Bildnis Victor Chocquet

Zu einem Hauptwerk impressionistischer Porträtistik in Winterthur

Von den Impressionisten des engeren Kreises – Monet, Sisley, Pissaro – hat sich keiner auf die Aufgabe des Porträtierens eingelassen. In Sisleys Œuvre fehlen Bildnisse. Pissaro hat nur wenige gemalt, Familienmitglieder und Freunde, auch einige Selbstbildnisse. Denkwürdig ist der Weg, den Monet, das Genie der Gruppe, von ambitiösen frühen Figurenbildern nach Porträtmodellen bis in die späte, ganz menschenlose Seerosenmalerei gegangen ist. Das Porträt spielt dabei nur in den Jahren um 1865/68 und später in einigen Einzelfällen eine gewisse, beiläufige Rolle, eher als ein Behelf für «höhere» Zwecke denn als eine Gattung von eigenem Gewicht.

Kann das Porträt, im neuzeitlichen Sinne eines präzisen gemalten Steckbriefs, zur Ähnlichkeit verpflichtet wie keine andere Gattung, überhaupt Sache der impressionistischen Malerei sein – einer Malerei, die von ihren Sujets nur gerade den «effet éphémère» respektiert? Gäbe es eine Theorie dieser Weltanschauung aus der Epoche selbst, sie müsste, gemäss Sisley, das Porträtmodell wie jedes andere Sujet «ins Licht getaucht» und «von dessen Verwandlungen aufgelöst» sehen wollen – das Bildnis als ein flüchtiger Licht- und Farbenschimmer, nicht als Sachbefund, nicht als Ergründung und Definition einer Persönlichkeit. Oder mit Monet, in einer Anweisung an die Kollegin Lilla Carbot Perry (1889): «When you go out to paint, try to forget what objects you have before you.» Es ist Signac, der neoimpressionistische Radikale, der schliesslich das Fazit zieht: «Comme la peinture à sujet, le portrait pictural est mort.» Diese Todesanzeige des Porträts stellt in Rechnung, dass mit der Erfindung der Daguerreotypie und der Calotypie fortan ein geeigneteres bürgerliches Bildnismedium zur Verfügung stand.

Dennoch gibt es impressionistische Bildnisse, auch solche von höchstem Rang. Die meisten sind von der Hand Renoirs, aus den Jahren 1872 bis 1882, gelegentlich schon seit 1867, als er mit den Impressionisten lebte, arbeitete und ausstellte. Das paradoxe Gelingen – der *désinvolture* Renoirs in Fragen der Theorie entsprechend – führt an die kritische Schwelle zwischen Möglichkeiten und Unmöglichkeiten impressionistischen Malens.

Im Porträt Chocquets spürt Renoir mit besonderer Hellsicht die Möglichkeiten auf.

Das Bildnis in Winterthur (Sammlung Oskar Reinhart am Römerholz) ist ein Auftragswerk und zugleich ein Freundschaftsbild und eine *hommage*. Der Reichtum seines Gehalts erklärt sich zu einem guten Teil aus den Umständen der Entstehung.

Renoir, generös wie immer, nennt sein Modell «le plus grand collectionneur français depuis les rois», und Monet schätzt ihn in seinem Bekanntenkreis als den einzigen, «qui aimait vraiment la peinture avec passion». Das sind Legendentöne. Über den wirklichen Chocquet hat John Rewald, in der «Gazette des Beaux-Arts» 1969, berichtet.

Victor Chocquet (1821-1891, oder 1899?) erscheint da als ein kleiner Angestellter am französischen Finanzministerium in Paris, «rédacteur principal à la Direction des Douanes», alles andere als ein Krösus, jedoch nicht unbegütert von seiten seiner Gattin. Mit beschränkten Mitteln und um so grösserem Spürsinn erwarb er Gemälde, Zeichnungen, Möbel, Silber, Porzellan und andere *objets d'art*, ein Kenner und ein Sammler aus reiner Leidenschaft für die künstlerische Qualität. Das Inventar, anlässlich des Verkaufs 1899 erstellt, nennt 188 Gemälde, Aquarelle und Zeichnungen, darunter nicht weniger als 80 von Delacroix, seinem ersten Favoriten. (Man konnte Chocquet und Cézanne einträchtig über diesen Blättern von Delacroix finden, nach dessen Tod 1863 – beide weinend.) Monet war mit zwölf Bildern vertreten. Mit Cézanne kam Chocquet 1875 in Kontakt; er war der grösste Mäzen dieses grössten Verkannten in den folgenden, so schwierigen Jahren. Pissarro berichtet von «32 Cézannes de premier ordre» im Besitz Chocquets. Sechsmal porträtierte Cézanne den Freund und Mentor.

Im gleichen Jahr 1875 lernte Chocquet auch Renoir kennen, und auch diese Freundschaft besiegelte sich gleich in mehreren Bildnissen, drei nach Madame Chocquet, zwei nach Monsieur (das zweite in Cambridge, Mass.). Das Winterthurer Bildnis von 1876 – es ist das Jahr des «Moulin de la Galette» – figurierte als Titelbild der Sammlung auf dem Auktionskatalog Chocquet von 1899 (fehlt aber merkwürdigerweise im Textteil).

Den «père Chocquet» – er war zwanzig Jahre älter als seine Malerfreunde – liebten die Impressionisten auch, weil er sich als Apologet ohnegleichen in ihren Ausstellungen umtat: das Publikum belehrend und bekehrend, Verkäufe vermittelnd, die Maler ermunternd, ein sehr früher Prophet ihres künftigen Ruhms. Cézanne bewunderte an ihm die «sérénité» und «cet équilibre intellectuel qui vous caractérise» – Eigenschaften, die er an sich selber so sehr vermisste. Und Théodore Duret beschrieb ihn als «un homme maigre et élancé, avec un front découvert».

Wie lässt Renoir ihn sehen, im Winterthurer Bildnis? Der Porträttypus ist sehr frei gewählt, der Nonchalance des Dargestellten wie auch des Malers entsprechend: weder Büste noch Brustbild, vielmehr so, dass die ans Kinn gehobene linke Hand ganz erscheinen kann und die Rücklehne des Louis-XV-Fauteuils in asymmetrischer Kurve die Bildteile zusammenfasst, während Augen, Stirn und Haupthaar in die Helle emporragen. Beide Motive – Denkerhand und Fauteuil – sind Porträtmitteilungen, beide beschweren zudem die sonst eher leichtgewichtige Bildbasis. Der Haarschopf reicht bis zum oberen Bildrand, das Format ist vom Porträtierten ganz ausgefüllt; für eine Ambiance ist, auffälligerweise, kein Platz. Immerhin, eine sehr helle, fein geblümte Tapete hinterfängt den Kopf, nicht aber als eine Zimmerwand und ein Bildverschluss, sondern als flockig belebter Lichtschirm, dessen Blümchen die beiden Hauptfarben des Bildes, Rosa und Vitriol, in Reinheit exponieren.

Auch die Stellung des Kopfes folgt keinem Porträtschema: nicht ganz von vorn (*en face*), nicht ganz in Dreiviertelansicht, wiederum in der Schwebe zwischen zwei traditionellen Typen. Renoir kombiniert dabei die Vorteile beider Begegnungswinkel: Man hat vollen und zugleich differenzierten Einblick in das Gesicht und erhält so einen uneingeschränkten Persönlichkeitsbericht. Zudem ist die Kopfachse ein wenig in die Schräge gebracht, etwas emotional, in Abweichung von den gängigen Repräsentationsformeln, so dass die Diagonalen der Hand, des Fauteuils und des Hemdausschnitts mit ihr zusammenklingen. Weitere feine Asymmetrien melden sich im Umriss des Haars, am Ohr, in der Wange und besonders am Hemd, das offen steht, ganz zwanglos und unkonventionell, mit einseitig sichtbarem weichem Kragen, blühend weiss über der pastellblauen Jacke.

Von den gleichzeitigen Porträtformeln des «Salons» in den siebziger Jahren würde sich unser Bildnis vielfach distanzieren: keine Fassade, kein Sich-Darstellen in kodifizierter Pose, kein Imponieren und Renommieren «c'est moi!». Renoir kennt durchaus die etablierten Bildnistypen, die historischen nicht weniger als die des Second Empire – um sie bei Gelegenheit mit um so grösserem Effekt zu überspielen. Nicht oft lässt er dabei den Kopf, in seiner Eigenart, derart dominieren wie bei Chocquet. Ähnliche Dispositionen finden sich in den Bildnissen der Mme Daudet (ebenfalls 1876) und des Eugène Murer (1877).

Renoir tut alles, um die Schmalheit und die Feinheit des Kopfs, seine Subtilität, seine Rasse hervorzuheben. Mächtig wölbt sich die hohe, leuchtende Kalotte der Stirn, eingefasst von dem silberschimmernden, seidenen Haar, das, hochgebürstet, eine unerwartet expansive Bekrönung bildet. Dagegen wirkt das Untergesicht, mit Mund und Kinn innerhalb eines flaumigen Barts, eher schmächtig. Die Nase, lang und farbig, markiert sich als ein feinfühliges Organ. Die Haut scheint dünn und empfindlich, stellenweise fast durchsichtig zu sein.

Den Augenmenschen Chocquet kennzeichnet nichts so sehr wie sein Blick: dunkle, braunblauschwarze Augen in dem sehr hellen Gesicht, weitaus die dunkelste Farbe und der einzige Kontrast im Bild; jedoch nicht einfach «Renoir-Augen» (naiv und schwarz glänzend wie Kirschen). Sie stehen nicht ganz offen, der Blick ist sinnend auf den Betrachter gerichtet, ohne ihn als Ziel zu fixieren oder zu fordern; die Lider etwas gerötet, Zeichen einsetzender Alterung.

Es sind Augen mit dem Ausdruck einer begründeten Traurigkeit, nicht aus Schmerz oder Skepsis, vielmehr das Organ eines Mannes, der die Begrenztheit und Zerbrechlichkeit der Existenz erfahren hat und dazu steht, tapfer und unbeirrbar. Im ganzen der Kopf eines *homme de lettres* oder eines Philosophen, nicht der eines Zollbeamten.

Das bestätigt sich in der angehobenen Hand, deren Haltung der uralten Pose des *penseur* und des Melancholikers entspricht und die mit den schmalen, nervösen Fingern die Hand einer Frau sein könnte, wären die Knöchel nicht so eckig.

Aber es ist unangebracht, die Züge des Porträtierten in der Art eines Registers aufzuzählen – sie sind alle zugleich da, vom Maler intuitiv als eine Einheit, als «persona» erfahren. Renoir ist kein kritischer Analytiker, der, Zug um Zug, eine Individualität zu sezieren unternähme. In einer Porträtisten-Typologie wäre er der Anti-Holbein. Das heisst nicht, dass er nicht genau und inständig beobachtete. Wie die Impressionisten, rückt er dabei den Dingen nicht auf den Leib, aber aus einer bestimmten Distanz nimmt sein Auge den präzisesten Gesamteindruck auf. Das Gesicht Chocquets leuchtet ihn an, in einer Simultanpräsenz unzähliger subtiler Eigenschaften. Sympathie und Zustimmung machen den Maler erst recht hellsichtig.

Das Ölbild ist denn auch fast wie ein Pastell gemalt, locker, schwebend, mit delikaten Glanzlichtern und hauchfeinen Übergängen. Es gibt darin keine definierenden Linien, keine fixierenden Modellierungen. Die Beweglichkeit der Pinselschrift – ein Pinsel «wie ein Fühler» – geht überein mit der Beweglichkeit des Porträtierten, mit seiner Nervosität und Unruhe (die Gotthard Jedlicka mit der «Leichtigkeit eines Windspiels» verglichen hat). Dies sind freilich Wellenschläge auf dem Grund gegensätzlicher Anlagen: eines melancholisch gefärbten Ernstes und einer fast mönchischen Strenge.

Den Grundakkord des Kolorits bilden ein lebhaftes, helles Orangerosa und ein lichtes Vitriolblau, gesteigert durch die vielen Weisstöne, die sich bald perlmuttern, bald irisierend verfärben. Entscheidend für den Gesamteindruck ist, dass das Inkarnat (die Hautfarbigkeit) diesen ganzen Farbenreichtum enthält, auf lichtester Stufe. Haut ist deshalb, trotz aller Zartheit, keine neutrale und vollends keine anämische Zone, vielmehr der Ort der delikatesten Belebtheit.

Allen Betrachtern fällt aber zuerst und zuletzt die Helligkeit des Bildes auf. Dies ist möglicherweise das hellste Männerbildnis in der Geschichte der Gattung. Renoir gibt keinerlei Schattentiefen, weder unter dem Kinn und unter der Hand noch in den Augenhöhlen. Das Hellblau des Rocks gefällt sich in sich selber, ohne die Schultern des Mannes zu artikulieren. Auf Plastizitäten und Wölbungen, auf energischen Nachdruck kommt es nicht an. Modellierungen sind durch helle und noch hellere Farbkadenzen angedeutet. Ein allgemeines, ungerichtetes Bildlicht kulminiert in den zahlreichen Glanzlichtern. Das silberne Schimmern teilt sich dem Betrachter als die Ausstrahlung der Persönlichkeit mit. Umgekehrt führt Renoir damit eine eigene Art von Verklärung herbei. Chocquet, der Freund, Chocquet, der leidenschaftliche Verfechter der jungen Malerei: In dem Leuchten seines Bildnisses hat er seinen dauernden *hommage*.

Renoir vermag demnach Persönlichkeit auch als bestimmte Schimmerung, als eine bezeichnende Aura ansichtig zu machen. Darin wirkt sich eine Spontanmethode impressionistischen Ursprungs aus, wie sie der deskriptiven, protokollierenden und repräsentierenden Porträtistik nicht zur Verfügung stand. Weder die Klassizisten noch die Realisten im 19. Jahrhundert haben von solchen Registern der Ähnlichkeit geträumt. Renoirs Porträtformel macht somit neuartige physiognomisch-psychologische Qualitäten darstellbar.

Gerade in impressionistischen Kategorien gibt der Maler die heimlichsten, die unbenennbaren Anlagen des Porträtierten zu erkennen. Ausser der Lichtheit gehören Sensitivität und delikate Harmonie zu ihren Grundlagen; auch Nuancen rokokohafter Anmut sind nicht zu übersehen. Dieser Mann, wie Renoir ihn sieht, hat gewiss wenig Robustheit, wenig Willenskraft und Vitalität, auch wenig Männlichkeit. Aber er ist eine Person mit jener «aria», wie sie seit der Renaissance als die unfassliche, doch genaue Ausstrahlung einer bedeutenden Individualität geschätzt war.

Renoirs Seelenbild könnte weiter an Deutlichkeit gewinnen, wenn ihm die gleichzeitig geschaffenen Bildnisse Chocquets von Cézanne gegenüberstünden.

In der Ganzfigur im Fauteuil (1877, Columbus, Ohio) sind von Cézanne künstlerische Ziele verfolgt, die sich auf ihre eigene Weise von den Porträtnormalien entfernen. Der Kopf Chocquets ist «gebaut», mit kompakten, scharf begrenzten Haarwülsten und dunklen Augenhöhlen; ein

Gesicht von energischer Plastizität, sicher und senkrecht die verstrebte Sitzgestalt überragend. Chocquet dient da als Modell für eine bildnerische Konstruktion.

Einen andern Gegensatz zu Renoir entwickelt Cézanne in den Büstenporträts von 1876/77 (Upperville, USA; ehem. Sammlung Rothschild). Ein Feuerkopf, erfüllt von leidenschaftlicher Kraft – die aber Cézannes eigene Kraft ist –, ein Asket, heroisch, ein Greco-Haupt von riskanter Schmalheit. Das Publikum von 1877, entrüstet, nannte ihn «Billoir en chocolat» (Billoir war damals als ein abscheulicher Mörder im Tagesgespräch). Nie hätte ein Porträt von Renoir zu solchen Übernamen Anlass gegeben.

Die Spannweite der Chocquet-Interpretation: Gerade Cézanne gibt zu bemerken, dass sich das Porträt nun, im Zeitalter der Photographie, vollends vom Abbild zum autonomen Kunstwerk, vom Bildnis zum Bild zu entwickeln habe.

Renoir liebte das Wort Pascals: «Il n'y a qu'une seule chose qui intéresse l'homme, c'est l'homme.» Tatsächlich sind von den etwa 600 Bildern, die seiner impressionistischen Phase zuzurechnen sind, nahezu die Hälfte Figurenbilder, und von diesen die Mehrzahl Bildnisse. An der zweiten Impressionisten-Ausstellung, 1876, zeigte Renoir nicht weniger als zwölf Porträts; auf das Porträt setzte er nun, nachdem 1874 die Ansichten der «vie moderne» dominiert hatten. Just in seinem impressionistischen Jahrzehnt, von 1872 bis 1882, flogen ihm die Porträtaufträge reicher Bürger wie Charpentier, Ephrussi, Bérard zu. Er ist in der Tat «le seul peintre de génie de la bourgeoisie française».

Zwei Umstände sind es, die Renoirs Porträtkunst dabei in impressionistischem Sinne regulieren. Er ist, erstens, «le peintre de la femme», ein Frauenlob, wie er nur noch mit Rubens und Watteau – beide sind seine erklärten Patrone – zu vergleichen ist. Von seinen Frauenbildnissen gilt erst recht die Devise: «Un tableau n'est pas un procès-verbal.» Renoir bekennt, von der Weiblichkeit verzaubert zu sein – und verzaubert diese seinerseits im Porträt, ein bezauberter Zauberer. Immer sieht Renoir zuerst die Frau, dann erst die besondere Persönlichkeit. Daher kommt es, dass viele seiner Frauenbildnisse einander so ähnlich sind. Er hat seinen Typus, der jeweils das Individuelle absorbiert: einen idealisch-naiven, kreatürlichen, mit einem Mund «zum Küssen, nicht zum Sprechen» (François Daulte). In Renoirs Malerblick verklärt sich das Modell, es schwimmt in einem zärtlichen Lichtschwall. Dazu kommt, dass die Malerei selbst «une chose aimable, joyeuse et jolie» zu sein habe, «oui jolie». Auf diese Weise wirkt sich das impressionistische Credo der heiteren Lichtfarbenmalerei auch in Renoirs Porträtentzückungen aus, so sehr, dass selbst die männlichen Bildnisse davon nicht ausgenommen sind.

Zweitens sind in seinem Schaffen schon früh die Grenzen zwischen der Gattung des Porträts und der Gattung des Genrebildes weit geöffnet. Besonders die Gruppenbildnisse der späteren siebziger Jahre geben ihre Porträthaftigkeit leicht und gerne auf. Die «déjeuners», die «confidences» und die «causeries» sind nicht Versammlungen und Kompositionen scharfer Individualitäten. Renoir liebt vielmehr die beinah anonyme Verbindlichkeit seiner Personen (auch wo sie benennbar sind): wie sie sich ungezwungen und lebensfroh zusammenfinden, oft unter fleckigem Blätterdach, geborgen wie schöne Tiere in ihrem Nest. Im säkularisierten Kythera der «Grenouillère», dieser kleinbürgerlichen Glücksinsel zwischen Wasser und Himmel, ist das Paradies erreicht, das zugleich ein Paradies der *peinture* sein kann. Gerade hier ist Chocquets Kopf aber nicht zu finden.

Innerhalb solcher Entwicklungen und Vergleiche artikuliert sich die gemalte Würdigung Chocquets aufs neue: einerseits vielfach zugehörig, andererseits doch einzigartig als das Dokument einer Begegnung in der Helle höchster Anschaulichkeit.

Literatur

Winterthur, Sammlung Oskar Reinhart am Römerholz. Öl auf Leinwand, H. o. 46, Br. o. 36 m, signiert «Renoir», 1876. – R. Koella, Sammlung Oskar Reinhart am Römerholz, Winterthur, Zürich 1975, S. 238. – F. Daulte, Auguste Renoir, Catalogue raisonné, I. Lausanne 1971, Nr. 175. – J. Rewald, Chocquet and Cézanne, in: Gazette des Beaux-Arts, 1969, S. 75. – P. Cabanne, The Great Collectors, London 1963, S. 45. – F. Daulte, Renoir, peintre de figures, 1971. – S. Z. Levine, The Crisis of Resemblance: Portrait and Paintings during the Second Empire, in: Arts Magazine, 1978, S. 90. – K. S. Champa, Studies in Early Impressionism, New Haven 1973. – Vgl. S. 187, Zur Krise des Bildnisses im Impressionismus.

Der ganze (der ganze?) Degas

Notizen zur Degas-Ausstellung in Paris 1988

«Illustre et inconnu», so wünschte er zu sein. Sein Ruhm ist seit hundert Jahren stetig gestiegen, ohne Krisen, wenn auch eher ein kennerschaftlicher als cin populärer Ruhm, er kulminiert nun in der grossangelegten Ausstellung im Grand Palais in Paris, mit ihren 275 Werken aller Art. Was ist, mit dieser unvergleichlichen Degas-Präsenz, für das Degas-Verständnis getan? Ist er jetzt *mieux connu*? oder wenigstens *moins inconnu*?

Nach den grossen Retrospektiven von Manet, Monet, Pissarro, Renoir und Cézanne war es höchste Zeit, Degas (1834 bis 1917) zu präsentieren. (Van Gogh folgt im Gedenkjahr 1990, Gauguin 1989 – und Toulouse-Lautrec?) Nicht dass Degas vernachlässigt worden wäre; es gab, besonders zum 150. Geburtstag 1984, hochkarätige Veranstaltungen zu Spezialthemen: zur Graphik, zu den Pastellen und Zeichnungen, zu den Balletteusen, zu Degas und Italien, auch «The Private Degas». Aber den Anblick seines gesamten Schaffens bietet erst jetzt das Grossaufgebot in Paris, das Ergebnis der Zusammenarbeit dreier mächtiger Institute: des Grand Palais in Paris, des neuen Musée des Beaux-Arts du Canada in Ottawa und des Metropolitan Museum of Art in New York.

Der ganze Degas: das sind, in Paris, etwa 275 Nummern (von 1466, die der Gesamtkatalog von Lemoisne verzeichnet); Ölbilder, Pastelle, Zeichnungen, Druckgraphik, Skulpturen und Photographien, in der ganzen Fülle von Degas' Ausdrucksmitteln; das sind Hauptwerke aus allen Bereichen der Thematik, mit Akzenten auf den Balletteusen, den Pferderennen, den Bildnissen, aber auch Historienbilder und Landschaften; und das sind Belege aus allen Schaffensphasen, von 1855 bis gegen 1908, über ein halbes Jahrhundert hin – und was für eines!

Man mag die Absenz einiger Kapitalbilder bedauern (es fehlen u. a. «Mlle La La im Zirkus Fernando», «Der schwarze Handschuh», mehrere verblüffende Bildnisse, während «Le Compte Lepic» [«Place de la Concorde»], ein Schlüsselbild von 1875, längst verschollen ist). Aber mehr Berechtigung hat das Staunen über die Präsenzen, die Überraschungen: die Vollzähligkeit der Historienbilder aus der Frühzeit, die vier zauberhaften

Fächer, die Serien von hintergründigen Monotypien, neben den Dutzenden von klug ausgewählten Pastellen. 70 Institutionen aus 14 Ländern, darunter 32 amerikanische Museen, und 30 Privatbesitzer haben den Überblick möglich gemacht; er wird mindestens für unsere Generation einzigartig bleiben.

Von den vielen schwierigen Künstlern des 19./20. Jahrhunderts ist Degas gewiss der schwierigste (neben Cézanne, allenfalls). Dutzende von Kritikern, Schriftstellern, Künstler-Kollegen, Kunsthändlern, Sammlern seiner Zeit, unter ihnen Duranty, Zola, Goncourt, Huysmans, Moore, sind aus ihm nicht recht klug geworden. Auch die Memoiren von Valéry, Blanche, Sickert, Vollard und Halévy geben nicht alle Züge seines Wesens wieder. Er selber, «berühmt und unbekannt», hat alles getan, um den irritierenden Eindruck seiner Person zu verstärken.

Klassisch gebildet, samt Latein und Griechisch – aber in die «modernité» des Pariser Lebens eingetaucht. Wohlhabend, aus alter Familie stammend – aber mit der kleinen Welt der Wäscherinnen und Tänzerinnen vertraut, zudem ein Anhänger Proudhons. Ein leidenschaftlicher Nachfolger Ingres' – aber auch Manets. Ein Kenner der Kunstgeschichte – zugleich ein radikaler Traditionsbrecher; ein Denker ohne Plattform – jedoch geachtet und gefürchtet wie ein Orakel; das schlechte künstlerische Gewissen seiner Epoche. Ein Einsiedler, ein Misanthrop – aber auch umgänglich und gesellig, inmitten eines grossen Freundes- und Bekanntenkreises, der Magnet vieler exklusiver Gesellschaften. Hochintelligent, ganz und gar unnaiv, ein Liebhaber des Billards – aber auch imstande, das rote Haar eines Modells vier Stunden lang zu kämmen. Spöttisch, arrogant und selbstsüchtig, «rücksichtslos wie bei Molière» – aber oft liebenswürdig und hilfsbereit, ein rührender Freund. Kurz: «unerträglich» («Monsieur, ich habe nie mein Herz gespürt»). So scheint er aus lauter Widersprüchen und Paradoxien zu bestehen. Ein elegantes Monstrum? Oder ein Virtuose der Tarnung von grosser Verletzlichkeit?

Unsere Degas-Kenntnisse scheinen ausgezeichnet zu sein. Die Briefe des Künstlers sind ediert, von Guérin 1931, aber seither sind weitere an den Tag gekommen, und wie viele verbergen sich noch? Eine Quelle ersten Ranges, die 38 erhaltenen Notiz- und Skizzenbücher, liegt (erst) seit 1976 in der kritischen Ausgabe von Reff vor. Schon zu Lebzeiten hat Degas – der geistreiche, skurrile – Essays, Kritiken, Studien provoziert, abgesehen von den Anekdoten und Bonmots. Ihnen folgten die Memoiren von Freunden und Bewunderern. Aber hat sich daraus eine moderne kritische Biographie ergeben? Lemoisne (1946) und Cabanne (1957), beide durchwegs erzählerisch, liegen schon weit zurück. Inzwischen hat sich die angelsächsische Degas-Forschung etabliert, mit lebhaften, sozial-historisch begründeten Lebensbildern und Psychobiographien (Dunlop 1979, McMullen 1984, Sutton 1986), mehr nicht.

Den «Catalogue raisonné» der Gemälde und Pastelle hat Lemoisne 1946/49 in vier Bänden vorgelegt. Er ist inzwischen überholt, besonders durch Spezialverzeichnisse (Druckgraphik von Adhémar und Cachin und von Reed und Shapiro, Monotypien von Janis, Skulpturen von Rewald). Den einzelnen Motivgruppen haben sich in letzter Zeit zahlreiche Kenner gewidmet (Browse den Ballettbildern, Pickvance den Pferdethemen, Sutherland Boggs den Bildnissen). Besondere Würdigungen gelten den Pastellen (Cooper, Werner, Adriani), den Maltechniken (Rouart, Reff), den Skulpturen (Millard) und den Photographien (Scharf). Man sieht: Biographie und Ikonographie beherrschen das Feld, pragmatisch, einem eher abgegriffenen Modejournal der Kunstwissenschaft entsprechend.

Wo aber, zwischen Ingres und den Fauves, steht der *Künstler* Degas, mit seinem schwierigen Einzelgang, seinen «unverständlichen neuen Ideen» (Duranty), seinen Eroberungen?

Da wimmelt es von Vagheiten und Hypothesen, von Behauptungen und Widersprüchen, von Einseitigkeiten und «schrecklichen» Simplifizierungen. Auf der Ebene der *kunst*geschichtlichen Fragestellungen, auch über den monographischen Degas-Zaun hinausblickend, haben kürzlich erst Reff (mit seiner Aufsatzsammlung «The Artist's Mind» 1976) und Thomson (im Katalog «The Private Degas» 1987) tragfähige Ansätze geschaffen. Wären sie einfach, würden sie Degas schon verfehlen. Malen heisst ja für ihn zugleich: Erforschen, wie ein Bild entsteht, was ein Bild überhaupt ist. Die wichtigsten deutschsprachigen Beiträge, u. a. von Imdahl und Growe, sind – wen wundert's – von der französisch-angelsächsischen Phalanx nicht einmal bibliographisch wahrgenommen. Als Novität sei (ebenfalls nicht im Pariser Katalog figurierend) das bequeme Quellenwerk «Degas by himself» (1987) angezeigt, eine Anthologie der bemerkenswerten Äusserungen des Künstlers, leider nicht in der Originalsprache. Degas ist, als gälte sein Wunsch nach wie vor, als Künstler der grosse Unbekannte geblieben, ein Rätsel, mehr als Manet, Monet, van Gogh und selbst Cézanne.

Die Pariser Grossveranstaltung bestätigt und bekräftigt diesen einseitigen Stand des Interesses. In dem chronologischen Ablauf der Ausstellung bilden sich häufig Gruppen ikonographischer Art, gut begründet und akzentuiert, so die erstmals vereinigten vier Historienbilder samt ihren Vorstudien, die Doppelbildnisse der sechziger Jahre, die «klassischen» Ballettpastelle, die Landschaften, die Monotypien, die späten Tänzerinnen- und Toilettenbilder, schliesslich die Skulpturen. Ölbilder und Werke auf Papier sind sinnvoll gemischt, wie der Maler selber es um 1870 wünschte.

Das wissenschaftliche Komitee, bestehend aus den Spezialisten der beteiligten Museen, geht dabei auf einen ausgeglichenen, kompletten Gesamtanblick aus. Dennoch wird – in der Disposition über drei Geschosse wie auch im Katalog – eine Entwicklung in vier Etappen postuliert, von 1853 bis 1873, von 1873 bis 1881, von 1881 bis 1890 und von 1890 bis 1912, mit uneinheitlichen Titeln wie «le réalisme scientifique» und «les dernières années». Ein solches Stufenprofil wird aber von der Werkfolge selber nicht beglaubigt. Weder Grenzen noch Brüche machen sich bemerkbar, die Übergänge sind fliessend, immer wieder greift Degas auf Früheres zurück, nimmt er Späteres voraus, und man weiss, dass er, nie zufrieden mit sich selber, viele Bilder über Jahre wieder und wieder zu überarbeiten pflegte. Besonders das Schaffen vor 1873 ist reich an solchen überraschenden Einsätzen. Mit Recht sind diese Anfänge zahlreich bestückt, ebenso anderseits die letzten Jahre, die mit ihrem Altersexpressionismus bisher unterschätzt worden sind.

Hingegen hätten sich ein paar Unika, rätselhafte Würfe ohne Vor- und Nachgeschichte, deutlicher als solche markieren lassen. Wir meinen: «Intérieur, Le Viol» von 1868/69 (Nr. 84), von Degas harmlos «mon tableau de genre» genannt, in Wirklichkeit ein mysteriöses stilles Liebesdrama (nach Zola? oder nach Holman Hunt?), eine Art Vorahnung von Munch; das berühmte Kontorbild «Portraits dans un bureau (Nouvelles-Orléans)» von 1873 (Nr. 115), mit dem Onkel Musson und den zwei Brüdern als Baumwollhändlern, ein Gruppenporträt mit 13 Personen, aber ein eiskaltes Bild des fehlenden Zusammenhalts, insofern ein Pendant zu dem befremdlich grossartigen Familienporträt Bellelli (Nr. 20); auch «Petites paysannes se baignant» von 1875/76 (Nr. 149), frenetisch, elementar, ein Stück Expressionismus mit 30 Jahren Vorsprung; schliesslich der monumentale «Jockey blessé» des Kunstmuseums Basel (1897, Nr. 351), Endstation einer langen Beschäftigung mit dem (von Manet stammenden) Thema, eine Rennszene als tragisches Historienbild, ungewöhnlich düster und zeichenhaft.

Zu Beginn ist übrigens der – so fundamentale – Dialog Degas' mit den alten Meistern nicht recht deutlich gemacht, möglicherweise weil eine Spezialausstellung «Degas et les artistes français en Italie» im Musée d'Orsay ansteht.

Fakten zur Biographie, zur Werkgeschichte und zur Ikonographie – das ist denn auch die Ambition des Katalogs, der auf 635 dreispaltigen Seiten 329 Werkmonographien anbietet (nach einer Einführung unter dem ebenso treuherzigen wie problematischen Titel «A la recherche de l'équilibre»). Da lebt sich pragmatische Sachforschung mit Hilfe des Computers aus. Alles, was zum Pedigree, zur Identifikation von Themen, Personen und Örtlichkeiten, an frühen Meldungen und Urteilen je festgehalten wurde, ist verwertet. Neu ist z. B. die Auswertung der Inventare des Kunsthändlers Durand-Ruel.

Die Ausgangslage ist so schwierig, weil Degas selber verhältnismässig wenig verkauft hat und nach seinem Tode – in den vier «Ventes Atelier Degas» von 1918/19 – Hunderte von unbekannten, unidentifizierten, undatierten Bildern an den Tag kamen, darunter viele Varianten und Überarbeitungen. Damals wurden leichthin Titel und Daten gegeben, von denen sich viele nicht halten lassen. Zudem hat der Maler nachträglich selber oft falsch datiert, so dass sich die Werkchronologie und mit ihr der Entwicklungsgang über weite Strecken verdunkelt haben.

Ein Beispiel, nur ein kleines: «Aux Courses en province» (Nr. 95), berühmt und wichtig. In der Kutsche, einer Tilbury, sitzt nicht irgendwer, sondern, das ergibt sich aus Memoiren, der Jugendfreund Valpinçon, mit seinem Söhnchen, geboren 1869. Damals weilte Degas in der Tat auf Besuch, man war zusammen am Pferderennen in Argentan. Das Bild ist demnach nicht, wie bisher angenommen, 1870/73 entstanden, sondern im Sommer 1869, das heisst, kunstgeschichtlich, in einer Frühstufe des Impressionismus, wo jedes Jahr zählt. Vom frechen Bildschnitt, mitten durch das Gefährt und das Gespann, Degas' Antwort auf den «Japonisme», ist freilich im Katalog nicht die Rede; dagegen sind die erwähnten Bezüge auf englische und holländische Traditionen eher nebensächlich.

Oder, nicht weniger exponiert: «L'orchestre de l'Opéra» (Nr. 97), auf 1870 zu datieren (nicht 1868), jedoch kein anonymes Orchester, kein Genrebild demnach (mit dem erstmaligen Auftritt von Balletteusen im Schaffen Degas'), sondern lauter identifizierbare Musikerporträts, das heisst primär ein Gruppenporträt, deshalb «endlich» «une œuvre finie», das denn auch Anerkennung fand. Inwiefern die überaus gewagte Komposition Vorstufen bei Daumier hat, wird aber nicht vermerkt. (Da schweigt der Computer.).

Die auffälligsten Abweichungen betreffen die Monotypien: erst um 1876 einsetzend; und den Basler «Jockey blessé», der nicht 1866, sondern erst in den neunziger Jahren entstanden ist.

Nebenbei ist zu erfahren, dass das nach 1870 unversehens auftauchende Thema der «danseuses» mit dem Bankrott der Familienfirma De Gas zusammenhängt. Der Maler konnte mit dem Verkauf dieser leichten Ware – «ces articles», «ces produits» nannte er sie – seinen Verpflichtungen nachkommen. Dasselbe gilt für die erste Serie der Monotypien. Bemerkenswert sind auch die Ergebnisse von Radiographien. Sie zeigen, dass Degas oft die Formate seiner Bilder durch Anstückungen wachsen liess, mit dem Ziel besonderer kompositioneller Pointen.

So häufen sich die neuen und revidierten Fakten von Bild zu Bild, über 600 Seiten hin.

Für die – so schwierige – Datierung der Spätwerke nach 1890 ergeben sich freilich kaum neue Gesichtspunkte. Sonst aber könnten die Nummerntexte die Grundlage für einen neuen «Catalogue raisonné» abgeben – nicht aber für ein neues Degas-Bild. Denn: Degas in den Händen einer Generation von exzellenten Detektiven und Neopositivisten! Nichts gegen die zahllosen neuen Ergebnisse, sie sind alle hochwillkommen – aber alles gegen das Ausblenden der künstlerischen Kriterien und der kunstgeschichtlichen Zusammenhänge, alles gegen die Diskriminierung von «Interpretation» (als ob schon nur Beschreibung interpretationsneutral wäre). Soll man denn (wieder) meinen, Degas sei der Illustrator der Pariser «vie moderne», ein «kontextualistischer» Zeuge (gerade die soziale Verbindlichkeit seiner Malerei verweigert er), einfach ein Pferde- und Ballettnarr ohnegleichen, ein Porträtist seiner Zeitgenossenschaft, ein Voyeur in zweifelhaften Etablissements? Degas (mit Verlaub zu sagen): der genialste und schwierigste Künstler seiner Epoche neben Cézanne, Monet und van Gogh, und der intelligenteste und pfiffigste von allen obendrein! Oder hält man sich, sehr englisch, an seine Ironie? Degas an George Moore: «Among people who understand, words are not necessary. You say humph, he, ha, and everything has been said.»

Er hat gut «humph he, ha» sagen. Aussenstehende, wir alle, sind vor seinen Bildern schon auf ein paar Reflexionen angewiesen, um so mehr als er, ein Meister der Tarnung, seine Absichten gerne hinter Paradoxien und Widersprüchen verbirgt. «Wer Kunst sagt, sagt List. Kunst ist unredlich und grausam. Kunst ist Laster. » Wie denn?

Degas hat zeitlebens, nicht nur in den Lehr- und Wanderjahren, alte Meister kopiert. Alte Meister in präziser Wahl: nicht nur antike Skulpturen, Raffael, Michelangelo, wie es akademischer Pflicht entsprach, sondern auch Mantegna, Gozzoli, Botticelli, Bellini, strenge Quattrocentisten; nicht nur Poussin, sondern auch Veronese, Tizian und Velazquez; Ingres *und* Delacroix; Géricault *und* Meissonnier wie auch Menzel. Dabei ist er tatsächlich weder klassizistisch noch eklektisch geworden.

Er kopiert, um zu analysieren: um hinter die Prinzipien der Frieskomposition, der Umrissgestalt, der gespannten Symmetrie zu kommen. Er kopiert, um sich für seine Revolutionen auszurüsten. Tradition und Moderne sind ihm kein Widerspruch, darin unterscheidet er sich von den Avantgardisten. Degas, ein Janus, braucht nicht den Louvre anzuzünden, um modern sein zu können; der ganze Louvre steht hinter seiner «modernité». «Ah Gitto! fais-moi voir Paris, et toi. Paris, laisse-moi voir Giotto!»

Übrigens bestätigt sich die Wahl der Autoritäten in seiner privaten Kunstsammlung, die eine der bedeutendsten im damaligen Paris gewesen sein muss: 10 Gemälde und 90 Zeichnungen von Ingres, 13 Gemälde und 190 Zeichnungen von Delacroix, 6 Bilder und 1800 Lithographien von Daumier – und das neben Greco, Corot, Courbet, Gauguin, Cézanne, dazu Kollektionen von Spazierstöcken und Taschentüchern.

Degas, intelligent und schlau, wie er ist, setzt seine Attacken gegen den geläufigen Bildbegriff an den zwei strategisch empfindlichsten Stellen an. Seit der Erfindung der rationalen Perspektive im 15. Jahrhundert war das Bild als Raumkasten, als Bühne, statuiert. Gerade diesen Bühnenbegriff hebt Degas aus den Angeln, indem er die Bühne selbst, nun die konkrete Theaterbühne, sein Lieblingsthema, als solche in Frage stellt: indem er sie fragmentiert, indem er sie von unten oder von oben oder von der Seite oder ganz nah und schliesslich sogar von hinten her, vom «foyer de danse», ins Bild nimmt. Schrägsichten herrschen vor, zuerst weitwinklige, dann zunehmend in Verengung und Annäherung. Das heisst: die Blickachse selber verlässt die gewohnte waagrechte und frontale Richtung, die Illusion einer Aufführung geht verloren, fortan sind radikale Seiten-, Auf- und Untersichten erlaubt, am krassesten in der Trapezfigur der «Mlle La La» hoch oben in der Zirkuskuppel. Vordergrund, ganz nah (etwa in der Loge), und Bühnengeschehnis, ganz fern, beide in Fragmenten, können übergangslos aneinanderstossen.

Das ist, für den Betrachter, überaus irritierend, es stört und zerstört seine lieben Sehgewohnheiten. Aber gerade damit aktiviert Degas den Akt des Sehens selbst. Die Raum- und die Rahmenmotive komplizieren, verschieben, verdrehen sich. Blicke durchs Schlüsselloch und halboffene Türen führen in Intimitäten (übrigens ohne indiskret zu wirken). «Er ist ein sonderbarer Betrachter, er sieht Dinge, die andere nie gesehen haben» (Bigot, 1877). Anderes sehen, anderes anders sehen – das ist seine Sicht, der «vie moderne» und ihrer Regellosigkeit entsprechend. Sein «Blick» ist der Blick eines «author/artist», nicht einfach ein Männer- und Voyeurblick von 1880/90. Auch die Bildnisse beleben sich in dieser neuartigen Optik; darüber ist noch kaum nachgedacht worden. Schliesslich ist anzunehmen, dass der prekäre Zustand von Degas' Augen das Bewusstsein des Sehvorgangs besonders geschärft habe. Schon früh musste er sich mit monokularem Sehen zufriedengeben.

Damit hängt zusammen, dass sich der Bildausschnitt prinzipiell vom Bühnenformat entfernt. Degas schneidet Teile heraus, rücksichtslos. Schon 1869, in den erwähnten «Courses en province», findet man die Kutsche und die Pferde vom Bildrand brüsk gekappt; das Bild ist ganz und gar exzentrisch; Fülle und Leere treten asymmetrisch auseinander, dennoch gleichwertig. Der Effekt solcher unmöglicher Randschnitte («da fliesst Blut!») ist der Eindruck von Unmittelbarkeit, Schnelligkeit, Auf- und Wegtauchen, Zufall, jedenfalls frappierend. Natürlich sind solche Zufälle kalkuliert, der Maler stellt Fallen, er baut Widerhaken ein. Er überlistet den Betrachter, der mit seinem gewohnten identifizierenden Sehen nicht durchkommt und statt dessen mit höchst neuartigen, erstaunlichen Form- und Farbgebilden konfrontiert wird. Das führt zu mitwirkendem, entdekkendem Sehen. Zudem sind die Schnitte nicht ohne Witz und Komik angelegt. Davon sind die Pferde, die Balletteusen und die Frauenakte gleichermassen betroffen. Der Maler scheut sich nicht, sie zu halbieren oder zu köpfen, wenn die Verve der Komposition es fordert. Dabei vexieren und entwerten sich die Bildinhalte; die denotierende Funktion der Formen nimmt mehr und mehr ab. Fragmentierung führt zu Demolierung und Entfremdung der Sujets. Um so mehr gewinnt die Bildgestalt an Frische und Schlagkraft.

Es ist keine Frage – obgleich der Katalog darauf kaum eingeht –, dass die Entdeckung des japanischen Farbenholzschnitts und die frühe Momentphotographie den Maler beeindruckt, ja aufgeschreckt haben. Japanische Blätter waren in Paris seit den sechziger Jahren im Umlauf, Degas selber legte eine beträchtliche Sammlung an. Sie mussten ihm ein wahres Ferment bedeuten bei seinen Experimenten mit einer asymmetrischen, nahen, flächigen, randlastigen Bildauffassung. Dieselben Tendenzen wurden durch die Momentphotographie gefördert. Degas interessierte sich dafür, lange bevor er selbst eine Kodakkamera mit kurzen Verschlusszeiten besass.

Revolution des Bildbegriffs: am schärfsten wirkt sie sich indessen auf die «schöne» Menschenfigur aus (schön im Sinne des Klassizismus, der Académie und des Salons), ausgerechnet auf die Tänzerinnen, ausgerechnet auf die Akte der Toilettenszenen, bisher doch Inbegriffe der Anmut. Das ist zwar in den frühen Ballettbildern, um 1870/75, noch kaum ersichtlich, sie sind elegant und realistisch. Aber Degas spricht selber schon von «Äffinnen», und «Giraffen», von «bêtes humaines», die gähnen und sich kratzen. Die Ballerinen seien «immer nur ein Vorwand». Es gilt ja, mit ihren Figuren eine *Bild*figur von höchster Spannung zu realisieren. Die «macchina umana» wird dabei als künstlich arrangiertes Gliedergefüge gehandhabt, mit komplizierten und outrierten Stellungen, manchmal fast unlesbar, auch grotesk. Tänzerinnen drehen und bücken sich wie sonderbare Vögel. Nackte Frauen steigen wie Frösche aus der Badewanne; wenn sie sich trocknen, ist ihr Bau oft ganz verstellt – um des *Bild*baus willen. Die Bewegungen sind nicht illusionistisch vermittelt, nicht als Abwicklung von einem Vorher in ein Nachher. Zwar sind sie schnell und exzentrisch, aber

Degas arretiert sie. Banale und «hässliche» Motive fixieren sich für den Betrachter im Augen-blick seines Schocks. Degas' Choreographie ist Choreographie des Bildes.

Es kommen verblüffende Verkürzungen hinzu, ihrerseits entstellend, ihrerseits ein Teil der Bildrechnung. Und die Bühnenbeleuchtung, von unten nach oben, verkehrt die Helldunkelverhältnisse in ihr Gegenteil. Abwesenheit aller «volupté». Bitterkeit der Grazie.

All das entsteht in strenger Atelierarbeit, artifiziell. Die Balletteuse, wie Degas sie ins Bild setzt, ist eine Art Emblem seiner Kunst. So kalkuliert, so akrobatisch (wider alle Anatomie und Idealität), so equilibristisch um der Kunstfigur willen, gerade so ist auch sein Bildbegriff zu verstehen.

Noch nie hat man das Spätwerk, das doppelt schwierige, doppelt missverstandene, so generös und prunkvoll ausgebreitet gesehen. Langsam erblindend, zieht Degas seine Konsequenzen, ganz im Banne der Perfektion – und der Verzweiflung. Mehr und mehr arbeitet er in Pastell; die Öltechnik muss sich angleichen. Dabei erreicht das Pastell ungewöhnliche, monumentale Formate, es wird «grosse» Kunst wie nie zuvor. Schicht über Schicht anlegend, in dicken Pasten und Schraffuren, gelangt der Maler zu einzigartigen Anreicherungen und Gluten, im Beiwerk mehr noch als den Nacktheiten selber, die ihren Epidermiszauber an den Zauber der Farbe abgeben. Abschiedsvorstellungen in ihrem «non plus ultra».

Das schwindende Augenlicht lässt ihn aber auch harsch und scharf werden. Die Umrisse der Akte können sich zu schwarzen Armaturen verhärten, gerade recht, um Kompositionen wie Gestänge und Gerüste zu bilden. Haltungen und Gesten der Frauen vereinfachen sich zu zeichenhaften, expressiv abrupten Figurationen, ausserhalb der Beobachtung und der «tyrannie de la nature», fern auch von jeglicher Genrehaftigkeit. Da kommt Degas' Prinzip der Repetition und der Variation voll zum Zuge. Auch die Farbe kann sich selbständig machen, Rot in Rot, oder Lila und Rost, je in heftiger Leuchtkraft. Das geschieht schon in den neunziger Jahren, es sind abenteuerliche, aber verzweifelte Schritte in der Richtung auf einen Fauvismus und einen Kubismus hin.

Kein anderer Maler hat die «Société anonyme de peintres, sculpteurs et graveurs», denen 1874 der Spottnahme Impressionisten angehängt wurde, so sehr gefördert wie Degas, als Gründungsmitglied, als Mentor, als Organisator. Und kein anderer, ausser Pissarro, hat die Gruppenausstellungen von 1874 bis 1886 so regelmässig mit Werken beschickt. Aber die «Société» war eine Notgemeinschaft der Unabhängigen gegen die Übermacht von Académie und Salon, mit Mitgliedern der verschiedensten Observanz, stilistisch ein Konglomerat. Degas dachte marktgemäss, aber er verwahrte sich dagegen, ein Impressionist geheissen zu werden. Und das brachte ihn oft in Opposition zur Gruppe.

Als Künstler widerspricht er ja fast allen impressionistischen Imperativen, wie sie Monet, Renoir und Pissarro vertraten. Er hasst die *plein-air*-Malerei, er verachtet die Augenblickseindrücke, überhaupt die Reduktion auf blosse Sichtbarkeitswerte, er macht weder die Farbzerlegung noch die Tupfentechnik mit. Degas ist mehr als «nur ein Auge». Gebildet und belesen wie kein anderer, zieht er die reine Atelierarbeit vor, in vielerlei Techniken, oft bei künstlichem Licht, einer grossen Tradition bewusst. Und seine Vorliebe gehört so unimpressionistischen Aufgaben wie dem Porträt, der Historie und der präzisen, tektonischen Figurenkomposition, während seine Landschaften nur eine kleine geheimnisvolle Retraite bilden. Luft und Licht fehlen in seinem Schaffen ebenso wie naive Lebensfreude.

Insofern ist er der unimpressionistischste der Impressionisten. Genauer: der älteste der Postimpressionisten. Und gewiss auf einem Platz für sich, nur ab und zu auf der Linie Manet – Toulouse-Lautrec – Bonnard – Vuillard. «Keine Kunst ist weniger spontan als die meine. Was ich mache, ist das Ergebnis von Überlegungen und des Studiums der grossen Meister. Inspiration, Spontaneität, Temperament sind mir unbekannt.» Aber wieviel Tarnung ist auch das?

Degas, Ausstellungskatalog Paris (Grand Palais) 1988, Paris 1988.

Vgl. die Ausstellungsrezensionen in: Gazette des Beaux-Arts, 1988, S. 255 (D. Sutton); – Burlington Magazine, 1988, S. 295 (R. Thomson); – Die Zeit, 25. 3. 1988 (G. Metken) – Die Ausstellung von 1988 in Paris/Ottawa/New York war der Höhepunkt einer auffällig intensivierten Auseinandersetzung mit Degas seit etwa 1980: in neuen Monographien, in Studien zu Einzelaspekten (Technik, Verhältnis zur alten Kunst, Kopien, Misogynie, Feminismus, Voyeurismus usw.), in neuen Katalogen. – Seit 1988 zu beachten: – F. Milner, Degas, London 1990. – R. Kendall, Degas, Images of Women, London 1989. – S. Fletcher, P. Desantis, Degas: The search for his technique continues, in: Burlington Magazine, 1989, 256. – I. Cahn, Degas' frames, in: Burlington Magazine, 1989, 289. – K. Adler, The Apotheosis of Degas Book Reviews, in: Art History 1990, 118. – R. Thomson, Degas, The nudes. London 1988. – D. Sutton, Edgar Degas: Tradition and Innovation, in: Gazette des Beaux-Arts, 1988, S. 255. – W. Schmid (Hrsg.), Wege zu Edgar Degas, München 1988 [Texte von Degas, Zeitgenossen und Kunsthistorikern]. – A. F. Maheux, Degas Pastels, Ottawa 1988. – R. Kendall, Degas and the contingency of vision, in: Burlington Magazine 1988, S. 180. – W. Hofmann, Degas et le drame de la peinture, in: Gazette des Beaux-Arts, 1988, S. 119. – R. Gordon + A. Forge, Degas, London 1988. – A. Dumas, Degas' «Mlle. Fiocre», in: Context, New York 1988. – Degas et les artistes français en Italie, 1856-1860, Ausstellungskatalog Paris (Musée d'Orsay) 1988, Paris 1988. – Burlington Magazine, Special Issue on Degas, März 1988, mit Beiträgen von R. Kendall, M. Kálmás Meller, M. R. Brown. – N. Broude, Edgar Degas and French Feminism, ca. 1880, in: Art Bulletin, 1988, S. 640. – C. Armstrong, Reflections in the Mirror: Painting, Photography, and the Self-Porträts of Edgar Degas, in: Representations, Nr. 22, 1988, S. 108. – H. Loirette, Degas, Paris 1991. – Vgl. oben: «Pastelle», S. 125.

Der schwarze Cézanne

Zur Ausstellung des Frühwerks in Paris, 1988

Cézanne vor Cézanne: der Schwarz-Maler der Jahre 1859 bis 1872, jung, abgründig, radikal, hat die Cézanne-Autoren nicht anders als die Zeitgenossen vor den Kopf gestossen oder zumindest geniert. Im Schatten des «eigentlichen», «klassischen» Cézanne wurde der Finsterling verdrängt und unterschätzt, als wäre es nicht zweimal dieselbe Person. Nun ist er da, zum erstenmal das Thema einer eigenen Präsentation: ein Wilder, ein expressiver Moderner, dem frühen 20. Jahrhundert näher als dem mittleren 19.

Dass einer nach zwölf Jahren Arbeit plötzlich rechtsumkehrt macht – um es in Etiketten zu sagen: weiss statt schwarz, objektiv statt subjektiv, impressionistisch statt expressiv –, das widerspricht jeder Vorstellung von Ausbildung, Entwicklung und Entfaltung. Es kommt ja auch recht selten vor, allenfalls, in der Nähe, zu vergleichen mit van Gogh, der 1886 aus der Unterwelt der Borinages ins Licht auftaucht (das ihn versengen sollte).

Der radikale Bruch Cézannes um 1872 hatte zur Folge, dass sich sein Frühwerk von ihm ablöste, und die Faszination vor dem «grossen» Cézanne, dem Œuvre der 70er bis 90er Jahre, hat es dann nahezu verschüttet. Die Spätzeit, ihrerseits nicht leicht verständlich, ist seit der grossen Ausstellung in Paris und New York 1978 allgemein vertraut geworden. Insofern entspricht die Präsentierung der «années de jeunesse 1859 bis 1872» einem konsequenten Erschliessungsplan.

Die Cézanne-Kritik hat das finstere Massiv je und je gemieden, als eine befremdliche, unverständliche, ja zweifelhafte Vergangenheit des grossen Meisters. Es ist, als wirkten die Fassungslosigkeit und der Spott der Zeitgenossen nach. Beispielsweise: zur «Modernen Olympia», 1874: «Monsieur Cézanne, une espèce de fou, agité en peignant du delirium tremens». Tiefer sieht, immerhin, eben damals Castagnary, der Anwalt des Realismus: «un romantisme sans frein, où la nature n'est plus qu'un prétexte à rêveries, et où l'imagination devient impuissante à formuler autre chose que des fantaisies personnelles, subjectives».

Auch den modernen Cézanne-Exegeten blieb das Frühwerk lange Zeit unvertraut, in seinem Wesen wie in seiner Funktion, selbst einem Eingeweihten wie Kurt Badt, der sich, wie die andern, ganz und gar auf die Stufe der Reife verliess. Erst seit den 1970er Jahren haben Unvoreingenommene wie Meyer-Schapiro, Adriani und Reff die wilde Ausdruckskraft des jungen Cézanne zu erkennen und zu schätzen begonnen.

Vieles aus dieser Frühzeit ist verlorengegangen, schon im Hause und in den Ateliers von Aix, vieles hat der Maler selber vernichtet oder übermalt. Privatsammlern in aller Welt, unter ihnen manche Schweizer, ist es zu verdanken, dass das Strandgut gesichert wurde. Unter den ersten Partisanen ist der Industrielle August Pellerin hervorzuheben; von den 90 Cézannes seiner Sammlung waren 32 Frühwerke.

Was im Musée d'Orsay jetzt gezeigt wird, 57 Gemälde und 15 Zeichnungen und Aquarelle, ist ein gültiger Ausschnitt aus einem etwa dreimal grösseren erhaltenen Bestand. Sowohl die figürlichen Kompositionen wie die Bildnisse, die Stilleben und die Landschaften sind mit Hauptwerken vertreten. Zu bedauern ist immerhin, dass das grosse Vaterbildnis im Profil (London), «L'après-midi à Naples» (Canberra) und «Les voleurs et l'âne» (Mailand) nur nach Amerika, nicht aber nach Paris gefahren sind. Und in der – sonst ausgiebig besetzten – Gruppe der Landschaften fehlen just die zwei Glanzpunkte, der «Bahndurchstich» (München) und die «Schneeschmelze in L'Estaque» der Sammlung Bührle, Zürich.

Der 24jährige arbeitete 1863 erstmals ein ganzes Jahr in Paris, fest entschlossen, dem Jus-Studium und der väterlichen Bank in Aix den Rücken zu kehren und sich ganz der Malerei zuzuwenden. Ein Schicksalsjahr der französischen Malerei! 1863 stirbt Delacroix; 1863 malt Manet die «Olympia» und stellt «Le déjeuner sur l'herbe» aus; 1863 proklamiert Baudelaire den «peintre de la vie moderne»; 1863 feiert Paul Mantz die Realisten, besonders Courbet; 1863 erfolgt die Reform der Ecole des Beaux-Arts (Cézanne fällt trotzdem durch, «er übertreibt»); und 1863 kommt es zur Gründung des «Salon des refusés» (wo Cézanne erstmals ausstellt und den er mit dem grossen Jugendfreund Zola besucht). Das ist der Horizont, innerhalb dessen der junge Maler antritt. Sowohl Delacroix wie auch Courbet und Manet sind für ihn, neben dem Louvre, Orientierungsmächte ersten Ranges geworden, und die Signale der Wende ermutigen ihn. «Ein Jahrhundert trennt das Heute vom Morgen», meinte der Freund Guillemet damals.

Der junge Cézanne – das ist der erste Eindruck unter dem Dach der grossen Orsay-Sammlung: ein Maler aus einem anderen Geschlecht als all die Kollegen; ein Urmaler, der die Malerei aus ihren Anfangsgründen neu zu schaffen gewillt ist, radikal; von Akademie und «Salon» weltweit entfernt; mit einer titanischen Kraft, die direkt aufs Bild drängt; «wahr und ursprünglich».

In einer Bleistiftskizze (Basel) entwirft Cézanne um 1868 einen Maler am Werk (vielleicht Frenhofer im «Chef-d'œuvre inconnu» von Balzac, gewissermassen Cézanne selber): wie ein angreifender Krieger vor dem Feind (der Staffelei), mit einem Bündel von Pfeilen (den Pinseln).

In den drei Selbstbildnissen – es gibt weitere frühe, innerhalb der lebenslangen Reihe von 36 Stationen – geht der Maler nicht weniger aggressiv mit sich selber um. Selbstdarstellungen als Selbstbelauerungen, voll Misstrauen, als Dokumente des Leidens an sich selber. Ein Dickschädel, ein Eigensinniger; aus schwarzem Grund in Drehung entgegentauchend, bedrohlich. Noch der 33jährige, 1872, präsentiert sich als ein Wilder, mit einem Blick aus unzugänglicher Tiefe, gebeutelt und zerzaust, aber standhaltend; weniger mit Pinseln als mit Hieben gemalt; nun aber entschieden komponiert, unerschütterlich, ein Ausweis überstandener Gefahren. Keineswegs (wie man zu lesen bekommt) pathologisch, vielmehr ein Kämpfer, der sich mit Dämonen misst. «J'ai des sensations très fortes... Moi, j'ose, Monsieur, j'ose, j'ai le courage de mes opinions» (1870).

Und doch weiss man, wie scheu er war, wie verletzlich, wie unsicher und zärtlich. Eine Mischung von Gewaltsamkeit und Ängstlichkeit, von Zweifeln und tiefgründigen Gewissheiten.

Was ihn umtreibt, kommt in der figürlichen Thematik zutage: Mord, Entführung, Raub, Liebeskampf, Orgie, aber auch Versuchung, Zerknirschung; Motive von krasser, gnadenloser Drastik; wie in dumpfer, archaischer Vorzeit. Von Historie freilich keine Spur, es sind Cézannes eigene Albträume, seine Zwänge, seine Ängste und Verzweiflungen. Nicht ohne Provokation: Bilder, «vor denen das Institut in Wut und Verzweiflung erröten wird». Oft erscheint der Maler tatsächlich selber im Bild, das Ziel der Versuchung, umgeben von seinen Plaggeistern, von Hermaphroditen und Hexenfrauen. Erotik ist meistens im Spiel, verdrängte und transponierte, am deutlichsten in den «Versuchungen». So freundliche Titel wie «Idyll» oder «Déjeuner» können über die Hinter- und Untergründe nicht hinwegtäuschen. (Nicht zu vergessen: manche Bildtitel stammen von Guillemet.)

Von solchen Notzuständen bleiben selbst die Landschaften und die Stilleben nicht ganz verschont. Die «Landschaft mit Schneeschmelze» (Zürich) könnte als Szenerie einer Gewalttat dienen. Und in dem Stilleben «La pendule noire» mit der Uhr ohne Zeiger ist vieles nicht geheuer, trotz der souveränen Harmonie. Die roten Ränder der Riesenmuschel sind wie das blutige Maul eines geschlachteten Tiers.

In ihren Katalogbeiträgen haben Mary Louise Krumrine und Mary Tompkins Lewis nachgewiesen, dass Cézanne – klassisch gebildet und versiert – in seinen Figurenkompositionen auf zeitgenössische Literatur reagiert. Die «Orgie» hält sich an das Bankett Nebukadnezars in Flauberts «Temptation de Saint-Antoine», ein Werk, das auch den «Versuchungen» zugrunde liegt. Und Richard Wagners «Tannhäuser», damals ein grosses Diskussionsthema in den literarischen Salons, wirkt sich – das scheint uns freilich zweifelhaft – auf das «Idyll» aus, wo der «Held» zwischen Fleisch und Geist zu entscheiden hat. Schliesslich entspricht die heikle Situation in der «Modernen Olympia» einem Traumbild Frenhofers in Balzacs «Chef-d'œuvre inconnu».

Das mag zutreffen. Aber gewiss ist Cézanne alles andere als der Illustrator dieser Texte. Ihm sind sie gerade recht, um Anlässe und Situationen zu suggerieren, in denen sich seine eigenen, persönlichsten Passionen investieren lassen; Tarnungen mehr als Wiedergaben. Dazu kommt, dass sich dem Maler visuelle Vorbilder aus der Malereigeschichte aufdrängen. Er parodiert, sowohl Manet wie die Venezianer, aggressiv und erklärtermassen «modern». Und paradox: Parodie als Rückführung auf die Elementarsituation.

Denn in Cézannes Wirklichkeit, seiner Bild-Wirklichkeit, ist der «Venusberg» ein Chauchemar. Und die Frauenakte in den «Versuchungen» sind, mit ihren Wendungen und Wölbungen, ihren Brüsten und Gesässen, so gleissend böse aus der Finsternis hervorgetrieben, dass sie eher zu Francis Bacon als zu Salonnuditäten von 1870 gehören. (Unter ihnen fehlen übrigens die frühen «Badenden» aus Privatbesitz, ein denkwürdiger Einsatz dieses grossen Cézanne-Themas. Hier wäre auch auf Achille Emperaires «surreale» Akte hinzuweisen.) Aus dem Malertraum Frenhofers wird ein Trauma: Olympia als ein geballtes Bündel weiblicher Sexualität. Und das «Déjeuner» zieht sich mit seinen winzigen, aufsässigen Gebärden in eine mysteriöse kultische Handlung zurück. Was Cézanne auf seine Weise malt, sind Einblicke in sein erotisches Dämonium, sind Direktmeldungen aus seiner Unterwelt.

Aber eine rein psychoanalytische Deutung dieser Szenen, als Enthüllungen aus Cézannes privatestem Sexualverhalten, würde deren Gehalt einengen und banalisieren. Sie wäre auch ohne fragwürdige Identifikationen von Hauptpersonen nicht möglich. Cézanne selbst warnte vor der Literarisierung der Malerei (1904): der Künstler «doit redouter l'esprit littérateur qui a fait si souvent le peintre s'écarter de sa vraie voie – l'étude concrète de la nature – pour se perdre trop longtemps dans des spéculations intangibles».

Es ist üblich, Cézannes Bildnisse unbedeutend zu finden, weil die Modelle für reine Formexerzitien missbraucht seien. Solche Urteile sind im Frühwerk leicht zu widerlegen. Die Bildnisse des Vaters, der Freunde, des Oncle Dominique haben, jedes für sich, die Prägnanz aus einer persönlichen Konfrontation.

Zum Beispiel: Seinen Freund Achille Emperaire, den zwergenhaften Krüppel mit dem Kopf eines spanischen Granden, Maler ohne Erfolg, hat Cézanne in einem Riesenbild festgehalten, einem wahren Monument der Treue, einem Manifest gegen alle Verachtung, kühn und plakativ, frontal und ganz direkt. Der enorme Wicht sitzt in seinem Fauteuil wie in einem Thron; hilflos, doch mit einem Gesicht, das, übergross, den Kampf zwischen Vitalität und Resignation austrägt. Das Bild ist gebaut, wie von Riesenhand; dichte Pasten von Blau, Rosa, Weiss leuchten im Schwarz wie in einem *cloisonnement*. Ein erratischer Block in der gesamten Porträtistik der 60er Jahre, zusammen mit den Bildnissen des Vaters.

Cézanne hat selber zur Erkenntnis seines Frühwerks ein Schlüsselwort gegeben (im Katalog kommt es freilich nur einmal vor, nebenbei): «manière couillarde», ein vulgärer Begriff mit vielen Anspielungen. Gemeint ist ein Stil der Eruption, der Schleuderung, auch der (testikulären) Grobheit und Potenz.

In diesem Sinne ist das Bild ein «Wurf»: ein Ausstoss aus einem Vulkan, aus einem Übermass an Leidenschaft und Emotion, in einer Technik der ungebremsten Spontaneität; im Gegensatz zum Ergebnis sorgsamer Vorbereitung und Elaboration. Nicht Kopie «nach Natur»; nicht einer Ikonographie der «vie moderne» entsprechend. In der «Maria Magdalena», zum Beispiel, hat die Farbmasse wirklich den Charakter von Lava, bevor sie erstarrt. Immer wieder bekommt man nicht das Äussere abgebildeter Dinge, sondern das Innere der Farbe zu sehen, feuchte aufgeschürfte Pigmente, Farbmaterie mit eigenem Innenleben. Malerei als offene Wunde.

Hierzu bildet Cézanne, ab etwa 1866, eine eigene Spachteltechnik aus, mit dem Palettmesser, in dichten, emailartig glänzenden Pasten; gewiss im Anschluss an Courbet, aber gesteigert und brutalisiert. Zug um Zug wird da aufgetragen, «alla prima», ohne Unterbruch, ein Porträt in einem einzigen Nachmittag. Wie mit der Gipserkelle, eher gepflastert und gemauert als gemalt. Eine Technik nicht des Abmalens, sondern des Erschaffens.

Zugleich beginnt Cézanne mit dem Spachtel an der Einheit des Bildes zu arbeiten, seinem grossen lebenslänglichen Ziel. Die gleichmässige dynamische Faktur wirkt synthetisierend, über die Gegenstände und ihre Grenzen hinweg, zugunsten des Zusammenhangs in der Bildebene. Es ergeben sich konsistente «Relief»bilder, am eindrücklichsten in den Bildnissen um den «Oncle Dominique».

Keine andere Farbe hat der Finsterling so oft und so gern gebraucht wie Schwarz: Pechschwarz, tief glänzendes, intensives, modulierfähiges, flüssiges, elastisches Schwarz. Nicht allein als Nachtschwarz, vielmehr, allgemeiner, als ein Grund, ein Abgrund, dem alles zugehört, was nicht in blankem Licht liegt. Nicht als Helldunkelschwarz (allenfalls Gewitterschwarz), sondern vorgegeben, Schwarz als Farbe des Ursprungs, als Primärmaterie. Zugleich ist dieses Schwarz eine Allmacht, gegen welche alle anderen Farben sich anstrengen und behaupten müssen; eine Grundfarbe, die die andern Farben erst recht prangen macht. Nie entsteht in dem Beieinander ein neutrales Grau.

Aus dem Schwarz leiten manche Frühwerke eine eigene Art von Einheit ab. Cézanne lässt Schwarzmuster entstehen, die mehr sind als Schattenfiguren, mit geheimnissvollen Motiven und Gebärden, als Flächenmuster, die konstitutiv sein können, zumal in den Stilleben.

Und mehr: Schwarz ist, bis gegen 1870, Cézannes schönste Farbe. Sie hat eine Frische, einen Glanz, eine Malbarkeit wie keine andere, sogar in den Landschaften (und dies in den Jahren des ersten Impressionismus!). In der Tat gehört der junge Cézanne zu den grossen Schwarz-Malern neben Caravaggio, Ribera, Velazquez, Goya, Delacroix, Daumier und dem frühen Manet.

Mit seiner Vorliebe für den «ténébrisme» ist Cézanne damals nicht allein. Die spanische Malerei hatte in Paris tiefe Eindrücke hinterlassen, bis in den «Salon». Und in der Barockmalerei der Provence, ja bis Granet und Bonvin, lebte ein zäher Caravaggismus fort.

Dass diese Farbe, just diese, von Cézanne nach 1870 vollständig ausgeschieden wird, in der Helle des impressionistischen Lichts, dies allein zeigt an, in welcher Tiefe der Umbruch stattfindet.

Was Cézanne um 1872, mit 33 Jahren, bewogen hat, zu Pissarro zu gehen, dem «humble et colossal Pissarro» – nach Pontoise und Auvers, ins Land der Impressionisten, für mehr als zwei Jahre, d. h. von vorne anzufangen, in einer eigentlichen Lehre –, das ist bis heute nicht klar. (Die Biographen erzählen es arglos, als Rührstück). Einsicht in die Erschöpfbarkeit der «schwarzen» Malerei? Unbändiges Bedürfnis nach Verwandlung, nach Widerruf, nach Änderung der Fundamente? Entschluss oder instinktive Neuorientierung? Jedenfalls, der «Proto-Expressionist» will «Impressionist» werden; er nennt sich nur selber «une petite personnalité de peintre impressionniste»; er identifiziert sich lange Jahre mit seinen Impressionistenfreunden. (Aber daraus ist, man weiss es, etwas völlig anderes geworden.)

Vor und nach 1872: die Gegensätze könnten nicht grösser sein. Und doch gibt es auch Übergänge und Verwandtschaften. Das Struktur-Licht-Paradies des Spätwerks lässt sich fortan nicht mehr ohne den düsteren Anfang denken, und umgekehrt. Die Intensität, die Verpflichtung auf das Absolute ist beiden gleichermassen eigen. Prekär ist ja auch das Spätwerk, just in seiner Harmonik. Und diese gibt sich, nun deutlicher denn je, als Gegenleistung zu erkennen. Im einzelnen liessen sich auch frühe Ansätze zum Spätstil nachweisen, besonders in den Zeichnungen, zudem in einzelnen Stilleben, Bildnissen und Landschaften. Auch thematisch: wie etwa aus den «Venusberg»- und «Versuchungs»-Nacktheiten die «Baigneuses» geworden sind, neutralisiert und formalisiert, eine sehr bezeichnende Umwandlung.

Wäre Cézanne 1870 in den Krieg eingerückt und dort umgekommen, wie sein Freund Bazille, er würde als ein erstaunlicher «Expressionist» in sein Jahrhundert ragen, ein Einzelkämpfer, der, 30 oder 40 Jahre «zu früh», die Möglichkeiten der Expression und des Fauvisme entwickelte. Dieses Tor stand offen um 1870 – eine «wilde» Malerei («un sauvage raffiné», so Pissarro über Cézanne) auf der Linie Delacroix-Daumier einerseits, Rouault-Vlaminck-Matisse, auch Nolde-Ensor-Munch-Bacon andererseits. Aber die Kunstgeschichte ist kein Gänsemarsch. Cézanne selber wechselte auf die Spur der «zweiten» Moderne, die von seinem Spätwerk zum Kubismus führen sollte. Indessen gilt auch für sein erstes Jahrzehnt: «Je suis le primitif d'un art nouveau.»

Der Katalog ist unentbehrlich wegen der beiden genannten Beiträge von Krumrine und Tompkins Lewis, trotz allen Vorbehalten. Die Nummerntexte und die Einleitung, von Lawrence Gowing, mag man als Causerien eines Kenners goutieren, mehr nicht. Über einige Datierungen und Werkdeutungen liesse sich streiten. Sämtliche Literaturangaben sind in einen Anhang verwiesen; die bisherigen Argumentationen findet man denn auch allzu selten eingearbeitet. Die Akten zum frühen Cézanne sind nach wie vor offen, nun erst recht.

Und an das Musée d'Orsay: Wie sollen die fünf (eher kleinen) Säle für Wechselausstellungen einem solchen Thema und einem solchen Publikum standhalten? Über Warteschlangen und Gedränge wird man bald neue Rekordmeldungen zu hören bekommen. Auch ein Alptraum.

Cézanne, les années de jeunesse 1859-1872. Ausstellungskatalog Paris (Musée d'Orsay) 1988/89, Paris 1988. – Die Überprüfung des Frühwerks in der Pariser (1988) wie auch in der Basler (1989) Ausstellung hat Anlass zu exzessiv psychoanalytischen Interpretationen der «narrativen» Bilder gegeben (Krumrine, Tompkins Lewis, ferner Gedo, Esman), unter Vernachlässigung des übrigen, überwiegenden Œuvres, mit Bildnissen, Stilleben und Landschaften. Die Reaktion auf diesen Psychobiographismus ist nicht ausgeblieben (Reff, Sutton, Cranshaw, Lenz). – Psychoanalytic Perspectives on Art, II, 1987, (J. E. Gedo, Th. Reff); III, 1988 (A. H. Esman). – D. Sutton, in: Gazette des Beaux-Arts, Oktober 1988, S. 149. – J. Spector, The State of Psychoanalytic Research in Art History, in: Art Bulletin, 1988, S. 49. – G. Boehm, Paul Cézanne: Montagne Sainte-Victoire, Frankfurt a. M. 1988. – R. Kendall (ed.), Cézanne by himself: drawings, paintings, writings, Boston 1988. – M. Tompkins Lewis, Cézanne's early imagery, Berkeley 1989. – Paul Cézanne: Die Badenden, Katalogbuch Basel (Kunstmuseum) von M. L. Krumrine, Basel 1989. – R. Cranshaw, A. Lewis, Wilful Ineptitude [zum Katalog Paris 1988], in: Art History, 1989, S. 129. – Ch. Lenz, Basel, Kunstmuseum, Cézanne's Bathers, in: Burlington Magazine 1989, S. 795. – M. Howard, Cézanne, London 1990.

Cézannes schwarzes Arkadien

Bemerkungen zu zwei Frühwerken

Im Frühwerk Cézannes hat eine um 1870 geschaffene Gruppe figürlicher Kompositionen auf den ersten Blick den Anschein arkadischer Situationen:

- «Le déjeuner sur l'herbe» (Privatbesitz. Venturi, Nr. 107. Katalog Paris 1988, Nr. 51)[1],
- «Pastorale ou Idylle» (Paris, Musée d'Orsay. Venturi, Nr. 104. Katalog Paris 1988, Nr. 52),
- ferner einige der frühesten «Baigneuses» und «Baigneurs» (Privatbesitz. Venturi, Nr. 113. – Privatbesitz. Nicht bei Venturi, Rewald 1986, Abb. 87)[2].

Auf die Bildtitel mit ihren arkadischen Konnotationen ist allerdings kein Verlass. Man weiss, dass Freunde wie Zola und Guillemet bei der Bildtaufe beteiligt waren. Zudem sind die genannten Bilder in der Fachliteratur verschieden betitelt.[3]

Inwiefern bestätigt die Bildwirklichkeit, in ihrer ganzen schwierigen Tiefe, einen Umgang Cézannes mit der arkadischen Thematik?

Zugrunde liegt die Erinnerung an glückliche Jugendtage in der Landschaft von Aix-en-Provence. Der Glanz dieser frühen Erlebnisse leuchtet in den Briefen Cézannes, Zolas und Bailles, eines verschworenen Trios, über Jahrzehnte nach: baden und fischen, tagelanges Lagern am Ufer des Arc, Picknicks, plaudern und träumen, lesen, Verse machen (auch in lateinischer und in «gautischer» Sprache), Dramen entwerfen, malen und zeichnen.[4] Dazwischen Ausflüge nach Le Tholonet, «Besteigungsversuche» in der Gegend der Montagne Sainte-Victoire; es sind die Orte der späteren Landschaftsmalerei. Den einundzwanzigjährigen Freund nennt Zola «so verrückt und so verträumt wie wir» (das heisst wie er selber und Baille).

Das alles hat sich tief in das Gedächtnis des Malers eingegraben. Wo immer Figuren in idyllischer Landschaft darzustellen waren, bis in die spätesten «Baigneuses», schöpfte er aus diesem Reservoir. «Du schönes Baden, an lachenden Gestaden»![5]

Frauen, freilich, sind keine zugegen. «Noch haben meine Lippen nicht den Kelch der Wollust je berührt [...] / Unsere Seele, rein und hehr...»[6]

Um so mehr träumt die Jungmännerphantasie von ihnen. Im Traum, in einer «Elegie von nebelhafter Poesie», ergibt sich der Reim «campagne»/«compagne»[7].

Erst kürzlich ist nachgewiesen worden, dass mehrere frühe Figurenkompositionen Cézannes an *literarische Texte* anschliessen.[8]

Cézanne, der Leser: Latein war ihm geläufig, auch griechisch; er kannte sich in Lukrez, Cicero, Apuleius, Vergil, Plato aus. Von den Modernen «herrschte Victor Hugo wie ein Monarch, bis wir eines Morgens Alfred de Musset entdeckten»[9]. Daneben wurden Balzac, Stendhal, Flaubert, die Goncourts verschlungen. Cézannes Favorit war indessen Baudelaire, er kannte viele Passagen auswendig. Besonders den (unliterarischen) Malerkollegen fiel seine Belesenheit auf. Monet nennt ihn später einen «Flaubert der Malerei»[10]. Von Gauguin stammt die Ansicht: «Ein Mann des Südens, er verbringt ganze Tage in den Bergen, Vergil lesend und in den Himmel schauend. »[11]

Cézannes «Orgie» – dies ist ein klarer Fall – wurde in voller Übereinstimmung mit Flauberts Beschreibung des Banketts von Nebukadnezar in der «Tentation de Saint-Antoine» gemalt.[12] Dasselbe Werk Flauberts hat sich auf Cézannes Gemälde mit demselben Titel ausgewirkt, wenn auch der Maler andere Begründungen gibt und andere Akzente setzt.[13] Weniger direkte Anstösse sind auf die «arkadischen» Bilder ausgegangen. Aus Zola und Musset lassen sich allenfalls einzelne Personen und Situationen Cézannes in ihren verdeckten Bedeutungen erklären. Nur als vage Anregung oder Erinnerung, so scheint es uns, hat Richard Wagners Tannhäuser das «Idyll» Cézannes mitbestimmt, mit dem Eröffnungsbild.[14] Darauf ist zurückzukommen.

Es kommt hinzu – und das ist die dritte Schicht – dass sich dem Maler des «Déjeuner» und des «Idylls» visuelle Vorbilder aus der Malereigeschichte anboten. Diese Präsenz ist grösser und inständiger, als die Originalität von Cézannes Bildprägungen annehmen lassen könnte. Cézanne war, neben Degas, der grösste «Kunsthistoriker» unter den grossen Malern seiner Epoche.[15] Es wäre ein Thema für sich, die Anteile – und deren Bildfunktionen – von Giorgione/Tizian, Watteau, Manet, Monet, Bazille und der zeitgenössischen populären Zeitschriftenillustration in Cézannes «arkadischem» Frühwerk auszumachen. Einige Hinweise müssen hier genügen.

Am unmittelbarsten ist natürlich Manets «Déjeuner sur l'herbe» von 1863 anvisiert, unter demselben Titel, mit einem ähnlichen Verhältnis zwischen Genrefiguren und Landschaft. Dagegen ist die Kombination von Nackten und Bekleideten nur im «Idyll» aufgenommen, insofern auch auf Giorgione/Tizian anspielend.[16] Alle weiteren Ähnlichkeiten – es gibt ihrer mehrere – sind indessen von Cézanne geschickt gestellte Fallen.

An die *Fêtes champêtres* des Dixhuitième erinnert die Mise en scène, jedoch nur sehr allgemein; am auffälligsten das abgehende Paar der Rückenfiguren im «Déjeuner», mit Bezug auf Watteaus «Kythera», doch gerade in diesem Exit verrät sich Cézannes Widerspruch.[17]

Vollends setzt sich sein «Déjeuner» von dem Plein-air-«Déjeuner» Monets von 1865/66 ab, dem Rendez-vous einer modernen städtischen Gesellschaft in einem lichten Gehölz.[18]

Zunächst ist es der allgemeine «arkadische» Bildtypus aus der Renaissance, worauf der junge Künstler in seinen Malerdialogen anspricht – der Bildtypus als Kunstgebilde, als Disposition und Komposition. Hingegen kommt der emotionale Gehalt ganz aus seiner eigenen inwendigsten Unterwelt. Giorgiones/Tizians paradiesische Harmonisierung von Landschaft und Figuren, von männlich und weiblich, von rustikal und urban, der versöhnend goldene Einklang von Farben und Formen, die Rolle der Musik – das alles ist nicht Cézannes Anliegen. (Wie genau er das «Concert champêtre» im Louvre kannte, geht aus einer Aquarellkopie hervor.[19]) Und auch Manet, mit der unpersönlichen Eleganz seiner Inszenierung, mit der Glätte seiner «nudité», mit der Abwesenheit von Leidenschaft und der urban/ländlichen Irritation konnte ihm nicht weiterhin verbindlich sein.

Annäherung und Verleugnung, Tradition und deren Dementierung – Cézanne lässt von der Vorgeschichte seines Themas gerade so viel anklingen, wie es braucht, um seine eigenen Versionen als eine Art von Parodie kenntlich zu machen. Davon ist später die Rede.

Arkadien müsste ein Ort sein, ein Ort des Glücks, trotz der Gegenwart des Todes.[20] Das ikonographische Exemplum im Louvre, «Et in Arcadia ego» («Les bergers d'Arcadie») von Poussin, hat Cézanne gekannt; der Hirt und die Stehende zur Rechten sind in zweien seiner Zeichnungen festgehalten.[21] Aber nicht dieses topische Bild hat sich ausgewirkt, sondern die Tradition Giorgione/Tizian/Manet mit ihren offenen Pastorallandschaften.

Solchen Vorstellungen kommt die Landschaft des «Idylls» am ehesten nahe: ein Ufergelände, eine Bucht oder ein stiller Fluss, zum Horizont hin offen; rechts gegenüber eine Landzunge; mächtige Laubbäume, in den Himmel ragend; Wolkenbänke, mit golden rötlichem Anhauch, im Wasser sich spiegelnd; dies alles aber in dumpfer Dämmerung, in welche, von links vorne her, eine unbestimmte, gewitterhafte Helligkeit einfällt, zugunsten der Figuren. Am Bildrand rechts ein angelegtes Boot, mit hochragendem schlaffem Segel, besetzt mit einem wartenden Schiffer: Man ist hierher gefahren, man wird den Ort wieder verlassen – Kythera vermischt sich mit Arkadien. Ihren Ort, den Spiel-Raum, müssen sich die Figuren freilich selber schaffen, zwischen Baumkrone und Segel; denn der Boden ist eine schwarzgrüne Fläche, die bildplan, nicht räumlich gegeben ist.

Dies ist nicht, wie kürzlich vorgeschlagen wurde[22], die Landschaft vom Beginn der Tannhäuser-Oper Richard Wagners: nicht «eine Grotte», nicht «das Innere des Venusberges». Auch die Konstellation der Figuren entspricht nicht Wagners sehr genauen Anweisungen. Die eigenen «arkadischen» Erfahrungen Cézannes (in Kunst und Leben) sind stärker als die Eindrücke aus der Oper.

Die Hauptfigur, der «Denker», in formellem schwarzem Anzug, liegt isoliert auf der Uferkante, die Rechte in der Penseur-Gebärde an die Wange gehoben, das linke Bein halb angezogen, erotisch. Er ist – nicht allzu nahe – umringt von drei nackten Frauen; sie bewegen sich unbefangen, eher wie «Baigneuses» als wie die Drei Grazien.[23] Die liegende Schöne ganz vorn ist nahe bei einem bekleideten jungen Mann; beide sind von hinten gesehen, bildeinwärts gerichtet. Das Trio der Damen entfaltet, ohne zu posieren, eine Variatio-Ansicht der Weiblichkeit: die vordere liegend, die zweite sitzend, mit erhobenen Armen ihre ganze Herrlichkeit eröffnend, die dritte (mit ihrem Haar beschäftigt) leicht vornübergebeugt, in die Tiefe der Landschaft gewendet.

Der Penseur in der Mitte ist offensichtlich Cézanne selber, in der Situation der Versuchung – ein häufiges Thema in seinem Frühwerk, vom «Paris-Urteil» über die «Moderne Olympia» bis zur «Versuchung des heiligen Antonius». Seine Physiognomie ist dem Selbstbildnis von 1866 ähnlich.[24] In seiner Haltung verbindet sich Melancholie mit erotischer Wachheit. Die Dunkelheit seiner Figur und ihre Anschmiegung an das Uferbord machen ihn unscheinbar, dennoch ist er der Protagonist in der Bildmitte. Die drei Schönen beachten ihn aber nicht, ihre Darbietung bezieht sich nicht auf ihn, vielmehr auf den Bildbetrachter. Sie stehen vor dem inneren Auge des Meditierenden – zugleich Angst- und Wunschvorstellung. Der Cézanne im Bild träumt das Bild, für Cézanne den Maler, zuhanden des Betrachters.

Drei nackte Frauen, drei bekleidete Männer: aber das Spiel der Geschlechterparität, von Manet so kalkuliert in Szene gesetzt, kann sich hier kaum entwickeln. Die Nacktheiten haben in jeder Hinsicht den Vorrang; die Männer, unter sich sehr verschieden, sind doch alle passiv. Paarigkeit ist nur vorne ein wenig angedeutet.

Das Entscheidende – weit über die Ikonographie hinaus – sagt Cézanne indessen mit seiner «peinture». Figuren und Landschaft sind sehr intensiv miteinander verbunden, in einem Geflecht vielfältiger Formbeziehungen. Namentlich haben die Nackten teil an der allgemeinen schwerflüssigen Rhythmik (im Gegensatz zu der akademisch üblichen Isolierung des

«Nu»). Die Dunkelformen silhouettieren sich ausdrucksvoll: der Liegende in der Mitte, die Laubkronen, der ferne Baum mit dem phallischen Umriss und dessen Spiegelung im Wasser.

Vor allem fällt auf, wie die Nacktheit heftig aus dem Bilddunkel hervorgetrieben ist, mit nass und fett aufgesetzten (nicht sorgfältig modellierten) Höhungen: Wölbungen «in actu», als entstünden sie eben jetzt; deshalb auch bewegungshaltig, trotz aller Trägheit. Knie, Brüste, Gesässe formieren sich üppig, ganz ausserhalb gängiger Schönheitsnormen, sie haben erotische Dynamik. Sie sind das Hauptmotiv der Obsession.[25]

Im Kolorit herrscht der Akkord Grünschwarz/heller Rosaocker vor, dazwischen ein dumpfes Blau, alle in allen Gegenstandsbereichen vorkommend. Das ist das Farbklima von Cézannes Arkadien! Düsternis und ein wenig Süsse kommen darin zu einer sonderbaren Verbindung. Überall schlägt Schwarz durch, selbst in der Epidermis. Auch das grosse Segel trägt seine metallischen Goldockertöne mit Unruhe; schattenschwarze Furchen durchziehen es von oben bis unten. Überhaupt kann keine Farbe sich ausbreiten; jeder Pinselzug bewirkt Bewegung, Crescendo oder Diminuendo, Schwellung oder Entkräftung, Aufhellung oder Verfinsterung.

Eine solche «peinture» – schwerblütig, düster, dumpfleidenschaftlich – dementiert Zug um Zug den paradiesischen Rückhalt Arkadiens. Die Situation des «Helden» im Bild ist ja ungelöst, er kommt sich vor wie ein kleiner Herkules am Scheideweg, er leidet darunter. Deshalb stauen sich im Bild die künstlerischen Ausdrucksmittel: heftiger Glanz und eine allmächtige Schwärze stehen nebeneinander, ohne Vermittlung. Inkubus in Arkadien.

Der Arkadienmaler Cézanne bezieht sich auf Giorgione/Tizian, Manet, Flaubert, Wagner und andere, um seine gegensätzlichen Erfahrungen zum Thema erst recht deutlich zu machen. Die literarischen und kunstgeschichtlichen Vorgaben sind vertraute Schemata, an welchen sich seine Einwände bemessen lassen. Er investiert diese mit grosser List in solchen Traditionsmustern, er travestiert sie dabei, er schwärzt sie an. Er ist ja noch jung, etwa dreissigjährig; er hat, mit Zola, grossen Spass an Scharaden, Wortspielen, «gautischen» Vexierungen.

Noch weniger arkadisch und pastoral, doch mit um so mehr Anspielungen darauf, ist die Landschaft des «Déjeuner sur l'herbe»[26]. Eine hohe dunkle Wand erhebt sich hinter den Figuren, weniger ein Wald (wie die Laubbüschel links oben anzudeuten scheinen) als eine dräuende schwarzgrüne Kulisse. Etwas heller, doch ebenso düster ist das Grün der Wiese vorn, wiederum unräumlich, eine bildplane Fläche. Zwei schräge, kaum belaubte Baumstämme ragen am rechten wie am linken Rand empor, bildauswärts. Der Himmel dumpfblau, mit einem hohen, weisslich gesäumten Wolkenstand. Die Kahlheit dieser Szenerie ist nicht dazu angetan, das Spiel der Figuren zu bergen und auszuwägen; sie lässt dieses, im Gegenteil, schrill und gleissend hervortreten. Auch hier keine Bühne, kein dreidimensionaler Spiel-Raum, keine Atmosphäre. Schwarzgrund statt des glücklichen Goldgrundes, unwirklich. «Sur l'herbe»: ein Un-Ort mit arkadischen Allusionen.

Indessen: ein «Déjeuner». Was wird da gegessen? Was wird da gespielt?

Vier Personen – zwei Frauen, zwei Männer, – umringen das ausgebreitete weisse Tuch in der Bildmitte, sitzend, kauernd, stehend, mit pointierten Gesten. Hinten, distanziert, ein Raucher; links ein abgehendes Paar.

Haltungen und Gebärden, Blicke und Mienen sind präzis aufeinander bezogen, in einem gespannten Netz von Signalen – ein Bild wie ein Rebus. Den Schlüssel freilich hat der Maler für sich behalten.

In der Mitte liegen zwei Äpfel (?) einsam auf dem Serviertuch, ein dritter wird von der hellblauen Frau gehalten – als wären es Kugeln in einer Partie von hohem Einsatz. Die Protagonistin beugt sich, die Frucht präsentierend[27], bedeutsam gegen den vorne sitzenden, städtisch gekleideten Herrn, der seinerseits mit zeigender Hand reagiert – die Versucherin, eine moderne Eva, sibyllinisch, wenn auch ohne jede Grazie, ja disproportioniert, nämlich von unten nach oben gedehnt und entweichend, zweifellos in der Weise, wie der angesprochene Herr sie eben erlebt, ein Gespenst, ein weibliches Ungeheuer. Dieser ist, wiederum, ein Selbstbildnis Cézannes (in ähnlicher Position und ähnlicher Rolle wie in der «Modernen Olympia», auch ebenso gekleidet); Zylinder und Schirm liegen hinter ihm am Boden. Ob der Hund zu seiner Linken – auch er blickt spitz zur Mitte –, ob Weinflasche und Tragriemen zu ihm gehören oder weiterhin zur Handlung, ist nicht genauer auszumachen.

Unbestimmt sind auch die übrigen Personen. Möglicherweise lassen sie sich aus Cézannes Biographie erklären[28]: der Blonde, mit der Melancholie-Geste, als Cézannes «zweites Ich» (Cézanne: «homo duplex»)?, die Kauernde rechts, ihre Linke bedenklich am Mund, als die ältere Schwester Marie? Und hinten, winzig, ein Pfeifenraucher, kleinköpfig, mit verschränkten Armen: ein unabhängiger, etwas mokanter Zuschauer. Schliesslich entfernt sich links ein Paar, Arm in Arm, von rückwärts gesehen, auffälligerweise in gleicher Kleidung wie die zwei Hauptpersonen.

Das ergäbe, biographisch gelesen: Cézanne um 1870, von Hortense Fiquet, seinem Modell, zur Liaison aufgefordert, unschlüssig, gelangt (wie in dem Exit zur Linken angedeutet) schliesslich zur Zustimmung?

Eine Illustration Cézannes also zu einer Lebensstation Cézannes? Gewiss geht der Maler von einer privaten Entscheidung um 1870 aus, aber das Bild, als Bild, enthält mehr. Mit dem erweiterten Personal, der verschlüsselten Gestik, den Attributen, dem Bildlicht und dem Kolorit wie auch mit der strengen Konzentrizität der Anlage allegorisiert sich die Situation, und Vorbilder aus der Kunstgeschichte legen sich über den konkreten Anlass, so dass eine weitere Dimension in Sicht kommt.

Wie Cézanne auf Manets «Olympia» mit «Une moderne Olympia» antwortet, so ist dieses «Déjeuner» «Un moderne déjeuner». Manets Objektivität und Klassizität, seine Brillanz und seine Kühle, sie vergehen hier im Schlund einer «primitiven» Leidenschaftlichkeit. Und doch bleiben sie zum Vergleich stets gegenwärtig. Cézanne lässt unter dem arglosen Titel des «Déjeuner» die heimlichen, sozusagen archetypischen Hinter- und Untergründe der Situation sichtbar werden. Der Erzähler wechselt «von der dritten zur ersten Person»[29], vom Er zum Ich, doch ist dieses Ich mehr als das private Ich Cézannes, erneut ein Er, auf allgemeinerer Ebene.[30]

Die erweiterte Besetzung der Runde macht es möglich, die Erwägungen des geprüften Herrn in ihrer Vielfalt aufzudecken: seine Bedenken, seine Fragen und Ahnungen, sein Pro und sein Kontra, seine Hypochondrie. Die Nachbarfiguren stehen dafür ein. Dies ist kein einfaches moralisches Tribunal zwischen Gut und Böse, zwischen Tugend und Laster, zwischen Sinnenlust und Mässigung[31] – in der Art eines «Herkules am Scheideweg» –, vielmehr ein komplexes und prekäres Ritual, in der Hochspannung der Argumentationsnot, anscheinend kurz vor der Entscheidung, die eine existentielle sein würde.

Auch hier sind die heimlichsten Indikationen dem Sprachvermögen der «peinture» anvertraut.

Die Szene hat sich, obgleich «plein-air» gedacht, in unerbittlicher Weise verfinstert. Statt der offenen Helle: ein Notturno bei Tag, und das sogar beim Ausgang zur Linken – Kythera in Schwarz. Eine besondere Art von Helldunkel beherrscht das Bild, zumal das Kolorit: flackernd, zwischen gleissendem Weiss und Finsternis, ohne Aussicht auf Ausgleich oder Stabilität. Dominant ist das Dunkel, es umfängt die Personen und dringt überall in die Farben ein. Der Verführte sieht schwarz, selbst (und gerade) im Ja-Sagen.

Auch den Raum vermag Cézanne – der Maler wie sein Stellvertreter im Bild – nicht objektiv zu sehen, nicht in dreidimensionaler Ruhe. Seine Qual führt Verzerrungen und Sprünge herbei: die Versucherin wächst ihm in die Höhe, ihre Gestalt zerdehnt sich, der Kopf erscheint winzig. Und wo steht der Raucher? Irgendwo hinten, eingeschrumpft, in unvermittelter Ferne. Die emotionale Sicht des Leidenden verändert so den herkömmlichen Spiel-Raum – schon hier also, infolge seelischer Pression, ein «Ende der wissenschaftlichen Perspektive»[32].

Nicht minder deutet das fette, direkte Pinselwerk im Bild auf die Nöte des «Helden». Statt sorgfältig zu schildern, à la Manet oder Giorgione/Tizian, setzt Cézanne die Pinselzüge als hochsubjektive Gefühlsspuren ein: pastose offene «touches», vor allem die Lichtstege und -zonen, die in zähem, hitzigem Duktus aufgesetzt sind. Auch die Dunkeltöne ergeben solche graphische Skripturen und Signale, ganz frei von Formeln und «modelé». Die Farbsubstanz selber hat etwas vom Charakter der Lava, bevor sie erstarrt. Man bekommt nicht das Äussere abgebildeter Dinge, sondern das Innere der Leidenschaft zu sehen, in feuchtglänzenden, aufgeschürften Farben und schmerzlich gesteigerten Höhungen. Cézanne hat dafür selber den Begriff der «manière couillarde»[33] geprägt, zu verstehen als ein wilder Schleuderstil, als eine Eruption seiner Innenwelt.

In beiden Bildern hat Cézanne, so haben wir bemerkt, je die Randfigur eines Unbeteiligten eingeführt. Der eine, im «Déjeuner», blickt von ferne mit verschränkten Armen auf die Szene, der andere, der Schiffer, sitzt abgewandt im Boot. Beide rauchen. Damit lässt Cézanne im Bilde selber Positionen ausserhalb des Ereignisses beziehen, Distanz nehmend, gelassen, nicht ohne Ironie.

Raucher kommen häufig vor in seinem Œuvre, so auch, damals, in «Les voleurs et l'âne», später in den «Kartenspielern» (auch als Zuschauer), in Zeichnungen und mehreren Bildnissen. Im Briefwechsel mit Zola, seinerseits ein grosser Raucher, meint der junge Maler einmal, Zigarren stärkten und befestigten seinen Geist.[34] Ebenso haben die späteren Pfeifenraucher ihre besondere Seelenruhe.

Beide Male sind es Kontrastfiguren, unbeteiligt an der thematischen Spannung. Das «Déjeuner» hat in seinem Raucher sogar einen eigenen, bild-internen Betrachter.[35] Insofern postuliert der Maler selber eine Pluralität von Standpunkten gegenüber dem Bildthema. Der Bildbetrachter ist in dieser Rolle nicht allein.

Als «Raucher», sozusagen, verhält sich Cézanne seinerseits in seiner Beziehung zu den arkadischen Vorbildern, besonders zu Manet, bei allem Respekt. Sein eigenes «Arkadien», das zeigt sich abschliessend, ist keine blosse Variante oder Paraphrase des tradierten Arkadienbildes.[36] Es benützt das berühmte Muster, zumal im «Déjeuner», um dem «Thema» einen anderen «Text» unterzulegen und dabei, unter Wahrung der materiellen Bezugsbasis, in eine andere «Tonart» zu transponieren. Das Verfahren hat manche Züge des Parodierens – im ursprünglichen, musiktheoretischen Sinn, das heisst ohne besondere Absichten auf Trivialisierung.[37] Jedoch sind Ironie und Kritik nicht zu übersehen. Cézanne hält den feierlichen Ton, den klassizistischen Tenor wie auch die kühle Eleganz für unangebracht, in Anbetracht seiner eigenen Erfahrungen. Die *Parodia seria* ist geeignet, seinen Dissens zur Vorlage präzis zu markieren.[38] Die Seherwartung der Gebildeten wird dabei irritiert, es kommt zu einer krassen Kollision mit der akademischen Arkadien-Norm. Parodierend führt Cézanne den Schatten der Trauer in Arkadien wieder herbei, freilich einen andern.

Über die kunsttheoretischen Ansichten des jungen Cézanne wissen wir wenig. Zwar sind seine Jugendbriefe zahlreich und mitteilsam. Nur just über Kunst schweigen sie sich aus. Erst der späte Cézanne verrät bekanntlich Gedanken zu seiner Malerei. Dennoch gibt es Zugänge in seine frühe Kunsttheorie, indirekte.

Zola widmet seinem grossen Freund Cézanne seine ersten Salon-Berichte, zusammengefasst unter dem provokativen Titel *Mes haines* (1866), als «une de ces bonnes causeries que nous avons depuis dix ans ensemble».[39]

In der Formulierung durchaus Zolas Werk, reflektieren die Texte doch Meinungen aus gemeinsamen Gesprächen. Ob Cézanne all die exponierten Sätze – «nous étions des révolutionnaires sans le savoir» – unterschrieben hätte, steht dahin.

Zolas Argumentation bewegt sich auf der Ebene allgemeiner Überlegungen zur Existenzweise des Künstlers. Von Gestaltungs- und Stilfragen ist nicht die Rede, weder von «dessin» und «couleur», noch von «raccourci» und «modelé», noch gar von «préceptes». Dafür hatte der Schriftsteller keinen Sinn.

In der Mitte steht die Proklamation der Künstler-Individualität in ihrer unbedingten Freiheit. Nur durch eine «individualité personnelle» könne «un monde personnel» entstehen, und nur als solche habe die Kunst eine Zukunft. So weit sind Überzeugungen der Romantik befolgt. Das gilt auch für das Verständnis des Kunstwerks als eines «coin de la création vue à travers un tempérament», denn «tempérament» meint «personnalité», insofern in Abweichung zu Taine, der, so meint Zola, das Kunstwerk einer «théorie trop simple» und einer Gedankenmathematik unterwerfe. Zola, und mit ihm Cézanne, wendet sich auch gegen Proudhons enge Bindung der Kunst an die Moral und den sozialen Fortschritt.

Den akademisch und ideologisch verankerten Künstlern werden nun «hommes de chair et de nerfs» vorgezogen; «il n'y a plus d'écoles». «Je n'ai souci que de vie, de lutte, de fièvre.» Nicht bloss «des œuvres passionnées» werden gefordert; man schreckt nicht davor zurück, «des cris libres de la vérité» willkommen zu heissen – schreiende Prosa, schreiende Malerei. In seiner Würdigung der «Germinie Lacerteux» von den Brüdern Goncourt bewundert Zola «l'œuvre excessive et fiévreuse»; «elle a une franchise brutale qui blessera les lecteurs délicats». Dieser grenzenlosen Emotionalisierung, bis zur Brutalität, entspricht Cézanne mit seinem Stolz, Werke geschaffen zu haben, «qui feront rougir l'Institut de rage et de désespoir»[40]. Mit solchen Stichworten ist zugleich angedeutet, was der Maler seine «manière couillarde», seinen Schleuderstil nennt.

In der Alltagswirklichkeit der beiden Freunde handelt es sich um eine zweistimmige Herausforderung der Jury des Salons, des «Salon de Bouguereau», ja um deren tödliche Beleidigung. Damit verbindet sich der Ruf nach dem Salon des Refusés. Schärfer ist die Diktatur der Akademie-Ästhetik mit ihren Normen und Regeln von niemand anderem angegriffen worden.

Wie erwähnt, hat Zola kein Organ für das Innenleben der «peinture». Das ist gewiss der Grund, weshalb Cézanne es unterlässt, in dem ausgedehnten Briefwechsel auf künstlerische Fragen einzugehen. Immerhin, die Stossrichtung im gemeinsamen Kampf um ein freies, passioniertes Künstlertum ist in Zolas Schriften deutlich bestätigt.

Anmerkungen

1 Venturi, Lionello: Cézanne. Son art, son œuvre. 2 Bde. Paris 1936 [=Venturi]. – Cézanne. Les années de jeunesse 1859-1872. Musée d'Orsay. Paris 1988 [=Katalog Paris 1988].
2 Rewald, John: Cézanne. Biographie. Köln 1986.
3 Auf die Problematik der Bildtitel (die ja meistens als bare Münze genommen werden) ist auch im Falle Cézannes bisher nicht eingegangen worden.
4 Die wichtigsten Nachweise in: Cézanne, Paul: Correspondance. Nouvelle édition complète et définitive (John Rewald). Paris 1978. – Rewald 1986 (wie Anm. 2), S. 12 ff. – Gowing, Lawrence: «L'œuvre de jeunesse de Cézanne» in: Katalog Paris 1988. – «Gautisch»: eine vom Freundeskreis entwickelte Kunstsprache.
5 Aus einem Gedicht im Brief an Zola vom 3. Mai 1858.
6 Cézanne an Zola, Brief vom 9. Juli 1858.
7 Ebenda.
8 Krumrine, Mary Louise: «Les écrivains parisiens et l'œuvre de jeunesse de Cézanne». Lewis, Mary Tompkins: «La littérature, la musique et les thèmes de l'œuvre de jeunesse de Cézanne». Beide in: Katalog Paris 1988, S. 31 und 45.
9 Rewald 1986 (wie Anm. 2), S. 15. – Katalog Paris 1988, S. 32.
10 Elder, Marc: A Giverny. Chez Monet. Paris 1924, S. 49. – Dazu Reff, Theodor, in: Art Bulletin 1962, S. 123.
11 Paul Gauguin, Brief an Schuffenecker, 14. Januar 1885. Cézanne schätzte Gauguin nicht: «Gauguin n'était pas peintre, il n'a fait que des images chinoises».
12 Lewis 1988 (wie Anm. 8), S. 34, samt den zeitgenössischen Parallelen in Literatur und Malerei.
13 Krumrine 1988 (wie Anm. 8), S. 22.
14 Lewis 1988 (wie Anm. 8), S. 36. – Krumrine 1988 (wie Anm. 8), S. 25.
15 Den visuellen Niederschlag dieser Auseinandersetzung in den Werken Cézannes hat Gertrude Berthold untersucht (Cézanne und die alten Meister. Stuttgart 1958).
16 Zu Cézanne/Manet siehe Krumrine 1988 und Gowing 1988 (wie Anm. 8); Nr. 51 und 52 im gleichen Katalog Paris 1988, mit Bibliographie S. 194. – Zum «Déjeuner» von Manet selber: Katalog der Ausstellung Manet 1832-1883. Grand Palais. Paris 1983, Nr. 62. Mauner, George: Manet. Peintre-philosophe. A study of the painter's themes. London 1975. – Zu Giorgione/Tizian: Das «Konzert im Freien» (Louvre) ist bis heute strittig zwischen Giorgione (zuletzt Hornig, Christian: Giorgione. München 1987, S. 73, pro Giorgione) und Tizian (Pignatti, Terisio: Giorgione. Venedig 1978, pro Tizian). Vermittelnd Wethey, Harold E. : The Paintings of Titian. Bd. III. London 1975. Um 1870 galt es als ein Giorgione, unter dem unpräzisen Titel «Fête champêtre». – Zu der klassischen Traditionsreihe Giorgione/Tizian-Manet-Cézanne siehe auch Schapiro/ Meyer: «The Apples of Cézanne» (1968) in: Modern Art. New York 1978, S. I.
17 Siehe unten, S. 248.
18 Die tragische Geschichte dieses Hauptwerks hat J. Isaacson dargestellt (Monet. Le déjeuner sur l'herbe. New York 1972).
19 Um 1878? Aus dem Gedächtnis? So Rewald, John: Paul Cézanne. The Watercolors. Boston 1983, Nr. 65.

20 Zum Satz «Et in Arcadia ego», seiner Herkunft, seiner Auslegung und den bildlichen Darstellungen vgl. Reallexikon zur deutschen Kunstgeschichte. Bd. VI (1969), Sp. 117. – Der «locus classicus»: Panofsky, Erwin: Et in Arcadia ego. Poussin und die Tradition des Elegischen (1936). Auseinandersetzung mit Panofsky und semiologisch-semantische Deutung des Arkadienbildes von Poussin: Marin, Louis: «Zu einer Theorie des Lesens in den bildenden Künsten: Poussins ‹Arkadische Hirten›» in: Der Betrachter ist im Bild, Kunstwissenschaft und Rezeptionsästhetik. Hg. von Wolfgang Kemp. Köln 1985, S. 110. Ferner: Oskar Bätschmann, Dialektik der Malerei von Nicolas Poussin. Zürich 1982, S. 63.

21 Berthold 1958 (wie Anm. 15), Kat. Nr. 232 und 233. – Chappuis (The Drawings of Paul Cézanne. London 1973), Nr. 1011 und 1012.

22 Lewis 1988 (wie Anm. 8), S. 48. – Richard Wagner: Tannhäuser. Stuttgart 1983, S. 14. Zur Wagner-Hausse und der Anteilnahme der Maler – Fantin-Latour, Renoir, Bazille, Maître – in Übereinstimmung mit Baudelaire und Zola: Lewis (wie oben), S. 48. Über Cézannes Verhältnis zu Wagner: a. a. O. , Anm. 38.

23 Sie gehören denn auch zu den Vorboten der «Baigneuses», dieses grossen Cézanne-Themas. – Zu den glücklicheren Ausgängen des Frühwerks vgl. Adriani, Götz: Paul Cézanne. Der Liebeskampf. München 1980. Ergänzt in: Cézanne. The Early Years 1859-1872 (Kat. London/Washington 1988), S. 41.

24 Katalog Paris 1988, Nr. 15, 81. – Die Situation des jungen Mannes, der einen Entschluss bedenkt, kommt unter verschiedenen Titeln vor. Vgl. Reff, Theodor: «Cézanne, Flaubert, St. Anthony, and the Queen of Sheba» in: Art Bulletin 1962, S. 118. Derselbe: «Cézanne and Hercules» in: Art Bulletin 1966, S. 35.

25 Dieselbe «Elementarkraft» des Hintern bestätigt Zola in seinem Nana-Dossier: «Der Hintern in seiner ganzen Macht. Die Dichtung des Hintern [. . .], die Moral des Hintern. Es gibt nur den Hintern und die Religion. » Zitiert nach Hofmann, Werner: Nana. Mythos und Wirklichkeit. Köln 1973, S. 58.

26 Wie Anm. 1.

27 Zur Apfelsymbolik bei Cézanne vgl. Schapiro 1968 (wie Anm. 16).

28 So hat es Krumrine 1988 (wie Anm. 8), S. 37, versucht.

29 So Reff 1962 (wie Anm. 24), S. 117.

30 Unbelastet von solchen Bedeutungen ist später eine Reihe von Varianten des «Déjeuner» entstanden, als Genrebilder: Venturi Nr. 232, 234, 238 (alle «1873/75»), 377 («1877/82»); Rewald 1983 (wie Anm. 19), Nr. 45, 46, 47 («Parties de campagne», «um 1875»).

31 Reff 1966 (wie Anm. 24).

32 Nach der bekannten Formel Novotnys (1938), die sich freilich auf Cézannes spätere Entwicklung bezieht.

33 siehe oben, S. 239.

34 Und: «sie schmecken nach Karamell und Malzbonbons». Correspondance 1978 (wie Anm. 4), S. 49. – Rewald 1986 (wie Anm. 2), S. 18. – Krumrine 1988 (wie Anm. 4), S. 38.

35 Höhere Funktionen schreibt ihm Schapiro 1968 zu: «wie ein Wächter, einem Priester ähnlich» (wie Anm. 16), S. 34. – Ferner: Krumrine 1988 (wie Anm. 8), S. 26. – Zur Betrachterfunktion, bezw. Rezeptionstheorie vgl. W. Kemp (wie Anm. 20).

36 Die Überlieferungsbegriffe der Varianten, der Paraphrase usw. sind in der Kunsttheorie weniger gründlich diskutiert als in der Literaturtheorie.
37 Vgl. dazu Verweyen, Theodor: Die Parodie in der neueren deutschen Literatur. Darmstadt 1979, mit entsprechenden Literaturhinweisen. – Steinecke, Wolfgang: Die Parodie in der Musik. Kieler Beiträge zur Musikwissenschaft 1934.
38 Hofmann 1973 (wie Anm. 25), S. 57, hält Cézannes «Moderne Olympia» für eine Parodie auf Manets «Olympia».
39 Mes haines. Causeries littéraires et artistiques. Paris 1866. «A mon ami Paul Cézanne» (S. 261 ff.). «Je viens de pouvoir dire tout haut ce que nous avons dit tout bas pendant dix ans. » – «Nos esprits [. . .] se sont développés côte à côte. » Es sind freilich eher «les pièces d'un procès» als eine kohärente Theorie. Die nachfolgend erscheinenden Zitate entstammen alle dem Band «Mes haines». – Zur Beziehung Cézanne-Zola vgl. Rewald, John. Cézanne et Zola. Paris 1936 (Dissertation); in erweiterter Form vom gleichen Autor: Cézanne. Sa vie, son œuvre, son amitié pour Zola. Paris 1939. Korn, Karl: Zola in seiner Zeit. Frankfurt 1980.
40 Brief an Pissarro, 15. März 1865.

Literatur (Nachträge)

Der vorstehende Text wurde auf Grund der Pariser Ausstellung «Cézanne, les années de jeunesse» von 1988 (siehe oben, S. 252), d. h. vor dem Erscheinen der Monographie «Cézannes Early Imagery» von Mary Tompkins Lewis (University of California Press, Berkeley-Los Angeles-London 1989) und des Basler Katalogbuchs von Mary Louise Krumrine («Paul Cézanne, Die Badenden», Kunstmuseum Basel 1989) geschrieben.

Es fehlen deshalb Hinweise auf die von Lewis (S. 102 ff.) vermutete enge Verbindung zwischen Cézannes «Déjeuner» und Zolas «Madeleine Férat» («directly from the novel for his setting and mood») wie auch auf Krumrines Kurzschlüsse zwischen den beiden Werken einerseits und der Psychobiographie des jungen Malers, zumal seinen Sexualnöten, andererseits.

Beide Thesen – sowohl die direkte Literarisierung wie auch die direkte Psychoanalyse – sind u. E. beeinträchtigt durch ungenaue Detailbeobachtungen an den Originalen und durch Deutungszwänge. (Siehe dazu: Ch. Lenz, Basel, Kunstmuseum: Cézannes Bathers, in: Burlington Magazine, 1989, S. 795; R. Cranshaw, A. Lewis, Wilful Ineptitude, in: Art History, 1989, S. 129.) Cézanne scheint vielmehr persönliche Obsessionen mit losen literarischen Reminiszenzen und Erinnerungen an topische Gemälde im Zeichen der Parodie zu einem Bildkomplex von eigener Konstitution vereinigt zu haben.

Die betreffenden Bilder als Literaturillustrationen oder als psychobiographische Schlüsselwerke «lesen» zu wollen, steht unter Cézannes eigener Warnung. Contra Literarisierung: siehe das Zitat auf S. 248. Contra Biographisierung: «Je croyais qu'on pouvait faire de la peinture bien faite sans attirer l'attention sur son existence privée. Certes, un artiste désire s'élever intellectuellement le plus possible, mais l'homme doit rester obscur.» (Correspondance, Paris 1978, S. 249.)

Gauguin: Paradiese, Utopien, Illusionen

Zur Gesamtausstellung in Paris, 1989

Einer der Patriarchen der modernen Malerei, neben Cézanne, van Gogh, Degas und Monet, eine Galionsfigur der Zivilisationsverachtung, als Künstler ein Rebell und doch ein heimlicher Klassiker, in den bedeutendsten Galerien der Welt zu finden – dennoch hat Gauguin (1848 bis 1903) fast ein Jahrhundert auf eine gültige Gesamtdarbietung seines Schaffens warten müssen, in Paris, nach Stationen in Washington und Chicago. Die Heimholung des verlorenen Sohnes ergibt mehr als eine Ausstellung – ein Fest.

Schon zu Lebzeiten war er eine Legende, er ist es geblieben. Je und je auf der Suche nach den Ursprüngen in Kunst und Leben, ein Zivilisationsflüchtling (ein bärenstarker), Utopien entwerfend: so ist er schliesslich ans Ende der Welt gelangt und dort gestorben, auf der hintersten Marquesa-Insel in der Südsee, ein Lebenswerk von etwa 470 Bildern (oder 640 oder 350?) und unzähligen Skulpturen, Keramiken und graphischen Blättern hinterlassend.

Bis heute kennt man dieses Œuvre nicht sehr genau, nicht so jedenfalls wie das Œuvre von Cézanne, van Gogh, Monet oder Degas. Vom Gemäldekatalog liegt erst ein Band vor (Wildenstein, 1964). Besser erfasst ist das graphische Werk (Guérin 1927, Kornfeld/Joachim/Mongan, 1988), ebenso die Keramik (Bodelsen 1964), und die Skulpturen (Gray, 1963). Schlimmer jedoch: dass Gauguin ein grosser Briefschreiber, ein scharfsinniger Deuter seiner eigenen Kunst, ein brillanter Polemiker war, lässt sich heute nur mutmassen. Denn eine kritische Briefedition ist über den ersten Band noch nicht hinausgekommen (Merlhès, 1984), und von Gauguins eigenen Texten – neben «Noa Noa» vier weitere Quellenschriften ersten Ranges – sind viele längst vergriffen oder noch gar nicht publiziert. Indessen ist er eine Beute des Films, des Fernsehens und der Romanciers geworden, und eine Farbenschwemme populärer Reproduktionsbände verbreitet das Klischee eines polynesischen Paradiesmalers, eines freiwilligen «Wilden» inmitten brauner Mädchen und üppiger Tropennatur.

Gewiss wirken sich in dieser unharmonischen Präsenz die Widersprüche seiner Persönlichkeit aus. Er konnte, so wird vielfach berichtet, ebenso abstossend wie anziehend sein, durch Dünkel, Egoismus und schlechte Manieren ebenso wie durch Anteilnahme und Freundschaft. Er selber fühlte sich «im Nessosgewand». Vollends stösst er die Bürger vor den Kopf, indem er seine Familie mit fünf Kindern verliess, um in den Tropen eine neue Kunst zu begründen und andere, freie Verbindungen einzugehen. Als Künstler verwirft er einerseits die Tradition, die Akademie und bald auch den Impressionismus, andererseits sind ihm Giotto, Raffael, Poussin, Delacroix sein Leben lang gegenwärtig, nicht anders die alte Kunst Ägyptens, Javas, Indiens und Japans. Der «Wilde», der «Barbar» in der Südsee verfügt in Wirklichkeit über einen enormen kulturellen Vorrat. Auffällig ist auch die altmeisterliche Vorbereitung der grossen Bilder; das heisst zugleich: die Verwerfung der modernen Spontaneität. Dass Degas den schwierigen Kollegen stets hochschätzte und verteidigte – und Bilder von ihm erwarb –, spricht mehr als alles andere für ihn. Und von van Gogh stammt die Formel: «Cet être vierge à instincts de fauve».

Die Pariser Ausstellung kann aus dem Vollen schöpfen – eine Erstaunlichkeit angesichts der heutigen Hindernisse. Mit ihren etwa 250 Nummern übertrifft sie selbst die grosse Retrospektive nach Gauguins Tod im Salon d'Automne von 1906 und die Veranstaltung zum hundertsten Geburtstag in der Orangerie von 1949. 1906 und 1949 – ein Blick aufs Ganze war jedoch sonst nicht wieder gegeben. (Übrigens: Basel und Zürich haben ihn nie vernachlässigt, innerhalb ihrer Möglichkeiten.)

Von seinen Schaffensphasen sind alle ausgiebig vertreten: die impressionistische Frühzeit bis 1885, die Aufenthalte in der Bretagne 1886 bis 1891, dazwischen Arles 1888 und die Eskapade nach Martinique 1887, die Auswanderung nach Tahiti 1891 bis 1893 und 1895 bis 1903, dazwischen das (sonst oft vernachlässigte) Intermezzo in Paris 1893 bis 1895. Und nicht nur Gemälde sind zugegen, auch eine reiche Auswahl der Keramik- und Holzskulpturen, der Druckgraphik, der Buchillustrationen, der Zeichnungen und Fächer.

Immerhin, es fehlt, wegen prekären Zustands, der grosse Fries «Woher kommen wir? Wer sind wir? Wohin gehen wir?» (Boston), der eigentliche Schlussstein seines Œuvres. Und es fehlen Hauptwerke wie das Selbstbildnis «Les misérables», «Van Gogh, Sonnenblumen malend», die bretonische «Eva», «Tamatete», «Rupe rupe», «La perte du pucelage», «Le rêve» und andere Volltreffer aus der Südsee. Doch, ehrlich gesagt, vermisst man sie, in der pausenlosen Folge des Höhenwegs? Neben den zahlreichen amerikanischen Provenienzen fallen vor allem die elf russischen auf, in ihrer Zahl und besonders in ihrer Qualität.

Die Inszenierung dieser Schätze, über drei Etagen, ist gleichmässig, diskret, harmonisch, als ginge es um Manet, Degas oder Renoir – ein ruhiger

Durchfluss, ohne die Stromschnellen und Stauungen, die Zuflüsse und Wendungen in Gauguins Entwicklung zu markieren.

Es ist alles da, wohlüberlegt, doch in Gruppierungen und Akzenten, die wohl nur dem Fachmann plausibel sind. Wer nicht den Katalog konsultiert – und wer wollte das, bei den 2,5 Kilo Gewicht und mitten in dem beispiellosen Gedränge? –, wird kaum bemerken, was zum Beispiel in den Jahren von Pont-Aven geschieht oder wann und wie die Begegnung mit van Gogh sich auswirkt. Und wenn schon: auch der Katalog erklärt dem aufmerkenden Betrachter nicht, was Gauguin mit «synthèse», mit «cloisonnisme» oder gar mit «symbolisme» meint. Kein Wunder, dass die paar Schrifttafeln im Parcours stets belagert sind und ärgerliche Riegel bilden.

Denn der Neobiographismus beherrscht, einmal mehr, auch diese Pariser Veranstaltung, mit Dokumentationen lieber von Tag zu Tag als von Jahr zu Jahr. Kluge Bemerkungen zum Stil, zu Motivverbindungen und zu Einflüssen muss man aus den einzelnen (sorgfältig bearbeiteten) Nummerntexten zusammenklauben. Die Computer scheinen stramm auf Chronologie programmiert zu sein, und die Kunstgeschichte wird (wieder einmal) einäugig.

Kann ein Künstler wie Gauguin nach den heutigen Kenntnissen überhaupt noch in so antiseptischer Weise monographisch vorgestellt werden? Als ein Präparat, ohne dass nach rechts und links, nach vorne und hinten geblickt wird? Gewiss, der späte Gauguin schon, in Tahiti, abgeschieden von aller Welt. Aber im Verlauf bis 1891 ist nicht zu begreifen, was in dem heissen Kopf vorgeht, solange die Auseinandersetzungen ausgeblendet werden: Gauguin und Pissarro, Gauguin und van Gogh, Gauguin und Emile Bernard, Gauguin und Cézanne, Gauguin und die alten Meister, Gauguin und die japanische Graphik, Gauguin und Borobudur und so fort. Auch das Kapitel Gauguin/Munch 1889-1891 ist offen. Nicht zu reden vom Mangel an «kontextuellen» Verankerungen.

Im Geben und Nehmen, rasch und instinktsicher, kommt Gauguin erst ganz zu sich selber. Es wird in Zukunft nötig sein, diese – für die Entstehung der modernen Malerei grundlegenden – Osmosen in präziser Argumentation und in eigenen thematischen Ausstellungen auszukundschaften.

Die Ausstellung hat, gegen Ende, eine Pointe, die aus der Tiefe kommt: Gauguins Kopie (1891) nach Manets «Olympia» (1863). (Degas erwarb sie 1895). Eine Kopie – aber mehr als eine Fingerübung, selbst mehr als ein «hommage» (des 43jährigen!), nämlich das Bekenntnis zu einer in Goya, Poussin, Tizian begründeten Tradition, in der modernsten Form der «peinture». Eine geniale Kopie (das gibt es): im Nachvollzug der kühlen, raffinierten Farbwerte, der nacktgelegten Überempfindlichkeiten, vor allem in der Erkenntnis der Schaustellung jenseits aller Scham – und in dem scharfen Bewusstsein, dass dies die Venus der «décadence» sei, die *er* ersetzen würde, radikal.

Und *wie* ist das geschehen, schon wenige Monate später, in Tahiti! Rückeroberung des «nu», von seinen Ursprüngen her, «hinter der Antike»; kein «Künstlerakt» mehr, vielmehr dunkelhäutige Venus-Figuren von kreatürlicher, vitaler Schönheit, ohne den Reiz der Epidermis nötig zu haben; auch ohne akademische Idealität und ohne ethnologische Beglaubigung; in idealem Da-Sein; zugleich Trägerinnen einer archaischen Symbolik von Versuchung und Fruchtbarkeit; wie schöne Tiere, zeitlos inmitten exotischer Vegetation – Ikonen eines wiedergefundenen Paradieses, ausserchristlich, unbelastet von Scham und Schuld, wenn auch nicht ohne Tücke.

Gauguins tahitanische Liegeakte sind verschlüsselte Antworten auf die «Olympia». Tehura: von Dämonenangst hingestreckt («la nue passe au 2e plan»). Pahura, nachdenklich unter dem Teufelsvogel (nach Edgar Poe); triumphal dagegen «La femme du roi», eine Naturgöttin in blühender Landschaft, ihrer selbst sehr sicher, in einer Haltung, die Manet, Cranach, Puvis de Chacannes enthält, im ganzen komponiert wie von Poussin. Es braucht Tahiti, um gegen 1896 eine Klassik ohne Klassizismus möglich zu machen.

Paradiesisch ist Gauguins tahitanisches Paradies aber nur, insofern er die paradiesischen Elemente der Malerei freisetzt – «peinture» als Paradies. Die am Urwaldquell Trinkende («Eau mystérieuse» von 1893) ist sozusagen die Allegorie dieser Elementarmalerei. Grotte und Wasser erglänzen in einem feenhaften, lila-orange-lachsrosa gemusterten Farbenspiel; eine Vorahnung von «abstraction lyrique». Und «Nave nave fenua», «Terre délicieuse», heisst ein häufiger Bildtitel, der auch die «délices» der «peinture» meint.

Die Kompositionen der Südseebilder sind auf eine komplexe Weise gesättigt, in einem Ausgleich von Dissonanzen und Konsonanzen. In den innig leuchtenden, «trockenen» Farbflächen treten freskale Eigenschaften hervor (man weiss auch, dass Gauguin mit altmeisterlichen Werkvorbereitungen arbeitete). Sie verflechten sich zu «dekorativen» Gebilden, oft wie Intarsien oder Bildteppiche. Wo vielfigurige Anlagen gewählt sind, pflegen sich Friesstrukturen einzustellen. In einem Brief von 1894 wird neben der «partie littéraire» des Bildes ausdrücklich die «partie musicale» hervorgehoben: reine Linien- und Farbgebilde, von eigener Elementarkraft. Das gilt für alle Themen, vor allem für die synkretistischen, wo polynesische mit christlichen Motiven und mit Träumen des Malers vermischt sind.

Erzählerische Themen sind selten, so selten wie männliche Personen; man braucht sich nicht durch Taten auszuweisen. Und es ist nicht mehr nötig, die Académie, die «Cabanelerie et Bouguereaucraties» – Anspielung auf die Modeakademiker Cabanel und Bouguereau – zu bekämpfen, sie sind ganz einfach vergessen. Aber der Geist Poussins geht um.

Im letzten Saal der Ausstellung kommt es zu einer andern denkwürdigen Begegnung; einerseits die erhaltenen Holzreliefs, die das Tor zum Atelier in Gauguins Haus in Atuona auf der Insel Hivaoa bildeten, der «Maison du jouir»: mit Frauen, Tieren, Früchten, Blumen und den Devisen «soyez mystérieuses... amoureuses... heureuses»; anderseits das Selbstbildnis «près de Golgotha» von 1896.

In ihm stellt sich der Künstler dem (fernen) Publikum: ein frontales Massiv, in unverhüllter Gleichung mit dem Passionschristus; als Märtyrer der Malerei, verlassen von allen Getreuen. (Schon das keramische Selbstbildnis von 1887 ist mit Blut und Tränen überströmt). Er hat ausgehalten, hat alles versucht, alles geopfert. Ein Besessener, wie Cézanne und van Gogh, dem absoluten Anspruch der Kunst gehorchend. Ohne (äusseren) Erfolg, man weiss es. Die Misere führt zu gesundheitlicher Zerrüttung, zu einem Selbstmordversuch und, am Ende, zu Verurteilung, Busse, Syphilis und Morphium.

Dagegen sind seine Paradiese gemalt, in höchster Aktivierung der «peinture», Utopien des Glücks. Ein offenes Tor zum «jouir», doch offen nur dem Künstler, nicht dem Menschen. Diesem entging nicht, dass die Zerstörung der Inselparadiese durch die Zivilisation ihm immer um ein paar Jahre vorausgeeilt war. Die «Primitivität» der Südsee musste er bereits rekonstruieren.

Gauguin kommt, als Künstler, 1891 wohlausgerüstet nach Tahiti. Denn die Hauptstation seiner Entwicklung war Pont-Aven, schon 1886 bis 1890.

Begonnen hatte er als Sonntagsmaler und Autodidakt, also ohne Akademieausbildung, zum Vergnügen neben seiner Geschäftstätigkeit in einer Pariser Wechselbank und neben dem Sammeln von Kunst; als ein kleiner Impressionist, der sein Metier bei Pissarro und Cézanne lernte, ein treues Mitglied der Gruppe. Die vorbretonischen Anfänge kommen mit 13 Nummern in der Ausstellung allerdings etwas zu kurz (Wildenstein verzeichnet 183 Bilder vor 1885). Kunstgeschichtlich sind sie nicht ohne interessante Ansätze, obgleich Gauguin selber sie später verleugnete. Allein der sitzende Akt «Suzanne cousant» von 1880 müsste neugierig machen: eine «ausgezogene» Nudität, nähend (!), mit delikater Epidermis und erbarmungslosen Umrissen, nicht ohne ein wenig Parodie auf den Realismus (und nicht ohne den jungen Picasso vorauszuahnen).

Pont-Aven, kleines Fischerstädtchen in der Bretagne: das ist, in der Folge, der Brennpunkt, wo in der atemraubend kurzen Zeit von 1888 bis

1890 vielerlei antiimpressionistische Energien zusammentreffen und eine neue, «moderne» Bildsprache begründen.

Für Gauguin ist es das erste Exil ausserhalb von Paris, schon eine Art «finis terrae», ein Tahiti vor Tahiti. «J'aime la Bretagne: J'y trouve le sauvage, le primitif. » Ein Landstrich mit unverfälschtem Volkstum und «heidnischem» Christentum. Da finden sich Gleichgesinnte zusammen, Emile Bernard, Laval, Anquetin, Sérusier, Denis – und Gauguin, sogleich als Chef anerkannt. Eine «Gruppe», eine erste Sezession, ein «atelier du Nord», das mit den Nabis, der «Brücke» und dem «Blauen Reiter» Nachfolge haben sollte.

Mit vollen hundert Nummern kann die Ausstellung das «prestissimo» dieser Stilbildung vorzeigen, sogar das Programmwerk «La vision du sermon» (Edinburg), flankiert von Figurenkompositionen (darunter der «Gelbe Christus», das Selbstbildnis «mit dem Gelben Christus», die «Belle Angèle», die «Ondine» und andere), Landschaften, Stilleben und den ersten, ganz ungewöhnlichen Keramikskulpturen.

Die Kühnheiten – mit der Priorität Gauguins oder Emile Bernards? – konvergieren im Begriff der «synthèse» («vive la syntaize!», so Gauguin, ironisch) und wollen als «synthétisme» verstanden sein, alle in Opposition zur Académie, zur Naturnachahmung und auch zum Impressionismus: kraftvolle Vereinfachung aller Elemente, flache, monochrom reine Farbfelder mit markierten Umrissen («cloisonné», wie in der mittelalterlichen Emailtechnik der Glasmalerei und der Töpferei), ohne Perspektive und Modellierung zusammengefasst in rhythmischen, oft überraschend geschnittenen Kompositionen, mit eindeutig dekorativer Tendenz. «L'art est une abstraction», dekretiert Gauguin, schon 1888.

Neben der Kunst des Mittelalters, neben Degas und Puvis de Chavannes ist der japanische Farbholzschnitt ein wichtiger – wohl der wichtigste – Anstoss, im Katalog wird er eher unterschätzt. Wenn die Theoretiker, besonders Aurier, dabei immer wieder von symbolistischen Einschlägen sprechen, trifft dies weniger auf den Bildinhalt als auf die – so gesteigerten – Form- und Farbwerte zu. Denn diese werden selber Symbolträger. Gerade damals, unter den Augen Gauguins (und unter seiner Hand?), ist ja der kleine «Talisman» von Sérusier entstanden, den man gerne das erste abstrakte Gemälde nennt. Und auf Pont-Aven bezieht sich Maurice Denis' vielzitierte Forderung, «qu'un tableau, avant d'être un cheval de bataille... est essentiellement une surface plane recouverte de couleurs en un certain ordre assemblées» (1890).

Mitten in diesem Aufbruch steht Gauguins Begegnung mit van Gogh in Arles, 1888, eine der dramatischsten und erschreckendsten Episoden der Kunstgeschichte. Sie ist von Gauguin aus allein nicht zu beurteilen, auch wenn fünf Bilder von ihm aufgeboten sind. Nur die Konfrontation der Originale beiderseits könnte Gauguins Formeln zur Geltung bringen: van Gogh sei «romantisch», er selber «primitiv»; van Gogh male «sur le motif», er selber «d'imagination», mit grossem Vorteil; van Gogh bewundere Daumier und Daubigny, verachte aber Raffael, Ingres und Degas, er selber tue das Gegenteil. Allein im Farbcharakter träte die Vergeblichkeit der Versöhnung hervor: Gauguin lässt die Farben flächig aus ihren eigenen Tiefen leuchten, ohne sie, wie van Gogh, zu entflammen und zu peitschen, mit Pinselschlägen. Seine Auffassung ist in einer bedeutenden Farbentheorie festgehalten.

Aber: wenn auch dieses Malererduell gescheitert ist, die Begegnung der beiden Grossen ist ein Feuer, das weithin leuchtet, zu den Fauves, den Expressionisten, zu Matisse, zu Picasso. Das 20. Jahrhundert beginnt 1888 (übrigens auch etwa bei Cézanne).

Es ist ein besonderer Vorzug der Ausstellung, dass sie neben den Gemälden alle andern Tätigkeiten Gauguins vorführt, von der Holzschnitzerei über die Keramik bis zur Buchillustration. Zeitlebens träumt der Künstler vom Gesamtkunstwerk; Marie Henrys Auberge in Le Pouldu ist die erste, die «Maison du jouir» die letzte Station. Dass die Keramik nicht nebenbei entsteht, sondern oft in Führung geht, ist jetzt deutlich zu erkennen; ebenso deutlich, dass Gauguin in den «angewandten» Bereichen eine ganze Lebensphilosophie investiert. (Das geschieht zur Zeit von William Morris, der frühen «Nabis» und der anbrechenden «Art nouveau».) Und hier wird wirksam, was in der Malerei nie ganz durchschlägt: Gauguins «sauvagerie», Gauguin, «the ‹primitif› of modernist primitivism». Dieser Sektor seines Schaffens wäre eine besondere Betrachtung wert.

Gauguin. Ausstellungskatalog Paris (Grand Palais) 1989, Paris 1989.

Die erwähnten Lücken in der Quellenpräsentation sind inzwischen nicht geschlossen worden. Von Gauguins eigenen Schriften sind einige in Neuausgaben wieder greifbar, zum Teil auch auf deutsch. Zu gravierenden Lücken in der Bibliographie des Ausstellungskatalogs von 1988/89: Burlington Magazine, 1988, S. 721. Ebendort: Ausstellungsrezension (von V. Jirat-Wasiutynski). – Seither sind zu beachten: – G. P. Weisberg, Gauguin reconsidered: symbol, decoration, and the unification of the arts, in: Arts Magazine, Sept. 1988, S. 44. – Gauguin and the School of Pont-Aven: Prints and Drawings, Ausstellungskatalog London (Royal Academy) 1989, London 1989. – P. Daix, Paul Gauguin, Paris 1989. – M. G. Messina, Gauguin et les sources littéraires, in: Gazette des Beaux-Arts, 1990, S. 101.

In Seurats Laboratorium der Malerei

Aus Anlass der Retroperspektive in Paris, 1991

Ein grosser Zeichner – und auch ein grosser Maler? Ein Theoretiker – und auch ein Realisator? Ein Tüftler und ein Rechner – und ein grosser Künstler? Mit allen diesen Etiketten und Widersprüchen wurde er behängt. Auch mit stilistischen: seit dem Kritiker Fénéon gilt er als Gründer und Chef der Neoimpressionisten/Pointillisten; er selber gab sich als «Impressionniste-luministe» aus, wollte aber, genauer, «chromoluministe» genannt werden; Alexandre bezeichnete ihn als «chromatiste wagnérien», und Apollinaire gar als «le microbiologiste de la peinture».

In der Tat: wo steht er? Ein Spinner in einer Sackgasse des 19. Jahrhunderts – oder aber ein Herold der Moderne? André Chastel verglich ihn mit Schönberg und Thomas Manns Leverkühn – Prototyp des modernen intellektuellen Spielers und ein wenig «Pierrot lunaire». Und Werner Hofmann zählt ihn zu den vier «patres» der Moderne, gleichen Rangs wie Cézanne, van Gogh und Gauguin.

Georges Seurat ist 1891 im Alter von 31 Jahren gestorben, nach einem knappen Jahrzehnt intensivster Arbeit, ein Œuvre von etwa 200 grösseren und kleineren Gemälden und etwa 530 Zeichnungen hinterlassend. Das 20. Jahrhundert, ausgenommen die Künstler, überrollte und vergass ihn rasch.

Besonders hat Frankreich selber ihn lange kaum beachtet, so dass nun, erst zu seinem 100. Todestag, die erste umfassende Werkschau stattfindet. Fünf seiner sechs Hauptwerke sind schon früh nach London, Chicago, Merion USA, New York und Otterloo abgewandert. Das sechste – «Le Cirque» – kehrte aus den USA in den Louvre nur zurück, weil vom Erstbesitzer, Fénéon, ein solcher Vorbehalt angebracht worden war. Vier von ihnen sind nun nicht einmal an die gegenwärtige Retrospektive in Paris geliehen worden, so sehr hütet man sie in den angelsächsischen Ländern, je «wie ihre Mona Lisa». Ja, in New York ist Seurat jetzt so populär, dass 1985 mit grossem Erfolg ein Musical «Sunday in the Park with George» – George ist Seurat – nach dem berühmtesten Bild, der «Grande Jatte», gegeben werden konnte. Angelsachsen sind es auch, die bisher die Seurat-Forschung angeführt haben. Und im deutschen Sprachgebiet? «Ein grosser Unbekannter.»

Seurats Biographie ist identisch mit der Geschichte seines Werks. Er lebte, um seine künstlerischen Ideen zu realisieren. Dass es da, für kurze Jahre, eine Geliebte und einen kleinen Sohn gab, wurde erst bei seinem Ableben bekannt; beide, dazu ein ungeborenes Kind, starben kurz nach dem Maler.

Was die Freunde, die Kollegen und die Kritiker berichten, ergibt die Geschichte seines Schaffens, seines Itinerars – zwischen Paris und der Kanalküste, das ist alles –, seiner Bekanntschaften, seiner Lektüre und seiner Überzeugungen. Eine Persönlichkeit oder gar ein Schriftstellersujet wollte er nicht sein. Kein Selbstbildnis, eine einzige Fotografie. Seurat verbarg sich: in korrekter, meist schwarzer Kleidung, in seinem Schweigen, in einem Atelier, das eher einer Mönchszelle glich. Seine Briefe sind wie Telegramme, trocken, sachlich, unpersönlich. Gegen 1888 wollte er nicht mehr ausstellen, aus Angst vor Nachahmung.

Degas, ironisch wie immer, nannte ihn den «Notar». Einen andern, mythischen Aspekt seiner Person hält Aman-Jean, ein Freund und Kollege, fest: er gleiche dem hl. Georg von Donatello, manchmal einem assyrischen König oder gar Christus. Andere erinnerte er an kalvinistische Märtyrer. Den Jüngeren erschien er als eine moralische Leitfigur, dank seinem Kampf für Reinheit und Kompromisslosigkeit. Jedenfalls sind sich alle, die ihm begegneten, hierin einig: er sei kühl, scheu, steif, bescheiden, misstrauisch, durchaus ernst und konzentriert, «ein Gelehrter», «ein Alchemist», und stets «un solitaire», geheimnisvoll und unverständlich. Das schliesst nicht aus, dass er gute Freunde hatte, vor allem solche, die in ihm einen Erfinder und einen Apostel sahen, unter ihnen die grossen Kollegen Pissarro, Renoir und Signac.

Ganz Seurat war Seurat nur, wenn er arbeitete: allein, besessen von seiner Sendung.

Mehrere Jahre seiner kurzen Zeit, bis 1881/82, beschränkte sich Seurat aufs Zeichnen. Zeichnend fand er früher zu sich selber als malend. Und möglicherweise ist er als Zeichner grösser und stärker, lebendiger und kühner, in dem blossen Schwarzweiss (das Signac «farbiger» fand als manches Gemälde) – einem Schwarz von einer Tiefe, einem Weiss von einem Schimmer, einem Helldunkel von einer Fülle, wie man es sonst nur bei Daumier, Goya und Rembrandt findet. In seinen Ausstellungskollektionen spielten Zeichnungen immer eine besondere Rolle.

Tatsächlich teilen sich den Zeichnungen Erfahrungen mit, die in den – so erklügelten – Gemälden fehlen: Dämmerungen von einer abgründigen Melancholie; Nachtlandschaften, die kaum ihre Silhouetten verraten; düstere Fabrikwinkel, eine mythische Lokomotive, ein Schiff in elegisch verwölkten Gewässern (doch ohne Symbolismen); und immer wieder Einzelfiguren, auch Bauern und Arbeiter, deren Umrisse einsam ragen oder sich im Zwielicht verfangen. Lauter karge Motive, nie deskriptiv oder illustrativ. Im ganzen ein geheimnisvolles Hinterland, Seurats «poèmes»; reicher als die tristen Schilderungen der Brüder Goncourt; eher der Graphik von Millet, Degas, Redon und Munch nahestehend als den Lithographien von Fantin-Latour oder Pissarro.

Seurat verwendete den «crayon Conté», einen beweglichen, modulierenden und nicht verwischenden Kreidestift, und das körnige Michallet-Papier. Mit ihnen sind Transparenzen und Schwärzungen in allen Nuancen, zarteste Überhänge und Schattennetze, d. h. ein komplettes System von Valeurs zu erzielen.

Wie kein anderer arbeitet Seurat mit Zonen und Schichten, flächig ausgelegten Schimmerungen und Finsternissen, die innerhalb des Bildgevierts aufs strengste organisiert sind; ausgewogen, jedoch in «harmonies de contrastes», mit den kühnsten Akzenten und Einfällen. Und doch bleibt ihr Gefüge locker, ohne die spürbare Anstrengung, die den Gemälden eigen ist. Jedes Blatt hat seine eigene Regie, seine eigene Reife und Entschiedenheit.

Seurat hatte eine akademische Schulung hinter sich, in der Nachfolge Ingres', klassizistisch. Aber in seinen Zeichnungen ist alle Linienschönheit aufgegeben; es gibt überhaupt keine Linie, ausser feinen Gespinsten. Seine Zeichnungen sind ein eigenes, selber ganz *bild*haftes Medium. Darin geht er aufs Ganze. Seine Blätter, jedes für sich, sind «grosse» Kompositionen. Es sagt viel, dass sie stilgeschichtlich gar nicht zu qualifizieren sind. Seurats Zeichnungen: sein heimlicher Tresor.

Seine Antritte als Maler, um 1881/84, stehen denn auch im Zeichen seines Zeichnens: dieselbe Thematik (Vorstadtlandschaften, Bauern und Arbeiter, unter dem Eindruck Millets), dieselbe Disziplin im Bildbau und im Einsatz von Kontrasten, sogar dieselben Kleinformate («croquetons» nannte der Maler die Studien auf Holzbrettchen). Das Kolorit – er liest schon die Theorien von Blanc, Chevreul, Rood – hält sich vorläufig an Delacroix und die Maler von Barbizon. Doch wirkt sich der Besuch der Impressionisten-Ausstellung von 1879 wie ein Schock aus. Die Palette hellt sich sogleich auf, wie bei Renoir und Monet, die Bildtextur vereinheitlicht sich, durch Flecken und durch Schraffuren von überkreuzten Pinselstrichen. Dabei kommt eine erstaunliche Farbensensibilität an den Tag, besonders in den warmen, heiteren Bereichen. Da entfaltet sich spontan ein Reichtum, der kaum geringer ist als bei Monet.

Aber dem «Impressionismus» dieser Studien steht immer eine rigorose, oft sogar geometrische Disposition entgegen. Tektonische Elemente, Parallelen, präzise Winkel und Flächenproportionen halten die Farbeneuphorie im Schach. Von allem Anfang an macht sich Seurats Obsession bemerkbar: der Versuch, «klassische» Bauprinzipien mit «moderner» Farbintensität zu versöhnen.

Von 1883 bis kurz vor seinem frühen Tod legt Seurat eine regelmässige Folge von sechs Meisterwerken vor, eine Parade, die seinen Werdegang Stufe für Stufe repräsentiert.

1) 1883 meldet sich seine Ambition mit einer drei Meter breiten Grosskomposition für den «Salon» dieses Jahres: «Une baignade à Asnières» (heute in London):ein paar junge Männer am Seine-Ufer, vor einem Horizont von Fabriken und Bäumen. Zurückgewiesen von der Jury, doch ausgestellt im neugegründeten «Salon des Indépendants» 1884. In den folgenden Jahren verhält es sich ähnlich:

2) 1884/86 «Un dimanche à la Grand Jatte» (Chicago): die kleine Bourgeoisie, Sonntagsfrauen und -männer, in ihrem kleinen Vergnügen am Ufer, promenierend, sitzend, spielend; wiederum ein Monumentalbild von 2 auf 3 Metern, zu sehen an der ominösen letzten Gruppenausstellung der Impressionisten 1886, dort am meisten Aufsehen erregend.

3) 1887/88 die «Poseuses» (Merion USA), 2 auf 2,5 Meter: drei nackte Modelle im Atelier; «Drei Grazien», profaniert im Maleralltag; 1888 in den «Indépendants» gezeigt.

4) 1888 die «Parade de cirque» (New York), 1 auf 1,5 Meter, ebenfalls in den «Indépendants» von 1888 zu sehen; ein Banalvergnügen, aber «wie ein Panathenäenfries», ein wahres Programmbild von Seurats Kunstlehre.

5) 1890 «Le chahut» (eine Art Can-Can) (heute in Otterloo), 1,40 x 1,70 Meter: ein Blick auf die Tanzbühne einer Pariser Music-Hall mit einer stilisierten Quadrille; ausgestellt in den «Indépendants» und in Brüssel 1889.

6) schliesslich für die «Indépendants» von 1890 der 1,5 auf 1,8 Meter grosse «Zirkus» (Paris, Louvre), eine Kombination beliebter Zirkusnummern in der Manège, unvollendet.

Das sind die sechs öffentlichen Stationen, in denen sich eine Kunsttheorie entfaltet – jedesmal eine monatelange Konzentration auf das «chef-d'œuvre» hin, auf den Auftritt vor Publikum und Kritik, ein gezielter Prozess, der noch ganz den Ritualen der «Beaux-Arts» entspricht, im Gegensatz zu den spontanen Würfen der Impressionisten. Die Spielbreite der Experimente – es sind Zeichnungen und Ölskizzen, Einzelstudien und Gesamtentwürfe – ist beträchtlich. Seurat setzt «sur le motif» an, in brillanter Farbigkeit. Aber im Atelier muss vieles, auch Entzückendes, ausscheiden, in unerbittlicher Selektion. Der Landschaftsgrund der «Grande Jatte» wird für sich entwickelt, als eigenes ausgewachsenes Bild, die Bühne ohne Akteure.

Zum Ganzen schliessen sich die Motive dann buchstäblich durch Kom-Position, in einer Art Collage, jede Figur mit säuberlichen Umrissen, wie ausgeschnitten, öfters in reinem Profil oder reiner Vorder- oder Rückenansicht (die drei «Poseuses» zeigen diese drei Stellungen, demonstrativ), in einer Auswägung der Gewichte, die nicht Ruhe findet, ehe nicht eine perfekte Harmonie erreicht ist. Seurat – als wäre er der Uccello oder Perugino seiner Epoche.

Seine Themen sind prosaisch, nicht selten vulgär, weit unterhalb der «Salon»-Ikonographie, zuweilen heruntergespielt oder heruntergekommen, so die drei Banalmodelle statt der «Drei Grazien», oder eine «baignade» als demokratisches Arkadien oder «Asnières» als das profanierte «Doux pays» eines Puvis de Chavannes. Und sie sind dennoch schon damals alle geläufig, von antiakademischen Zeitgenossen behandelt. An ihnen kann es also nicht liegen, wenn Seurat den Betrachter fasziniert. (Dennoch lässt die Kunstgeschichte, soziomanisch, wie sie da und dort immer noch ist, nicht davon ab, ihn als einen Sozialkritiker auszugeben, der gegen das neureiche Grossstadtbürgertum und für die Bauern und die Arbeiter der Vorstädte Partei nahm; so auch im Katalog der gegenwärtigen Pariser Ausstellung.)

Aber die Figuren, wie die Themen, sind von ihm nicht in der Weise ernst genommen, wie Daumier oder Millet oder Courbet sie ernst genommen hatten, als Opfer. Sie sind die Figuranten seiner Bildrechnung, seine Statisterie, seine Marionetten. Der Bildregisseur disponiert sie in absoluter Souveränität, unter Ausschaltung von Emotion und Anteilnahme, jedoch nicht ohne Ironie (die Korsett- und «Faux-Cul»-Damen!), jedenfalls in leidenschaftlich kalter Kalkulation. Auch wo sie in Bewegung gezeigt sind, ergibt sich keine Dynamik, sie sind fixiert, immobilisiert, kristallisiert, gefroren. Vor der «Grande Jatte» denkt man an ägyptische oder assyrische Reliefs, die «Parade» erinnert an einen archaischen priesterlichen Ritus. Banale Situationen schlägt Seurat so in den Bann von Ewigkeitsbildern. Sein Atelier ist ein Laboratorium der zeitlosen Künstlichkeit.

Hierin hatte Seurat als Zeichner eine unfehlbare Sicherheit erlangt. Man weiss, dass er gelegentlich rein geometrische Bildnetze anlegte, rechtwinklige und diagonale, auch solche im Goldenen Schnitt. Die «Parade» ist dafür das Paradebeispiel. Aber die Hauptlinien der Komposition decken sich dann doch nicht genau mit ihnen, es scheint, dass er sie lediglich als Anhalte für die Stabilisierung der Proportionen benützte.

Proportionen, geometrische Klarheit, Harmonie, alles durchdacht und durchgerechnet – Seurat gehört zum Typus der Piero della Francesca, Leonardo und Dürer, der Poussin und Vermeer, der Konstruktivisten und Konkreten, auch er ein «pictor doctus».

Aber «objektiv», «wissenschaftlich» und theoriegemäss soll nicht nur das Komponieren sein. Sobald Seurat sich ernstlich auf die Farbe einliess, um 1881/82, griff er nach den neuesten Farbtheorien. Mit den Impressionisten hatte er sich eben auseinandergesetzt, doch ihn dürstete nach den grundlegenden Gesetzen. «Art et science», «science et art»: sie zu vereinigen, war Seurats Lebenstraum.

Seine Lektüre ist bekannt. Leicht zur Hand war Charles Blancs «Grammaire des arts du dessin» von 1867 – schon der Titel entzückte ihn –, in welcher die Farbigkeit «festen Regeln unterworfen» ist. Vieles davon beruht auf den Theorien des Chemikers M. E. Chevreul (1839), u. a. die Verpflichtung auf die Reinheit der zerlegten Spektralfarben und das Gesetz des Simultankontrasts. Zwei aktuelle Publikationen entsprachen Seurats Ideen besonders: «La théorie scientifique des couleurs» (1879/81) des amerikanischen Physikers I. Rood und die «Esthétique scientifique» (1885) von Charles Henry, den Seurat persönlich kannte.

Es geht darum, die Farbigkeit – auch sie – aus der Naivität und Spontaneität der Beobachtung zu befreien und sie den Gesetzen der wissenschaftlichen Optik zuzuführen. Konkret: es gibt keine Lokalfarben; die bisher gebräuchlichen Mischungen auf der Palette ergeben nur eine Vergrauung des Kolorits, veritable «Saucen». In Wirklichkeit stellt sich der Farbton durch optische Mischung ein, im Auge des Malers wie des Betrachters. Er setzt sich aus unendlich vielen, prismatisch reinfarbigen Punkten zusammen, Ergebnis der spektralen Farbzerlegung («division»). Der Maler hat mithin reine Spektralfarben zu verwenden und diese, unter Respektierung der Komplementärgesetze, in regelmässigen kleinen «touches» nebeneinanderzusetzen. So entsteht die grösste Intensität und Helle des Kolorits, in reichen Vibrationen. Damit war der «Pointillismus» geboren, als ein «Neoimpressionismus», d. h. ein radikalisierter (und in mancher Hinsicht entstellter) Impressionismus.

In ihrer künstlerischen Realisierung ist die Theorie schon 1884 durch Fénéon und kurz darauf durch Signac gewürdigt worden. Im Zentrum steht die «Grande Jatte», «paradigme complet et systématique». Durch die «touches divisées» werde nicht einfach ein Spiegelbild erzeugt, sie seien ein «artifice», ein Kunstmittel, «pour exprimer une vision particulière de la nature».

Die Pariser Ausstellung zeigt, dass Seurats «pointillage» in der Tat keineswegs mechanisch ist, vielmehr doch eine Art von persönlicher Handschrift, jedenfalls bis zur «Grande Jatte».

Oft wird übersehen, dass sich die neue Farbtheorie ganz und gar mit Seurats Kompositionsstrenge verbindet, wie er sie in Schwarz/Weiss erarbeitet hatte. Gerade die «Grande Jatte» ist in einzelne Farbzonen und -felder aufgeteilt, die wie Scherenschnitte begrenzt sind; jede von ihnen hat ihre eigene Farbformel. Damit wird die impressionistische Verschmelzung des Ganzen in Licht und Luft dementiert.

Seurat träumt von der grossen Synthese. Farbsensibilität und Schönheit der Proportionen sollen zusammenkommen und mithin eine höhere und intensivere Art von Harmonie produzieren. Am deutlichsten sind die Faktoren der Komposition in der «Parade» angespannt, als eine fast abstrakte Felderteilung, während sich das Kolorit einordnet, diesmal in einer heiklen «Nocturne». Umgekehrt ist der Farbenreichtum in den «Poseuses» besonders gross und ausgebreitet, ausgerechnet in einem Aktbild und einem Interieur. Hingegen reduziert sich die Farbenmacht endgültig im «Chahut» und im «Cirque». Es geht dort um eine weitere, dritte Art von Steigerung.

Ja, in diesen beiden «Spät»-werken geht der Maler darauf aus, den Linien mehr Kraft zu geben, ihre dynamische Potenz zu verstärken. In den Tanzfiguren des Can-Can und den Zirkus-Kunststücken entwickeln sich schnellende lineare Rhythmen, indessen sind auch sie kalkuliert und mit einem Netz von Waag- und Senkrechten in Kontrast gesetzt. Und auch hier hält sich Seurat an die Theorie, nämlich an Charles Henry, der die emotiven Qualitäten der Linienrichtungen (aufwärts, abwärts usw.) bestimmt hatte, seinerseits auf Humbert de Superville (1827) basierend. Henry war es auch – freilich nach Seurats Tod –, der das Zusammenspiel von Linie, Farbe und Ton in Regeln fasste. «L'harmonie», das sind Seurats Worte, «c'est l'analogie des contraires, l'analogie des semblables, de ton, de teinte, de ligne». Steht am Ende seiner Sehnsucht doch «wieder» eine Art akademischer Kanon? Ihm schwebte jedenfalls die Quadratur des Zirkels vor, die Synthese aller, auch der widersprüchlichen, Elemente, eine Art «ideales Bild», wie es viel früher, im italienischen Cinquecento, diskutiert und versucht worden war. Das war für ihn keine philosophische Arbeit: «Ils (die Literaten und Kritiker) voient de la poésie dans ce que je fais. Non, j'applique ma méthode, et c'est tout.»

Nicht alle Themen eigneten sich gleicherweise für solche Exerzitien. Die geometrisierte Geliebte («Jeune femme se poudrant») ist halb zärtlich, halb ironisch gesehen. In der Steifheit und der dekorativen Glätte der Formen zeigt die Stilisierung ihre Grimmigkeit. Das Porträt gerät so zu einem «idole de la futilité» (Françoise Cachin). Andererseits sind alle Voraussetzungen für ein Gelingen gegeben, wenn sich Seurat eine Küstenlandschaft von Grandcamp, Honfleur, Port-en-Bessin oder Gravelines vornimmt, natürlich im Atelier, anhand von Skizzen.

Jeden Sommer weilte Seurat an der Kanalküste, aber er sah nicht das Treiben der Badegäste wie Boudin und Jongkind, nicht das festlich bewegte Meer wie Monet. Seine Küstenstücke sind menschenleer, unbeweglich, still und sehr hell. Ein Silberblick geht über die Strände; zarte, ungewöhnliche Farben – orange/vitriol/lila zum Beispiel – schimmern darin und verkünden die Übermacht des Lichts. Man weiss, dass Seurat sich recht genau an das Motiv hielt. Aber alles Pittoreske muss ausscheiden, und mit Flächen und Linien schafft er ein höchst subtiles, fast autonomes Bildnetz, von grosser Strenge und Reinheit. Das «pointillage» – als Lichtgeflimmer – durchbricht nirgends diese Formgrenzen. Es sind mineralische, metaphysisch astrale Landschaften, wie von einem andern Stern. Nirgends sonst kommt so viel Einsamkeit und Indifferenz an den Tag.

Kein Zweifel: diese Seestücke hat Seurat mit nicht geringerer Ambition gemalt als die Figurenbilder. Ja, das Sujet erlaubte ihm, seine «Methode» konsequenter durchzuziehen, ohne Rücksicht auf figürliche Obligatorien. Konstruktion und Subtilität schliessen einander nicht aus; künstlerische Intelligenz und künstlerische Sensibilität sind hier eins geworden. In der Geschichte der Landschaftsmalerei hat Seurat noch nicht den Platz gefunden, der ihm gebührt.

Gerade bei diesen überhellen Küstenstücken, wie schon bei der «Grande Jatte», spitzte sich ein Problem zu, das schon den Impressionisten zu schaffen gemacht hatte: die Rahmung der Bilder. Das herkömmliche Gold schien ihnen allen brutal, aber auch mit den weissen Flachleisten der Impressionisten mochte sich Seurat nicht zufrieden geben. Er hielt den Rahmen für einen Teil des Bildes, als Aufgabe des Malers: breit und flach, nach den Regeln des Farbkontrastes zu bemalen, d. h. meistens dunkelblau und lila, ebenfalls in differenzierter Tupfentechnik; nicht als «Fensterrahmen», sondern als kalkulierte Regelung und Steigerung von Licht und Farbe im Bild. «Le cadre est dans l'harmonie opposée à celles des tons distinctes et lignes du tableau. » Mindestens eine entsprechende Bordüre auf dem Bild selber fehlt selten nach 1886. Die wenigen erhaltenen Exemplare von Originalrahmen bestätigen eindrücklich: das Bild wird durch solche Einfassungen interpretiert, gesteigert, ins «rechte Licht» gesetzt. Im «Art Nouveau» hat Seurats Praxis Nachfolge gefunden.

Es ist nicht leicht – aber die Pariser Ausstellung wird es befördern –, das Noch und das Schon, die konservativen und die Avantgarde-Anteile im Schaffen Seurats abzuwägen. In der bereits sehr breiten Seurat-Literatur sind die Meinungen geteilt. Die Janus-Köpfigkeit dieses Werkes wurde schon von den Zeitgenossen bemerkt. Pissarro, einige Jahre Parteigänger Seurats, warnte schliesslich die Kollegen: im Grunde sei diese Malerei reine «Ecole des Beaux-Arts. »

Seurats grosser Auftritt, mit der «Grande Jatte», fällt ins Jahr 1886, im Rahmen der letzten Ausstellung der Impressionisten, mitten in deren

Krise, als Cézanne, ähnlich wie Monet, nach einer «soliden Museumskunst» trachtete und Renoir nach Italien fuhr (und als van Gogh und Gauguin erschienen). Seurats Rückgriff reicht aber weiter zurück, bis zu den «Primitiven» und «Archaischen». Und sein Klassizismus ist, anders als derjenige eines Puvis de Chavannes, nicht nur durch akademische Regeln begründet. Vielmehr kombiniert er sich – der Wissenschaftsgläubigkeit der Epoche entsprechend – mit wissenschaftlichen Fundierungen der Mal-Elemente: Kompositions- und Harmoniegesetze, Farbenlehre (Spektralfarbigkeit, Farbzerlegung, Simultankontraste, «pointillage»), Liniendynamik usw. Das «Neo», in Bezug auf den Impressionismus, ist daher eher ein «Ultra»: weg von Spontaneität und schönem Schein, hin zu (vermeintlich) ewigen Gesetzen.

Insofern ist Seurat mehr um Objektivität und innere Logik als um Zukunft bemüht. Um ihn, den Erfinder des regelmässigen «pointillage», schart sich zwar eine kompakte Gruppe von Kollegen, mit Angrand, Cross, Luce, einigen Mitgiedern der «Vingt» in Brüssel und vor allem Pissarro und Signac. Hier setzt aber auch gleich die Aufteilung von Seurats grosser Formel ein: Farbensteigerung und Fleckentechnik bei Cross, Signac und dann bei den meisten «Fauves», auch Matisse, Delaunay und Derain; auf anderer Spur eine Zeit lang bei van Gogh und Gauguin (allerdings auch ironisch: «Ripipoint»); wieder anders bei den Nabis; Linienschwünge bis zur Arabeske bei den Künstlern des «Art Nouveau», u. a. bei dem von Seurat sehr geschätzten Plakatmaler Jules Chéret; kompositionelle Disziplin und Systematik bei den Kubisten (Braque und Picasso, auch Lhote und Ozenfant, die über Seurat schrieben) und weiter bis Léger und Duchamp, bis zu den Puristen und den Konkreten; auf andere Weise bei Mondrian; die «Mysterien» seiner Zeichnungen bei Schlemmer und Meyer-Amden, sogar bei einzelnen Symbolisten und Surrealisten (die ihn im «Minotaure» feierten); während das Verhältnis Segantinis, Munchs und Klimts zu Seurat noch der genaueren Untersuchung bedarf.

André Lhote spricht für viele, wenn er 1922 Seurat einen «Leuchtturm» nennt, der «die junge Generation zu einer strengen Kunst leitet».

Seurat. Ausstellungskatalog Paris (Grand Palais) 1991.

Bilder als Paradiese

Notizen zu Bonnard (1985)

Beglückend, das ist das Urteil von Laien wie von Kennern. Aber wie und weshalb? Denn Bonnard ist mehr als ein «enchanteur», auch mehr als ein «Nabi» und ein Nachimpressionist – ein Moderner nämlich, der die «Abenteuer des Sehens» mit den Elementen der Malerei erkundet. Die Ausstellung im Kunsthaus Zürich 1985, so umfassend und genau in ihren Akzenten wie keine andere Auswahl seit den Gedenkveranstaltungen von 1947/50 und 1967, gibt Anlass, dem verschwiegenen Denker auf die Malerfinger zu schauen. Deshalb ein paar Notizen «sur le vif», kein Diskurs. «Oh! Croyez-vous, la peinture, c'est beaucoup plus difficile!».

Geboren 1867, gestorben 1947 – Bonnard hat in den sechzig Jahren seines Schaffens alle Etappen der klassischen Moderne miterlebt: den Symbolismus, Art Nouveau, die Fauves, den Expressionismus, den Kubismus, den Futurismus, die Abstrakten und die Konstruktiven, Dada, den Surrealismus, abgesehen von den Wegbereitern wie Degas, Gauguin, Monet, Cézanne, abgesehen auch von den Zeitgenossenschaften mit Matisse, Duchamp, Klee und Picasso. Miterlebt – aber mitgemacht?

Bonnard ist einer der grössten Indépendants seiner grossen Epoche; möglicherweise der einzige, der auf Picasso nicht reagiert hat (nicht einmal negativ, im Gegensatz zu Picassos Schmähungen: Bonnard, «gar kein moderner Maler», «keine Malerei»); der keine kubistischen, surrealistischen, konstruktivistischen Infektionen zeigt; der auf alle Manifeste, Proklamationen und Provokationen im Prestissimo der Avantgarden, auf all die Abschaffungen und Neugründungen von Kunst immer dieselbe, souveräne, wortlose Antwort hat: seine Malerei, die in eigener Logik von Meisterwerk zu Meisterwerk gedeiht. «Je ne suis d'aucune école, je cherche uniquement à faire quelque chose de personnel.»

In der Kunstgeschichte des 20. Jahrhunderts – Beispiel: Pelican History of Art – figuriert Bonnard als ein respektabler Vorläufer, unter den «Nabis» und den Nachimpressionisten in den 1890er Jahren. Dass sein Schaffen aber, mit fünf Jahrzehnten, dem 20. Jahrhundert angehört, wird nicht mehr vermerkt. Das 20. Jahrhundert lässt ihn fallen, als Traditionalisten und Reaktionär, als «peintre de charme», als unzeitgemässen Lobredner bürgerlicher Intimität und Sensibilität; wie es auch den späten Monet fallen lässt, der doch, als Impressionist der letzten Konsequenz, zu den Pionieren der informellen Malerei gehört.

Die Ideologie der Avantgarde hat Scheuklappen, sie beansprucht immer das Monopol, das muss so sein. Aber die historische Wirklichkeit der Moderne, wie sie nun zu überblicken ist, hat «viele Wohnungen». Sie ist, mit ihren Stimmen und Gegenstimmen, mit ihren Ober- und Untertönen, mit dem unablässigen Schon und Noch, mit ihren Widersprüchen und Verwerfungen, komplexer als je eine Epoche zuvor, nicht bloss ein «Gänsemarsch» von Avantgarden. Bonnard, das zeigt die Kraft seiner Hauptwerke, hat darin, mit und neben Matisse, einen unbestreitbaren Platz.

Nicht dass der lange Zug der Ismen spurlos an ihm vorbeigegangen wäre. Trotz seiner Abgeschiedenheit ist Bonnard ein scharfäugiger Zeitgenosse. Auch lässt er sich durchaus beeindrucken. Zum Beispiel: der Kubismus sei «sehr wichtig», doch nur für Maler mit sicherer Statur, verderblich für alle andern. Von der intellektuellen, stereometrisch abstrahierenden Komponente schliesst sich Bonnard gänzlich ab. Dennoch experimentiert er gelegentlich (Katalog Zürich Nr. 126) mit kubistischen Bildstrukturen von der Art Braques. Und die Farbenfrenesie der Fauves – auch der Expressionisten? – bleibt ihm lebenslang gegenwärtig (Nr. 140, 151, 155).

Aber alle diese Anstösse haben nie zu einer Krise geführt oder ihn gar aus seiner Bahn geworfen. Zwar gibt es mehrere deutliche Schübe in seiner – so kohärenten – Entwicklung, etwa um 1913/15 und um 1930, doch sind sie mehr von eigenen Notwendigkeiten und Wachstumsregeln als von aussen bestimmt.

Bonnards Vitalität ist nicht eine Kraft der Verwandlung und der rollenden Innovation – er ist alles andere als ein Proteus –, vielmehr bewirkt sie eine Entfaltung aus eigener Logik, ein stetes Hineinwachsen in die eigene Konsequenz und Fülle. Das geschieht nicht in Befolgung eines Programms. Bonnard hat keine Theorie noch gar ein Manifest verfasst; er ist der erklärte Feind der «pensées lapidaires». Sein Denken über Malerei – er ist ja juristisch geschult – besteht in winzigen, unzusammenhängenden Sätzen, die er seiner Agenda anvertraute (neuerdings publiziert als «Les notes de Bonnard» im Pariser Katalog von 1984). Man hat, vielleicht mit Recht, bisher nicht versucht, sie als ein System zu verstehen. Aber sie sind auch mehr als ein Topf Rosinen.

Gewiss, Bonnards Grundlage ist die «Nabis»-Kunst, lebenslänglich. Ihre Komponenten sind bis ins Spätwerk zu verfolgen: Gauguin, der japanische Farbenholzschnitt, Art Nouveau, Degas, vereinigt in einem hohen Begriff von «décoration». Zahlreiche Frühwerke haben in Bildern der 1930/40er

Jahre ihre späten Entsprechungen. Seine «modernité» vollzieht sich in der Konsequenz des grossen Aufbruchs von 1885/1900, nicht auf der «tabula rasa» des folgenden Jahrzehnts. Aber während die «Nabis»-Kollegen, selbst Vuillard, das Parfum der 1890er Jahre behalten haben, sind Bonnards Hauptwerke frisch und zeitlos wie am ersten Tag. Das hängt damit zusammen, dass er, der «Nabi sceptique», sich auf die «Abenteuer des Sehens» einlässt und dabei eine Menge moderner Entdeckungen macht. Mit der freien Farbigkeit und der freien Bildstruktur gelangt er ins Innere, in den Elementarbereich der «peinture» – jedoch ohne auf die Gegenständlichkeit zu verzichten.

Vieles davon führt weiter, in die zweite Hälfte unseres Jahrhunderts, ins «Informel», in die «Colour-field»-Malerei, zu Poliakoff, Rothko, Sam Francis. Aber darin ist nie der ganze Bonnard.

Das Gelb im Hintergrund der «Jeunes femmes au jardin» (Katalog Zürich Nr. 98) hielt seinem Urteil nach zwanzig Jahren nicht stand. Überarbeitung also: mehr Leuchtkraft, mehr Dichte; umgekehrt mehr Dämpfung und Schwebung für das Lila im Rock der Renée Monchaty, ganz vorne. Seither stimmt das Bild, in allen seinen Balancen. Als er in Amerika einem seiner früheren Werke begegnet, bat er um Pinsel und Farben, um zu korrigieren. Man weiss, dass in seinem Atelier immer zahlreiche Bilder herumstanden, damit er sie, über Jahre, prüfen und verändern könne – damit sie nach und nach in ihre je eigene Kohärenz hineinwüchsen.

Kommerzielle Leinwände auf Keilrahmen waren ihm zuwider. Er spannte grosse Malflächen mit Reissnägeln auf die Wand und schnitt das Gemälde zuletzt, nach langer Überlegung, in sein definitives (oft ungewöhnliches) Format. So arbeitet kein Impressionist, kein Symbolist, kein Fauve, kein Konstruktiver.

Maurice Denis, der Theoretiker der «Nabis»-Gruppe (mit Bonnard), um 1890: «Se rappeler qu'un tableau – avant d'être un cheval de bataille, une femme nue, ou une quelconque anecdote – est essentiellement une surface plane recouverte de couleurs en un certain ordre assemblées.»

Bonnard, in den Notizen von 1946: «Il ne s'agit pas de peindre la vie, il s'agit de rendre vivante la peinture.»

Ebendort, 8. Februar 1939: «On parle toujours de la soumission devant la nature. Il y a aussi la soumission devant le tableau.»

Enigmatisch. Bonnard scheint alles getan zu haben, um die Lesbarkeit seiner Bilder zu erschweren. Er wählt ungewohnte Blickwinkel, Nahsichten, Aufsichten, so dass die Dinge unvertraute Ansichten bieten. Er bricht und desaxiert das Blickfeld. Er lässt die Bildmitte leer und besetzt um so mehr die Bildränder, mit angeschnittenen Figuren und Objekten; von Rundtischen sind Segmente zu sehen, von Frauen angeschnittene Köpfe, ein

Arm, ein Torso. Skandalös, nicht nur in der Optik von 1908: dass in dem repräsentativen Gruppenbildnis der Familie Bernheim-Jeune (Nr. 47) dem stehenden Gaston vom Bildrand der Kopf abgeschnitten ist – geköpft, um als Vertikalband in der Komposition zu dienen. Insofern wirkt Degas nach, grundlegend.

Hans R. Hahnloser bekannte einmal, auf Bildern der eigenen Sammlung nach vielen Jahren noch einen Fauteuil und einen Kopf entdeckt zu haben. Bonnard selber wusste oft tagelang nicht, was aus einer Bildanlage werden würde, eine Landschaft, ein Seestück, ein Ausblick mit Terrasse. Verrätselungen, Vexierbilder, Rebusse, «devinettes»? Sophisterei und Snobismus?

Es geht um die Bildhaftigkeit des Bildes. Indem die Gegenstände planmässig der leichten Identifikation entzogen werden, sieht sich der Betrachter um so mehr auf die Bildwerte der Farben, der Proportionen, der kompositionellen Aufteilungen und Verflechtungen verwiesen. Mit der Erschwerung des «wiedererkennenden Sehens» (im Sinne Max Imdahls) steigert Bonnard, was er die «nécessités picturales» nennt. Der Blick soll sich nicht (allein) an die Faszination des Sujets verlieren, so verführerisch dieses sein mag. Die Farbigkeit will als eigene Kraft auftreten, die kompositionelle Phantasie ebenso.

Indessen, «un sujet, si minime soit-il», wird dabei nicht aufgegeben. Bonnard hat, wie Monet, die Schwelle zur Abstraktion nie überschritten. Zu einer «Tilgung des Themas» (so Jean Clair im Zürcher Katalog) kommt es in den Spätwerken so wenig wie um 1910, zur Zeit des Kubismus.

Vielmehr ist mit höchster Intelligenz im Anschaulichen eine doppelte Lesbarkeit des Bildes herbeigeführt. Gegenständlichkeit und «peinture pure» stehen in prekärer Balance. Einmal sieht man, zum Beispiel, die «Toilette» (Nr. 80) als zärtlichen Halbakt, in der Intimität der Spiegelungen – aber gleich kippt die Ansicht um, in ein Spiel von Viereckteilungen und einen Dialog zwischen Blau und Goldgelb. Dieses Ineinander zweier Prinzipien nimmt den Betrachter anhaltend in Anspruch, ebenso faszinierend wie irritierend. Es bezeichnet Bonnards Stellung in der Glaubensfrage Gegenständlich/Ungegenständlich.

Bonnard: «Montrer ce qu'on voit quand on pénètre soudain dans une pièce, ce que le regard embrasse d'un seul coup.» (Ähnlich Monet, schon 1889: malen, was ein Blinder sieht, der plötzlich sehend wird.)

Dem Doppelspiel stellt sich lange Zeit die *Aktmalerei* entgegen – der Akt in seiner ganzen geheiligten Autonomie, zudem Bonnards lebenslängliche Liebeserklärung an Marthe. Um 1900: erotische Glut und Drastik, unter dem Eindruck Munchs und Ibsens (Nr. 31, 32). Um 1907/11: klassisch eigenwertige «Nues», in skulpturalen Ganzfiguren (Nr. 42, 43, 55); dann lichte, schwerelose Erscheinungen, zärtlichere *volupté,* auch Eleganz (Nr. 65, 66). Aber schliesslich, gegen 1917: Einbau des Akts ins Bildgefüge, kaum mehr als Ganzfigur, sondern zerteilt als Halbakt, im Spiegel «zufällig» fragmentiert; durch viele Einfassungen eingeschränkt; die Hautfarbe mehr und mehr zur Farbfläche umgedeutet (Nr. 54, 80, 83) – bis in den späten Badebildern der Körper in spektralen Farbgarben aufleuchtet, ganz in die Ordnung des Bildes eingegangen, ohne Eigenpracht und -anspruch (Nr. 112 und 142).

Oder: die Glieder des bewegten Akts sind als kompliziertes Achsenspiel in das Geviert des Bildes eingespannt; an Degas erinnernd, doch ohne dessen Strenge und Sarkasmus.

Zu den Randschnitten. An den Bildrändern: ein halber Kopf, ein Stuhlbein, ein Arm, ein Segment einer Fruchtschale, ein Stück Wand: eben ins Bild hineintauchend, eben aus dem Bild verschwindend? Sie erzeugen Überraschungen am Rand der Aufmerksamkeit, plötzliche exzentrische Irritationen in einem sonst zeitlosen Bildinterieur. Aber die «Zufälle» – von der japanischen Graphik, der Phototechnik und von Degas angeregt – sind kalkuliert. Es sind Marginalien, die Spannung schaffen; Entharmonisierungen, um eine höhere Harmonie herauszufordern; Markierungen und Befestigungen der Struktur am Bildrand; die Bildfläche dadurch an- und ausgespannt (nicht Suggestion eines weiterreichenden Realraums).

Bildwitz. Die Intelligenz von Bonnards Formenphantasie zeigt sich auch in seinem Bildwitz – einer Qualität von grösster Seltenheit, nicht zu verwechseln mit dem Karikieren –, besonders in der Frühzeit und mehr noch in der Graphik als in der Malerei. Groteske Figurensilhouetten, die den Bildrhythmus reizen (Nr. 7, 12, 13, 15, 18, auch 27); winzige Pointen, mit Katzen und Kindern; freche, «unerlaubte» Farbakzente; verblüffende Randschnitte. Später sind die Drolerien eher von formaler Art. Nie aggressiv oder bösartig, sondern auf eine zärtliche Weise ironisch, mokant, pfiffig. Sie spielen ein wenig mit der Bildrechnung – und weisen damit eben auf sie hin.

«La surface.» «Le principal sujet, c'est la surface qui a sa couleur, ses lois, par-dessus les objets» (Notiz vom 2. Dezember 1935).

«La cohérence» (14. Januar 1935). Bonnard, man weiss es, organisiert das Bild als Fläche; als Geviert, das aus farbigen Flächenmusterungen besteht, gestreiften, karierten, flockigen, getupften, pulsierenden; «all over painting»; oft in Formaten, die einer Dekoration, nicht einem Fensterausblick entsprechen; ausgespannt «ohne ein Loch»; ein Panneau aus Panneaux.

Die schulmässige Perspektive ist darin nicht ganz ausgeschaltet, aber nur um zum Narren gehalten und in den Dienst der Bildfläche gestellt zu werden. Tischplatten, die in die Bildfläche geklappt sind; tiefe Vegetation, zu Bildgewebe verarbeitet. Schatten als andere Flächenfarben, ohne Plastizität oder Raum zu erzeugen.

Auch die inhaltlichen Hierarchien haben in der Souveränität der «surface» abzudanken. Figuren, just sie, sind häufig als farbige Negativwerte, als unbetonte Takte behandelt, um das Bildnetz nicht zu dominieren. Nie sind Frauen «beautés» oder Individualitäten, die als solche die Aufmerksamkeit auf sich ziehen dürften. Alles, auch die Figuren, ist gleichermassen in die Logik der Bildfläche eingebunden. Dämpfung ikonographischer Höhepunkte, umgekehrt Steigerung von Nebenmotiven zu kostbaren Farbennestern. Kunst der Inversion, des Dementis.

Statt ikonographischer Ereignisse verwöhnen den Betrachter Ereignisse in der Farbigkeit, in der Bildrhythmik, im System der Akzente.

Spiegelbilder. Spiegelungen; Spiegelbilder im Bilde: sie sind alles andere als Spiegelfechtereien, nämlich Metaphern von Bonnards Bildwirklichkeit, mit ihren Verdoppelungen und Umkehrungen, ihren Verblüffungen, ihren Assemblagen; mit den gekippten Raumfragmenten und den verwirrten Grössenverhältnissen; mit unbeobachteten, selbstvergessenen Frauenakten und -torsen; und vor allem mit den vielfachen Rahmensystemen, die das Bild inwendig aus Bildern konstituieren. Auch Spiegelungen von Spiegelungen, in vielfachen Schichten, jedoch ohne Signale der Bodenlosigkeit. Die Illusion, es handle sich dabei um Illusion.

Figuren, Massstäbe und Perspektiven der normalen Seherfahrung sind da gebrochen – um neu geordnet zu werden, als Bild. Auf der Spiegelfläche erscheint alles gleichwertig und geglättet, weder fern noch nah – seinerseits ganz bildhaft. Reflexionen über die Reflexion.

Farbenzauber, Farbenrechnung. Farben: Bonnards Element. Jedoch nicht elementar im Sinne der Fauves und der Expressionisten. Nie braucht Bonnard Farbpasten direkt aus der Tube, in ihrer kruden Absolutheit. Seine Palette ist ein spektrales Gewimmel von Nuancen, geordnet von Lichtgelb bis zu dunklem Lila.

Bonnards Farben: eine unvordenkliche, sehr geheimnisvolle, aber sehr ausgeklügelte Macht. Sein Kolorit folgt nicht einer theoretischen Farbenlehre, doch lässt es ein eigenes System erkennen. «La couleur a une logique aussi sévère que la forme.» Ja: «Le dessin, c'est la sensation; la couleur, c'est le raisonnement!» Da sind jahrhundertealte Dogmen und Erfahrungen auf den Kopf gestellt.

Bonnards eigenartiger Grundakkord: Orange/Grün; genauer: warmes, dichtes Lichtgelb und frisches, wandlungsfähiges Mandelgrün. Meist ist er in Verkehrung der psychologischen Raumeffekte eingesetzt, nämlich Orange für Ferne, Grün für Nähe, so dass sich die Bildfläche nicht perspektivisch öffnen kann. «Les plans par la couleur.» Dazu, in vorsichtiger Dosierung: lila, eine gefährliche, eine «unmögliche» Farbe, die in der klassischen Malerei gemieden war. Lila steht am Ende des Spektrums, am Übergang ins Unsichtbare; wie am andern Ende das lichtfarbene Orange steht. Spektrale Polarisierung.

Jeder Farbton Bonnards vibriert in sich selber: vermengt oder unterlegt mit Nachbar- und Kontrasttönen, intern gesteigert, oft irisierend; nie in sich selber stillgelegt, daher stets in Beziehung mit andern Farbtönen. «Violet dans les gris, vermillon dans les ombres orangées.»

Die Erlesenheit von Bonnards Grundakkorden; die märchenhaften Bereicherungen der Einzeltöne; Harmonie, die vor ihm keiner je geträumt hat: das (und anderes) macht den Zauber seines Kolorits aus. Bonnard ist seiner Sache so sicher, dass er bis zur Schwelgerei gehen kann. Süssigkeiten und luxuriöse Gluten, Überladung und Übersättigung sind nicht selten; auch vor Reiz- und Störakzenten scheut er nicht zurück. In den späteren Bildern sind die Zusammenklänge bis zur Exuberanz gesteigert; eine heftige Farbe erkühnt sich an der andern; «j'y vais peut-être un peu trop fort» (gewiss). Schliesslich gewinnt das Licht, in seiner Überfülle, die Herrschaft, und der Farbenzauber schlägt in weisslichen Schimmer um.

«Peinture» als Paradies. Man hat Bonnard da und dort als einen (etwas billigen) «enchanteur», seine Motive als (leichthin berückendes) Mittelmeer-Dorado verstanden – missverstanden. Genauer besehen sind seine Intérieurs der Schauplatz einer fast asketischen Lebensführung, das berühmte Badezimmer eng und karg (das Haus «Le Bosquet» im Cannet: «la plus banale qui soit pour tant de féerie en émanant», so Leymarie), und seine Landschaften sind nicht üppiger als tausend andere Ansichten aus dem Midi. Das «enchantement» liegt in der Farbigkeit und in der Bildgliederung, es liegt in der vollen Entfaltung der Elemente der «peinture» – die so souverän ist, dass sie auch die Gegenständlichkeit trägt.

Bonnard gibt nicht bloss Bilder des Paradieses, vielmehr Bilder als Paradiese, «peinture» als Paradies. Das Glück des Sehens begründet sich in den «Abenteuern des Sehens». Aber (und das ist seine Herausforderung): «Il y a peu de gens qui savent voir, bien voir, voir pleinement.»

Bonnard. Ausstellungskatalog Zürich (Kunsthaus) 1984/85, Zürich 1984. – Vgl. die Ausstellungskritiken im Burlington Magazine, 1984, S. 308 (R. Shone), und in der Kunstchronik 1985, S. 451 (J. Schultze). – Neuere Ausstellungen mit Katalogen in Bordeaux 1986 (Galerie des Beaux-Arts), Mailand 1988 (Palazzo Reale), Lausanne 1991 (Fondation de l'Ermitage). – In den achtziger Jahren hat sich die Aufmerksamkeit besonders der Druckgraphik zugewandt, ihren Beständen, ihrer Chronologie, ihren Formgesetzen zwischen Bild und Schrift. – A. Terrasse, Bonnard: illustrateur, Catalogue raisonné, Paris 1988. – Pierre Bonnard, The Graphic Art, Ausstellungskatalog New York (Metropolitan Museum of Art) 1990, New York 1990. – Bonnard photographe, Ausstellungskatalog Paris (Musée d'Orsay) 1987, Paris 1987. – Die massgebende Monographie von A. Terrasse (1967 und 1988) nun auch deutsch erhältlich: Pierre Bonnard, Leben und Werk, Köln 1989. – Zu Bonnard im Kreis der Nabis: G. L. Mauner, The Nabis, Their History and their Art, New York 1978. – A. Terrasse, C. Frèches-Thory, Les Nabis, Paris 1990.

Bibliographische Hinweise

Erstveröffentlichungen der im vorliegenden Band abgedruckten Texte

Masaccio, (fast) wie am ersten Tag. Neue Zürcher Zeitung, 8./9. Juli 1989. Erweitert in: Kunstpresse, Wien, Nr. 6/1990, S. 4.

Michelangelo: Sakrileg oder Offenbarung? Neue Zürcher Zeitung, 21./22. Juni 1986.

«Il pittorissimo». Der «andere» Raffael: im Malerurteil. Neue Zürcher Zeitung, 2./3. April 1983.

Raffael und Frankreich. Neue Zürcher Zeitung, 7./8. Januar 1984.

Der Maler «ohne Fehler» (Andrea del Sarto). Neue Zürcher Zeitung, 7./8. Februar 1987.

Savoldo: ein paar Wunderbilder – und andere. Neue Zürcher Zeitung, 31. März/1. April 1990.

Moretto im Prüfstand. Neue Zürcher Zeitung, 23./24. Juli 1988.

Tizian, eine Anthologie. Neue Zürcher Zeitung, 30. Juni/1. Juli 1990.

«Bologna 1584» (Lodovico und Annibale Carracci). Neue Zürcher Zeitung, 27./28. Oktober 1984.

Guido Reni: süchtig nach Perfektion. Neue Zürcher Zeitung, 8./9. Oktober 1988.

Stefano della Bella. Neue Zürcher Zeitung, 17./18. November 1973.

Ekstasen und Ohnmachten (Francesco Cairo). Neue Zürcher Zeitung, 12./13. November 1983

Seiltänzer zwischen Barock und Rokoko (Sebastiano Ricci). Neue Zürcher Zeitung, 26. September 1989

Aufbruch im Hinterhof der Malerei (Giuseppe Maria Crespi). Kunstpresse, Wien, Nr. 1/1991, S. 4. Kürzere Fassung: Grossmeister des kleinen Genres. Neue Zürcher Zeitung, 15. Oktober 1990.

Lumpenmaler, Menschenmaler (Giacomo Ceruti). Neue Zürcher Zeitung, 5./6. September 1987.

«Cartons d'artistes». Neue Zürcher Zeitung, 2./3. März 1974.

Pastelle. Neue Zürcher Zeitung, 24./25. Mai 1986. Wiederabdruck in: Georg Baselitz, Pastelle 1985–1990, Bern-Berlin 1990.

Courbet: «Die Forelle». Neue Zürcher Zeitung, 20./21. Januar 1990.

Ein Platz für Fantin-Latour. Neue Zürcher Zeitung, 4./5. Dezember 1982.

Olympias Bouquet. Neue Zürcher Zeitung, 23./24. Juni 1984. Wiederabdruck in: Vermittlungen, Zürich 1986, S. 145.
Manet, ein Triumph. Neue Zürcher Zeitung, 21./22. Mai 1983.
Der französische Impressionismus. In: Landschaft im Licht, Ausstellungskatalog Zürich (Kunsthaus) 1990, S. 103.
Zur Krise des Bildnisses im Impressionismus. In: Von Angesicht zu Angesicht, Porträtstudien, Festschrift für Michael Stettler, Bern 1983, S. 275.
Giverny in Basel (Claude Monet). Neue Zürcher Zeitung, 9./10. August 1986.
Renoir ohne Klischees. Neue Zürcher Zeitung, 8./9. Juni 1985.
Renoir: Bildnis Victor Chocquet. Neue Zürcher Zeitung, 12./13. Februar 1983.
Der ganze (der ganze?) Degas. Neue Zürcher Zeitung, 12./13. März 1988.
Der schwarze Cézanne. Neue Zürcher Zeitung, 12./13. November 1988.
Cézannes schwarzes Arkadien. In: Verlust und Ursprung, Festschrift für Werner Weber, Zürich 1989, S. 383.
Gauguin: Paradiese, Utopien, Illusionen. Neue Zürcher Zeitung, 4./5. Februar 1989.
In Seurats Laboratorium der Malerei. Kunstpresse, Wien, Nr. 3, 1991, S. 4.
Bilder als Paradiese (Bonnard). Neue Zürcher Zeitung, 2./3. Februar 1985.

Aufsätze ähnlichen Charakters, die hier aus verschiedenen Gründen nicht aufgenommen wurden:

«Hommage à Corot». Neue Zürcher Zeitung, 16./17. August 1975.
Isabellas «Studiolo», rekonstruiert. Neue Zürcher Zeitung, 6./7. September 1975.
Courbet, revidiert. Neue Zürcher Zeitung, 22./23. Oktober 1977.
Italienische Altarretabel (Paris, Louvre). Neue Zürcher Zeitung, 9./10. Dezember 1978.
Rekonstruktion einer Epoche (Second Empire). Neue Zürcher Zeitung, 16./17. Juni 1979.
Aufgebot der bolognesischen Settecento-Kunst. Neue Zürcher Zeitung, 13./14. Oktober 1979.
Das preziöse Jahrhundert (Paris: Les fastes du Gothique). Neue Zürcher Zeitung, 12./13. Dezember 1981.
Vom Ziborium zum Triumphbogen. Skizzen zu einer Ikonologie des frühen Bilderrahmens. In: Architektur und Sprache, hrsg. von Cp. Braegger, Gedenkschrift für Richard Zürcher, München 1982, S. 191.

Die Freiheit als Bild (Delacroix). Neue Zürcher Zeitung, 13. Dezember 1982.
Gewissheit über Piazzetta. Neue Zürcher Zeitung, 12. September 1983.
Der Genfer Raffael. «Raphael et la seconde main», zwei Ausstellungen in Genf. Neue Zürcher Zeitung, 6. März 1984.
Werkstatt Leonardo. Ein Buch und eine Ausstellung in Rom. Neue Zürcher Zeitung, 9. April 1984.
Kythera in Paris (Watteau). Neue Zürcher Zeitung, 17./18. November 1984.
Rekonstruktion eines Malers (Andrea Lilli). Neue Zürcher Zeitung, 18. September 1985.
Zwei neue (alte) Museen in Bologna. Neue Zürcher Zeitung, 9./10. November 1985.
Donatello, museifiziert. Neue Zürcher Zeitung, 26./27. April 1986.
Donatello im Zenit. Neue Zürcher Zeitung, 2./3. August 1986.
Gala der emilianischen Malerei. Zur Ausstellung «Nell'età del Correggio e dei Carracci» in Bologna. Neue Zürcher Zeitung, 11./12. Oktober 1986.
Restaurierung: Wettlauf mit der Zeit. (Ausstellung in Florenz.) Neue Zürcher Zeitung, 17. Februar 1987.
Neuland: Florentiner Barockkunst. Neue Zürcher Zeitung, 14./15. März 1987.
Munch, international. In: Edvard Munch 1863-1944, Ausstellungskatalog Essen (Museum Folkwang) und Zürich (Kunsthaus) 1987/88, S. 49.
Munch: Motive der Bildregie. Neue Zürcher Zeitung, 14./15. November 1987.
Schätze ohne Schatzhaus. Die Liechtensteinischen Kunstsammlungen im Schloss Vaduz. Neue Zürcher Zeitung, 30./31. Januar 1988.
Lombardische Kunst zwischen Gotik und Renaissance. Neue Zürcher Zeitung, 23./24. April 1988.
Den Winter malen. Neue Zürcher Zeitung, 24./25. Dezember 1988.
Eingang unten links. Notizen zum Verhältnis Rechts/Links in der Malerei. In: Schritte ins Offene, 4/1989, S. 13.
Strandgut des Settecento («Settecento lombardo», Mailand). Neue Zürcher Zeitung, 23./24. Februar 1991.
Cézanne in der Stiftung «Langmatt» (Baden). Badener Tagblatt, 25. Mai 1991.
Guercino: «Barockklassizist». Neue Züricher Zeitung, 19./20. Oktober 1991.